유의어로 푸는 보카 마스터

VOCO

유의어로 푸는 보카 마스터 VOCO

지은이 신 재 용
펴낸이 신 선 재
펴낸곳 이클립스북
디자인 이 윤 영
편　집 김 이 수

개정판 1쇄 인쇄 2024년 10월 15일
개정판 1쇄 발행 2024년 10월 18일

경남 통영시 서송정3길 41-10
Tel 055-643-5645
eclipsebook.korea@gmail.com

ISBN 979-11-966731-2-3　13740

* 저자와 출판사의 허락 없이 내용의 일부를 인용하거나 발췌하는 것을 금합니다.
* 저자와의 협의에 따라서 인지는 붙이지 않습니다.

가격은 뒤표지에 있습니다.
잘못 만들어진 책은 구입처에서 바꾸어 드립니다.

이 도서의 국립중앙도서관 출판시도서목록(CIP)은 서지정보유통지원시스템 홈페이지(seiji.nl.go.kr)와 국가자료공동목록시스템(www.nl.go.kr/kolisnet)에서 이용할실 수 있습니다.(CIP제어번호:CIP2019014272)

유의어로 푸는 보카 마스터

VOCO

머리말

First Edition에 부쳐

"여러분은 영어를 잘하기 위해 '열정'을 불사르고 계시겠지요? 영어 공부에는 어휘 학습이 필요한데 지금까지의 어휘 공부 방식에는 좀 '문제'가 있습니다." 이런 말을 영어로 해본다면 여기에 쓰인 '열정'은 passion일까요? enthusiasm일까요? 그리고 '문제'는 problem? trouble? 이 질문에 여러분이 선뜻 답하지 못한다면 어휘를 공부하면서 정작 중요한 부분을 간과하고 있지 않을까요?

'같은 듯 다른 말'을 구분하는 것이 의사소통에 필요한데도 어떤 이유에서 우리는 대개 그걸 덮어놓고 외우기만 했습니다. '꽃'이라면 flower만 알고 blossom이나 bloom은 "어떻게 다른" 꽃인지, 어떨 때 구분해 쓰는지도 간과한 채 유사어 정도로만 알고 마는 겁니다. content와 satisfy를 '만족하다', preserve와 conserve를 '보존하다', illicit과 illegal을 '불법적', be worth와 deserve를 '가치가 있는' 정도로만 이해하고 말았지요. 이렇듯 '같은 듯 다른 말'은 우리말로 옮겼을 때만 얼핏 같아 보일 뿐이고 실제로는 의미와 용법에서 전혀 또는 미묘하게 다른 경우가 많습니다. 이 책은 이런 차이를 적절한 용례와 함께 명확하게 알려주는 신개념 어휘 학습서라고 할 수 있습니다. 혼동하기 쉬운 단어들을 카테고리로 만들고 이를 집중학습시켜 저마다의 의미 차이를 명확하게 알도록 했습니다. 그리고 일상과 밀접한 내용부터 단원을 만들어 우선 담고, 이들을 제외한 나머지 중 의미상 해당 단원에 속한 것을 담아 배열하는 방식을 취했습니다. 예를 들어, 의사는 '인물'에 속하지만 '신체, 건강 관련'에 우선 편성하는 식입니다. 그리고 예문의 끝에 [ ]로 표시된 부분은 인용 문장 표시이고, '보편적 용어'는 그 표제어 속의 말을 포괄적으로 사용할 수 있다는 뜻이며, (OR ~)는 비슷한 뜻으로 interchangeable하다는 뜻입니다. 그리고 단어의 의미를 세분하여 의미를 규정할 때 A 표현과 B 표현을 혼용할 수 있다는 원어민도 있지만, 필자는 동어반복을 피하려고 대신 사용하는 용어가 아니라면 그것을 구분하여 사용하는 원어민의 의견을 따랐습니다.

New Edition에 부쳐

이 책의 초판이 나온 2019년 이후 영어학습 환경이 크게 변화했습니다. 특히 AI 통역기가 휴대폰에 깔리고 오픈AI가 상용화되면서 외국어 공부는 새로운 국면을 맞게 되었지요. 예를 들어 한국인이 말레이시아인과 대화하려면 전에는 서로 서툰 영어로 소통하느라 진땀을 뺐지만, 이제는 휴대폰만 있으면 각자의 언어로 손쉽게 소통할 수 있게 된 겁니다. 아무래도 만국 공용어로서 영어의 위상이 갈수록 떨어지겠지요.

그럼에도 불구하고 이 책에서 추구하는 언어 학습의 시도는 AI 때문에 폐기될 수 없고 오히려 더욱 전문화될 것으로 기대합니다.

New Edition에서는 10여 개의 entry를 추가하고, 매끄럽지 못한 표현과 typo를 수정했습니다. 특히 새로 추가한 chapter 10에서는 Multi-Meaning Words(多義語)를 다뤘습니다. 흔히 영어를 잘하려면 "많은 문장을 경험하라"고 합니다. 실제 쓰이는 표현을 많이 알아야 한다는 뜻이지만, 한 단어가 가진 여러 의미를 체험해보라는 feedback이기도 합니다. 이를 테면 "draw"는 "그림을 그리다"는 뜻이지만 "끌어당기다"는 뜻도 있고, 명사로 쓰이면 "무승부"라는 생판 다른 의미로도 사용됩니다. 이것은 원어민이 아닌 외국인이 어감이나 유래를 유추할 수 없어서 생기는 어려움일 것입니다.

이 책에서는 그런 단어들을 단순한 예문을 통해 제시함으로써 쉽고 빠르게 익히도록 했습니다. 단 몇 시간, 길어도 단 며칠의 학습으로 충분히 습득할 수 있도록 한 것이지요. 그리고 나서 영어 문장을 한번 보시면 그 의미가 생생하게 다가올 것입니다. 단어 하나마다, 표현 하나마다 신경 써서 공부하도록 이끄는 학습효과를 기대합니다. 영어에는 무수히 많은 Multi-Meaning Words가 있지만, 여기 소개한 240여 단어만 습득해도 영어 구사와 테스트 대비에 충분할 것으로 생각합니다.

신 재 용

이 책의 특징과 활용 방법

01 700여 개의 표제어를 중심으로 대개 3~4개의 어휘가 하나의 그룹을 이루고 있어, 2,800여 개의 어휘에 대해 의미와 뉘앙스 그리고 쓰임새에 따른 미묘한 차이를 공부하는 재미가 있다.

> **01 음식**
> **Food Matters**

02 그룹지어 있는 어휘들 간의 차이를 간명하게 해설하고 있어 바로바로 비교하면서 이해할 수 있도록 했다.

> **CHEF** 전문요리사
> **chef** 전문요리사(요식 분야의 학위를 가진)
> **cook** 조리사(음식을 만드는)
> **cuisine** 요리 스타일

03 그룹지어 있는 어휘들이 (각각의 예문이 아니라) 하나의 예문 안에서 저마다 어떻게 다른 의미로 쓰이고 있는지를 보여줌으로써 그 차이를 분명하게 익힐 수 있도록 했다.

> A chef is a person who is a skilled professional cook. The person is proficient in all aspects of food preparation including supervising culinary operations and overseeing the running of the kitchen.
> • 부분적 감독은 supervise, 전문직 관리는 oversee임
> 전문요리사는 고도로 훈련되고 솜씨 좋은 직업적 조리사이다. 그는 음식 준비의 모든 면에서 숙달된 사람이다. 요리 작업을 관리하고 주방의 운영 감독을 포함하는.
>
> They still have a wonderful, unique cuisine and traditional culinary customs.
> • culinary 요리의
> 그들은 훌륭하고 독특한 요리 방식과 전통적 요리 풍습을 여전히 가지고 있다.

04 예문 아래에는 중요한 단어와 숙어, 구문에 대한 해설을 붙여 예문에 대한 이해를 도왔다.

> **DESSERT** 후식
> **dessert** 후식(식사 코스 가운데)
> **desert** n.[DEsert]사막, v.[deSERT]유기하다(버리고 떠남으로)
> » 'just deserts'는 [deSERT]로 발음되며 '마땅히 받을 벌이나 상'을 의미함
>
> Don't just desert your desire for two servings of desserts.
> 두 접시의 디저트를 먹고 싶은 마음을 버리지 마세요.

05 책 맨 뒤에는 INDEX를 붙여 편리하게 활용할 수 있도록 했다.

A	accumulate 112	admire 86	aggravate 53
a flight of stair 347	accurate 378	admission 121	aggressive 165,87
a stickler for something 161	accuse 222	admit 256	agriculture 302
abandon 169	accustomed to 139	admittance 121	aid 176
abate 155	ache 44	admonish 85	ailment 43
abbreviation 392	achieve 123	adolescent 273	aim 263
abdomen 26	acknowledge 256	adore 86	alert 106
abhor 150	acme 356	adornment 329	all-purpose 380
abide by 217	acquaintance 269	adult 273	alleged 241
ability 89	acquired 40	adultery 179	allegiance 138
	acquit 224	advantage 184	allegory 84
	acronym 392	adversary 286	alleviate 155

차 례

01 음식
Food Matters — 8

02 신체, 미용, 생리, 건강
Body Matters — 25

03 동작, 행동
Physical Activities, Behaviors — 65

04 감각, 감정, 습관
Emotional Aspects — 128

05 사회, 경제 활동
Social, Economic Aspects — 167

06 지적 활동
Intellectual Aspects — 236

07 인물, 생물
People, Living Creatures — 266

08 현상, 사물
Occurring Events, Things — 305

09 시간, 장소, 방법
When, Where, How Matters — 345

10 다의어(多義語)
MULTI MEANING WORDS — 396

01 음식
Food Matters

CONNOISSEUR 전문가

connoisseur 전문가(포도주, 만화, 악기, 음반 등 각 분야의 전문가를 통칭하는)
gourmet 감식가(식음료의 맛과 향의 미묘한 차이를 잘 아는)
epicure 미식가(미각이 뛰어나며 먹는 데서 즐거움을 찾는)
gastronome 음식박사(음식에 관해 과학적·예술적으로 해박한 지식을 가진)
gourmand 대식가(먹는 것을 좋아하며 많이 먹는 경향이 있는)
glutton 탐식가(돼지처럼 많이 먹는다는 부정적 의미의)

A gourmet is an epicure, a connoisseur who has sensitive and discriminating tastes especially in food or wine. A gourmand is an avid consumer, but is now certainly closer to gourmet than to glutton, because a glutton is anyone who eats too much like pigs.

• discriminating tastes 음식, 옷, 친구관계 등에서 까다로운 취향

gourmet는 좋은 포도주나 음식을 먹는 데서 즐거움을 찾는 전문가인 감식가이다. gourmand는 많이 먹는 대식가이지만 탐식가보다는 감식가에 가깝다, 왜냐하면 탐식가는 돼지처럼 너무 많이 먹는 사람이거든.

Join us on our culinary walking tours and follow an expert guide. The guide is a passionate gastronome who takes you on a journey into gourmet treasures. Come and indulge in gourmandize.

• gourmandize 식도락

우리의 요리 하이킹 투어에 참여하시고 전문 가이드를 따르세요. 그 가이드는 여러분을 감식가의 보물들로 데려다줄 열정적인 음식박사입니다. 오셔서 식도락을 탐닉해보세요.

CHEF 전문요리사

chef 전문요리사(요식 분야의 학위를 가진)
cook 조리사(음식을 만드는)
cuisine 요리 스타일

A **chef** is a person who is a skilled professional **cook**. The person is proficient in all aspects of food preparation including supervising culinary operations and overseeing the running of the kitchen.
　• 부분적 감독은 supervise, 전반적 관리는 oversee임

전문요리사는 고도로 훈련되고 솜씨 좋은 직업적 조리사이다. 그는 음식 준비의 모든 면에서 숙달된 사람이다, 요리 작업을 관리하고 주방의 운영 감독을 포함하는.

They still have a wonderful, unique **cuisine** and traditional culinary customs.
　• culinary 요리의

그들은 훌륭하고 독특한 요리 방식과 전통적 요리 풍습을 여전히 가지고 있다.

DOUGH 반죽

dough 반죽(빵, 피자 등을 만들기 위한)
batter 묽은 반죽(튀김 옷을 입힐 때 쓰는 것과 같은)
paste 반죽(치약처럼 점액질 성질의)
plaster 외벽 마감재(벽을 바르기 위한 회반죽 등의)

The **dough** should not be too thick and look sturdy at all like typical yeast **dough**. This should resemble a thick pancake **batter**.

그 반죽은 너무 뻑뻑하지 말아야 하고 전형적 빵의 반죽처럼 전혀 억세게 보여서는 안 된다. 이것은 뻑뻑한 팬 케이크 반죽 비슷해야 한다.

We produce water repellent and colored finishing **paste** to protect external **plaster**.

우리는 외벽의 마감재를 보호하기 위한 발수제와 컬러 마감 반죽을 생산하고 있다.

DESSERT 후식

dessert 후식(식사 코스 가운데)
desert n.[DEsert]사막, v.[deSERT]유기하다(버리고 떠남으로)
　» 'just deserts'는 [deSERT]로 발음되며 '마땅히 받을 벌이나 상' 을 의미함

Don't just **desert** your desire for two servings of **desserts**.

두 접시의 디저트를 먹고 싶은 마음을 버리지 마세요.

Fine desert sands are blown by a fierce wind into the deserted houses.
미세한 사막 모래들이 강한 바람에 불려 버려진 집으로 들어갔다.

It may seem that cheating your way through life is a quick and easy way to get ahead, but you'll get your just deserts. Sooner or later, the tables will be turned and you'll get what you deserve.
• cheat one's way through life 습관적으로 부정직하게 살아가다
부정직하게 살아가는 것이 출세하는 빠르고 쉬운 방법인 것처럼 보이지만 당신은 벌을 받게 될 거다. 조만간 상황이 역전되어 당신은 그만한 대가를 받을 거다.

CRUST 빵 껍데기

crust 빵 껍데기(눌어붙어 딱딱한 빵의 가장자리)
crumb 부스러기(빵, 케이크, 과자 등의)

They are so poverty-stricken that it's no wonder they have not so much as a crumb of bread in their house.
그들은 너무 가난에 찌들어서 그들의 집에서 빵 부스러기조차도 가질 수 없는 것은 놀라운 일이 아니다.

It's not uncommon for picky eaters to cut a tiny bit of crust off the edge of their bread before eating it. However, he ate up his bread-ends or crusts without making a big deal of it.
가려 먹는 사람이 빵을 먹기 전 빵의 가장자리로부터 작은 껍데기를 제거하는 것은 드문 일은 아니다. 그러나 그는 빵의 가장자리, 즉 껍데기를 별로 대수롭게 여기지 않고 먹었다.

SERVING 1인분

serving 1인분(관념적으로 정해진)
» pancake 1개, 밥 한 공기, 우유 한 잔, 카드 1 pack 정도의 고기 등이 각각 one serving임

portion 1인분(개인에게 한 끼로 제공하는 양인)
» 어떤 커피숍에서는 커피를 several serving으로 주기도 하는데 이것도 그 손님에게는 1 portion임

helping 1인분(개인에 따라 가져오거나 선택하여 실제 먹는)
» "더 드시겠어요?" 라고 물을 때, "Do you want another helping?" 이라고 한다. 모든 helping은 portion이다. 그러나 모든 portion이 helping은 아닐 수 있다

Can you tell if the portion you choose to serve your children at each meal is an appropriate serving size? Our idea of normal portion of food has increased two or three times, and this distorted view of a serving contributes to the rising child obesity rate.
매끼 당신의 아이들에게 제공하는 1인 분량이 적절한 관념적 1인분의 양인지를 분간할 수 있는지요? 음식의 정상적 할당 분량에 대한 우리의 개념이 2~3배 증가했고, 이런 관념적 1인분에 대한 왜곡된 시각이 아이들의 비만율 증가에 이바지하고 있습니다.

Most of us tend to overeat, serving ourselves large portions and going for second helpings even when we are full. Serve yourself a reasonable portion.
• serve yourself 마음껏 들다[help yourself]
우리의 대부분은 과식하는 경향이 있어요, 스스로 큰 1인분을 챙기고 배가 차도 더 먹으러 가면서. 합리적 분량을 드세요.

TOPPING 고명

topping 고명(음식의)
frosting 크림류(케이크에 푹신하게 올린)
icing 당류(빵류에 얇게 입혀 윤택이 나게 하는)

Garnish with whipped **topping** and chocolate shavings if desired.
• garnish 장식하다, whipped 거품을 일게 한, shavings 대패밥, if desired = if you want it
원하시면 거품 빵빵한 고명과 대팻밥 초콜릿으로 장식하세요.

This butter-cream **frosting** is my all-time favorite **topping** for cakes.
이 버터크림 고명은 내가 항상 가장 좋아하는 케이크의 고명이다.

One of my favorite cakes is a chocolate cake with brown sugar **icing**!
내가 가장 좋아하는 케이크의 하나는 갈색 설탕 고명이 있는 초콜릿 케이크이다.

DISH 그릇

dish 그릇(모든 종류의 그릇을 통칭), **본 요리**(main dish인)
» 'do/wash the dishes'는 '식사 때 사용하는 모든 식사도구를 설거지하다.'는 의미

plate 반찬용 접시(납작하고 둥근)
» 자른 고기 등을 담아내는 큰 접시는 platter임

bowl 국그릇(수프, 국 등을 담을 깊이가 있는)

saucer 컵 받침 접시(컵의 받침용으로 쓰이는)
» cupboard는 찬장을 말함, 쟁반이나 식판은 tray임

When you say "I need to buy more **dishes** to accommodate my guests," it could mean you don't have enough round or oval, shallow **plates** using for eating, serving, or preparing food. By contrast, when you say "I don't have enough **dishes**," it could mean all the **dishes** such as **plates**, glasses and cutlery are not clean and no more available right now.
당신이 "나는 손님을 수용하기 위해 더 많은 그릇이 필요하다." 라고 말할 때 그것은 당신이 식사 서빙이나 식사를 준비하는 데 필요한 둥글거나 계란형이거나 깊지 않은 접시들을 충분하게 갖고 있지 못하다는 뜻일 수 있다. 대조적으로, 당신이 "나는 충분한 그릇을 갖고 있지 못하다." 라고 말하면, 그것은 접시 유리잔 식사도구와 같은 모든 식기가 깨끗하지 못해서 지금은 이용할 수 없다는 의미가 될 수 있다.

We carry pretty **saucers** that are small flat **dishes** for holding a cup and catching drips. We also carry all sorts of **bowls** that are roughly hemispherical containers for holding liquid, keeping fruit, serving food.
우리는 컵을 받치고 떨어지는 물방울을 받기 위한 납작한 접시인 예쁜 컵 받침 접시들을 판매합니다. 또한, 액체를 담고 과일을 들고 음식을 나르기 위한 반구체형의 용기인 모든 종류의 국그릇을 취급합니다.

UTENSIL 조리도구

utensil 조리도구(식사준비 할 때 부엌에서 쓰이는 집게, 국자 등 부엌용)

cutlery 식사도구(식사할 때 사용하는 스푼, 포크, 나이프 등의 식탁용)

» utensil은 가산명사로 개별조리도구, cutlery는 불가산명사로 식사도구 일체

We carry the kitchen utensils for all the cooking tasks, ranging from a timer and measuring tool to a pepper grinder and dressing shaker.
우리는 모든 요리에 필요한 조리도구를 취급합니다. 타이머와 저울에서 후추 분쇄기와 드레싱 믹서까지.

Sets of disposable cutlery are a must-have for mobile caterers to save time on washing up. Each pack contains a plastic knife, fork and spoon.
일회용 식사도구 세트는 필수품입니다. 이동급식자들이 씻는 시간을 절약을 위해. 모든 묶음은 플라스틱 칼과 포크 스푼을 포함하고 있습니다.

ORGANIC 유기농의

organic 유기농의(화학비료, 농약, 성장촉진제, 유전자변형 등을 하지 않은)

halal 이슬람 음식의(무슬림에게 허용된)

kosher 유대 음식의(유대 율법에 맞는)

» halal과 kosher의 [공통점] 되새김질하고 발굽이 갈라진 소, 양, 염소 등은 먹지만 돼지는 금기, 그리고 비늘이 없는 물고기도 금기. [차이점] 무슬림은 유대인의 금기인 갑각류, 조개류, 낙타 등은 먹지만 술은 금기, 또 유대인은 고기와 유제품을 동시에 먹지 않음.

Eating organic food can significantly lower your exposure to conventional pesticides and fertilizers made with synthetic ingredients.
유기농 식품을 먹는 것은 관습적 살충제와 합성물로 만들어진 비료에 대한 노출을 상당히 낮출 수 있다.

Generally, we're thinking that kosher or halal foods are more carefully produced and thoroughly inspected than non-kosher or non-halal ones. But they are not better for you in terms of nutrition, nor fewer in terms of pesticides, antibiotics, or growth hormones in the foods than conventionally raised produce.

• produce 농산물

일반적으로 유대인의 음식이나 무슬림의 음식들이 그렇지 않은 음식들보다 더 세심하게 생산되고 철저하게 검사되었다고 생각한다. 그러나 그것들은 재래식으로 기른 농산물보다 영양가의 관점에서 더 낫지도 살충제, 항생제나 성장 호르몬의 관점에서 음식들 속에 더 적은 것도 아니다.

RAISIN 건포도

raisin 건포도(붉은 포도grape를 말린)

prune 건자두(서양자두plum를 말린)

» 포도를 탈색하여 설탕 등으로 절인 건포도보다 큰 것을 sultana라 하고, currant는 딸기류로 말린 것인데 씨가 없으며 작고 검붉다

Dried fruits serve as a concentrated form of fresh fruits with a lower moisture content. Raisins are the most common type of dried fruits, followed by dates, prunes, figs, currants, apples and apricots. They have been a staple of the Mediterranean diets for millennia.

건과일들은 저수분 농축형 과일로서 역할을 한다. 건포도는 건과일의 가장 보편적 형태이다. 다음이 대추야자, 건 자두, 무화과, 건 베리, 사과와 살구가 있다. 그들은 수천 년 동안 지중해 사람들의 주식이었다.

SPICE 향신료

spice 향신료(식물, 나무에서 나온 영양보다 맛을 위해 요리 전에 가미하는)

seasoning 양념(보편적 용어로 spice, condiments, flavoring을 포함하는)

flavoring 양념(요리 중에 넣는 소금, 간장, 박하유, 설탕 등)

condiment 양념(요리 후 식탁에서 각자 넣는 케첩, 소금, 설탕, 허브 등의)

marinade 절임(식초, 포도주, 레몬 등으로 식재료를)

Spices usually refer to dried plant matter and ingredient used to season or flavor dishes during cooking, for instance, cinnamon, pepper, curry powder etc.

• ingredient 내용물, cinnamon 계피

향신료는 건조식물과 그 함유물을 말한다. 요리하는 동안에 간을 맞추거나 맛을 내기 위해 사용되는, 보통 계피, 후추, 카레가루 등과 같이.

Flavorings broadly including vinegars, oils, fats and sweeteners are added to food to enhance its taste and aroma. They are used as seasonings in the kitchen.

식초, 식용유, 식용 기름, 감미료 등 광범위하게 포함하는 조미료들은 맛과 향을 높이기 위해 첨가된다. 그것들은 부엌에서 보편적 개념의 양념으로 사용된다.

Condiments such as ketchup, mustard and mayonnaise are for using at the table to enhance the taste of food according to each individual's tastes and preferences. Say, you might like ketchup on your hamburger. I do prefer to have mustard.

요리 후 첨가하는 케첩, 겨자와 마요네즈 같은 양념은 개인의 취향과 선호도에 따라 음식의 맛을 높이기 위해 식탁에서 사용한다. 말하자면 당신은 햄버거에 케첩을 좋아할 수 있다. 나는 겨자를 넣는 걸 좋아한다.

If you marinate chicken breasts in yogurt with a spice mix of garlic and cumin and then grill them, the marinade brings new life to the chicken flesh.

• spice mix 혼합 식물 양념이나 약초, marinate 고기 등을 미리 절임 양념에 절이다

마늘과 커민의 혼합 양념과 함께 요구르트 속에 닭 가슴살을 절인 다음 구우면, 그 절임이 그 닭고기에 새로운 생명을 불어넣는다.

BEEF 소고기

완곡한 표현의 고기 명칭 **beef** 소고기, **pork** 돼지고기, **bacon** 돼지고기 훈제, **lamb** 새끼 양고기, **mutton** 늙은 양고기 등

일반고기 명칭 **chicken** 닭고기, **duck** 오리고기, **horse meat** 말고기 등

» lamb는 1년 미만의 새끼 양 또는 그 고기, ram은 숫양

Along with the slaughtering of cattle, goats, pigs and poultry, selling and transporting of beef, mutton, pork and poultry meat will be temporarily prohibited.
소, 양, 돼지, 가금류의 도살뿐만 아니라 쇠고기, 양고기, 돼지고기 가금류 고기의 판매와 운송이 일시적으로 금지된다.

TASTE 미각

taste 미각(입에서 혀로 느끼는)
relish 꿀맛(맛있는 음식을 먹을 때 느끼는), 고명(햄버거, 핫도그 등의)
flavor 풍미(입의 taste와 식감인 mouthfeel, 코의 aroma가 합쳐 느끼는 전반적)

Taste is a sensory function produced by tongue responding to specific chemicals. By contrast, relish is a pleasing taste. It means to find an unusual pleasure in eating a tasty food.
미각이란 특정 화학물질에 반응하는 혀에 의해 만들어지는 감각기관의 기능이다. 이와 대조적으로, 꿀맛이란 즐거운 미각이다. 그것은 맛있는 음식을 먹는 데서 드문 즐거움을 느끼는 것을 뜻한다.

A delicious hot dog filled with spicy chorizo and sweet apple relish is a great fill-in-the-blank way to compliment the bold flavor and the rich smoky taste.
매운 돼지고기 소시지와 달콤한 사과 고명을 가진 맛있는 핫도그가 저돌적 풍미와 풍부한 훈제 맛을 칭찬하는 딱 맞는 방법이다.

INGREDIENT 내용물

ingredient 내용물(음식의), 성분(혼합물의)
component 구성품(독립적으로 사용 가능하며 어떤 물질을 구성하는)
composite 복합물, 혼합물

A component as a piece of some larger system is an object contained in the composite. For instance, a composite stereo system includes components such as amplifiers, speakers, CD players, etc. By contrast, ingredients do not necessarily exist in the composite, they may be melted to form it. There is a recipe using ingredients such as spices, sugar, flour, oil, etc.
더 큰 시스템 일부분으로서 구성품은 합성물 속에 포함된 물체이다. 예를 들어 복합 스테레오 시스템은 증폭기, 스피커, CD플레이어 등과 같은 구성품을 포함하고 있다. 이와는 대조적으로 내용물은 혼합물 속에 꼭 있을 필요가 없다. 그것들은 혼합물을 형성하기 위해 용해될 수 있다. 양념들, 설탕, 밀가루, 식용유 등과 같은 내용물을 사용하는 요리법이 있다.

SMELL 냄새

smell 냄새(보편적 용어이며 좋거나 나쁜 모든 종류의)

fragrance 향기(꽃, 약초, 향수의)

scent 본연의 냄새(scent of a skunk/a flower/a woman처럼 동물, 식물의)

aroma 맛있는 냄새(혼합된 맛있는 냄새가 퍼져 있어 입맛을 자극하는)
» 빵, 불고기를 구울 때, 커피를 탈 때 등의 좋은 냄새, odor의 뜻으로도 쓰일 수도 있음

odor 불쾌한 냄새

stink 악취
» stench는 stink보다 더 심한 악취를 의미하며 drink→drench, link→lynch, break→breach도 이와 같은 관계의 단어임

A smell giving off in a girls' hair or a dog's smell on your clothes is a scent. On the other hand, an aroma is like the smell of freshly baked bread, and there can be an unpleasant aroma (OR odor) of ammonia. Therefore, scent is fundamental, while aroma is describing for a mixture or blend.

• give off 방출하다

어떤 여자의 머리에서 어떤 것이 뿜고 있는 냄새나 당신의 옷에서 나는 개의 냄새는 본연의 냄새이다. 반면, 맛있는 냄새는 막 구운 신선한 빵의 냄새 같은 것이다. 그리고 암모니아의 불쾌한 냄새도 있을 수 있다. 그러므로 scent는 기본적인 것이나 aroma는 혼합된 것을 묘사한다.

Most of us perceive your body odor negatively and it is embarrassing to those who suffer from it. This synthetic fragrance is to cover up your stink with pretty flowers and ocean breeze.

우리 대부분은 당신의 체취를 부정적으로 인지하고 그에 고통받는 사람들에게는 당황스럽다. 이 합성향은 당신의 체취를 덮기 위한 것이다, 아름다운 꽃들과 바닷바람으로.

QUENCH 갈증을 풀다

quench 갈증을 풀다
hit the spot 필요를 만족시키다

If you're a go-to person with confidence who reads your guests' mind and recommends them just the thing to hit the spot, you can satisfy their cravings and quench their thirst. We want YOU!

• go-to person 조언이나 정보 등으로 남을 기꺼이 돕는 도움꾼, craving 병적으로 먹고 싶어 함

당신이 손님들의 마음을 읽고 그들에게 그들이 필요한 것을 딱 맞추는 데 자신이 있는 도움꾼이라면, 당신은 그들이 먹고 싶은 마음을 충족시키며 그들의 갈증을 해결할 수 있을 겁니다. 우리는 그런 당신이 필요합니다.

DICE 깍둑썰다

dice 깍둑썰다(주사위 크기와 모양으로)
chop 썰다(한입 크기로), 장작을 패다
mince 썰다(잘게)
slice 썰다(얇게)
grate 갈다(강판에)
peel 벗기다(껍질을)
snip 자르다(가위로)
sprinkle 끼얹다, 뿌리다
blanch 데치다(삶아)
whisk 휘젓다
drain 물을 빼다
rinse 헹구다

Chopping is to cut food into bite-sized chunks, and dicing is to produce small squares or rectangles, and mincing is the smallest cut. Diced vegetables are smaller than chopped veggies but bigger than minced.

팍팍 써는 것은 한입 크기의 덩어리로 음식을 자르는 것이고 깍둑썰기는 작은 정사각형이나 직사각형을 만들고 잘게 썰기는 가장 잘게 자른다. 채소 깍둑썰기는 한입 크기 썰기보다 좀 더 잘고 잘게 썰기보다는 더 크다.

Sprinkle salt and pepper on all sides of meat. Chop meat using food chopper. Slice celery with a paring knife instead of chef's knife. Snip parsley using kitchen shears.
　• paring knife 작은 주방용 칼

소금과 후추를 고기의 모든 면에 뿌리세요. 고기 다지는 기계를 사용하여 고기를 다지세요. 주방 칼 대신에 작은 칼로 셀러리를 얇게 편을 뜨세요. 부엌용 가위로 파슬리를 자르세요.

Carrots can be peeled, cut up, blanched, and they can be grated by a hand grater, food processor or blender.
　• food processor 자르기, 썰기, 갈기 등이 가능한 만능 조리 기구

당근은 껍질을 벗기고 자르고 데쳐질 수 있고 강판, 만능조리기, 믹서로 갈아질 수 있어요.

Let the liquid drain off, then rinse well in cold water. After that, whisk any additional seasonings together until thoroughly incorporated.
　• incorporate 조직체 일부분이 되다

데친 물을 빼고 차가운 물에 잘 씻으세요. 그 후에 양념들을 첨가하여 충분히 섞이도록 저으세요.

PIQUANT 톡 쏘는 맛의

piquant 상큼하게 톡 쏘는(신맛 등의 좋은 맛이)
» piquant mustard, piquant lemon, piquant tomato 맛 등의

pungent 자극적 냄새의(주로 맛이 아닌 코를 찌르는 냄새가 나는)
» 마늘, Limburger 치즈, 청소약품, 디젤 매연, 애완동물의 배설물 냄새 등의

poignant 냄새나 맛이 강한, 신랄한(깊은 감정을 유발하는)
» poignant perfume, poignant reminder[가슴 아픈 기억], poignant wit[폐부를 찌르는 위트] 등의

spicy 향신료를 넣은(겨자, 생강, 계피, 카레 등의), 매운(캡사이신 때문에)

hot 매운(캡사이신이 많이 들어 sharp한)

As the cheese matures, it comes to have a mildly piquant flavor that can become quite pungent.
• come to do sth ~를 하기 시작하게 되다
그 치즈가 숙성될 때 좀 자극적 냄새가 날 수 있는 부드럽게 톡 쏘는 향을 가지기 시작한다.

The staple of any war is the pungent smell of blood and smoke. Brutal war only bestows mass destruction of civilization and human lives.
모든 전쟁의 주산물은 피와 연기의 역한 냄새이다. 잔인한 전쟁은 문명과 생명의 대량파괴를 선사할 뿐이다.

Beers do work well with slightly sharp cheeses, poignant foods and a lot of spice.
맥주는 약간 매운 치즈, 맛이 강한 음식과 매운맛과 잘 어울린다.

Cubed Radish Kimchi is a salted, preserved, fermented food. It is spicy, hot, sour, but very healthy.
깍둑김치는 염장된, 저장된 발효식품이다. 그것은 향신료 맛이 나고, 맵고, 시지만 건강에 좋다.

SUPPLEMENT 보충제

supplement 보충제(필수적이어서 없으면 안 되는)
complement 보완제(더하면 좋지만, 꼭 필요하지는 않은)

People in polar regions suffer from vitamin D deficiency because they do not get enough sunlight exposure to generate vitamin D. They have to take vitamin D, it's their must-have supplement.
극지방에 사는 사람들은 비타민 D 결핍으로 고생한다, 왜냐하면 그들은 비타민 D를 만들기 위한 충분한 햇빛을 받지 못하기 때문이다. 그들은 비타민 D를 섭취해야 한다, 그것은 필수 보충제이다.

God brought you and your spouse together to complement each other. If you're married to your spouse, be sure to think of how you and your spouse become complements for each other.
신은 서로 보완하기 위해 당신과 당신의 배우자를 결합하게 한 것이다. 당신이 배우자와 결혼한다면 당신과 배후자가 어떻게 서로를 위해 보완제가 되는가를 반드시 생각하라.

BAKE 굽다

bake 굽다(빵, 고기, 감자 등을 오븐에서 건조한 열로)
fry 볶다(식용유에)
sear 그을다(고기를 요리 시작할 때 먼저 약간 caramelize하여)
roast 굽다(팬, 오븐에서 고기를 물을 가하지 않고), **볶다**(채소, 견과류 등을)
grill 굽다(그릴의 상하로부터 나오는 직화로)
broil 굽다(북미식으로 그릴 상부에서 나오는 직화로)
braise 살짝 구워 지지다(고기, 채소를 기름으로 살짝 구운 후 약한 불에)
stew 끓이다(액체 속에 braise보다 푹 잠기도록 하여)

The healthy way to enjoy the most benefit from fish is to try to steam, bake, grill, broil, or microwave fish instead of deep-frying it.
물고기로 가장 장점을 즐길 건강한 방법이 찌고, 굽고, 직화로 굽거나 전자레인지로 굽는 것이다, 기름으로 튀기는 대신.

After searing the outside of the meat or fish to add color and flavor, roasting and braising are two distinct cooking methods using dry heat and moist heat respectively. Tender cuts of them do best when seared, then roasted, by contrast, tough cuts of them do best when seared, then braised or stewed.
색과 향을 첨가하기 위해 육고기나 물고기를 살짝 그은 다음 굽거나 지지는 것은 두 개의 독특한 요리법이다, 각각 수분을 넣지 않고 가열하고 수분을 넣어 가열하면서 그 가운데 얇게 자른 것은 약간 그을어 구울 때 최상이다, 이와 대조적으로 그 가운데 두껍게 자른 것은 살짝 그을어 지지거나 스튜를 만들 때 최상이다.

MIX 섞다

mix 섞다(2개 이상의 물질, 개념, 감정 등을 결합해 새로운 물질이 되도록)
» 노랑과 파랑을 mix하면 새로운 형태의 초록이 된다
blend 섞다(2개 이상의 물질, 향을 각각의 성질이 살아 있도록 천천히)
» 우유와 밀가루를 blend하여 각각의 성질이 살아있는 반죽을 만든다. 커피 블랜딩은 2개 이상의 다른 커피를 혼합하여 맛과 향의 균형이 있는 커피를 만든다
mingle 섞다(mix의 뜻도 있으며 특히 사람 등이 섞여 어울리게)
» 사실을 허구와 mingle 하여 story를 만들 수 있다. 또한 mingle 속에서는 mix와 달리 각 성분이 개별적으로 구별된다

You mix the ingredients for a cake for the upcoming birthday party. You will serve with the cake at the party and mingle with your friends.
당신은 다가오는 생일 파티를 위해 케이크 내용물을 섞는다. 당신은 그 파티에서 그 케이크를 제공할 것이고 당신 친구들과 섞여 어울릴 것이다.

Pour the liquid mixture into the flour mixture, stirring lightly just until blended but still slightly lumpy. Don't overstir.
액체 혼합물을 가루 혼합물에다 부으시오, 가볍게 저으면서, 섞이되 여전히 약간 덩어리가 있는 상태까지. 너무 많이 젓지 마시오.

PEEL 껍질을 벗기다

peel 얇은 껍질을 까다(사과, 감자 등의)
shell 두꺼운 껍질을 까다(삶은 계란, 조개 등의)
husk 딱딱한 껍질을 까다(호두, 코코넛 등의)
shuck 까다(땅콩, 옥수수, 조개, 굴 등을)
thresh 타작하다(밀, 보리 등을)

Taking the skin off an orange is a bit of nuisance, and peeling a raw potato can be even more annoying.
오렌지 껍질을 까는 것은 좀 성가신 것이고 날감자를 벗기는 것은 더 귀찮게 하는 것일 수 있다.

Squirrels have strong teeth that can break open the hard-green husk (OR hull, shell) of walnuts and easily shell them and enjoy the nutmeats.
다람쥐들은 호두의 초록색 딱딱한 외피를 부수어 열 수 있는 강한 이빨을 갖고 있고 그것을 쉽게 까서 살을 잘 먹는다.

When husking a coconut to eat its prized flesh, you have to go through multiple layers of protection.
맛있는 살을 먹기 위해 코코넛을 깔 때 당신은 여러 개의 보호층을 통과해야 한다.

The main reason for shucking (OR shelling) oysters is for eating them raw, but I'm skeptical about eating them raw directly from the shell.
굴을 까는 주요한 이유는 날것으로 먹기 위한 것이지만 나는 굴 껍데기에서 바로 날로 먹는 것은 회의적이다.

When grain is threshed or winnowed, the seeds are separated from chaff or the seed husk.
• winnow 바람으로 겨를 까부르다, chaff 겨
곡물이 타작되거나 까불러질 때, 씨알들이 겨, 즉 씨의 껍질로부터 분리된다.

DRUNK 만취한

drunk 만취한(서술어로 쓰이는 술어 형용사로)
drunken 만취한(명사의 앞에 쓰이는 한정 형용사로)
» 형용사는 beautiful처럼 꾸며 주기도, 술어로 쓰이기도 하지만 drunk↔drunken 관계는 예외적 사용이며 asleep↔sleeping, await↔waiting, afraid↔frightened/scared 등이 이와 같은 관계임

Police arrested a suspected **drunken** driver after they saw him swerving side to side in a residential neighborhood. Officers determined he was **drunk** and took him into custody.
• drunken driver는 drunk driver라고도 빈번히 사용함

경찰이 음주운전 용의자를 체포했다. 그들이 그가 주거구역에서 비틀비틀 운전하는 것을 목격한 후, 경관들은 그가 만취라고 판단하고 구금했다.

INTOXICATED 음주한

intoxicated 음주한(소량이건 다량이건), **복용한**(마약을)
sober 멀쩡한(술에 취하지 않은)
buzzed 취한(술에 조금 알딸딸하게)
tipsy 비틀거리는(술에 취해)
pass out 정신을 잃다(술에 취해)
black out 필름이 끊기다(만취 후 행동은 하지만 그간 기억이 없고)
inebriated 거나하게 취해(drunk를 감각적 말투로 표현하여)

My husband drove home from a party after drinking. When I blamed him for having driven drunk, he said that he was just a little "**intoxicated**," but not "drunk."

남편이 파티 갔다가 음주를 하고 집으로 차를 몰았어요. 내가 그에게 음주운전한 일을 비난했을 때 조금 술을 마셨기는 하지만 만취한 것은 아니었다고 말했어요.

A while ago I was **sober**, got **buzzed**, got **tipsy**, then drunk. Now I'm too drunk to type and feel like I'm gonna **pass out**.

좀 전에 나는 말짱했고, 조금 알딸딸하다가 비틀거렸고 다음에 만취가 되었다. 지금은 너무 취해서 자판을 칠 수 없는데 정신을 잃을 것 같다.

When **inebriated**, they are very inclined to be irrational and quarrelsome for no reason at all.

그들은 거나하게 취하면 전혀 비이성적으로 되고 아무 이유도 없이 싸움질 잘하는 경향이 있다.

SCRAMBLED 휘저은 프라이

scrambled 휘저은 프라이(취향에 따라 치즈 등을 넣고)
poached 수란(달걀을 깬 채로 삶는)
hard boiled 완숙(완전히 익히는)
soft boiled 반숙(반쯤 익히는)
sunny side up 한쪽만 프라이(아침 해처럼 달걀의)
over easy 양면을 프라이(달걀노른자를 덜 익게 하며)
> over는 달걀을 뒤집는flip 것, easy는 알맞게 익힌다는 뜻, over medium은 중간 정도로 노른자를 익히고, over hard는 노른자를 완전히 익히는 것

If you order your eggs over easy, you don't like runny egg whites. An egg cooked "over easy" means that it gets fried on both sides. If you like runny yolks, you will order sunny-side-up eggs. An egg cooked "sunny-side-up" means that it is not flipped and the yolk remains runny.

만약 당신이 over easy를 주문한다면 당신은 익지 않은 계란 흰자를 좋아하지 않는다. over easy로 요리된 계란은 양쪽에 프라이가 된 것을 의미한다. 만약 노른자를 익히지 않는 걸 좋아한다면 sunny-side-up을 주문할 것이다. sunny-side-up으로 요리된 계란은 뒤집지 않고 노른자가 익지 않은 채 있는 것을 의미한다.

As with soft- and hard-boiled eggs, poached eggs cooked at lower temperatures are significantly lower in calories and fat than scrambled eggs that require butter, salt, milk or oil.
 • as with ~와 마찬가지로[as is the case with]

반숙과 완숙과 마찬가지로, 수란은 낮은 온도에서 요리되는 것인데 scrambled보다 열량과 지방이 현저히 낮다. 버터, 소금, 우유나 식용유를 필요로 하는.

VAPORIZE 기화하다

vaporize 기화하다(액체, 고체가 원자탄 폭발에 모두 사라지듯 기체로)
evaporate 증발하다(액체가 서서히 기체로)

Vaporization is a rapid process and a physical destruction occurring when an object is exposed to intense heat. By contrast, evaporation is a slow vaporization process of a liquid. It is a type of phase transition and the opposite of condensation.

기화는 빠른 과정이며 물질의 파괴이다. 어떤 물체가 강한 열에 노출될 때 일어나는. 이와 대조적으로, 증발은 액체의 느린 기화 과정이다. 그것은 국면전환의 일종이고 농축의 반대이다.

Water evaporates and becomes water vapor under the sun. Plants do not evaporate, but they can be vaporized by high heat.

물은 태양 아래에서 증발하여 수증기로 된다. 식물은 증발하지 않지만, 고열에 기화될 수 있다.

CONDENSED 가당 농축한

(sweetened) condensed 가당 농축한(수분을 제거하고 가당하여)
evaporated 농축한(고형분 농도를 높이기 위해 탈수하여)
concentrated 농축한(condensed, evaporated 된 것을 통칭하여)

Evaporated and sweetened condensed milk are two types of concentrated milk, in which sixty percent of its water has been removed. It differs in that sugar has been added.
• in that ~라는 점에서

무가당 농축 우유와 가당 농축 우유는 두 가지 형의 농축 우유다. 거기에는 수분의 60%가 우유로부터 제거된다. 그것은 설탕이 첨가되었다는 점에서 다르다.

When you squeeze a fruit, its juice is released. When you subject it to high heat to evaporate the water, it is turned into concentrate. Some people prefer concentrate because they can dilute the juice to their liking, making either a strong taste or a watery one.
• subject sth.: 강제로 ~를 당하게 하다, concentrate 농축액, liking 기호, dilute 희석하다

과일을 쥐어짜면 주스가 나온다. 그것을 수분을 증발시키기 위해 높은 열에 노출하면 농축액으로 된다. 일부 사람은 농축액을 더 좋아한다. 왜냐하면 그들은 자기 기호에 맞춰 강한 맛이나 묽은 맛 중 하나로 만들면서 희석할 수 있기 때문이다.

DILUTED 희석한

diluted 희석한(화학물질의 농도를 낮추기 위해)
distilled 증류된(불순물을 걸러내고 수분을 증발시켜)
deionized 이온이 제거된(수돗물 속의 철분, 나트륨 등의)

How do you dilute your whisky? Some enthusiasts dilute it down by adding water or serving on the rocks. The best bet is to dilute with distilled water, especially when you have hard water that contains high concentration of mineral.
• concentration 농도, the best bet: 최선책

당신은 위스키를 어떻게 희석합니까? 일부 애호가들은 물을 첨가하거나 얼음을 넣어서 희석한다. 가장 좋은 방법은 증류된 물로 희석하는 것입니다. 특히 당신이 미네랄 농도가 높은 경수를 가졌을 때는

There are two forms of water, distilled and deionized water. The purified water is one that has been mechanically filtered or processed to remove contaminants and makes it suitable for use. [Wikipedia]

두 가지 형태의 물이 있는데, 증류되고 이온이 제거된 물이다. 이 정화된 물은 기계적으로 걸러지거나 오염물들을 제거하기 위해 처리되고 사용에 적합하도록 만들어진 물이다.

PORTION 몫

portion 몫(분배되어 할당된)
element 구성요소(이루어져 있는 필수적인), 화학성분
factor 동적 요인(factory가 주는 의미처럼 역동적인)
part 부분(전체에 대한), 부품
particle 미세입자
particulate 미세먼지
fraction 파편이나 조각(어떤 것에서 떨어져 나온)

Large portions of food may contribute to excess energy intake and can be an overlooked factor that leads to chronic disease.
특대 분량의 음식은 초과 에너지 섭취에 기여할 수 있고 많은 만성질환으로 이끄는 간과되는 요인일 수 있다.

The mental element of crime called genocide is the intent of exterminating racial, national, ethnic or religious groups in whole or part.
• exterminate 박멸하다, in whole or part 전체적이거나 부분적으로
대량학살이라고 불리는 범죄의 정신적 요소는 전체나 부분적으로 인종적, 국가적, 소수민족의 또는 종교적 집단을 말살하려는 의도이다.

The term "air pollution particulates" refers to the tiny solid or liquid particles suspended in air.
• suspended in the air 공기 중에 떠도는
미세먼지라는 용어는 공중에 떠 있는 작은 고체나 액체입자들을 말한다.

These pollutants can harm your health due to carcinogenic components potentially present in the sub 10-micron size fractions.
• component 구성품, carcinogenic 발암성의
이 오염물질들은 당신의 건강을 해칠 수 있다, 10마이크론 이하 사이즈 조각에 있을 수 있는 발암 성분 때문에.

SOUR 신맛이 나는

sour 신맛이 나는(음식이 상하여)
spoiled 맛이 간(음식, 사람이 불쾌한 맛을 풍기며)
stale 딱딱하게 된(빵이 오래되어)
rotten 썩은(농산물, 고기가)

rancid 산패된(지방, 기름이 산화되어)

putrid 썩은 냄새가 나는(음식물 등이)

Spoiled bread becomes stale and then may become moldy. Spoiled milk goes sour. Souring generally involves an acid. Spoiled butter and some other dairy products become rancid. Spoiled meat, fish and poultry becomes rotten. Rotting means becoming putrid, releasing its own nasty smells. And for all kinds of food, we can say they've gone bad.

맛이 간 빵은 딱딱해지고 곰팡내가 날 수 있다. 맛이 간 우유는 시어진다. 시어진다는 것은 보통 산을 함유한다. 맛이 간 버터와 일부 유제품들은 산패가 된다. 맛이 간 고기, 물고기와 가금류는 썩는다. 썩는다는 것은 썩은 냄새가 나는 것이다. 자체의 역한 냄새를 방출하면서. 그리고 이런 모든 음식에 대해 상했다고 말할 수 있다.

SHELF LIFE 판매기간

shelf life/sell-by-date 판매기간(통상 1~3년의)
expiration date 사용기한(개봉 후)
service life 서비스 유효기간

The shelf life (OR sell-by-date) is the arbitrary date that the stores want to have the stock sold. This doesn't mean that the product has gone bad and is no longer suitable for consumption. By contrast, the expiration date is the final day when the product goes bad and is no longer able to eat.

• arbitrary 임의의, stock 재고

판매기간은 그 가게들이 그 판매 물건이 팔리게 하고 싶은 임의의 날짜이다. 이것은 그 물품이 상해서 더는 소비에 부적합하다는 것을 의미하지 않는다. 이와 대조적으로, 사용기한은 그 상품이 상해서 더는 먹을 수 없는 마지막 날짜이다.

The service life of a product is the acceptable period of use in service. It means that if any item is faulty, defective, or broken, it can be expected to be 'serviceable' at no additional cost to you.

어떤 제품의 서비스 유효기간은 서비스 가용기간이다. 그것은 만약 어떤 물건이 작동 불량이거나 결함이 있거나 고장이 나면 추가 비용이 없이 서비스를 받을 수 있다는 의미이다.

02 신체, 미용, 생리, 건강
Body Matters

JAW 하관

jaw 하관(얼굴의 귀와 코 아랫부분을 이르는)
chin 턱(Jaw 일부분으로 입술 아랫부분의 뾰족한)
cheekbones 광대뼈
dimple 보조개(양 볼과 턱에 있는)

A guy who has classic masculine characteristics such as an angular jaw, a square chin and a prominent eyebrow is more likely to be the culprit of infidelity.
• prominent eyebrow 모양을 낸 특이한 눈썹
고전적 남성의 특징, 뾰족 턱, 사각 턱과 특이하게 만든 눈썹 등과 같은 것을 한 남자는 불륜의 용의자가 되기 더 쉽다.

Chubby cheeks can create healthy, youthful look, and higher cheekbones are considered attractive. Saggy cheeks are often a major visible sign of aging.
통통한 뺨은 건강하고 젊은 외모를 만들 수 있다. 그리고 더 높은 광대뼈는 매력적으로 간주된다. 처진 뺨은 종종 노화의 주요한 가시적 표시이다.

I have dimples on both cheeks. Some people poke mine, they seem to like sticking their fingers in my dimples.
나는 두 뺨에 보조개를 갖고 있다. 어떤 사람은 그것을 찌른다, 그들은 내 보조개에 손가락을 찌르는 것을 좋아하나 봐.

CHEST 가슴

chest 상체(남녀 인체의), **가슴**(해부학적인 thorax인)
breast 가슴(여성의), **조류의 가슴**(bird's breast)
» bust는 여성의 boobs, tits를 포함하는 breast의 속어, 또는 고대 그리스의 상체 조각상
bosom 가슴(옷으로 가려진 여성의), **친근한 관계**(문학적 의미로)
torso/trunk 몸통(두상을 뺀 동물, 인체의)

For about 6 months I've been suffering from chest pains underneath my left breast.
거의 6개월 동안 나는 왼쪽 유방 아래 가슴 통증으로 고생을 하고 있다.

Torso (OR Trunk) is an anatomical term for the central part of the many animal bodies (including that of the human) from which the neck and limbs extend. It includes the thorax (OR chest) and the abdomen. [Wikipedia]

• limb 수족, thorax 흉부, abdomen 복부

몸통이란 인간을 포함한 동물의 중심 부분에 대한 해부학적 용어이다, 거기로부터 목과 팔다리로 확장한다. 몸통은 흉부와 복부를 포함한다.

STOMACH 배

stomach 위, 복부(일반적으로 사용하는 원만한 표현의)
belly 배(똥배, 술배 등 매력적이지 못한 뜻으로 쓰일 수 있는)
tummy 배(어린이가 지칭하는)
abdomen 복부(해부학적 용어로)
intestine/bowel/gut 창자(위와 항문 사이의)
viscera 장기(간, 심장, 폐, 내장 등 복부의)

Belly (OR Tummy) is the protruding abdomen between thorax and pelvis. It contains all the organs and viscera including the stomach, liver, kidneys.

• pelvis 골반

배는 흉부와 골반 사이에 돌출한 복부이다. 그것은 위, 간, 신장 들을 포함한 모든 기관과 장기를 아우른다.

In human anatomy, the intestine (sometimes called bowel or gut) is the segment of the gastrointestinal tract extending from the pyloric sphincter of the stomach to the anus. [Wikipedia]

• gastrointestinal tract 위장의 관, pyloric sphincter 십이지장duodenum 입구의 괄약근

인체 해부학에서 창자는 위의 십이지장 괄약근에서 항문까지 뻗어 있는 위장관 부분이다.

OVERWEIGHT 과체중인

overweight 과체중인(키, 나이에 비해서)
obese 과도비만인(지방질의 과다로)
fat 비만인(수영장에는 겉옷을 입고 가야 할 정도로 보기 싫은)
chubby 넉넉한(과체중은 아니나 ample body type으로 좀)
» fat은 obese를 모욕적으로 부르는 말인 데 반해 chubby는 obese를 호의적으로 부르는 말
thick 빵빵한(근육질로 몸이 터질 듯 풍만하게)

Professional athletes may look very lean and muscular with extremely low body fat, but they may weigh more than others of the same height. They may be overweight, but not obese.
직업운동선수들은 아주 지방질이 적으면서 대단히 깡마르고 근육질로 보일 수 있지만, 그들은 똑같은 키의 다른 사람들보다는 더 몸무게가 나갈 수 있다. 그들은 과체중일 수 있다, 비만은 아닌.

The difference between chubby and thick is in the eye of the beholder. It depends on how much you like it. If you call it thick, you're into it. In general, being chubby doesn't mean you have a big belly or love handles, but just a bit overweight in an unattractive way. Obese and fat seem to be the same and extreme version of chubby.
• love handles 옆구리 군살

통통한 것과 빵빵한 것 사이의 차이는 제 눈의 안경이다. 그것은 당신이 얼마나 몸이 넉넉한 것을 좋아하는지에 달렸다. 빵빵하다고 부를 땐 정신이 팔려 있다. 일반적으로 통통한 것은 당신이 배가 나오고 옆구리 살이 심한 것은 아니고 보기 싫게 좀 과체중이다. '비만'과 '살찐 것'은 똑같은 의미이고 '통통한 것'의 극단적 버전이다.

GROOMING 손질

grooming 미용 손질(손톱, 발톱, 귀, 털 등을 깨끗하게)
primping 꽃단장(여성이 외모를 돋보이려고 화장, 치장 등을 하는)

Pet's health will benefit from routine grooming. Well-groomed pets tend to be healthier, well socialized and self-confident.
애완동물의 건강은 정기 미용 손질에서 득을 볼 것이다. 잘 손질된 애완동물들이 더 건강하고 잘 교제하고 자신감이 있는 경향이 있다.

It's okay to spend a lot of time primping and worrying about your appearance. Your elaborate primping may represent a courageous assertion of identity.
꽃단장과 외모에 신경을 쓰는 데 많은 시간을 보내는 것은 좋다. 당신이 정성을 들여서 하는 꽃단장이 정체성의 용기 있는 주장일 수 있다.

WHISKER 수염

whiskers 수염(보편적 용어로 남자의, 포유동물의 모든 facial hair인)

beards 턱수염(광대뼈 아래의 텁수룩한)
» 에이브러햄 링컨은 full beards였으나 mustache는 없음

mustache 콧수염

stubbles 밤새 자란 수염

sideburns 구레나룻(엘비스 프레슬리가 기르던)

goatee 염소수염(mustache +아랫입술 아래의 입술 넓이 정도의)
» petite goatee는 턱수염만 기르는 경우

Whiskers growing on the masculine face are all the facial hair other than your eyebrows. It can reshape your face and add you a dramatic look. It can offset a ruddy complexion, reduce width of upper lip, add width to a narrow face, soften or accent sharp features and cover scars.
• other than ~를 제외하고, offset 상쇄하다, ruddy 붉은, complexion 안색

남자의 얼굴에 자라는 whisker란 눈썹을 제외한 모든 얼굴의 털이다. 그것은 사람의 얼굴을 다르게 만들 수 있고 극적인 외모를 추가할 수 있다. 붉은 얼굴색을 상쇄하고 윗입술의 넓이를 줄이고 좁은 얼굴에 넓이를 더해주고 날카로운 특징들을 부드럽게 또는 강조하고 상처들을 덮을 수 있다.

Having beards makes guys look older and more aggressive even though their personality has none of those characteristics.

턱수염이 있으면 남자들을 더 늙게, 더 공격적으로 보이게 한다, 그들의 성격이 그런 특성을 갖고 있지 않아도.

Stubble is the prickly facial hair that grows back after being shaved. It needs a little thought and work to groom and maintain, because it looks natural but can look unkempt.
• prickly 선인장처럼 가시가 있는, groom 다듬다, unkempt 단정치 못한

stubble은 쭈뼛쭈뼛한 털이다, 면도 후 다시 자라나는. 그것은 손질하고 관리하는 데 약간의 생각과 작업을 필요로 한다, 자연스러워 보이지만 단정치 못하게 보일 수 있기 때문에.

He was known for an awesome mustache and sideburns combo. Later in his career, he decided to shave them off.
• combo 결합

그는 멋진 콧수염과 구레나룻을 함께하는 것으로 유명했다. 말년에 그는 그것을 밀어 버리기로 했다.

Goatee is a great way to camouflage a double chin or broaden a narrow chin and add a mature look.

염소수염은 이중 턱을 위장하고 좁은 턱을 넓게 하고 성숙한 외모를 추가하는 좋은 방법이다.

CREW CUT 상고머리

crew cut 상고머리(스포츠형의)
» 상고머리에는 전기이발기로 마무리하는 buzz cut와 빗을 대고 마무리하는 brush cut가 있음

pompadour 올백머리(long crew cut를 뒤로 빗어 넘긴)

Buzz cut styles include the butch cut, crew cut, meaning clipper haircuts without using scissors. By contrast, for an Ivy League haircut (OR long crew cut) is used hair clipper and scissors at the top of the head.
- clipper 바리캉

전기 바리캉으로 깎는 형은 butch cut, crew cut를 포함하고, 가위 없이 바리캉으로 깎는 것이다. 이와 대조적으로, 긴 상고머리인 Ivy League haircut는 바리캉과 머리의 윗부분에는 가위가 사용된다.

The crew cut is a man's hairstyle in which the top is short, and the sides are tapered even shorter. It is known as a short pompadour or the brush cut.
- taper 점점 줄다

상고머리는 윗머리는 짧게 옆머리는 훨씬 더 점점 짧아지고 있는 남성 머리형이다. 그것은 짧은 올백 머리나 가위와 빗으로만 깎는 머리로도 알려져 있다.

BLONDE 금발의

blonde 금발의
brunette 다갈색 머리의
redhead 붉은 머리의

You may assume that gentlemen prefer blondes, just like the namesake movie starring Marilyn Monroe, but as it turned out in a survey, men in fact prefer brunettes.
- namesake 어떤 사람의 이름을 딴 회사, 빌딩, 개념 등의 것, star sb 영화가 ~를 주연으로 쓰다

신사는 금발을 좋아할 거라고 추측하지만, 마릴린 먼로 주연의 한 동명 영화처럼, 어떤 설문에서 밝혀진 대로 남자는 사실 다갈색 머리를 좋아한다.

Redheads grab my attention due to being uncommon. Obviously bleached blondes are a turnoff to me. But it doesn't matter much. I kind of have a thing for dark haired women, the darker the better, maybe not raven black hair, though.
- bleach 표백하다, turnoff 흥미를 잃게 하는 것, have a thing for 특히 관심이 있다. raven 까마귀

붉은 머리는 보통 있는 것이 아니어서 나의 눈길을 끈다. 분명 탈색한 금발들은 내게 밥맛이다. 그러나 그렇게 문제가 안 된다. 나는 검은 머리의 여자들을 좋아하는 편이고 더 짙을수록 좋다, 까마귀처럼 까만 머리는 그렇지 않지만.

PONYTAIL 말총머리

ponytail 말총머리(말꼬리 모양의 묶음 다발머리)
pigtail 양갈래머리(돼지꼬리 모양의 twin ponytail인)
bun 쪽머리(쪽이 뒤나 위에 있는)
chignon (bun) 쪽머리(쪽이 목에 있는)
braid/plait 땋은 머리(pigtail을 엮은 plaited 머리)
bangs 앞머리(단발머리의)
layers 머리의 층

Braids add texture and dimension to meaty buns and ponytails. A bunch of ponytail braids is a very cute way to spice up the ponytail.
- texture 머릿결, meaty 근육이 우람한, spice up 더 멋지게 보이게 하다

땋은 머리는 풍성한 쪽머리와 말총머리에 머릿결과 부피를 더해준다. 한 다발의 땋은 말총머리는 말총머리를 더 멋지게 보이게 하는 아주 좋은 방법이다.

If your hair is just past shoulder length and it's so hot and humid that you can't stand having it down, you can chignon it or pull your hair into pigtails.

머리칼이 어깨 길이 아래로 내려가고 날씨가 너무 덥고 습해서 늘어뜨리고 있을 수 없다면, 쪽머리나 양갈래머리를 할 수 있다.

The goal of wearing headbands at the gym is to keep your hair back and off your face, when you have bangs or shorter layers.

체육관에서 헤드밴드를 하는 목적은 머리를 뒤로 넘겨 얼굴을 가리지 않게 하는 것이다, 앞머리나 짧은 머리 층을 하고 있으면.

TARTAN 격자무늬인

tartan kilt의 격자무늬(다양한 색의 가로 세로줄의 면과 색이 겹쳐 만든)
» 다양한 색의 가로세로 strife의 동일한 면, 색이 겹치며 만드는 체크무늬, kilt는 Scottish skirt 임

plaid 격자무늬(tartan의 변형이며 가로세로줄 크기와 색이 다름)
» Scottish풍이 아닌 tartan형의 체크무늬를 말하며, 저급한 나염 격자무늬는 madras라고 함

check 체크무늬(넓이, 간격이 동일한 정사각형을 형성하는)
» 보통 2가지 색의 정사각형 strife 패턴을 교대로 반복하며 checkerboard를 연상시킴

gingham 체크무늬(동일한 간격의 흰색과 다른 색의 가로세로 줄무늬)
» 체크무늬의 일종으로 분류됨

flannel 플란넬(두꺼운 재질의 tartan 무늬 직물인)
» 담요 재질이며 tartan 무늬로 의류, 담요, 침대 피 등을 만듦, flannel 셔츠는 이 재질의 셔츠임

Flannel shirts are most commonly made with a plaid pattern, which originated in Scotland where it's called tartan.
플란넬 셔츠는 보편적으로 격자무늬로 만들어진다. 그 무늬는 타탄이라고 불리는 스코틀랜드에서 유래한다.

Gingham usually comes in a checked pattern. It consists of equal-sized squares formed by vertical and horizontal stripes crossing each other over a white background. When I was wearing this gingham pattern dress, my mom used to say "You look like a farmer. Are you going to milk cows?" or "Are you going to be a picnic tablecloth?"
깅엄은 통상 체크판 무늬로 나타난다. 그것은 흰 바탕 위에 서로 교차하는 수직과 수평 줄에 의해 만들어진 정사각형으로 구성되었다. 내가 이 깅엄 무늬의 옷을 입고 있을 때 엄마는 "너는 농부 같구나. 우유를 짜려고?" 또는 "너는 피크닉 테이블보가 되려고 하니?"라고 하시곤 했다.

SOLID 단색의

solid 단색의(무늬, 색이 섞이지 않는)
striped 줄무늬의
grungy 넝마 패션의
» 낡은 flannel 셔츠에 째지고 탈색된 청바지에 너저분한 머리 모양의

When pairing a solid tie with a patterned shirt, keep the tie darker than the shirt, rather than vice versa.
단색의 넥타이를 무늬가 있는 셔츠와 짝을 맞출 때는 셔츠보다 넥타이를 더 어둡게 하세요, 반대로 하기보다는.

If you are wearing a striped shirt, do not match with a striped tie. Matching two similar patterns together is rarely a successful combination.
만약 당신이 줄진 셔츠를 입고 있다면 줄진 넥타이와 같이 매지 마세요. 두 개의 유사한 무늬를 어울리게 하는 것은 거의 성공한 조합이 못됩니다.

There is a variety of colors and styles you can choose from, but you rather prefer to favor a worn, even grungy look.
선택할 수 있는 다양한 색과 스타일이 많지만, 당신은 오히려 낡고 넝마처럼 보이는 것에 호의를 보이는 것을 선호한다.

INHERENT 본질적인

inherent 본질적인(어떤 특성을 일반적으로 본래부터 갖고 있어)
» 모든 스포츠는 위험을 내재적 본질로 inherent한다

intrinsic 본질적인(어떤 특성이 없으면 존립할 수 없고 필수적이어서)
» 수학은 모든 과목 중에서, 모든 제품의 디자인은 가장 중요하고 기본적 본질로 intrinsic한다

"Elections are an **inherent** quality of democracy" means that all democracies hold elections. By contrast, "elections are an **intrinsic** quality of democracy" means that the electoral system is a unique and an essential characteristic of democracy. To put it another way, it means that when it is removed, a key element of democracy is lacked.

"투표는 민주주의의 본질적 특징"이라는 말은 모든 민주국가가 투표를 포함하고 있다는 것이다. 이와 대조적으로 "투표는 민주주의 필수 구성요소인 특징"라는 말은 선거의 절차가 독특한 본질적 특징이라는 뜻이다. 달리 말하면, 만약 그것이 제거될 때에는 민주국가의 주된 요소가 빠진다는 뜻이다.

Inherent fault is a tendency in an object or material to deteriorate or self-destruct because of its **intrinsic** "internal characteristics," including weak construction, poor quality or unstable materials. [Wiki]

본질적 결함이란 어떤 사물과 물질 속에 있는 무너지고 스스로 부서지는 경향이다. 자신의 본질적 "내부의 특성" 때문에, 약한 건축, 저급하거나 불안정한 물질 등.

FASHION 유행

fashion 유행(특정 시대나 장소에 인기 있는 의상, 헤어 디자인 등의)
style 모양(머리, 옷 등의 독특한)
vogue 최신 유행(latest fashion인)
fad 일시적 유행(일시적으로 관심을 끄는)
craze 빤짝 유행(폭발적으로 잠시 빤짝하는)
trend 추세(새로운 것을 만들어내는 점진적 변화와 발전의)

Flare jeans and the ultimate **style** reminiscent of Western cowboys have become a **fashion** staple recently.
• fashion staple 청바지, 옥스퍼드 셔츠같이 유행을 타지 않는 고전적 필수 옷

서부 카우보이들을 추억하게 하는 나팔바지와 극단적 스타일이 최근 고전적 필수 옷이 되었다.

The vintage velvet is back in **vogue** and slowly works its way into mainstream **fashion**.
• work one's way ~로 헤쳐 나아가다

전통의 벨벳이 다시 최신 유행이 되고 서서히 주류 패션에 들어가고 있다.

A **fad** is an unpredictable, temporary, short-term event which has an absolute beginning and a definite end. It could be a **craze** for youths to follow. Some people might call it a flash in the pan. By contrast, a **trend** refers to the lasting potential of becoming an influence on the market.

일시적 유행은 확실한 시작과 분명한 끝을 가진 예측할 수 없고 일시적인 단기간에 벌어지는 일이다. 그것은 젊은이들이 따르는 빤짝하는 유행일 수 있다. 어떤 사람은 그것을 반짝 유행이라고 부를 수 있다. 이와 대조적으로, 추세는 시장에 영향을 줄 지속적 잠재성을 말한다.

LITHE 유연한

lithe 유연한(댄서, 운동선수 등이 호리호리하고 동작이 부드럽고)

supple 부드러운(근육, 가죽, 직물, 목소리, 마음씨 등이 뻣뻣하지 않고)

Cats are very lithe and flexible animals. They can get into spaces other animal of the same size cannot fit.
고양이들은 대단히 부드럽고 유연성이 있는 동물들이다. 그들은 같은 크기의 다른 동물들이 들어갈 수 없는 공간으로 들어갈 수 있다.

Wearing leather leggings is a very exciting thing, how soft and supple they are to the touch. The smoothness of the texture hugs every inch of me from my waist all the way down to the ankles. This will forever be one of my staple clothing items.
가죽바지를 입는 것은 참 좋아요, 촉감이 얼마나 연하고 부드러운지 몰라요. 감촉의 부드러움이 허리부터 발목까지 쭉 나를 안아줘요. 이것은 영원히 주로 입는 옷의 하나가 될 거예요.

AUDITORY 청각의

auditory 청각의
olfactory 후각의
sensory 감각의
visual 시각의
gustatory 미각의
tactile 촉각의

The brain translates physical stimuli from the external world into visual, sensory, gustatory, olfactory, auditory, tactile, kinesthetic perceptions.
뇌는 외부로부터 오는 신체의 자극들을 시각, 감각, 미각, 후각, 청각, 촉각, 근육감각의 인식으로 바꾼다.

This device can convey a realistic haptic, tactile, cutaneous, thermal, and kinesthetic sensation to a user at the same time.
• haptic 만지는, cutaneous 피부의
이 기계는 만지는, 촉각의, 피부의, 온도의, 근육 활동의 실제적인 감각을 동시에 사용자에게 전달할 수 있다.

KINETIC 운동 에너지의

kinetic 운동 에너지와 관계된
kinesthetic 근육감각의

A kinetic watch utilizes energy generated by the wearer's movements and converted into power to run a watch.
운동 에너지 시계는 에너지를 이용한다, 착용자의 움직임에 의해 생성되어 시계를 움직이는 힘으로 전환되는.

Kinesthetic learners learn best when they are using their hands and bodies through a hands-on approach in learning.
• hands-on 실습의
근육감각을 이용하는 학습자들은 가장 학습을 잘한다, 배울 때 실습을 통해 자기의 손과 몸을 쓸 때.

PHYSICIAN 의사

physician 일반 의사, 내과의사
medical doctor(MD) 전문의
» 피부과dermatologist, 종양학과oncologist, 정형외과orthopedist, 소아과pediatrician, 외과surgery 등
internist 내과전문의
» 심장내과cardiology, 신장내과nephrology, 류머티즘rheumatology 등
general practitioner(GP) 일반 개업의, 초진 담당의(PCP's)

Physicians use medicines to make their patients feel better. However, surgery and more comprehensive medical procedures can be carried out by medical doctors (MD).
일반 의사는 약을 사용하여 환자의 상태를 완화해준다. 그러나 수술과 더 포괄적 의료절차는 전문의(MD)에 의해 수행될 수 있다.

Internists specialize in diagnosing and treating diseases of a particular internal organ or system. They have a lot in common with general practitioners (GPs). They provide primary care for patients who got, say, the flu and refer them to specialists especially when they may need surgery.
내과전문들은 특정 내부기관과 시스템의 질병을 진단하고, 처치하는 것을 전문으로 한다. 그들은 일반 개업의와 많은 공통점을 갖고 있다. 그들은 이를테면 독감이 걸린 환자를 1차 진료하고 그들이 특히 수술이 필요한 경우 전문의에게 위탁한다.

A general practitioner (OR A generalist) is a physician without specialty. The GPs provide routine clinical care and have a role in assessing and treating various health conditions.
일반 개업의는 특정 전공이 없는 의사이다. 이들은 일상 임상치료와 다양한 건강상태를 평가, 치료하는 역할을 한다.

OPHTHALMOLOGIST 안과의사

ophthalmologist 안과의사
optometrist 검안사
» physician이나 MD는 아니며 미국, 영국, 호주, 캐나다 및 뉴질랜드 등에서 허용하는 제도
optician 안경사

Optometrists and ophthalmologists both perform routine eye exams and they are trained to detect, diagnose and manage eye diseases. An ophthalmologist is a medical doctor who specializes in eye and vision care. An optometrist is not a medical doctor, but may participate in your pre- and post-operative care if you have eye surgery performed by an ophthalmologist. Both optometrists and ophthalmologists are simply called eye doctors. Opticians only perform sight testing and supply of spectacles.
• spectacles 안경 glasses

검안사와 안과의사는 일상 눈검사를 하고 이들은 눈질환을 찾고 진단하고 처치하도록 훈련받았다. 안과의사는 눈과 시력을 돌보는 전문의이다. 검안사는 의사는 MD는 아니나 안과의사에 의해 수행된 눈 수술 전후 진행되는 치료에 참여할 수 있다. 검안사와 안과의사는 단순히 eye doctor라고 불린다. 안경사들은 단지 시력검사를 하고 안경을 공급한다.

CHARLATAN 돌팔이 의사

charlatan 돌팔이 의사(quack), 야바위꾼(mountebank)
swindler 사기꾼
crank 괴팍한 사람

He's just an archetypal charlatan or swindler. He doesn't care about the facts or truth, but he does only care about the next con.
• archetypal 전형적인

그는 원조 돌팔이 의사나 사기꾼이다. 그들은 사실과 진실에 신경 쓰지 않고, 그들은 다음번 사기를 칠 일만 신경 쓴다.

He keeps his mind and heart wide open even to cranks, quacks and imposters.
• imposter 협잡꾼

그는 심지어 괴짜들, 사기꾼들, 협잡꾼들에게도 그의 마음과 정신을 활짝 열고 있다.

OTC 일반 약

OTC 일반 약(의사 처방 없이 살 수 있는 약)
prescription medication 전문 약(의사 처방전으로 사는 약)

Over-the-counter medications (OTC) are considered safe and effective when used appropriately. But it is cautioned that very serious adverse reactions are frequently resulted from overdose of the common OTC drugs.
- pharmacist(약사)는 영국에서는 보통 chemist라 함

OTC는 적절히 사용될 때 안전하고 효과적이라고 여겨진다. 그러나 그 보통의 OTC의 과용으로 심각한 해로운 반응이 생긴다고 경고된다.

Most patients receive a prescription from a doctor and a pharmacist fills it. You take medication hoping it will make you feel better. That's how it's supposed to work.

대부분 환자는 의사로부터 처방전을 받고 약사가 조제한다. 당신은 약을 먹는다, 약이 당신을 낫게 하도록 기대하면서. 뭐 이런 식이다.

MEDICINE 약

medicine 약(보편적 용어이며, 질병 치료에 쓰이는 모든), **의술**
» medicament도 '약'이라는 용어이지만 요즘은 사용 빈도가 낮음
medication 처방약(의사로부터 치료용으로 처방된 pharmaceuticals인)
drug 불법적인 약(마약 등의), 전문 약(우울증, 골다공증 약 등의)
pill 알약(가루약을 환으로 만든, 또는 약을 이르는 보편적 용어로)
tablet 정제(capsule이나 납작하게 압축한, pill이라고도 하는)
panacea 만병통치약(만병을 낫게 할 수 있다고 믿는 elixir인)

Get more information about the drugs used for treatment, prevention and how to keep track of the medications you are on.
- be on the medications 약을 장기 복용하다

치료, 예방에 사용되는 약에 관한 것과 당신이 장기복용하고 있는 약들을 챙겨보는 방법에 관해 더 많은 정보를 얻으세요.

They are trying to make a tailored medicine. They want it to combine the myriad of pills (that a patient needs to take per day) into just one tablet and to be slowly released in a day.
- myriad 무수한, the course of the day 하루의 길이를 강조하는 말

그들은 맞춤 약을 만들려고 하고 있다. 그들은 그 약이 (환자가 하루에 먹어야 하는) 무수한 알약들을 1개의 알약으로 결합하고 하루에 천천히 배출되기를 원한다.

Calcium is beneficial when it is coming from food sources and it is taken in proper ratio. However, calcium supplements can do more harm than good for overall health. It is by no means the panacea especially for strong bones.

칼슘은 음식으로부터 나오고 적절한 비율로 섭취될 때 유익하다. 하지만 칼슘 보충제는 건강 전반에 유익한 것보다는 더 해로울 수 있다. 그것은 특히 강한 뼈를 위한 만병통치약이 결코 아니다.

ANESTHETIC 마취제

anesthetic 마취제
tranquilizer 신경안정제

A general anesthetic causes temporary loss of pain sensation during surgeries, while a local anesthetic numbs in a certain area of the body.
일반 마취제는 수술 중 일시적으로 통증이 없도록 하지만 국소마취는 몸의 특정 부분에서 감각을 잃도록 한다.

Tranquilizers refer to medications that reduce anxiety and induce calmness or sleep by slowing down the central nervous system.
• numb 마비시키다, induce 유도하다
신경안정제는 걱정을 줄이고 평온이나 수면을 유도하는 약을 말한다, 중앙 신경 시스템을 느리게 함으로써.

POISON 독

poison 독약(흡입, 섭취, 접촉 때문에 전달되는)
venom 독(독침으로 상처에 쏘는)
toxin 독성물질(자연계에서 생성되는 면역반응을 일으킬 수 있는)

When a rattlesnake bites someone, the snake injects a venom into his body and the venom can act as a poison due to the toxins in the venom of the snake.
방울뱀이 누구를 물 때, 그 뱀은 그의 몸속에 독을 쏘고 그 쏘는 독은 독약의 구실을 할 수 있다, 그 뱀의 쏘는 독에 있는 독성분으로.

SEX 성별

sex 성별(생물학적으로 남자, 여자의)
gender 성별(사회문화적으로 남성, 여성의 역할로써)

Sex, like male or female, refers to the biological and physiological traits distinguishing women and men. By contrast, gender, like masculine or feminine, refers to the socially constructed behaviors, expectations, activities. The gender roles are quite different cross-culturally.
• cross-cultural 여러 문화 사이의
남자나 여자와 같은 sex는 여자와 남자를 구분하는 생물학적·심리적 특성을 말한다. 이와 대조적으로, 남성적이거나 여성적임과 같은 gender는 사회적으로 성립된 행동, 기대, 활동을 말한다. 그 성별 역할들은 여러 문화 사이에서 상당히 다르다.

STERILE 불임의

sterile 불임의(자식을 못 낳는)
infertile 난임의(여성이 임신이 어려운)
impotent 발기불능의

Having difficulty conceiving is considered infertile, but not sterile. Infertile women may take a bit longer to get pregnant, while sterile ones simply cannot conceive.
• conceive 임신하다

임신이 어렵다는 것은 난임이라고 여겨지지만, 불임은 아니다. 난임 여성들은 임신하는 데 좀 더 시간이 걸리지만, 불임 여성들은 단순히 임신할 수 없다.

A man who fears night, saying "Not tonight, honey! I'm deflated." has a possibility of suffering from impotence (OR erectile dysfunction).

"오늘은 안 돼요, 바람이 빠졌어요." 하면서 밤을 두려워하는 남성은 발기불능의 가능성이 있다.

PREGNANCY 임신

pregnancy/conception/gestation 임신
miscarriage 유산
abortion 낙태
stillbirth 사산

Women's smoke or even secondhand smoke reduces their chances of getting pregnant and creates risks for baby when conception does occur.

여성 흡연이나 심지어 간접 흡연이라도 임신 가능성을 감소시키고 임신 시에 아이에게 위험을 초래하게 한다.

Miscarriage (OR spontaneous abortion [SAB]) is defined as all clinically recognized pregnancy loss — the expulsion of a fetus — within the first 24 weeks of gestation.
• expulsion 구축expelling

자연유산은 임신 첫 24주 이내 임상적으로 인식되는 임신을 상실하는 것 즉, 태아의 추방이라고 정의된다.

Stillbirth (occurring before labor or during labor and delivery) is defined as the intrauterine fetal demise and subsequent delivery of the deceased baby.
• intrauterine 자궁 내의, fetal 태아의, demise 사망

산통 전이나 산통과 출산 중에 일어나는 사산은 자궁 내의 태아 사망과 연이은 죽은 아이의 출산을 말한다.

SPAWN 산란하다

spawn 산란하다(알을 낳아)
deliver 새끼를 낳다(give birth to, bring forth)
reproduce 번식하다
hatch 부화하다(알을 까)

Salmons make an all-out do-and-die journey home to spawn to the same places where they were hatched.
연어들은 그들이 부화한 곳으로 알을 낳기 위해 최선을 다하는 마지막 여행을 한다.

There are two distinct methods of reproduction (that is, the process of generating offspring among animals). Some species deliver live young, while others lay eggs.
동물 사이에 새끼를 생산하는 번식과정은 번식의 두 가지 방법이 있다. 일부 종은 새끼를 낳지만 다른 것들은 알을 낳는다.

EMBRYO 배아

embryo 배아(태아의 초기 상태인)
fetus 태아(배아가 자라 동물의 형태를 이루는)

The embryo refers to the first stage of development of a baby from the time of fertilization until the end of the eighth week of pregnancy. A developing baby (from the ninth week of gestation until birth) is called a fetus.
배아는 수태의 순간부터 임신 8주까지 아기의 발달 초기단계를 이른다. 자라는 아이(임신 9주차부터 출생까지)는 태아라고 불린다.

DEMENTIA 치매

dementia 치매(원인 규명에 따라서는 회복될 수도 있는)
Alzheimer's disease 치매(환자의 대부분을 차지하며 퇴화적이고 불치의 병인)

All diagnosed cases of Alzheimer's disease are marked by dementia, but not all dementia is due to Alzheimer's disease with cerebral atrophy.
• cerebral 대뇌의, atrophy 위축contraction
알츠하이머라고 진단된 모든 경우는 치매라고 표시되지만, 모든 치매가 대뇌위축을 동반하는 알츠하이머병 때문은 아니다.

It's important that any patient with dementia spends time and takes part in meaningful activities with their friends and family, even after they are unable to recognize the faces of close friends and family. That's because their visits make them feel happy and secure.
어떤 치매 환자라도 그들의 친구들과 가족과 시간을 보내고 의미 있는 활동에 참여하는 것은 중요하다. 그들이 친한 친구들과 가족의 얼굴을 인식할 수 없게 된 후에도. 그 이유는 그들의 방문이 그들을 행복하고 안전하게 느끼게 해주기 때문이다.

CONGENITAL 선천적인

congenital 선천적인(질병, 결함 등이)
acquired 후천적인(질병, 결함 등이)
inherited 유전된, 상속된(물려받아)
innate/inborn 타고난(본능적으로 가진)

Physical deformities can either be congenital or be acquired through accident, illness or surgeries.
• deformity 기형

육체적 불구는 선천적이거나 사고, 병, 수술 들을 통해 얻은 것일 수 있다.

Red hair, blue eyes, dark skin and protruding front teeth, etc. are all inherited traits. However, newborn child suckles intuitively or instinctively, even though they are not taught to do so. That is an innate (OR inborn) human characteristic.
• suckle 젖을 빨다, intuitive 직관적인, instinctive 본능적인

붉은 머리, 푸른 눈, 까만 피부 그리고 뻐드렁이 등은 유전된 특징들이다. 그러나 신생아는 직관적이고 본능적으로 젖을 빤다, 비록 그들이 배우지 않아도. 이것이 타고난 인간의 특징이다.

GROW 자라다

grow 자라다(자녀, 식물, 수염 등이)
raise 기르다(자녀, 동물, 식물 등을), **부양하다**(가족을)
breed 기르다(자녀, 동물 등을), **개량하다**(품종을)
bring up 양육하다(음식, 주거 제공 및 교육으로 자녀를)
rear 기르다(아기, 새끼 등을)
foster 기르다(양자로 삼아), a.입양된
nurture 기르다(물, 햇빛 등의 영양분을 주어)

He grew up in strict Christian family. He was brought up to fear anybody not like him. Particularly, as: a white, cisgender male, he was taught to hate anyone not straight.
• cisgender: transgender의 반대 개념으로 정상인straight

그는 엄격한 크리스천 가정에서 자랐다. 그는 그와 같지 않은 누구라도 두려워하도록 양육되었다. 특히 백인이며 정상적인 성 정체성의 남성으로 그는 비정상적인 사람을 싫어하도록 배웠다.

Farmers might want either to raise cattle bred for beef or dairy, or to rear a dual-purpose breed.
• breed n.품종, 혈통

농부들은 고기나 우유를 위해 품종 개량된 소를 기르고 싶거나 두 가지 목적의 품종을 기르고 싶을 것이다.

When it comes to chicken industry, the first image that comes to mind is a great number of chickens being reared in a cage. For us, however, they are never housed and raised in cages. They are growing on the floor of large barns and have complete freedom to roam the barn at their will.

닭 산업에 관해서 생각되는 첫 번째 이미지는 닭장 속에서 사육되고 있는 수많은 닭들이다. 우리에게서는, 그러나, 그들은 결코 닭장 속에서 거주하고 사육되지 않는다. 그들은 큰 축사들의 마룻바닥에서 자라고 마음대로 축사를 돌아다닐 완벽한 자유를 갖고 있다.

If your foster child is defiant, how can you nurture the child and develop bonds with the child?

• defiant 반항적인, bonds 인연

수양아들이 반항하면 어떻게 그 아이를 양육하고 그 아이와 유대를 발전시킬 수 있어요?

SLEEP 잠자다

sleep 잠자다(보편적 용어로)
doze off 졸다(꾸뻑꾸뻑 가벼운 수면상태로 되어)
drowsy a.졸리는(잠이 오려고 해서 비활동 상태가 되어)
slumber 깊은 잠을 자다(가볍게 doze하다가)
take a snooze/nap 선잠을 자다(의도적으로 토막잠을 자는)
» 알람을 듣고 깬 후 잠시 더 자는 정도의 시간을 자는 것이 snooze임

If you're suffering from insomnia, you might be staring at the ceiling, tossing and turning until the wee hours of the morning before finally dozing off into a peaceful slumber.

• wee hours 새벽 1시부터 4시정도까지 시간

당신이 불면증을 앓고 있으면 천장을 바라보고 있을 수 있다, 새벽녘까지 뒤척이며, 드디어 꾸뻑꾸뻑하다가 평화로운 깊은 잠으로 빠지기 전에.

If you find yourself feeling drowsy while driving, you should wisely decide to pull over on the side of the road for taking a nap.

• pull over 차를 갓길에 대다

당신이 운전하면서 졸린다고 여겨지면 당신은 현명하게 갓길에서 대기로 해야 한다, 잠깐 눈을 붙이려고.

If you feel a bit tired during the day, taking a short snooze of 20~30 minutes can help you energize, revive and restore.

낮에 좀 피곤하면 20~30분 잠깐 선잠 자는 것은 에너지를 주고 기운을 나게 하고 회복하도록 도와줄 수 있다.

HIBERNATION 동면

hibernation 동면(양서류, 포유류가 겨울잠을 자는)
dormancy 동면상태(신진대사의 에너지 절약상태인)
» 도마뱀, 개구리, 달팽이 등이 자는 여름잠은 estivation

Some true-hibernating animals go into dormancy during the coldest periods, but then warm temperatures can induce them to come out and bask.
• induce ~를 하게 하다, bask 햇볕을 쬐다

진정한 동면을 하는 일부 동물들은 가장 추운 기간 동안 동면에 들어가지만, 그 다음 따뜻한 기온이 그들을 나오게 해서 햇볕을 쬐게 할 수 있다.

DORMANT 동면상태의

dormant 동면상태의(겨울 동안 에너지 절약상태로 잠을 자는)
stagnant 정체된(움직임, 흐름, 변화, 발전이 없이)

Cold-blooded animals like reptiles, amphibians lie dormant in winter. They must hibernate not to be frozen solid and dead.

파충류, 양서류 들과 같은 냉혈동물은 겨울에 동면상태로 누워 있다. 그들은 딱딱하게 얼어 죽지 않으려고 동면해야 한다.

Anything alive in nature is either growing or dying. Nothing remains stagnant. The same goes for all of us. When we stop growing, we systematically begin the process of dying.

자연에서 살아있는 어떤 것이라도 자라거나 죽고 있다. 아무것도 정체된 채로 남아 있지 않다. 우리에게도 똑같이 적용된다. 우리가 성장을 멈출 때 우리는 시스템상으로 죽음의 과정을 시작하고 있다.

HEADACHE 두통

headache 두통
hangover 숙취, 두통(약의 부작용에 따른)
migraine 편두통

Whether you've got a headache or a migraine from job stress, or possibly a hangover caused by drinking too much alcohol, the pain you have to deal with can be a real bummer, to say the least.
• bummer 실망스럽고 괴로운 일, to say the least 아무리 최소한으로 말해도

당신이 직업 스트레스로 두통이나 편두통이 있거나 술을 너무 마셔서 머리가 아프거나 간에, 당신이 처리해야 할 그 고통은 아무리 최소한으로 말해도 괴로운 일이다.

DISEASE 질병

disease 질병(의사의 관점으로 환자의 몸에 발병하거나 감염에 의한)
illness 사소한 병(환자의 관점으로 약한 증상을 느끼는), **정신질환**
sickness 병적임(사회적 관점으로), **아픈 상태**(몸이 좋지 않아), **구역질**
ailment 병(만성적으로 오래된 모든)
infirmity 심신쇠약(만성피로, 허약, 마비 등을 일으킬 수 있는)

In ancient times, any ailment was a disease, but now an ailment requiring severe medical treatment is considered a disease, and a known or an easily treatable ailment is considered an illness. Therefore, fever or cough is considered an illness, whereas cholera or cancer is a disease.

옛날에는 모든 병은 질병이었지만 지금은 심각한 치료를 해야 하는 병들은 질병이라고 간주하고, 알려졌거나 쉽게 치료가 되는 병은 사소한 병이라고 간주한다. 그래서 열이나 기침은 사소한 병이라고 여겨지는 반면, 콜레라나 암은 질병이라고 간주한다.

Infirmities have to do with grief, sorrow, suffering, distress, etc.... They are not necessarily sicknesses referring to just being unwell or being nauseated, but can open the door to illnesses and diseases. For example, despair or discouragement can often lead to flu, and grief or bitterness can be a precursor to the development of cancer.

심신쇠약은 비탄, 슬픔, 고통, 고난 등과 관계가 있다. 그것들은 반드시 그냥 몸이 좋지 않거나 매스꺼운 상태를 말하는 아픈 상태는 아니지만, 병과 질병으로 문을 열어줄 수 있다. 예를 들어, 절망이나 낙망이 독감이 걸리게 할 수 있으며, 깊은 슬픔이나 분노가 발암의 전조일 수 있다.

WOUND 상처

wound 상처(공격으로 피가 나는)
injury 부상(우연한 사고, 스포츠에 의한 신체적)
hurt 상처(유무형의 폭행으로 생긴 심적, 육체적), v.아프다
harm 부상(신체의), 손상(물체의)
damage 손상(물체, 명성, 경제 등에 생긴)

When a big guy punches you and you are knocked out and get a black eye, you are injured, but not wounded, because you didn't bleed.

만약 큰 덩치가 당신을 쳐서 당신이 뻗고 눈에 멍이 들었을 때, 당신은 부상을 입었다, 상처를 입은 것은 아니고, 왜냐하면 피가 안 나왔으니까.

Injury may include physical hurt as well as damage, but it doesn't necessarily cause bleeding, and it isn't necessarily resulted from malicious intent.

부상은 신체적 손상뿐만 아니라 상처를 포함할 수 있지만, 그것이 반드시 피가 나는 것이 아니다, 그리고 그것은 반드시 악의적 의도의 결과는 아니다.

HURT 아프다

hurt v.아프다(통증을 느끼며), **상처를 입히다**(injure인)
ache 통증(toothache, backache 등 심하지는 않으나 특정 부위의 계속되는)
pain 통증(질병, 상처에 의한 ache보다 좀 더 아프고 갑작스러운)
pang 통증(hunger pangs, birth pangs 등 돌연한 날카로운 육체적·정서적)
burn 화끈거리다(열이 나며 타는 듯하게)
tickle 근질거리다(재채기가 나올 때 코가 가려운 것처럼)
tingle/prickle/sting 따끔거리다(살균제를 피부에 바를 때처럼)
» 스킨로션이 따가울 때 tingle, 가시에 찔렸을릴 때는 prickle, 바늘에 찔렸을 때는 sting으로 표현

I hurt (OR It hurts) when I bend my knee. The knee really hurts especially when I sit with my knee bent. Besides, I feel pain(OR I'm in pain) when I raise my arms above my head.
내가 무릎을 굽힐 때 아파요. 나의 무릎이 특히 무릎을 굽혀서 앉을 때 정말 아파요. 그 외에 내 머리 위로 팔을 올릴 때 통증을 느껴요.

I have been feeling as if something is stuck in my throat, but there are no actual lumps. It's just been an ache and a very mild intermittent burning sensation. It's been hurting more the last two days and it's kind of burning, itching, tingling sensation.
나는 목에 뭔가 걸린 것 같은 느낌이 있었지만 실제로 덩어리는 없다. 그것은 그냥 계속 아프고 아주 약하고 간헐적으로 화끈거리는 느낌이었다. 지난 이틀 동안 더 아팠고 일종의 화끈거리고 가렵고 따끔거리는 느낌이다.

When my finger started to feel a tickle sensation, it's not a random sensation of tingling, prickling, pins and needles or numbness. It's not a pain, but just a tickle.
• pins and needles 손, 발이 찌르는 것처럼 저리고 따끔거림
내 손가락이 근질거리는 느낌이 들기 시작할 때 그것은 따끔거리고 찌르는 듯하고 저리거나 무감각해지는 무작위의 느낌이 아니다. 그것은 아픈 통증이 아니고 그냥 근질거리는 것이다.

Hunger pangs mean a psychological component that makes you want to eat. If you're merely expressing that you're hungry, stick with hunger pangs, but not hunger pains.
• hunger는 질병이나 상처가 아니지만, 배가 고플 때 두통이나 위장에 통증이 있기도 하므로 pang을 사용함
배고픔은 식욕을 일으키는 심리적 요소를 의미한다. 배고프다는 것만 표현한다면 hunger pangs를 계속 쓰라, hunger pains가 아니고.

FERTILE 가임의

fertile 가임의(자녀를 생산할 수 있어)
futile 쓸데없는(밑 빠진 독에 물 붓기처럼)

Women desperately trying to conceive but not being able to get pregnant are paying thousands of dollars for fertility treatments(for infertility) that are at best futile and at worst dangerous.
불임여성들은 필사적으로 임신을 시도하지만 기껏해야 효과 없고 최악의 경우 위험한 불임치료에 수천 달러를 쓴다.

SCAR 흉터

scar 흉터(자상처럼 다쳤다가 아문 후에 몸에 남는)
bruise/contusion 멍(피부 변색을 동반하는 타박상인)
swelling/puffiness 붓기(부어 오르는)
rash 발진(종기, 뾰루지 등의)
itch 가려움(긁고 싶어 견디기 힘든 pruritus인)
infection 감염(바이러스, 곰팡이, 박테리아에 의한)
  » infestation은 동물, 벌레로 인한 감염
inflammation 염증(감염에 의한 체내반응으로 생기는)
  » infection이 되면 백혈구가 작용하여 붓고 뻘겋게 되는 inflammation이 나타나는데 이를 일반인들은 irritation이라고도 함

Cosmetics can aid in concealing severe acne scars, covering spots and disguising bruises.
화장품은 심한 여드름 흉터를 숨기고 점을 덮고 멍을 감추는 데 도움을 줄 수 있다.

I got little rashes with red bumps and blisters on my palms. The past couple nights they started itching like crazy.
손바닥에 붉은 돌기와 물집이 있는 뾰루지가 생겼다. 지난 며칠 밤에 그것들이 미치게 가려워지기 시작했다.

Persistent, severe pain, pressure and swelling of the gum may indicate an infection. The infections occur without an obvious injury to the affected area. Deep decay that penetrates into the pulp causes inflammation, irritation and infection.
  • affected 병에 걸린, pulp 치아의 속
끈질긴 심한 통증, 압박, 잇몸이 붓는 것은 감염일 수 있다. 그 감염은 감염된 부분에 분명한 부상이 없이 생긴다. 치수로 침투한 깊은 부식은 염증, 성가시게 하는 자극과 감염을 일으킨다.

CAVITY 충치

cavity 충치(tooth decay의 일부이며 치아가 부식되어 구멍이 난)
tooth decay 치아 부식(비전문가의 용어로 감염성 치아 질병을 통칭하는)
  » tooth decay를 의학용어로 dental caries라고 함

Tooth decay is a general concept. It usually appears as a cavity. Cavity is what it sounds like basically a hole in the teeth. It is caused by specific types of bacteria that produces acid.
치아 부식은 일반적 개념이다. 그것은 보통 충치로 나타난다. 충치란 기본적으로 이빨 속에 난 구멍과 같은 것이다. 그것은 산을 만드는 특별한 박테리아에 의해 생긴다.

NAUSEA 메스꺼움

nausea 메스꺼움
throw-up/vomit/barf/puke 구토
» 의사들은 vomit라고 쓰며, 일반적으로는 throw up 또는 barf라고 쓰며 sick라고 완곡하게 쓰기도 하고 puke는 저속한 용어임

diarrhea 설사
» LBM[loose bowel movement]은 '설사' 와는 다른 그냥 '묽은 배변' 임

Nausea is to make you feel sick in the stomach and to have the very unpleasant, queasy feeling of being about to vomit. Vomiting is the expulsion (OR throwing up) of gastric contents through your mouth.

메스꺼움은 뱃속이 좋지 못하게 느끼게 하는 것이고 토하려고 하는 불쾌하고 메스꺼운 느낌이 드는 것이다. 구토는 입으로 위의 내용물을 방출하는 것이다.

I have noticed multiple times that she starts to get an urge to throw up, whenever she sees or even hears someone puke or even notices the vomit.

나는 그녀가 게우고 싶은 충동을 받기 시작하는 것을 여러 번 보았다. 어떤 사람이 토하는 것을 보거나 심지어 듣거나 토한 것을 보기라도 할 때마다.

Diarrhea is when you pass multiple bouts of very loose, watery stools with little to no form. If your bowel movements are watery with little to no form, but occur once per day or less frequently, this LBM is not diarrhea.

• bout 한 차례의 일, pass stool 배변하다, little to no 거의 ~않는[hardly any]

설사는 묽고 수분이 많은 형태가 없는 모양의 변이 여러 차례 나올 때이다. 만약 당신의 배변이 형태가 거의 없이 물과 같지만, 하루 한 번이나 빈번하지 않다면, 이 묽은 변은 설사가 아니다.

ANOREXIA 거식증

anorexia nervosa 거식증(신경성 식욕부진의)
binge eating disorder 폭식증(많이 먹고 운동도 하지 않는)
bulimia nervosa 폭식증(과식한 후 다음과 같이 정화처리를 하는)
» 과도한 운동, 토하기vomiting, 변비약laxatives, 금식fasting, 이뇨제diuretic 등을 사용함

If you don't eat correctly, eating disorders occur, such as bulimia (purging after eating), anorexia (not eating) and binge eating (compulsive overeating).

올바르게 먹지 않으면 식후정화처리 하는 폭식증, 먹지 않는 거식증과 충동적으로 과식하는 폭식증 등과 같은 섭식장애가 생긴다.

Those who suffer from bulimia nervosa are typically normal weight, but as with someone with anorexia nervosa, they are intensely afraid of becoming fat or gaining weight.

폭식증이 있는 사람들은 전형적으로 보통의 몸무게이지만 거식증이 있는 사람들과 마찬가지로 그들은 살이 찌거나 몸무게가 느는 것을 아주 두려워한다.

FRACTURE 골절

fracture 골절
dislocation 관절탈구
sprain 염좌(뼈를 이어주는 인대가 충격으로 늘어나거나 찢어지는)
strain 좌상(근육의 과도한 사용으로 근육이나 힘줄이 일부 찢어지는)
» 염좌는 발목 부상 등처럼 뼈가 삐는 부상, 좌상은 등 뒤쪽, 햄스트링 등의 근육 힘줄의 타박상

A sprain (OR torn ligament) is a ligament injury in a joint. A strain (OR muscle pull) is a muscle injury. A fracture is an injury to the bone itself, and a dislocation occurs when a bone slips out of a joint.
• ligament 인대, joint 관절

인대파열이라고도 하는 염좌는 관절 인대의 부상이다. 좌상은 근육경직이라고도 하는데 근육의 부상이다. 골절은 뼈 자체의 부상이고, 탈구는 뼈가 관절에서 빠져나올 때 생기는 것이다.

IDENTICAL TWINS 일란성 쌍둥이

identical twins 일란성 쌍둥이
fraternal twins 이란성 쌍둥이
triplets 세 쌍둥이

The likelihood of having fraternal twins can run in families on mother's side, but having identical twins is not genetic. To form identical twins, one fertilized egg cell splits in half and develops into two babies with identical DNA. On the other hand, fraternal twins are made from two different eggs released at the same time, and the two siblings are no more alike genetically.

이란성 쌍둥이를 가질 가능성은 모계의 유전일 수 있지만, 일란성 쌍둥이를 가지는 것은 유전이 아니다. 일란성 쌍둥이를 만들기 위해서는 수정된 난자 한 개가 반으로 쪼개져 동일 DNA를 가진 두 아이를 만든다. 반면, 이란성 쌍둥이는 동시에 배란된 다른 두 난자로부터 생기고 그 두 형제자매는 유전적으로 유사하지 않다.

A multiple birth refers to the delivery of twins or higher-order multiples, namely, triplets, quadruplets, quintuplets and more newborns.
• higher-order 더 높은 서열의

다둥이 출산은 쌍둥이나 더 많은 다둥이, 즉 세 쌍둥이, 4둥이, 5둥이와 더 많은 신생아를 낳는 것을 말한다.

CONVULSION 경련

convulsion 경련(근육의 비정상적인)
» seizure는 근육의 경련이 포함되나 뇌에서 이상이 동반된 '발작'임

contraction 수축(근육의)

numbness 마비(감각의)

paralysis 마비(몸동작의)

spasm 쥐(근육이 갑자기 수축하나 별 통증은 없는)
» 근육이 수축하며 긴 시간 통증을 주는 '쥐'는 cramp임

A convulsion occurs when muscles rapidly and repeatedly contract and relax. It includes jerking and spasms of muscles throughout the body.
근육이 급히 반복적으로 수축하고 이완할 때 경련이 발생한다. 그것은 근육에 떨림과 쥐를 수반한다.

Numbness preceded by pain like pins-and-needles is a loss of sensation, while paralysis involves a loss of movement and sensation.
• pins-and-needles 손발이 저려 따끔따끔한 느낌

손발이 저려 따끔따끔한 느낌과 같은 통증이 선행되는 무감각상태는 감각의 상실이다. 반면, 마비는 동작과 감각의 상실을 수반한다.

WRINKLE 주름살

wrinkle 주름살

cellulite 튼살(여성의 피부에 살이 터지는 것처럼 나타나는)

crow's feet 눈가의 주름

As we age, skin becomes loose, saggy, and legs, hips, underarms build cellulite. They are caused by subcutaneous fat and fluids pushing and straining against the skin.
• saggy 늘어진, subcutaneous 피하의, strain 잡아당기다

나이가 들어가면서 피부는 헐렁해지고 처진다. 그리고 다리와 엉덩이 겨드랑이 아래 속기는 튼살이 된다. 그것은 피부를 밀고 당기는 피하지방과 피하수액에 의해 생긴 것이다.

Laughter lines, wrinkles, turkey necks, sagging skin and crow's feet formed on our temples near your eyes are the earliest signs of ageing that show up on our face.
• temple 관자놀이

웃음 선, 주름살, 칠면조 목, 늘어지는 피부와 눈의 관자놀이에 형성된 눈가의 주름은 우리의 얼굴에 나타나는 노화의 가장 초기 증상들이다.

WRINKLED 주름진

wrinkled 주름이 진(인위적이 아닌 자연적으로 접혀)
creased 주름이 잡힌(종이를 접거나 다림질 같은 인위적 행위로)
folded 접힌, 겹친(한쪽 부분이 다른 쪽 부분을 덮어)
crumpled 구겨진(종이를 뭉쳐서 scrunched되어)

Just because you pack your jacket into a suitcase doesn't mean that it must succumb to rumpled wrinkles. Fold your jacket like this and it doesn't come out like crumpled tissue paper, but it remains presentable.
• succumb to 굴복하다, rumple 구기다, wrinkle 주름

당신이 여행 가방에 양복 상의를 꾸려 넣는다고 해서 그것이 바로 구겨진 주름이 되는 것이 아니다. 당신의 상의를 이렇게 접어라, 그러면 구겨진 종이휴지처럼 나오지 않고, 보기 좋게 유지된다.

I don't have a tumble dryer, so I hang up my clothes to dry and let wrinkles fall out. I don't iron them all. I only iron dress shirts and pleated pants that require a crease. Everything else gets folded and is put away in drawers.
• tumble dryer 빨래건조기, pleated 주름 잡힌

나는 빨래건조기가 없어서 말리고 주름이 빠지도록 옷들을 넌다. 나는 모든 옷을 다림질하지 않는다. 나는 칼 주름이 필요한 드레스 셔츠나 주름 바지만 다림질한다. 그 밖에 모든 것은 개켜져서 서랍 속에 수납된다.

When he was bored, he started tearing up his note and crumpling up the pieces into ball shapes and throwing them in the trash can, counting how many times he could make it.

그가 지루했을 때, 노트를 찢어 구겨서 공 모양으로 만들어 그것들을 쓰레기통으로 던지기 시작했다, 몇 번 성공할 수 있는지 세면서.

ATMOSPHERE 분위기

atmosphere 분위기(주변 공기를 싸하거나 들뜨게 하는, 속어로는 vibe인)
ambience 분위기(한 장소에서 느긋함, 편안함 등의 은근한 기분을 느끼게 하는)
» 어떤 광란의 파티에서는 lively, violent atmosphere를 느낄 수 있고, 어떤 분위기 있는 jazz bar에서는 smoky atmosphere 또는 laid-back ambience를 느낄 수 있다.

Our snack bar's vive is friendly and the ambiance is modern in every way. If you want a fancy atmosphere with non-pretentious food, this is the place to go.

우리의 스낵바의 분위기는 대단히 우호적이고 여러모로 현대적인 분위기입니다. 당신이 가식 없는 음식을 내는 멋진 분위기를 찾으시면 이곳입니다.

CHOKE 숨이 막히다

choke 숨이 막히다(목구멍을 막히게 하여)
suffocate 질식시키다(산소가 없어)
smother 숨을 못 쉬게 하다(코나 입을 막아)
strangle 교살하다(목을 졸라)

It's fairly normal for babies to put things in their mouths out of curiosity, but lots of things bring the risk of choking. You must be careful to prevent your baby from the risk of asphyxia including choking, suffocation and strangulation.

• asphyxia 질식

유아가 호기심에 물건들을 입에 넣는 것은 아주 정상이지만 많은 것들이 질식의 위험을 초래한다. 당신의 아이가 숨이 막히고, 산소 부족으로 질식하고, 목이 졸리는 것을 포함하는 질식의 위험을 예방하는 데 주의해야 한다.

Smothering means suffocating someone by putting something over the person's face. You can smother a fire by covering it with sand, dirt or a blanket until it can't breathe anymore and goes out.

• go out은 불이 꺼지다, put out은 불을 끄다

smothering이란 어떤 사람의 얼굴에 무언가를 얹어서 그 사람을 질식시키는 것이다. 당신은 불에 모래, 흙이나 담요로 덮음으로써 불이 숨이 막히게 할 수 있다, 불이 더는 숨을 못 쉬고 꺼질 때까지.

When someone wraps his hands around your throat to choke or strangle you, it's a felony offense.

• felony offense 중범죄

만약 누군가가 당신을 숨이 막히게 하거나 교살하려고 당신의 목을 손으로 감싸쥘 때, 그것은 중 범죄다.

PANCREAS 췌장

pancreas 췌장
leukemia 백혈병
prostate 전립선
anemia 빈혈

The risk of pancreatic cancer increases if there are family members diagnosed with prostate cancer.

췌장암의 위험이 증가한다, 만약 전립선암으로 진단받은 가족들이 있으면.

Leukemia is a cancer of blood cells. It is caused by abnormal rise in the number of white blood cells. By contrast, anemia occurs when blood does not transport enough oxygen to the rest of the body due to iron-deficiency in the blood.

백혈병은 피 세포의 암이다. 그것은 백혈구 수의 비정상적 증가로 생긴다. 이와 대조적으로, 빈혈은 피가 충분한 산소를 몸의 나머지로 나르지 못할 때 생긴다, 혈액 속에 철의 결핍으로 인해.

MALFUNCTION 작동불능

malfunction 작동불능(기계 관련)
dysfunction 기능장애(인간 관련 의학적), **불능상태**(추상적)

In medical practice errors occur most commonly, and they can be the main cause of mortality. This is caused by either human error or machine malfunction.
의료의 관행에서 실수는 보편적으로 일어나고 그것들은 사망의 주요 원인이 될 수 있다. 이것은 사람의 실수나 기계의 작동불능 중 하나에 의해 기인한다.

Caring for a spouse with dementia is a chronic stressor, especially male caregivers are more vulnerable to cognitive and physical dysfunction of their spouse.
치매인 배우자를 돌보는 것은 만성적 스트레스 요인이다. 특히 남성 보호자들은 그들 배우자의 인지와 신체적 기능장애에 더욱 상처를 입는다.

PROGNOSIS 예후

prognosis 예후(치료 후 병의 결과를 예측하는)
consequence 결과(특정 행동이나 상황의 부정적이고 불편한)
result 결과(특정 행동으로 중립적이거나 긍정적으로 따르는)
  » 또한, 공식적으로 동시에 산출되는 결과는 result, 장기적 관점의 결과는 consequence로 주로 표현
outcome 산출물(기술용어로 사용되는)
ramifications 파급효과(어떤 행위가 직접 끼칠 수 있는)
repercussions 반발(간접적·부정적 효과인)

When the disease occurs as a consequence of excessive thyroid hormone activity, the prognosis is variable. It depends on the response to initial therapy.
이 병이 과도한 갑상선 호르몬 활동의 결과로 생길 때, 그 예후는 다양하다. 초기 치료의 반응에 달려 있다.

The result of raising prices might increase gross margin. On the contrary, the outcome of a high-pricing strategy might reduce gross profit due to the decreased sales.
가격을 올린 결과는 총이익을 증가시킬 수 있다. 반면, 고가 정책의 산출물은 판매 감소로 인해 총이익을 감소시킬 수 있다.

The company announced that they were currently considering laying off 20% of its workforce. However, the top management did not fully understand the ramifications of their decision. Because within a day, all workers went on strike. The repercussions were immediately apparent.
  • lay off 정리해고 하다, workforce 산업체의 총 노동력

그 회사가 현재 노동력의 20%를 줄이는 것을 고려하고 있다고 발표했다. 그러나, 최고경영진은 그들 결정의 파급효과를 완전히 이해하지 못했다. 왜냐하면, 하루 만에 모든 노동자가 데모를 시작했기 때문이다. 반발들이 즉각 드러났다.

RECOVER 회복하다

recover 회복하다(병에서)
rehabilitate 재활하다(장애인, 부상자, 전과자를 정상적인 삶으로 돌아가도록)
reintegrate 복귀시키다(전과자를 사회에)

In order to recover from a disease, major surgery, or to cope with a chronic condition, your doctor may advise you to stay in an inpatient rehabilitation facility. Because rehab or physical therapy can help your body recover (OR recuperate) from any existing condition.
• inpatient 입원환자

질병이나 대수술이나 만성적 상태에 대처하기 위해 당신의 의사가 입원 재활시설에 머물기를 권장할 수 있다. 왜냐하면, 재활이나 물리치료가 몸이 현재 상태로부터 회복하도록 도와줄 수 있기 때문이다.

Lots of social policy barriers make it difficult for ex-offenders to reintegrate into the communities they left.

많은 사회정책 장벽은 전과자들이 떠났던 사회에 복귀하는 것을 어렵게 한다.

HEAL 치유하다

heal 치유하다(약을 사용하지 않고)
cure 치유하다(약으로 다시 건강하도록)
treat 치료하다(약이나 의학적 방법을 사용하여)
therapy 치료요법(언어 훈련, 재활 훈련 등 장애를 치료하기 위한 비약물적)
remedy 민간요법(약초 치료처럼 통증이나 간단한 질병을 치료하는)

Pancreatic cancer is a type of cancer no one knows exactly how to treat, but she is healing the cancer naturally after two kinds of treatment failed.

췌장암은 아무도 치료 방법을 모르는 암 종류이지만 그녀는 2가지의 치료가 실패한 후 자연적으로 그 암을 치유하고 있다.

Doctors use medication, therapy, surgery, and other treatments so that patients no longer have the particular condition anymore. Sometimes these treatments are cures. But if a disease can't be cured, doctors will often use treatments to help control it.

의사들은 약, 요법, 수술 그리고 다른 치료를 사용한다, 환자들이 특정 상태를 더는 가지지 않도록. 종종 이런 치료들이 치유법들이다. 그러나 어떤 질병이 약으로 치유될 수 없으면 의사들은 종종 병을 다루는 데 도움을 주는 치료법을 사용할 것이다.

This perfect massage therapy on a regular basis keeps you away from problems such as neck pain. I think it's a kind of healthy panacea. Try these home remedies to heal neck pain without side effects and poor consequences.

이 정기적인 완벽 마사지 요법이 목의 통증과 같은 문제를 벗어나게 한다. 내 생각에는 그것은 일종의 건강의 만병통치제이다. 부작용과 나쁜 결과가 없는 목의 통증을 치료하는 이 가정요법들을 해봅시다.

DETERIORATE 악화하다

deteriorate 악화하다(가치, 건강, 질 등이 손상을 당하여 점차)
aggravate 악화시키다(병세를 더욱 나쁘게)
exacerbate 더욱 악화하다(이미 나빠진 것이)

Over the previous few years his mobility and general health have been deteriorating (OR getting worse) steadily.
앞서 수년 동안에 걸쳐서 그의 기동성과 전반적인 건강이 계속 악화하여 왔다.

Attempts to restrict parking in order to keep traffic flowing smoothly in the city center have rather aggravated the traffic congestion.
  • city center 시의 중심, congestion 혼잡, 과잉
도로를 도심에서 교통이 순조롭게 흐르게 하려고 주차를 제한하는 시도들은 교통혼잡을 오히려 악화시켰다.

His siding with his mother-in-law only exacerbated the already tense relations between his wife and her mother.
그가 장모를 편든 것이 아내와 장모 사이의 이미 서먹해진 관계를 더욱 악화시켰을 뿐이었다.

DISCHARGED 퇴원되다

be discharged 면제되다(빚이), **퇴원**(석방)**되다**(병원, 구치소에서)
be dismissed 각하되다(a case is dismissed라면 사건이), **차이다**(get dumped되어)

The case was dismissed by the court, and the defendant was discharged. The accused was released from custody right away.
그 사건은 법원에 의해 각하되었고 그 피고는 석방되었다. 그 피고는 즉시 구금상태에서 풀려났다.

He filed for bankruptcy. The bankruptcy case was never approved or discharged, and then dismissed by the court months later. After that he had to contact each of his creditors individually.
그는 파산을 신청했다. 그 파산 건은 법원에 의해 승인되지도 면제되지도 않았고 그런 다음 몇 달 후에 기각되었다. 그 후에 그는 개별적으로 모든 채무자를 접촉해야 했다.

SURGERY 수술

surgery 수술, 외과
operation 수술, 작동
» surgery는 불가산 명사, operation은 가산명사
section 절개

There are lots of reasons to undergo surgery. Some operations can cut down on symptom of a disorder or make a function better within body. Others can simply take away pain or even save one's life, such as cesarean section surgery.
• undergo 싫지만 ~할 수밖에 없다[suffer]

수술하지 않을 수 없는 많은 이유가 있다. 일부 수술들은 장애증상을 감소시키거나 체내 기능을 개선할 수 있다. 다른 수술들은 통증을 없앨 수 있거나 심지어는 제왕절개 수술처럼 한 사람의 생명을 구할 수 있다.

DISSECT 해부하다

dissect 해부하다(실험을 위하여)
amputate 절단하다(수술로 신체기관을)
mutilate/maim 불구로 만들다(외관상 신체가 잘리거나 변형되게)
cripple 불구로 만들다(기능상 장애인이 되도록), n.병신(속된 표현인)
» 다리가 잘리면 mutilated, crippled이다, 척추를 다쳐 걷지 못하면 crippled이지만 외관이 멀쩡하므로 mutilated는 아니다, 코가 잘리면 mutilated이지만 생활 자체는 지장이 없어 crippled는 아니다

Dissecting a frog is an important experience for anatomy.
• anatomy 해부

개구리 한 마리를 해부해보는 것은 해부의 중요한 경험이다.

The vet amputated all the paws of my dog because of frostbite, maiming him and making him no longer able to get around on his own.
• paw 동물의 발, frostbite 동상

그 수의사는 내 개의 발을 동상으로 모두 절단했다, 불구를 만들어 더는 스스로 돌아다닐 수 없게 하면서.

They are offering a $3,000 reward for information that help police catch a person who mutilated a dog, which was found with its ears and nose cut off. It is disgusting that someone deliberately maimed this poor helpless animal.

그들은 3,000달러의 현상금을 제공하고 있다, 개를 불구로 만든 사람을 경찰이 잡도록 도와주는 정보에 대해. 그 개는 귀와 코가 잘린 채 발견되었다. 누군가가 이 불쌍하고 무기력한 동물을 고의로 불구로 만든 것은 가증스러운 일이다.

If the surgeons have to amputate his leg, he will kill himself; he doesn't want to go through life as a cripple.

외과의들이 그의 다리를 절단해야 한다면 그는 자살할 것이다, 즉 그는 불구자로 삶을 살기를 원치 않는다.

IMPAIRMENT 장애

impairment 장애(신체 내부적으로 고장이 난)
impediment 장애(외부적으로 드러나는), 방해
disability 불능(신체적 상해, 장애로 무엇이 불가능한)
inability 무능(자질, 기술, 힘의 부족으로 무엇이 불가능한)
handicap 불리한 점(신체장애로 인해)
deformity 기형(신체가 정상적으로 생기지 못한)

» '장애 된'은 challenged, disabled, handicapped, impaired이며 crippled는 금기 표현

A visual impairment caused by cataract or another eye problem is an internal problem of your body, and it affects your ability to see clearly. By contrast, the reason for your being unable to see what you want to enjoy might be a visual impediment caused by an obstacle blocking your vision.

백내장이나 다른 눈의 문제 때문에 생긴 시력장애는 당신 몸의 내부적 문제이고 그것이 또렷하게 볼 수 있는 능력에 영향을 미친다. 이와 대조적으로, 당신이 즐기고 싶은 것을 볼 수 없는 이유가 당신의 시야를 막고 있는 장애물에 의해 생기는 시야방해일 수 있다.

Impairment refers to more abstract obstacles, while impediment refers to external ones. For example, alcohol can impair judgment and increase crash risk, while traffic jams can impede driving.

impairment란 한층 추상적 장애물을 말하지만, impediment란 외형적 장애물을 말한다. 예를 들어, 술이 판단에 장애가 되고 충돌 위험을 증가시키고, 반면, 교통체증은 운전을 방해한다.

When a man is born blind and has a reading disability, it's his impediment. When he is banned from applying for a job by reason of this impediment and disability, it's his handicap.

어떤 남자가 날 때부터 눈이 멀었고 독서 불능상태를 갖고 있다면, 그것은 그의 장애이다. 그가 이런 장애와 불능상태 때문에 어떤 직업에 지원이 막힌다면, 그것은 그의 불리한 점이다.

The early symptom of leprosy is a visible deformity, such as damage present in hands and feet, or impaired vision.

• leprosy 나병

문둥병의 초기증상은 눈에 보이는 기형이다, 손과 발에 있는 손상이나 장애가 생긴 시력과 같은.

His inability to concentrate on anything for more than a few moments at a time is due to his physical disabilities.

그가 한 번에 잠깐 이상 어떤 것에 집중할 수 없는 무능은 그의 신체의 불능 때문이다.

GET OVER 극복하다

> **get over** 극복하다(문제의 해결보다는 회피하여)
> **overcome** 극복하다(문제의 근원을 해결하여)
> **conquer** 싸워 이기다(문제, 두려움 등을 완력으로), 정복하다(전투로)

I used to hate you for what you did to me. But now you are no longer in my life. I've moved on to better things. I've got over it.

나는 당신이 내게 했던 것 때문에 당신을 미워하곤 했어요. 그러나 이제 당신은 내 인생에 없어요. 나는 마음을 달리 먹었어요. 나는 이미 그것을 극복했어요.

If you are trying to overcome an eating disorder, you might find a way to get rid of the bad habit.

만약 당신이 섭식장애를 근원적으로 극복하려고 하면, 그 나쁜 습관을 제거하는 방법을 찾게 될 것이다.

Communists are constantly sure that capitalism might be defeated by its own child — technology, and socialism will eventually conquer capitalism.

공산주의자들은 계속 확신한다, 자본주의는 자신의 자식, 즉 기술에 의해 패배 될 수 있고, 사회주의가 결국 자본주의를 정복할 것이라고.

RAVENOUS 몹시 배가 고픈

> **ravenous** 몹시 배가 고픈
> **voracious/gluttonous/greedy** 탐식하는
> **ferocious** 포악한

The rations of ten men each day was granted to the prisoner, but he remained ravenous and insatiable, and even ate at least 20 rats that came into his cells. He shocked everyone with his voracious appetite.

매일 10명분의 배급이 그 죄수에게 주어졌지만, 그는 여전히 배가 고프고 만족을 모르고, 심지어 감방으로 들어온 쥐를 최소 20마리나 먹었다. 그는 게걸스러운 식욕으로 모든 사람을 깜짝 놀라게 했다.

A ferocious lion kills animals indiscriminately. It is very greedy and doesn't seem at all interested in sharing.

• indiscriminately 닥치는 대로, greedy 욕심이 많은

포악한 사자는 닥치는 대로 동물들을 죽인다. 욕심이 대단히 많아서 나누어 먹는 데 관심이 없는 것 같다.

FATIGUED 피로한

fatigued 피로한(일시적으로)
lethargic 피로한(만성적으로 극심하게)
dizzy 현기증이 나는(어찔어찔하며)

Normal children may feel weary and fatigued (OR tired) when they are ill, while lethargic children are extremely weak, but not acting normally.
정상적인 아동은 아플 때 지치고 피로하다고 느낄 수도 있다. 반면 만성피로를 가진 아동은 극단적으로 허약하고 정상적으로 활동할 수 없다.

If you feel drowsy, nausea, no appetite, dizzy like you are about to faint, it could be a viral syndrome like the flu.
졸리고 메스껍고 식욕이 없고 실신할 것같이 현기증이 난다면, 독감과 같은 바이러스 증후군일 수 있다.

CONTAGIOUS 접촉성의

contagious 접촉성의(사람과 사람 사이의)
infectious 전염성의(세균 감염에 의한)

Cholera and typhoid fever are caused by bacteria and spread through contaminated water and food. So they are termed "food- and water-borne infectious diseases." By contrast, contagious diseases such as AIDS, flu, SARS are passed to others through contact between an infectious case and a susceptible individual.

• -borne 특정 매개로 전염되는, case 병에 걸린 환자

콜레라와 장티푸스는 박테리아에 의해 발병하고 오염된 물과 음식으로 퍼진다. 그래서 그것들은 수인성과 식품 매개 감염성 질병들이라고 불린다. 이와 대조적으로, 에이즈, 독감, 사스 같은 접촉성 질병들은 전염성이 있는 환자와 걸리기 쉬운 사람들 사이에서 접촉을 통해 전달된다.

DERMAL 피부의

dermal 피부(skin, dermis)의
subcutaneous 피부 아래의

Subcutaneous tissue, located beneath the dermal skin, has many functions, including insulation, thermoregulation, skin elasticity and energy storage.
피하조직은 피부의 아래에 위치하는데 많은 기능을 갖고 있다. 단열, 체온조절, 피부의 탄력과 에너지 저장을 포함하는.

PATHOGEN 병원체

> pathogen 병원체
> parasite 기생충
> predator 포식자
> prey 희생물(victim인)
> parasitoid 포식기생충(다른 조직체에서 성장하여 그 숙주를 죽이는)

All pathogens cause diseases including food poisoning, tuberculosis and plague in humans. Some parasites may be pathogenic, but not all parasites are pathogens.

모든 병원체는 인간에게서 식중독, 결핵, 전염병을 포함한 질병을 유발한다. 일부 기생충들은 병원성 질환을 일으킬 수 있지만 모든 기생충이 병원체는 아니다.

Parasites are dependent on their hosts and utilize their resources to live, grow, and reproduce and transmit infectious diseases to their hosts. However, they do not usually kill their hosts, while parasitoids always kill them. Predators eat a wide variety of prey during their lifetime.

기생충들은 살고 성장하고 번식하기 위해 숙주에 달려서 그들의 자원을 이용하고 감염성 질병들을 숙주들에게 전파한다. 그러나, 그들은 숙주들을 보통 죽이지 않는다. 반면, 포식기생충들은 그들을 늘 죽인다. 포식자들은 생애 동안 다양한 희생물들을 먹는다.

METABOLISM 신진대사

> metabolism 신진대사
> digestion 소화작용

Digestion is the act of consuming, breaking down and processing food. Meanwhile, metabolism is the act of utilizing the nutrition or energy that has been extracted from food for breathing, circulating blood, regulating body temperature, contracting muscles, digesting and absorbing foods, excreting waste via urine and feces, keeping the brain and nerves working, etc.

- extract 추출하다, contract 수축하다, excrete 배설하다

소화란 음식을 먹고, 분쇄하고, 처리하는 활동이다. 반면, 신진대사는 음식에서 추출된 영양소와 에너지를 사용하는 활동이다. 숨 쉬고 혈액을 순환시키고 체온을 조절하고 근육을 수축하고 음식을 소화 흡수하고 오줌과 배변을 통해 배설물을 배출하고 뇌와 신경을 계속 작용하는 것 등을 위해서.

EPIDEMIC 전염병

epidemic/plague/pestilence 전염병(한 지역의 치명적 감염성)
pandemic 전염병(세계적으로 미치는 치명적 감염성)
(disease) outbreaks (질병의) 발발

They reported an epidemic outbreak of pneumonic plague and declared an international public health emergency.
그들은 폐 관련 전염병의 발발을 보고하고 국제 공중건강의 비상사태를 선언했다.

The pestilence of the year has been cited as the most devastating pandemic in recorded world history.
그해의 전염병은 역사상 가장 치명적인 전염병으로 인증되었다.

PREVALENT 만연한

prevalent 만연한(갑자기 영향력이 확대하여)
pervasive 팽배한(부정적 여론이 확산하여)
prevailing 우세한(여론을 지배하고 있어)
ubiquitous 퍼져 있는(어느 곳이나 동시에, 곳곳에 널리)

When a certain opinion is running around, it's a widely prevalent view.
어떤 의견이 떠돌고 있을 때, 그것은 널리 만연하고 있는 견해이다.

When you see your kids playing computer game incessantly and you're sick of seeing the same situation, it must be a pervasive one because you're seeing it again and again.
당신이 아이들이 컴퓨터 게임을 끊임없이 하는 것을 보고 똑같은 상황을 보는 것이 지겨울 때, 그것은 팽배한 상황이 틀림없다, 왜냐하면 당신이 반복적으로 다시 보고 있기 때문이다.

Most scientists believe in the Big Bang theory about the origin of the universe, and it is a prevailing theory among them.
대부분 과학자는 우주의 기원에 관한 빅뱅이론을 옳다고 믿는데 그것은 그들 사이에서 우세한 이론이다.

Exposure to toxic environmental chemicals during pregnancy is ubiquitous and is a threat to healthy human reproduction. [Reuter]
임신 중에 독성 환경화학물질에 대한 노출은 널리 퍼져 있는 건강한 인간의 생식에 대한 위협이다.

DIE 죽다

die 죽다(사람, 동물, 어떤 이념 등이 수명을 다해)
pass away 돌아가시다(die의 완곡한 표현으로)
demise 종언하다(사람, 동물에는 쓰이지 않으며 조직, 이념 등이)
perish 죽어가다(굶어 죽을 때처럼 비폭력상태에서 서서히)
deceased a.죽은(dead인)

If current trends continue, the demise of the pop music industry will be predicted and lead to the collapse of the culture industry.
현재의 추세가 지속된다면, 팝뮤직 산업의 종언이 예견되고 문화산업의 붕괴로 이끌 것이다.

If my survival caused another to perish, then death would be sweeter and more beloved.
[Khalil Gibran]
나의 생존이 다른 사람을 죽게 한다면 죽음이 더 감미롭고 더 소중할 것이다.

My father and his sister inherited some property from my now deceased grandfather. The property was unable to be divided as designation stated in the will, so it has been jointly owned. Now that my aunt has passed away without a will. How would the property be divided?

• designation 지정, will 유언

아버지와 고모가 지금은 돌아가신 할아버지로부터 재산을 물려받았어요. 그 재산은 유언에 언급된 지정대로 쪼개질 수 없었어요. 그래서 함께 소유하고 있었어요. 이제 고모가 유언이 없이 돌아가셨어요. 그 재산은 어떻게 나누어지나요?

IMMORTAL 죽지 않는

immortal 죽지 않는
invincible 지지 않는
invulnerable 취약하지 않은
indestructible 파괴되지 않는

Someone who suffers a nonfatal injury in a fight can win in the end. If someone is not vulnerable, it would be possible for him to be invincible (OR undefeatable). Being invulnerable can make someone immortal, indestructible and unstoppable.

싸움에서 치명상을 입지 않은 사람이 마지막에는 승리할 수 있다. 어떤 사람이 취약하지 않다면 그는 지지 않을 수 있다. 취약하지 않은 것은 누구를 죽지 않고, 파괴되지 않고, 막을 수 없게 할 수 있다.

CORPSE 시체

corpse 시체(일반적 용어로 dead body를 뜻하는 인간의)
cadaver 시체(해부연구용)
carcass 사체(죽은 동물의)
morgue 공시서(mortuary에 가기 전 시체의 신원파악을 위한)
mortuary 시체 임시 안치소
coroner 검시관
autopsy 검시, 부검
forensic 법의학의

If a homeless is dead, the corpse will be placed in a morgue where bodies are kept until they are identified by next-of-kin, and then taken to a mortuary or a crematorium and then for burial. When the body is used for research or dissection, it becomes a cadaver.
• next-of-kin 유산을 받을 자격이 있는 친척, crematorium 화장장, dissection 해부

노숙자가 죽으면 그 주검은 시체들이 친척에 의해 신원이 밝혀질 때까지 보관되는 공시소에 안치되고 그런 다음 시체보관소나 화장장으로 옮겨지고 그 다음 매장하러 갈 것이다. 시체가 연구나 해부용으로 사용될 때 해부용 시체가 된다.

The best way to safely dispose of a farm animal carcass is to bury the dead body on your property. Digging a hole at least two feet deep is recommended to protect the remains from the elements and scavengers.
• remains 사체 또는 그 일부, the elements 폭풍우, scavenger 구더기, 독수리 등 사체를 먹는 동물

농장의 동물 사체를 안전하게 처리하는 가장 좋은 방법은 소유지에 사체를 묻는 것이다. 2피트 깊이를 파는 것이 권장된다, 폭풍우와 썩은 사체를 먹는 동물로부터 사체를 보호하기 위해.

A body of a deceased person is brought to the coroner's Office to be autopsied by a forensic pathologist when the person died of unknown reason.
• pathologist 병리학자

죽은 사람의 사체는 검시관의 사무실로 법의학 병리학자에 의해 검시되기 위해 보내진다, 그 사람이 불명확한 이유로 죽었을 때.

MORTALITY 사망

mortality 사망(숫자)(질병에 의한 death인)
fatality 사망(사고나 재앙에 의한 death인), **치사성**(병에 걸려 죽는)
morbidity 유병(률)(illness를 지니고 있는)
incidence 발생(률)(질병, 사건, 사고, 질병의)
lethality 치명성(농약, 독극물 등의)

A study shows that physical activity reduces mortality (OR death) to a somewhat greater degree in cancer survivors.
한 연구가 밝혔다. 육체 활동이 암 생존자들에게 큰 폭으로 사망을 감소시킨다는 사실을.

A woman died after being hit by a self-driving car. It is believed to be the first fatality (Or death) of a pedestrian struck by a fully autonomous vehicle.
한 여성이 자율운전 차량에 치여 죽었다. 완전 자율주행차량에 받힌 보행자의 첫 번째 사망자라고 믿어진다.

Primary prevention is clearly the best way to avoid diabetes, which lead to blindness, kidney failure, non-traumatic limb amputations, and cardiovascular morbidity and mortality.
- non-traumatic 비외상성

초기 예방이 분명 당뇨를 피하는 가장 좋은 방법이다. 그것은 실명, 신부전, 비외상성 사지절단과 심장병과 심장마비로 인한 사망으로 이끈다.

Even with earlier diagnosis and more effective treatments, cancer incidence is increasing without change in mortality worldwide.
조기진단과 더 효과적인 치료에도 불구하고 암 발생은 전 세계적으로 사망숫자에서 변함없이 증가하고 있다.

Some species of scorpion have a venomous sting that can be lethal (OR fatal) to humans.
전갈의 일부 종들은 독성 침을 갖고 있다. 그것은 인간에게 치명적일 수 있다.

CASUALTIES 사상자

casualties 사상자(재앙, 전쟁, 공권력 행사 중의)
victims 희생자(표적이 되어 사기, 강도, 육체적 손해를 당한)
death toll 사망자 수(재앙, 전쟁, 사고 등에서)

The death toll has topped after intense bombardment from air and land. In the operations lots of people have been wounded, and moreover up to 80% of the casualties were civilians.
- top 최고에 이르다, bombardment 폭격, operations 작전

사망자 숫자가 공중과 지상으로부터 강력한 폭격 후에 최고점에 이르렀다. 그 작전 가운데 많은 사람이 상처를 입었다. 그리고 더군다나 사상자의 80% 이상이 민간인들이었다.

If you believe that you can become a victim of a grizzly bear attack and attempt to survive the wild animal's attack, your best bet for survival is to play dead.

- grizzly 회색을 띤, best bet 가장 확실한 방법

회색 곰에 의한 공격의 희생물이 될 수 있다고 믿고 그 야생동물의 공격에서 살아남으려고 하면, 생존을 위한 가장 확실한 방법은 죽은 척하는 것이다.

EUTHANASIA 안락사

euthanasia 안락사
natural death 자연사

When it comes to end-of-life issues for companion animals, compassionate euthanasia is likely to be chosen as the most humane decision for them. It's because natural death occasionally causes controversy. However, with humans, it's obviously the other way around.

- compassionate 자비로운, be the other way around 반대다

반려동물의 목숨을 끊는 문제에 관해서라면, 자비로운 안락사가 애완동물을 위한 가장 인간적인 결정으로 꼽힐 것이다. 그 이유는 자연사가 때때로 논란을 일으키기 때문이다. 그러나 인간에게는 분명 정반대다.

THE LATE 고(故)

the late a. 고(故)(돌아가신)
the deceased 고인(최근에 돌아가신)
the bereaved 유족(최근에 상을 당한 상주인)
defunct a. 망한(사람이 아닌 어떤 것이 이제 존재하지 않고)
» debunk는 (이론, 주장이) 가짜로 증명된

Each funeral should celebrate, honor and remember the life of the deceased and provide healing to those left to cope with the loss. Let's reflect on the life of the late Tom Brown at his funeral. Let's express our deepest sympathies and sincere condolences to the bereaved.

모든 장례식은 고인의 삶을 기리고, 존경하고 기억하고 상실을 이겨내도록 유족들에게 치유를 제공해야 합니다. 고 탐 브라운 씨의 장례식에서 고인의 삶을 회고합시다. 유족에게 깊은 동정과 진지한 애도를 표합시다.

It's the list of top five dead artists and defunct bands that come to mind. You will get to see them and be pleased and brag about them.

이것은 생각나는 최상위 5위의 죽은 예술가와 이미 없어진 밴드들의 목록이다. 여러분은 그들을 볼 수 있고 즐기고 그들을 자랑삼아 떠들 것이다.

LIFESPAN 수명

lifespan 수명(생명의 길이를 양적으로 표현하는)
life expectancy 평균기대수명
lifetime 평생(삶 전체 경험을 표현하는)

Lifespan is the age reached by any member of any species. Average lifespan, namely, life expectancy, is the average age reached by members of a population. We believe the maximum lifespan for the human race is 120 years.

수명은 어떤 종의 어떤 구성원에 의해 도달되는 나이이다. 평균수명, 즉 기대수명은 한 개체의 구성원들에 의해 도달되는 평균나이이다. 우리는 인간의 최대 수명이 120세라고 믿고 있다.

The global average lifespan (OR life expectancy) in 2015 was 71.4 years; for a few lucky people, it may exceed 100 years. However, to be frank, it is not possible to see all places of the world in a lifetime.

세계 2015년 평균기대수명은 71.4세이다. 즉 몇몇 운이 좋은 사람은 100세를 넘길 수 있다. 그러나, 솔직히 말해, 평생 세계의 모든 곳을 다 볼 수는 없다.

FATE 숙명

fate 숙명(죽음으로 끝날 수밖에 없는 인간의 천부적인)
destiny 운명(개인의 노력으로 바꿀 수 있는 인간의 긍정적 의미의)
doom 불길한 운명(죽음, 파괴 등 부정적인)

Fate is something determined even before your birth, just like there is a certain time and way you will die. By contrast, your destiny can be shaped by your thoughts or your beliefs, and you can know which direction you are going by the feelings you have about every choice you make. So there could be a man of destiny like Churchill.

숙명이란 당신이 태어나기도 전에 결정된 것이다. 당신이 죽을 시간과 방법이 있는 것 같은. 이와 대조적으로, 당신의 운명은 당신의 생각이나 사상에 의해 만들어질 수 있다. 그리고 당신이 내리는 모든 선택에 대해 갖는 느낌들로 어느 방향으로 향하는가를 알 수 있다. 그래서 처칠과 같은 운명의 사나이가 있을 수 있다.

Doom refers to a predetermined state or end, implicating that bad things are going to happen. Some people think most of us are hopeless sinners who are doomed to the eternal punishment of hell-fire.

• implicate 직접 암시하다

불길한 운명은 미리 결정된 상태나 종말을 말한다. 나쁜 일이 일어난다는 것을 직접 암시하면서. 일부 사람들은 우리 대부분이 지옥불의 영벌에 들어가기로 운명 된 희망이 없는 죄인들이라고 생각한다.

03 동작, 행동
Physical Activities, Behaviors

BRING 데리고(가지고) 오다

bring 데리고 오다(speaker나 listener가 있는 목적지로 carry along with)

take 데리고 가다(제3의 장소로 carry away with)
» Take 5th street to Edwards and turn right. 처럼 use의 의미도 있음

get 가서 찾아 가져오다
» fetch는 get의 영국식 표현

You can ask a waiter to bring you coffee and shout to him to bring it back, because it's not hot enough. You can get take-out food to move the food from your location to somewhere else. You can ask your friend to take you to a party. You can take any leftovers home from the party.

당신은 웨이트에게 커피를 가져와 달라고 요청하고 다시 가져가라고 소리지를 수 있다. 충분히 따뜻하지 않아서. 당신은 take-out 음식을 살 수 있다. 그 음식을 당신이 있는 곳에서 다른 곳으로 가져가는 당신은 친구에게 파티로 데리고 가 달라고 요청할 수 있다. 당신은 파티에서 먹다 남은 음식을 집으로 가져갈 수 있다.

You visit your father every morning and you always take him the day's newspaper. From your father's perspective, you always bring him the day's newspaper.

당신은 아침마다 아버지를 방문하여 그에게 신문을 가지고 간다. 당신 아버지의 관점에서는 당신이 그에게 신문을 가지고 온다.

Could somebody get (OR bring, give, lend, hand, pass, throw, fetch) me a towel please? I got a little dirt on my face.

누가 수건 좀 줄 수 있어요? 얼굴에 오물이 좀 묻었어요.

LIE DOWN 바닥에 대다

lie down 바닥에 대다(자거나 쉬기 위해 몸을 엎드리거나 눕거나)
lie back 눕다(치과 의자처럼 앉은 자세에서 몸의 상체를 뒤로 젖히고)
lie on one's back/lie supine 눕다(등을 바닥에 대고 반듯하게)
lie prone 엎드리다(배, 가슴을 바닥에 붙이고)
prostrate 납작 엎드리다(겸손, 항복의 의미로 팔다리와 얼굴을 바닥에)

Lying down too much can be detrimental to your health. Lying back and being a lazy couch potato can be more detrimental.
너무 많이 눕는 것은 건강에 해로울 수 있다. 상체를 뒤로 젖히고 게으름뱅이가 되는 것은 더 해로울 수 있다.

A person lying supine is lying flat on their back. By contrast, a person in the prone position is lying face down on the chest and abdomen.
천정을 보고 눕는 사람은 등을 바닥에 대고 납작하게 눕는 것이다. 이와 대조적으로, 엎드리는 사람은 가슴과 배를 바닥에 대고 얼굴을 바닥으로 향하는 것이다.

Some civil servants who faced the risk of losing their jobs had to lie down and prostrate when they met the state governor.
일자리를 잃을 위기에 직면한 일부 공무원들은 바닥에 대고 납작 엎드려야 했다, 그들이 주지사를 만났을 때.

CREEP 기어오르다

creep 기다(천천히), 기어오르다(이끼, 포도나무 등이)
slither 미끄러지듯 가다(뱀처럼 의도가 의심스럽게)
crawl 기다(두 손 두 발로 땅에 배를 대고 또는 곤충, 벌레 등이)
» 뱀은 slither하고, 뱀이 쥐를 잡을 때 creep한다고 할 수 있으나 crawl하지는 않는다, 유아는 creep, crawl 할 수 있다

While my father was watching TV, I crept into the garage and slithered into his car and let the parking brake off and let the car reverse down the driveway without igniting the engine.
아버지가 TV를 보는 동안 나는 살금살금 차고로 가서 그의 차에 올라 주차 브레이크를 풀고 시동을 걸지 않은 채 차를 차고 진입로 아래쪽으로 후진시켰다.

Gross motor skills (such as crawling, standing and walking) and fine motor skills (such as grasping an object) are a major milestone in their physical development.
• motor skill 운동능력
기고 서고 걷는 전반적인 운동능력과 물건을 쥐는 것 같은 정교한 운동능력이 신체의 발달에서 주요 이정표이다.

SHIVER 떨다

shiver 떨(리)다(추위 등으로 미세하게)
tremble 떨(리)다(분노, 흥분, 신체미약 등으로 가볍게)
quiver 떨(리)다(입술이 떨리듯이 미세하게)
shudder 전율하다(공포로 경련을 하며)
shake 흔들다(아주 강하게)
quake 진동하다(충격, 격변으로 크게)

Due to the driving rain and the unforgiving wind, he was shivering violently despite his conscious effort not to do so.
맹렬한 비와 무자비한 바람으로 그는 미세하게 떨렸다, 그러지 않으려는 그의 의식적인 노력에도 불구하고.

Her voice trembled like a violin string as she denounced her opponents.
그녀가 상대를 비난할 때 그녀의 목소리는 바이올린의 현처럼 가볍게 떨렸다.

When her secret was revealed, she bit her lips to keep them from quivering.
그녀의 비밀이 드러났을 때 그녀는 떨리지 않으려고 입술을 깨물었다.

The sight of the dead body was disgusting and made him shudder convulsively.
• convulsively 경련을 하며
시체를 본 그는 구역질을 했고 발작적으로 전율했다.

Suddenly the earth began to shake under my feet. It was a powerful quake.
갑자기 땅이 내 발 밑에서 흔들리기 시작했다. 그것은 강한 흔들림이었다.

SOMERSAULT 제비돌기하다

somersault/flip 제비돌기하다(땅이나 공중에서 360° 회전하는)
forward roll 앞구르기하다(땅에서 접촉이 떨어지지 않고 360°)

Somersaulting (OR Flipping) is when you take off the ground and turn over in the air moving the feet over your head and land on your feet. By contrast, forward rolling is when your body never loses contact with the ground and rolls forward.
공중제비는 것은 땅을 떠나 발이 머리 위로 지나게 하면서 공중에서 돌고 착지하는 것이다. 대조적으로 앞구르기는 당신의 지체가 땅에서 떨어지지 않고 앞으로 구르는 것이다.

WRIGGLE 몸을 비틀다

wriggle 몸을 비틀다(낚시바늘에 꿰인 지렁이처럼 여러 방향으로)
squirm 몸을 비틀다(등이 가려울 때처럼 불편하여)
twist 몸을 비틀다(좌우로), 몸을 돌리다(한쪽으로)
wiggle 몸을 돌리다(눈알을 굴릴 때처럼 일정하게 천천히)
jiggle 몸을 까딱까딱 흔들다(몸 전체를 상하좌우로 가볍게)
  » 자물쇠가 열리지 않을 때 열쇠를 열쇠구멍에 넣고 jiggle한다
wag 까딱까딱 흔들다(개가 꼬리를 흔들 듯 상하좌우로)
strut 거만하게 걷다

Wriggling is rather more random, a bored child wriggle (OR squirm) in its seat like a worm on a hook.
wriggle은 좀 제멋대로 하는 것이다. 따분한 아이가 자기 자리에서 낚싯바늘에 달린 미끼처럼 비비 꼰다.

Twisting is a turning motion, just like you would twist balloons when you're making a balloon dog.
twist란 돌리는 동작이다. 풍선으로 개를 만들 때 풍선을 돌리는 것과 같은.

When I felt absolute, unconditional love from someone, it made me extremely uncomfortable and I used to find myself squirming in the presence of such love.
내가 누구로부터 절대적이고 무조건적인 사랑을 느낄 때, 그것이 나를 극단적으로 불편하게 했고 나는 그런 사랑의 존재에 어색해 어쩔 줄 모르곤 했다.

What would pop music be if it were not for the wiggling, jiggling, leaping and strutting? It would only be a sound.
  • if it were not for ~이 없다면
몸을 비틀고 까딱까딱하고 펄떡펄떡 뛰고 거만하게 걷는 것이 없다면 팝 음악은 무엇이 될까? 그것은 그냥 소리일 뿐이다.

He pointed a finger between his eyebrows and wiggled his eyeballs, wagging his eyebrows amusingly.
그는 자기 손가락 하나를 눈썹 사이로 가리키고 그의 눈알을 굴렸다. 그의 눈썹을 재미있게 까딱까딱하면서.

Bouncing, jiggling and rocking baby are time-honored methods of soothing a crying baby.
  • time-honored 유서 깊은, soothe 달래다.
아이를 통통 튀게 하고 까딱까딱 흔들고 앞뒤로 흔드는 것은 우는 아이를 달래는 전통적인 방법들이다.

FLOAT 뜨다

float 둥둥 떠 있다
drift 떠서 흘러가다

Most icebergs floating in the ocean are large chunks of ice broken off from glaciers in Greenland. They are made of frozen freshwater, not saltwater. They often drift south with currents into the North Atlantic Ocean.
• current 해류

해양에 둥둥 떠 있는 대부분의 빙산들은 그린란드의 빙하에서 떨어져 나온 큰 얼음 덩어리들이다. 그것들은 바닷물이 아니라 냉동된 민물로 만들어진다. 그것들은 보통 해류를 따라 남쪽으로 흘러 북대서양으로 들어간다.

WRITHE 몸부림치다

writhe 몸부림치다(고통으로 wiggle, squirm 하며)
grimace 찡그리다(표정만 불쾌하다는 듯)
wince 움츠리다(grimace를 포함한 몸 전체의 반응으로 난처하여)
cringe 질겁하다(무섭거나 싫어서 찡그리고 방어 자세를 취하며)
flinch 움찔하다(표정 변화가 없을 수도 있으며)

He fell to the floor and writhed in excruciating pain and gasped for air and then died horribly.
• excruciating 몹시 고통스러운, grasp for air 숨을 쉬려고 노력하다

그는 마룻바닥에 넘어져서 심한 고통으로 몸부림치며 숨을 헐떡이다가 끔찍하게 죽었다.

Imagine when you get a shot anywhere on your body. You flinch when a nurse lightly slaps your skin. You wince when the nurse inserts the needle, because it hurts a little bit. You grimace when the needle is removed and pressure is applied to the puncture site.

신체의 어느 곳에 주사를 맞을 때를 상상해보자. 간호사가 피부를 살짝 칠 때 당신은 움찔한다. 그 간호사가 바늘을 꽂을 때 움츠린다, 왜냐하면 좀 아프니까. 바늘을 빼고 주사 맞은 곳을 눌러줄 때 얼굴을 찡그린다.

When he approached her from behind and planted an unsolicited kiss on her collarbone, she flinched like what was seen in one photo capturing a brief grimace in her smile.
• plant a kiss 키스하다

그가 뒤로 그녀에게 접근해서 쇄골에 원치 않은 키스를 했을 때 그녀는 움찔했다. 웃음 속에 잠깐 찡그리는 모습을 찍은 한 사진에서 보이는 것처럼.

There's nothing more cringe-inducing than a whole room of people making derogatory racist jokes with racial slurs.

인종차별적 언사와 함께 모욕적인 인종차별 농담을 하는 한 방 가득한 사람들보다 질겁하게 하는 것은 없다.

HANG 걸다

hung 걸어 놓았다
hanged 목을 매었다
» hang의 과거, 과거분사로 hung, hanged가 있음

A portrait of the last criminal hanged 75 years ago was being hung on his bedroom wall.
75년 전에 교수되었던 마지막 범죄자의 초상화가 그의 침실 벽에 걸려 있었다.

STAND AT ATTENTION 차렷

stand at attention 차렷 자세를 하다
stand with arms akimbo 두 손을 허리춤에 대고 서다
stand at ease 열중쉬어 하다

If I shout "stand at attention," you must do stand at ease immediately. If it is "bend over," you must do stand upright. If it is "cover your head with both hand." you must do stand with arms akimbo. What I mean is that your action in response should be the opposite of what is demanded.

• akimbo [əkímbou] (ad) 손을 허리에 대고 팔꿈치는 옆으로 벌려

내가 "차렷"하고 외치면 즉시 열중쉬어를 해야 한다. 만약 그것이 "허리를 굽혀"이면 바로 서야 한다. 만약 그것이 "두 손을 머리로 감싸"라면 당신은 팔을 허리춤에 대고서야 한다. 내 말에 반응하는 당신의 행동은 요구하는 것의 반대가 되어야 한다는 것이다.

CELEBRATE 축하하다

celebrate 축하하다(좋은 일을)
commemorate 기념행사를 하다(공식적으로)

Do you find it difficult to celebrate your own achievements? You may be low self-esteem, overly self-critical, and even a little resentful. Let's commemorate your accomplishments, extol your works, praise your conquests, applaud your triumphs.

자신의 업적을 축하하기가 어려운가요? 당신은 왜 자존감이 낮고 과도하게 자기 비판적이고 심지어는 분개하는지 모르겠어요. 당신의 업적을 기념합시다, 당신의 작품들을 칭찬합시다, 당신의 정복을 축하합시다, 당신의 승리에 박수를 보냅시다.

STANDING OVATION 기립박수

standing ovation 기립박수
applause/claps 박수

When the MC said at the end of the performance "Oh, come on, applaud for him. Let's give Mr. Brown a round of applause." the audiences clapped enthusiastically. Some of them gave him a huge round of applause, followed by a standing ovation.

• followed by 그 다음에 ~하다.

MC가 공연의 끝에 "자, 여러분 그에게 손뼉을 칩시다. 브라운씨에게 박수를 보냅시다."라고 말했을 때 청중이 열정적으로 박수를 쳤다. 그들 가운데 일부는 한바탕 손뼉을 쳐주었고 그 다음에 기립박수를 했다.

POSITION 동작 자세

position 동작 자세(달리기 자세, 골프 자세 등 운동할 때 정지동작인)
» 사회 이슈에 대한 개인적 신분으로 일시적 입장의 뜻도 포함

posture 몸 자세(거북목, 팔짱 낀 자세 등 의도적·습관적으로 짓는)

stance 기립 자세(stand의 의미대로 스포츠 활동을 할 때의)
» 조직체의 '장기적 공식적 대응 입장'의 뜻도 포함

pose 모델 자세(모델로서 사진 촬영을 위해 취하는)

Standing with good posture is important. Take on a physical pose in which a superhero stands tall with legs spread shoulder-width apart and with arms on hips, keeping his elbows bent and his head high. This superhero position (OR posture, pose) turns you into a real superhero!

• spread shoulder-width apart 어깨너비로 벌리다

좋은 몸 자세로 서는 것은 중요하다. 슈퍼 히어로가 팔꿈치를 구부리고 목은 곧추세우면서 다리를 어깨너비로 벌리고 엉덩이에 팔을 올린 채로 용감하게 서 있는 모델 자세를 취하라. 이런 슈퍼 히어로 몸 자세는 당신을 진정한 슈퍼 히어로로 변하게 할 것이다.

When you take your stance with correct posture and take your grip and place the sweet spot of the club face behind the ball, make sure that your arms must hang down, keeping relaxed and free of tension. It's the perfect arm position at address.

• sweet spot of the club face 골프 채의 타구 중심, address 골프의 타석

당신이 바른 몸 자세로 기립 자세를 취하고 그립을 쥐고 볼 뒤에 골프 채의 타구 중심을 놓을 때, 팔은 아래로 늘어뜨려져 있어야 한다, 편안하고 긴장이 없도록 유지하면서. 이것이 타석에서 완벽한 팔 동작 자세다.

EAVESDROP 도청하다

eavesdrop 도청하다(의도적으로 비밀리에)
overhear 엿듣다(남의 말을 우연히)

Overhearing is used when you accidentally hear something. It is not illegal when you just happen to overhear someone say something. By contrast, eavesdropping is used when you secretly and purposely listen to a private conversation without permission of the speakers. It can be performed remotely through bugs or subverting wireless technologies.

• secretly and purposely listen to= listen in on, subvert 전복시키다

우연히 엿듣는 것은 당신이 어떤 것을 우연히 들을 때 사용된다. 우연히 어떤 사람이 어떤 것을 말하는 것을 엿듣게 될 때 그것은 불법이 아니다. 대조적으로, 도청은 당신이 비밀리에 고의로 말하는 사람의 허락 없이 사적 대화를 들을 때 사용된다. 그것은 도청기나 획기적 무선기술을 통해 원거리에서 수행될 수 있다.

LISTEN TO 경청하다

listen(to) 경청하다(이해하려고 주목하여 귀 기울여)
hear 듣다(지나다 그냥 들리는 소리를)
hear of 소문으로 알고 있다(자세하게는 모르고 간접으로 조금)

» hear about 누구에 대한 세세한 정보를 듣다, hear from 편지, 전화 등으로 소식을 듣다

He has difficulty listening to a sermon in church, and sometimes he even can't hear his phone ring. He is trying to listen but can't hear very well.

그는 교회에서 설교를 집중하여 들을 때 어려움이 있다. 그리고 때때로 심지어 그의 전화가 울리는 것을 들을 수 없다. 그는 들으려고 하지만 잘 들을 수 없다.

You can hear what is being said to you regardless of your understanding, but there can be a time when you can't listen to it. A deaf people can't hear, but they can listen to sign languages.

당신은 이해와 관계없이 당신에게 들리는 것을 들을 수 있지만, 당신이 경청할 수 없을 때가 있을 수 있다. 귀먹은 사람들은 들을 수 없지만, 기호언어는 잘 주목할 수 있다.

If you say you have heard of him, you may recognize the name even though you don't know much about him. Namely, it means that you became aware of his existence vaguely, but not necessarily knew any details about him.

만약 당신이 그를 간접적으로 안다고 말한다면 당신은 그 이름을 인식할 것이다. 많이 알지는 못하지만, 즉, 당신이 그의 존재를 어렴풋이 알게 되었지만, 반드시 그에 대해 상세한 것을 안 것은 아니라는 말이다.

WEAR 입고 다니다

wear 입고 다니다(입은 상태를 나타내며)
put on 입다(입는 동작을 나타내며 take off의 반대로)
dress 입다, 입히다(타인에게 옷을)
dress up 빼입다(멋진 옷을 쫙)
slip into 입다(쏙 들어가면서 재빨리)
pull on 입다(확 당기면서 재빨리)
try on 입어보다(옷, 신발 등의 치수를 알아보기 위해)
wrap up 둘러싸다(몸을 따뜻하도록)
cover up 덮다(숨기려고)

Every knight always **wore** a helmet and never forgot to **put** it **on**.
모든 기사는 항상 헬멧을 쓰고 다녔고, 그것을 착용하는 것을 잊지 않았다.

She **dresses** like a streetwalker, not like a lady, while he **dressed up** in a suit and tie.
그녀는 창녀처럼 옷을 입었다, 점잖은 숙녀가 아니라, 반면 그는 정장과 넥타이로 쫙 빼입었다.

When I used to **slip into** the dark blue blouse or **pull on** a pair of jeans, there was a little doubt starting to **slip into** my mind.
내가 짙은 파란색 블라우스를 쏙 들어가면서 입거나 청바지를 입곤 했을 때, 내 마음속에 들어오기 시작하는 약간의 의심이 있었다.

I haven't **tried** it **on**, because obviously it was too small to **wear**. I went for a refund, but I was told to be unable to get a refund for hygiene reasons.
나는 입어보려고 하지 않았다, 분명히 그것은 입고 다니기에 너무 적었기 때문이다. 나는 환급하려고 갔지만, 위생상의 이유로 환급을 받을 수 없다는 말을 들었다.

I love to **wrap up** a throw blanket around my shoulders and neck on the sofa for warmth. It is also useful to **cover up** with when I just want to relax on my bed, but not to get under a blanket.
• throw blanket 무릎담요

나는 소파에서 따뜻하게 하도록 어깨와 목에 무릎담요를 감는 것을 좋아한다. 그것은 또한 덮기에 유용하다, 내가 그냥 침대에서 담요를 덮지 않고 쉬고 싶을 때.

HUG 껴안다

hug 껴안다(일반적으로 지인과 만나 반갑다는 표시로 짧게)
embrace 껴안다(애정의 표시로 좀 길게)
cuddle 껴안다(연인 사이에)
» hugging, kissing, caressing 등이 포함되며 머리, 손, 얼굴 등을 만지는 행동을 동반함
caress 쓰다듬다(애완동물을 어루만지듯 애정을 가지고)

A hug is usually a non-romantic, non-sexual embrace. Family members hug one another, whereas lovers embrace each other.
hug는 보통 애정이나 성적 관계의 포옹이 아니다. 가족들은 서로 hug하지만 사랑하는 사람들은 서로 embrace 한다.

While a military wife might hug her husband coming back from war, she embraces the emotional and physical scars that he is carrying.
군인의 아내는 전쟁에서 돌아오는 남편을 껴안으면서, 남편이 가지고 오는 정신적·육체적 상처를 포옹한다.

Rabbits love to be cuddled and stroked when approached appropriately. Then they will let you caress their silky soft white and pink ears.
• stroke 쓰다듬다.
토끼들은 안겨서 쓰다듬어지는 것을 좋아한다, 적절하게 접근이 되면. 그러면 그들은 희고 핑크빛의 부드러운 귀들을 쓰다듬도록 허용할 것이다.

PRONOUNCE 정확하게 발음하다

pronounce 정확하게 발음하다(각 음절을 틀리지 않게)
articulate 분명하게 발음하다(발음상의 관점으로 알아듣기 쉽게)
enunciate 명료하게 설명하다(체계와 설명의 관점에서 말을)

I could very perfectly clearly enunciate a French musician in the best actor's voice, but the pronunciation of his name was completely wrong.
나는 대단히 완벽하고 분명하게 가장 훌륭한 배우의 목소리로 프랑스 음악가를 잘 설명할 수 있었지만, 그의 이름의 올바른 발음이 완전히 잘못되었다.

Toddlers can't fully articulate themselves in speech. When your little one mispronounces a word, simply address the pronunciation to help your toddler intelligible and move on.
• address 말하다, intelligible 알도록 하는, move on 진보하다
걸음마를 하는 아이는 말로 스스로 완전히 분명하게 발음할 수 없다. 그 아이가 단어를 틀리게 발음할 때, 단지 정확한 발음을 말해주기만 하라, 아이가 이해하고 성장하도록 도와주기 위해서.

SAY 말하다

say/tell 말하다(전할 말을 전해주려고)
» tell은 개인이 '누구에게' 전할 내용을 말하는 것이며, 반면, say는 아나운서가 일기예보를 전하는 것처럼 '불특정 다수에게' 전할 내용을 말함

speak 말하다(말하는 방식 자체를 문제 삼아 어떤 식으로)
» 말을 더듬거나, 영어로 말하거나, 이상한 억양으로, 큰 소리로 등

talk 말하다(타인과 대화에 참여하는 행위를 문제 삼아 어떻게)
» like to talk, talk a lot, talk about 하는 등

utter 말하다(들리도록 의사를), 소리를 내다(말이 아니라도)

Some managements tell employees that they are not allowed to speak their own language at work.
• speak a language 어떤 언어를 말하다
일부 경영진은 사원들에게 직장에서 그들만의 언어로 말하는 것은 허용되지 않는다고 말한다.

I have never ever uttered this kind of words in my life. I literally turn red when other people say things like that.
나는 이런 유의 말을 해본 일이 없다. 나는 다른 사람들이 이런 말을 할 때 말 그대로 얼굴이 붉어졌다.

If someone is speaking at a slightly lower pitch than normal, it may indicate that the person he is talking with is uncomfortable to talk about, say, religion or politics.
어떤 사람이 평소보다 더 낮은 음조로 말을 한다면, 그것은 그가 대화하는 사람이 이를테면 종교나 정치를 이야기하기에는 불편하다는 것을 가리킬 수 있다.

Men make subtle changes in the way they speak when talking to a woman they find attractive.
• talk to 말을 걸다
남자들은 매력적이라고 생각하는 여성에게 말을 걸 때 그들이 말하는 방식에 미묘한 변화를 준다.

EXPRESS 표현하다

express 표현하다(의견, 생각을 나타내며)
» 작곡, 작시로 자신을 express할 수 있고, 수학 공식은 복잡한 개념을 express할 수 있다

put it 설명하다(특정한 말을 사용하여 간단명료하게)

describe 묘사하다(말, 글로 자세하게)

depict/portray 묘사하다(글, 그림 등으로 개인적 관점을 세밀하게)

manifest 보여주다(감정, 태도를 분명하게 드러내)

If someone expresses their heart-felt appreciation to us for something we have done, it will boost our spirits, passion and purpose we desire.
누가 우리가 한 것에 대해 우리에게 진심 어린 감사를 표한다면, 그것이 우리의 정신, 열정, 그리고 우리가 희망하는 취지를 드높여 줄 것이다.

You can describe a scene having actions, people and settings either verbally or in writing. To put it another way, you can depict Paris as a romantic city of love or portray as a dirty and crime-ridden Gomorrah in your own interpretation.
• verbally 구두로, crime-ridden 범죄에 찌든

동작과 사람과 배경을 가진 한 장면을 말이나 글로써 설명할 수 있다. 달리 말하자면, 당신은 파리를 낭만적인 사랑의 도시라고 혹은 여러분 나름대로 해석으로 더럽고 범죄에 찌든 고모라로 묘사할 수 있다.

Just as God manifested His love toward us by sending his one-and-only Son into the world, so we should demonstrate love to others in action.
• just as....., so 마치~처럼 그렇게

신이 우리에게 그의 유일한 아들을 세상에 보내심으로써 그의 사랑을 분명하게 드러내 보여줬듯이 그렇게 우리는 행동으로 다른 사람들에게 사랑을 보여야 한다.

DRAW 그리다

draw 그리다(그림으로 감정과 기분을 전하도록)
illustrate 표현하다(그림과 문자를 사용하여 이해를 돕도록)
doodle 낙서하다(별생각 없이 작은 모양들을 그리며)
scribble 갈겨쓰다(강의를 들을 때처럼 형식이 없이 빨리)
scrawl 악필로 쓰다(성의 없이)
» 강의노트에 scribble 했다면 급히 형식 없이 썼다는 것이고, scrawl은 속도 문제가 아니고 성의 없이 썼다는 말이며 scrawled note란 알아볼 수 없어서 전혀 쓸모가 없는 노트임

Let them choose a main entry word and create an illustration, a drawing or a cartoon to summarize its meaning.
• entry word 표제어

그들이 한 개의 표제어를 선택하도록 하고 그것의 의미를 요약하기 위해 삽화, 그림, 만화를 그리게 해보세요.

Doodling is to draw aimlessly little figures, designs and sketches with your attention otherwise occupied.
doodle이란 작은 모양들, 도안들, 스케치들을 그리는 것이다, 잡생각을 하면서.

Scribbling is to write or draw in a quick, illegible manner. Scrawling, meanwhile, is to write something carelessly in very bad handwriting a bit like the way conventional doctors write prescriptions.
• illegible 판독하기 어려운, bad hand writing 악필[chicken scratch handwriting]

scribble이란 재빨리, 부주의하게, 알아볼 수 없게 글을 쓰거나 그리는 것이다. 한편, scrawl은 성의 없이 악필로 어떤 것을 쓰는 것이다, 마치 재래의사들이 처방전을 쓰는 식으로.

SHOUT 소리지르다

shout 소리지르다(화를 낼 때나 못 듣는 사람에게 큰소리로)
raise one's voice 목소리를 높이다(토론에서 주장하려고)
yell 소리지르다(아이가 난로를 만지려 할 때처럼 화, 흥분으로 놀라거나 급한 통증으로)
scream 비명지르다(두려워서 또는 흥분해서나 화가 나)
bellow 포효하다(소, 호랑이처럼 깊은 소리로 bawling, roaring인)
cheer 응원하다(root for, egg on하는)

Raising your voice is to speak louder and clearer with emphasis to get your point across, but still having control. It can quickly lead to yelling and in turn spiral into out-of-control anger and fighting. If someone tells you "stop yelling!", then you will totally shout at the top of your lungs, screaming "NO. THIS IS YELLING."

• spiral 나선형으로 상승하다, shout at the top of your lungs 고래고래 소리지르다

목소리를 높이는 것은 강조하면서 더 크고 명료하게 말하는 것이다, 당신의 주장을 전하기 위해, 그러나 자제력은 있으면서. 그것은 큰 소리가 나게 되고 차례로 걷잡을 수 없는 분노와 싸움으로 소용돌이칠 수 있다. 누가 당신에게 "그만 소리질러요!"라고 말하면 당신은 고래고래 소리를 지를 것이다, "아니, 이런 게 소리를 지르는 것이지."라고 부르짖으면서.

A loud, bellowing male voice split the quiet and made the crowd go wild again. The trumpets blared and a deafening roar of applause and cheers arose among the spectators.

큰소리로 포효하는 남자의 목소리가 정적을 깼고 또다시 군중을 난폭하게 했다. 트럼펫이 울렸고 귀가 먹을 정도의 큰 박수소리와 응원이 관중 속에서 일어났다.

SHOUT AT 소리를 지르다

shout at 소리를 지르다(화가 나서 책망하며)
shout to 소리를 지르다(못 듣는 것을 듣게 하려고)

I once had to put up with a boss who yelled at me over something that wasn't my fault. He was shouting at me for nothing rather than talking to me.

나는 한때 내 잘못도 아닌 일에 내게 소리를 지르는 상사를 견뎌내야 했던 적이 있어. 그는 아무것도 아닌 일로 내게 말을 하는 것보다는 내게 화를 내며 소리를 지르는 거야.

He didn't hear me when I spoke to him as I'm speaking now. So I tried shouting to him again.

그는 내 말을 못 알아듣는 거야, 내가 지금 말하는 것같이 그에게 말을 할 때는. 그래서 나는 그에게 다시 소리를 질러본 거지.

MENTION 언급하다

mention 언급하다(격식을 차리지 않고 간단히)
state 진술하다(mention보다 약간 딱딱한 표현으로)
refer to 언급하다(어떤 것의 기본 필수사항을)
remark 언급하다(인사말 등 가벼운 생뚱맞은 말을), **공식적으로 언급하다**(고위직의 인사가 의견을)
comment 비평하다(앞서 제기된 주제에 대한 견해나 비판을)

Can I mention an organ and a tissue donation in my will? Please leave a comment below. I'll review the comments.
내가 유언장 속에 장기와 조직의 기증을 언급할 수 있나요? 아래에 견해나 비평을 남겨주세요. 내가 그 비평들을 보겠어요.

He referred back to the subject that had already been stated in the debate.
그가 토론에서 이미 진술되어왔던 주제를 또다시 언급했다.

A remark can be an off-the-wall or a random or casual statement about anything, such as "Hi, guys, it's cold outside." By contrast, a comment is usually about something being discussed or a specific object or scenario. Quite a lot of comment can be caused by insensitive remarks or behaviors.
 • off the wall 생뚱맞은

가벼운 언급은 어떤 것에 대해 생뚱맞거나 되는대로 또는 가볍게 하는 진술일 수 있다, 예를 들어, "여러분 안녕하세요. 밖은 추워요." 이와 대조적으로, 진중한 언급은 보통 논의되고 있는 것이나 특정 사물이나 계획안에 대한 것이다. 아주 많은 비평은 무심한 언급이나 행동으로 야기될 수 있다.

BELITTLE 경시하다

belittle 경시하다(과소평가하여)
disparage 비방하다("그는 사기꾼이야"라고 독설을 퍼붓는 것처럼)

It was assessed that their legacy is questioned, their capabilities are disparaged, and their accomplishments are belittled (OR underestimated).
그들의 전통은 의문시되었고 그들의 능력은 비난받았으며 그들의 성취는 경시되었다고 평가되었다.

If you think he's not as rich as he brags about, you would belittle his financial condition and disparage his honesty in his ethical conduct.
만약 당신은 그가 자랑하는 만큼 부유하지 않다고 생각한다면, 당신은 그의 재정 상태를 하찮게 여기고 윤리적인 행동에 있어서 그의 정직성을 비방할 것이다.

CONTEMPT 경멸

contempt 경멸(존경의 극단적 반대말로)

disdain 비호감(본질적인 가치의 결여 때문에)

scorn 냉소(멍청하고 무가치한 인간에 대해 표시하는)
» scorn→disdain→contempt 순으로 경멸의 정도를 나타냄

despise v.증오하다(철저한 거절을 나타내며 몹시)
» 취향이 아니어서 그냥 싫어하다 disdain, '부자의 탈세' 같은 것이 싫어서 경멸하다 contempt, '살인자' 같은 자를 극단적으로 증오하다 despise

scoff 조롱(싫음을 분노가 아닌 놀림으로 나타내는)

Those who ask this kind of question will be scorned by those who are disdained for not looking it up in a dictionary.
• look up 참조하다
이런 질문을 하는 사람들은 냉소를 당할 것이다. 사전을 찾아보지 않아서 비호감을 받는 사람들에 의해.

Their disdain for the President is based not on the racial biases, but on the content of his policies.
그 대통령에 대한 비호감은 인종적 편견이 아니라 그의 정책들의 내용에 토대를 두고 있다.

If you see your ex-husband strut around a party with his new wife, your eyes will show contempt to them.
• strut 뽐내며 걷다
당신은 전 남편이 새 부인과 의기양양하게 돌아다니는 것을 본다면, 당신의 눈은 경멸을 보일 것이다.

It's no secret to anyone that progressive educated elites despise religion, but it's striking to see their fundamental contempt expressed so bluntly.
진보적이고 학력이 있는 엘리트들이 종교를 증오한다는 것은 누구에게나 비밀이 아니지만 그렇게 불쑥 표현된 그들의 근본적인 경멸을 보게 되어 인상적이다.

When she scoffed her cheating husband saying that he surely would forever remember her because he would never feel happiness again, her voice was full of scorn and her face was laced with sarcasm.
• make sure 확신하다, lace 장식하다, sarcasm 빈정거림
그녀가 바람 피우는 남편을 조롱했을 때, 그는 다시는 행복을 느낄 수 없을 것이므로 틀림없이 영원히 자기를 기억할 것이라고 말하면서, 그녀의 목소리는 냉소로 가득했고 그녀의 얼굴은 빈정거림으로 장식되었다.

IGNORE 무시하다

ignore 무시하다(일부러 듣지도 주목하지도 않으며)
snub 무시하다(약간 내려다보는 조로 살짝)
» 사람들을 초청하면서 누구만 빠뜨리는 식으로 무시하다
neglect 태만하다(잘 돌보지 않고 임무를)
disregard 문제 삼지 않다(중요하게 여기지 않고)
overrule 파기시키다(누가 한 결정을 override하여)

We ignore miserable people out of careless neglect or choice to overlook.
우리는 경솔한 태만이나 과가하기를 선택함으로써 불쌍한 사람들을 무시한다.

When you can feel the pat on your head while a condescending person is talking, you know you've been snubbed slightly.
• condescending 교만한
잘난 척하는 어떤 사람이 말을 하면서 당신 머리를 건드릴 때, 당신은 좀 무시당한 것임을 안다.

Until you can ignore ignorance, neglect negativity and disregard disrespect, you're not ready for the next level. Success isn't for the weak and the uncommitted. [Pastor YPJ Miller]
• negativity 부정적인 면, disrespect 실례
당신이 무지를 모른 체하고, 부정적인 면을 게을리 대하고 무례를 문제 삼지 않을 수 있을 때까지, 당신은 다음 단계로 갈 준비가 된 것이 아니다. 성공이란 나약한 자들과 실행하지 않는 자들을 위한 것이 아니다.

When a judge "overrules" an objection, the judge determines the objection is invalid. On the other hand, when a judge "sustains" the objection, the judge agrees with the objection.
한 판사가 이의를 기각시킬 때, 그 판사는 이의제기가 무효라고 결정하는 것이다. 반면 한 판사가 이의를 유지하면 그 판사는 그 의의에 동의하는 것이다.

CAN'T CARRY A TUNE 음치다

can't carry a tune 음치다(노래를 정확히 부를 줄 몰라)
can't keep a pitch 고음을 낼 수 없다

There are some people who are tone deaf and can't carry a tune. They can't hear the pitch and process it in their brain. If you truly are tone deaf, chances are you can't sing; more specifically, you can't keep to the melody. And singing may not be the best choice for you. By contrast, if you can't keep a pitch, you have to change the way you sing a song.
• process 가공하다, tone deaf 선천적으로 음정을 잘 구분하지 못하는 난청 (난청인 자는 노래를 부를 수 없다)
음정을 들을 수 없고 음치인 사람들이 많이 있다. 그들은 음정을 듣지 못하고 머릿속에서 처리할 수 없다. 만약 당신이 진정한 음치라면 당신이 노래를 못 부를 수 있다, 즉 더 구체적으로 말하면 멜로디를 따라갈 수 없다. 그리고 노래 부르는 것이 당신에게 가장 좋은 선택이 아닐 수 있다. 이와 대조적으로, 만약 고음을 낼 수 없으면 노래를 부르는 방법을 바꾸어야 한다.

GOSSIP 한담

gossip 한담(타인들의 사적인 부분에 관한 악의는 없지만, 상처를 줄 수 있는)

rumor 악의적 소문(개인사, 경제, 정치 등에 관한 미확인 사실을 퍼뜨리는)

Gossip refers to trivial conversation about absent third parties with no specific purpose in mind. It's not a truth, but a temptation for all of us. None of us is immune from this evil.

gossip란 구체적 목적 없이 현장에 없는 3자에 관한 사사로운 대화를 말한다. 그것은 사실이 아니지만, 모두에게 유혹이다. 우리 중의 아무도 이러한 악에 면역이 되어 있는 사람은 없다.

Rumor refers to unverified facts or information about a person or a thing. It is spread with the intent to slander them. We've all been guilty of talking about someone and spreading rumors, and at the same time we've all been talked about behind our backs.

rumor는 어떤 사람이나 사물에 관한 확증이 되지 않는 사실이나 정보이다. 그것은 그들을 비방하려는 의도로 퍼뜨려진다. 우리는 모두 누군가에 대해 씹고 소문을 퍼뜨린 죄가 있고, 그리고 동시에 우리는 우리의 등 뒤에서 씹히기도 해왔다.

STUTTER 말을 더듬다

stutter 말을 더듬다(선천적으로)
» p-p-p please. I like sssssing 처럼 stutter 한다. 미국외의 영어권에서 stammer라고도 함

stumble 말을 떠듬떠듬 더듬다(실수하며 같은 말 반복하고)
» I erm, I didn't, you know, I don't think... 처럼 stumble 한다. '걸려 넘어지다'의 뜻도 있음

fumble 말을 더듬다(야구에서 공을 fumble하듯 적당한 말을 찾지 못해)

slur 어눌하다(술에 취하거나 뇌졸중 등으로 정확한 발음을 못하여)

If someone is stuttering, it can be a more polite way to say that he has a speech impairment. Stuttering (OR Stammering) can be considered an offensive term.
• impairment 장애

만약 어떤 사람이 말을 더듬는다면, 그가 언어장애가 있다고 말하는 것이 더 예의 바른 말일 수 있다. stutter나 stammer는 상처를 주는 용어라고 생각될 수 있다.

T-t-today you st-st-started a new b-b-business and you're so e-e-excited, but even though I stutter I will sh-sh-shit on you.
• shit on someone 누구를 경멸하다

오늘 당신이 새로운 사업을 시작했고 대단히 흥분해 있지만 내가 말을 더듬어도 당신에게 쌍욕을 할 거다.

A drunkard will stumble over some of his words, — saying like "I, erm, tend to stumble over my, uh, words."—, and fumble for words — saying like "I want more axe cream," instead of ice cream —, and slur his words, not enunciating clearly to be understood.

어떤 주정뱅이는 떠듬떠듬하게 말한다, 즉 "나는 내 말을 잘 못해"라고 말하는 것처럼, 제대로 말을 하지도 못하고, 즉 "axe크림을 좀 더 원해"라고 말하는 것처럼, 아이스크림 대신, 그리고 그의 말을 어눌하게 한다, 분명하게 이해되도록 설명을 못 하면서.

DIALOG 대사

dialog 대사(책, 영화 속의), 대화(국가나 정당 사이의 공식적)
conversation 대화(2인 이상의 소집단이 격의 없이 나누는)
talk 담화(토크쇼처럼 2인 이상을 상대로 일방적으로 가볍지 않은 발언을 하는)
chat 잡담(엄마, 친구 등과 격의 없는)

Writing dialog in fiction is not like a real-life conversation where nothing especially interesting is said. Chatting about nothing important at all like chewing the fat with a friend over coffee and pastries doesn't constitute dialog. Dialog must have a goal or a purpose.

소설 속에 대사를 쓰는 것은 특히 흥미로운 것이 전혀 언급되지 않는 실생활 대화와 같은 것이 아니다. 친구와 커피, 빵을 먹으면서 쓸데없는 잡담을 나누는 것 같은 전혀 중요하지 않은 잡담은 대사를 구성하지 않는다. 대사란 목표나 목적을 가져야 한다.

Recently I was driving listening to Chef Show featuring celebrity chefs. Of cause, the talk was all about Thanksgiving meals.

최근에 나는 유명 요리사를 특집으로 하는 요리사 쇼를 들으면서 운전을 하고 있었다. 물론 그 담화는 추수감사절 음식에 관한 것이 전부였다.

AUTOGRAPH 기념서명

autograph 기념서명(유명인사가 기억물[memento]로 해주는)
signature/sign 서명(사실임을 인정해주려고 서류에 적는)
» 저자가 책에 해주는 것은 보통 sign이라고 함
association copy 저자 증정본
inscribed 헌사가 적힌(저자 또는 이전 소유자의 첨언이 들어 있는)

Simple mortals have signatures; they place their signatures on something, like a document or a contract to show that they agree to it. Autographs are usually given by celebrities to screaming, adoring fans. Usually a famous person may have a signature for business and a different autograph for pestering fans.

평범한 인간들은 signature들을 갖는다. 그들은 동의를 나타내기 위해 서류와 계약서와 같은 곳에 서명한다. autograph들은 유명인사에 의해 비명을 지르고 열광하는 팬들에게 주어지는 것이다. 보통 유명인사는 사업용 서명과 귀찮게 하는 팬들을 위해 다른 기념서명을 가질 수 있다.

A book including an author's inscription and a signature is an association copy. It's a category of antiquarian books — so-called rare books.

• antiquarian 골동품 애호의

저자의 글귀와 서명을 담고 있는 책은 저자 증정본이다. 그것은 소위 희귀본이라고 하는 골동품 책의 범주이다.

ANSWER 응답하다

answer 응답하다(받은 질문을 구술이나 문자로)

reply 응답하다(질문과 관계없는 제3자가 구술이나 문자로)
» 전화응답이나 nature's call은 제3자가 대신 reply할 수 없고 당사자만 answer 한다. 어떤 질문에 A가 정답을 몰라 "모르겠다."고 답할 때 A의 반응은 answer라 할 수 없고 reply, respond라 한다

respond 반응하다(자극에 대한 행동으로 나타내며)
» 기계는 answer, reply할 수 없고 respond만 한다

You can answer questions while being asked, but you can reply to the questions that do not beg your answer. You can view and reply (OR respond) to your SNS conversations whether the question is asked or not.

당신은 answer할 수 있다, 질문을 받을 때, 그러나 당신의 대답을 구걸하지 않는 질문들에 reply할 수 있다. 당신은 인터넷 화면을 보고 당신의 SNS 대화에 reply할 수 있다, 질문을 주든 안 주든 관계없이.

Both a reply and an answer are a response to an inquiry. The response can be spoken, and you can also respond to an invitation by, say, tearing it up.

reply와 answer은 둘 다 질문에 대한 반응이다, 그리고 당신은 어떠한 것에도 reply와 answer로 반응할 수 있다. 그 반응은 말로 표현될 수 있고 초대장에 대해 반응할 수도 있다, 예를 들어, 그것을 찢어 버림으로써.

STORY 이야기

story 이야기(연관된 사건이 시간적 나열과 기승전결로 형식을 갖춘)

narrative 이야기(사건을 수용자 중심으로 재구성하여 스토리텔링하는)
» 진화이론, 성경 속의 이야기 등은 narrative이고, 다큐멘터리 등은 non-narrative임. storytelling은 'tale(topic 해결을 위해 제시하는 실제 또는 가상의 짧은 story)이나 story를 발표하는 행위 자체'를 말한다

plot 구성(사건들의 인과관계를 나타내려고 선택하고 연결하는), **줄거리**

A story is a more objective sequence of events and actions, but it may be told from many different perspectives. A narrative is to reshuffle the order of events in story for recipients to get better information or knowledge, but the story itself is not changed.

story는 더 객관적 사건과 행동의 연속이다, 그러나 많은 다른 시각에서 말할 수 있다. narrative는 story 속에 사건의 순서를 수용자들이 더 나은 정보나 지식을 얻도록 재구성하는 것이지만 그 story 자체는 변함이 없다.

Plot is what occurs in a story; it is created by the way how authors arrange and organize events to develop their basic idea.

플롯은 한 이야기 속에서 무슨 일이 벌어지느냐는 것이다, 즉 그것은 작가들이 그들의 기본 생각을 전개하기 위해 사건들을 배열하고 조직화하는 방식에 의해 만들어지는 것이다.

ANECDOTE 일화

anecdote 일화(실제 있었던 재미있고 흥미로운 사건에 대한 짧은 설명인)
episode 토막이야기(각각 독립적이나 이들이 모여 전체 스토리를 형성하는)
fable 우화(동물, 식물, 물건을 의인화하여 교훈을 주는)
parable 비유(인간의 상호관계에서 의미를 찾아내게 하는)
allegory 비유(의인화하거나 물건으로 상징화하는)

In this episode I would give you some tips on how to tell personal anecdotes. The anecdote is a short story that we share while socializing. I'm sure that there are some lovely little anecdotes just waiting to be told.

이번 회에서는 개인적인 일화를 말하는 방법 몇 가지를 조언할까 합니다. 그 일화란 사람들과 사귀면서 우리가 나누는 짧은 이야기입니다. 나는 발표되기를 기다리는 멋진 짧은 일화들이 있으리라고 확신합니다.

The fables make animals, plants, or objects act like humans. The tales of "The Boy who cried Wolf," "The Tortoise and the Hare" and "The Fox and the Grapes" are fables, in which non-human characters are anthropomorphized.

• anthropomorphize 의인화하다

우화들은 동식물과 물체를 인간들처럼 행동하게 한다. 늑대와 양치기 소년, 거북이와 토끼, 늑대와 신포도의 이야기들은 우화이다, 그 속에서 인간이 아닌 주인공들이 의인화되었다.

The parables draw their meanings and values from human interactions mostly. "The Prodigal Son" and "the Good Samaritan" in Bible are both well-known parables. They have a religious message rather than a general message.

비유들은 대부분 인간의 상호관계로부터 의미와 가치들을 찾아내도록 한다. 성경 속에 "탕자"와 "선한 사마리아인"은 둘 다 유명한 비유이다, 일반적 메시지보다는 종교적 메시지를 가지는.

The allegories have a wider symbolic meaning. They take a situation or an event and parallel it with symbols. George Orwell's "Animal Farm" is an allegory of the rise and fall of Communism.

• prodigal 낭비하는, 방탕한, parallel 동시에 벌어지게 하다.

알레고리는 넓은 상징적 의미가 있다. 그것들은 어떤 상황이나 사건을 택하여 상징물과 병렬시킨다. 조지 오웰의 "동물농장"은 공산주의의 부침에 대한 비유이다.

PERSUADE 설득하다

persuade 설득하다(누구에게 어떤 행동을 하도록)
convince 설득하다, 확신시키다(사실이 확실하다고 믿도록)

You are trying to persuade me to agree with you, but I'm not convinced by your argument. In order to win your argument, you should convince me that you are right.

당신 말에 동의하도록 나를 설득하려고 하지만 나는 당신의 주장이 사실이라는 확신이 서지 않아요. 당신의 주장을 관철하기 위해서는 당신 말이 옳다는 것을 내게 믿도록 해야 해요.

REBUKE 비난하다

rebuke 비난하다(잘못을 지적하고), 저지하다
reprimand/admonish 꾸짖다(권위를 가지고 훈육적인 조치로)
tell off/scold/chide 나무라다(아랫사람을 화를 내며 심하게)
blame 책임을 ~에게 돌리다

A judge was rebuked for mistreating a lawyer, but the public reprimand (OR admonishment) given to him was the least severe one of the sanctions that might be imposed.
어떤 판사가 한 변호사를 잘못 대접한 이유로 비난했지만, 그에게 주어진 공적인 징계는 부과될 수 있는 제재 중에 가장 심하지 않은 것이었다.

The dog sobbed, lying on the floor after being scolded (OR reprimanded) by his owner for what he did. He started acting just like a kid who was told off by its mother.
그 개는 주인에 의해서 그가 한 일 때문에 꾸지람을 듣거나 훈육된 후에 마룻바닥에 누워 훌쩍이고 있었다. 그는 어머니에게 심하게 나무람을 들은 아이처럼 행동하기 시작했다.

He chided the government for being quick to lay the blame for the accident on social factors.
  • lay the blame for sth on sb ~에 대한 책임을 ~에게 돌리다
그는 정부를 질책했다, 그 사고에 대한 책임을 사회적 요인들로 돌리는 데 재빠르다는 이유로.

QUOTATION 인용

quotation 인용(다른 사람의 말이나 문장을)
summary 요약(대상물의 개념이나 의미를 함축하는)
paraphrase 의역(summary의 반대로 원작과 달리 중심 개념을 설명하는)

A quotation means copying the exact words from source material and enclosing them in quotation marks.
인용이란 원천 자료로부터 똑같은 말을 복사하고 인용부호로 둘러싸는 것이다.

A summary means presenting a condensed version of another piece of writing in your own words.
요약이란 다른 사람 작품의 축약된 버전을 자신의 말로 제시하는 것이다.

A paraphrase means putting a passage from source material into your own language line-by-line.
의역이란 원천자료로부터 나온 문장을 행대행으로 자신의 언어로 옮기는 것이다.

CITE 인용하다

cite 언급하다(인용하여), 소환하다(법정에)
recite 암송하다(외운 시를 큰소리로 발표하듯이)
quote 복창하다(앵무새처럼 똑같이 repeat하여), 인용하다

Whenever you quote exact words, cite facts, or borrow ideas taken from an outside source, you must reference the source.
• reference; 저자나 작품의 참고 부호를 붙이다

당신이 어떤 외부 자료에서 나온 똑같은 말을 그대로 쓰거나 사실들을 언급하거나 아이디어를 빌려올 때는 언제나 당신이 그 자료에 참고 부호를 붙여야 한다.

Being able to learn poems by heart and recite them is so impressive. Enjoy reading out loud and reciting from memory what you have learned by heart.

시를 외워 암송할 수 있다는 것은 대단히 감동을 줍니다. 큰소리로 읽고 외운 것을 암송하는 것을 즐기십시오.

ADMIRE 감탄하다

admire 경탄하다(누구의 재능, 소지품 등을 훌륭하다고 인정하여)
adore 사모하다(어머니 등을 정말 좋아하고)
revere 존경하다(마틴 루터 킹 목사, 대중스타 등을 respect보다 강하게 매우)
venerate 공경하다(테레사 수녀, 간디 등의 성자나 조상을)
» revere는 일반인을, venerate는 좀 더 거룩한 대상을 respect 할 때
worship 숭배하다(신이나 우상 등을 맹신적으로)

We might idolize a movie star, adore our children, venerate (OR revere) saints who sacrificed their wellbeing for another, and admire Lady Gaga because she is very talented and has a gifted voice.

우리는 어떤 영화배우를 우상화할 수 있고, 우리 아이들을 사모할 수 있고, 자신의 행복을 다른 사람을 위해 희생한 성자들을 매우 존경할 수 있고, 레이디 가가를 경탄할 수 있다, 그녀가 재능이 있고 타고난 목소리를 가지고 있으므로.

Catholics don't worship Mary. We honor her; we love her; we venerate her; but we fully acknowledge that she was a human just as we are. We venerate her as we venerate the saints. 〔The lonely pilgrim〕

가톨릭교도들은 마리아를 예배하지 않는다. 우리는 그녀를 존경한다, 즉 우리는 그녀를 사랑하고 공경하지만 우리는 그녀가 우리와 같은 인간임을 전적으로 인정한다. 우리는 우리가 성자를 공경하듯이 그녀를 공경한다.

PRAISE 칭송하다

praise 칭송하다(누구에게 말로 글이나 존경의 의사를 표시하며)
compliment/commend 칭찬하다(누구의 장점, 우수함을 격려하려고)
flatter 아첨하다(먼저 누구의 호의를 얻어 그를 이용하려고)
exclaim 탄성을 지르다, 큰소리로 말하다

If you want to let someone notify that you appreciate his or her good work or effort, you will make compliments either verbally or in writing. Say, you can give a compliment to a woman by mentioning her weight loss. Everyone enjoys receiving recognition and commendations for their efforts.

당신이 어떤 사람의 잘한 일과 노력을 높이 평가하고 있다는 것을 알리고 싶으면, 구두로나 문자로 칭찬할 것이다. 예를 들어, 당신이 어떤 여자를 날씬해졌다고 언급함으로써 칭찬할 수 있다. 모든 사람은 자기가 한 노력에 대해 인정과 칭찬을 받는 것을 즐거워한다.

A very effective way to flatter a girl is by complimenting her hair, no matter how horrible it really is. However, guys tend to have a hard time figuring out how to compliment a girl's new hair-do.

• hair-do 머리 모양

한 여자에게 아첨하는 아주 효과적인 방법이 그녀의 머리 매무새를 칭찬하는 것이다. 아무리 꼴불견이더라도. 그러나 남자들은 여자의 새로 한 머리 모양의 칭찬을 어떻게 할지 모르는 경향이 있다.

Praising instead of expressing criticism makes one's heart feel warm, and an occasional complimentary comment, as well as regular expressions of thanks, can do wonders. When your child exclaims 'Well done, daddy!' looking into your face with eyes full of admiration, you will feel ten feet tall.

• feel ten feet tall 자랑스러워하다

비판하는 대신 칭송하는 것은 사람의 가슴을 따뜻하게 한다, 그리고 감사를 정기적으로 표명하는 것과 마찬가지로 한 번씩 하는 칭찬이 기적을 만들 수 있다. 당신의 아이가 감탄으로 가득한 눈으로 당신의 눈을 쳐다보면서 "잘했어요, 아빠"라고 탄성을 지를 때, 당신은 자랑스럽게 느껴질 것이다.

ASSERTIVE 주장하는

assertive 주장하는(자신의 의견을 예의를 갖추며 적극적으로)
aggressive 공격적인(적대감을 무례하게 표현하며)
abusive 입이 험한(욕하거나 모욕적인 말을 하는), 학대하는

When you're aggressive, you tend to be rude, using abusive language. If you are rude to others, it may not be easy to convince them and get you anywhere. Nobody likes an abusive person. If you want to get things done, you have to be assertive, speaking politely but firmly.

당신이 공격적일 때 당신은 무례해진다, 욕설을 사용하면서. 당신이 다른 사람에게 무례하면 그들을 설득시키고 일을 진척시키기가 쉽지 않을 수 있다. 아무도 입이 험한 사람을 좋아하지 않는다. 당신이 일이 이루어지기를 원하면 당신은 적극적으로 주장해야 한다, 공손하지만 확고하게 말하면서.

BOAST ABOUT 자랑하다

boast about 자랑하다(소유물, 능력, 성공 등을 언어로 떠벌리며)
show off 뻐기다(능력, 소유물 등을 잘난 척 언어가 아닌 몸짓으로)
brag about 허풍 떨다(자만하며 부풀려서 언어로)
gloat 잘난 체하다(남의 실패를 보고 "그것 봐" 하는 식으로 자기가 옳다고 훈계조로)

Some people get a big thrill from boasting about their accomplishments or showing off their possessions.
일부 사람들은 자기의 성취를 말로 자랑하거나 소유물을 몸으로 뻐기는 데서 짜릿한 기쁨을 갖는다.

If someone attempts to make themselves look good, they will brag about themselves, their accomplishments or maybe those of their family. However, it often backfires. Don't falsely imagine that others are pleased with it.
• backfire 역효과가 나다
어떤 사람이 자기를 좋게 보이려고 시도할 때 그들은 자기 자신, 자기들의 업적 또는 가족의 업적에 대해 허풍을 떨 것이다. 그러나 그것은 종종 역효과가 난다. 다른 사람들이 그것을 기뻐할 것이라고 착각하지 마라.

Sometimes you self-promote through social media, posting about your award, boasting about how late you stayed up working, raving about your kid's stats. Other times you gloat, wanting to come out looking like winners. But the whole grandstanding thing isn't that cute. It only turns people off.
• rave about 열정적으로 말하다, kid stats 유소년 선수 성적, grandstand 대중적으로 시선을 끌려는
때때로 당신은 SNS를 통해 자기 홍보를 한다, 받은 상을 올리고, 늦게까지 일한 것을 떠벌리고, 자녀의 유소년 선수 성적을 열정적으로 말하면서. 다른 때에는, 당신은 잘난 체한다, 승리자 같이 보이기를 원하면서. 그러나 대중적으로 시선을 끌려는 것은 그렇게 영리한 것이 아니다. 그것은 단지 사람들을 입맛 떨어지게 할 뿐이다.

OPINION 의견

opinion 의견(주관적이어서 틀릴 수도 있는)
perspective 견해(객관적 증거, 경험에 기초한 전문적)
» 갈릴레이가 살던 시대 모든 학자가 주장하던 천동설은 당시의 perspective였다
viewpoint/standpoint 관점(대상물, 해당 사건에 대한 당사자로서)

If you excessively depend on your own opinions in making a decision, you will fail to exploit the wisdom of others. On the contrary, if you take the perspective of another person, you will be less egocentric and overcome bias and make better judgments.
만약 당신이 결정을 내리는 데 자신의 의견에 과도하게 의존하면 다른 사람들의 지혜를 활용하는 데 실패할 것이다. 반면, 다른 사람의 견해를 받아들이면 덜 이기적일 것이고 편견을 극복하고 더 나은 판단을 할 것이다.

The ethical point of view goes beyond self-interest to a universal standpoint which impartially takes everyone's situation and interests into account.
• impartially 편견 없이
윤리적 관점은 자기의 관심을 넘어 편견 없이 모든 사람의 처지와 관심들을 공평하게 고려하는 범세계적인 관점으로 가는 것이다.

ASSERT 주장하다

assert 주장하다(자신의 의견을 예의 바르게 적극적으로)
argue 논쟁하다(증거를 제시하고 강하게 주장하며)
claim 주장하다(당연한 권리를 찾으려고), 요구하다(제 것이라고)
maintain 고수하다(권위를 내세우며 자기 주장을)
insist 억지 쓰다(자신이 옳고 상대가 틀렸다고 고집스럽게)
persist 지속하다(계속 끈질기게 행동을), 지속하다(병세가)
demand 요구하다, ~를 필요로 하다

There are some people who insist on maintaining the belief that "I just know in my heart what I believe is right and you are wrong." They have no rational grounds to stand on. They have only made an assertion, but not an argument, because they haven't an opinion supported by reasonable evidence.
• stand on 토대가 되다

"내 마음속에 내가 믿는 것이 옳고 당신이 틀렸다는 것을 바로 알고 있다"는 신념을 견지하는 것을 고집하는 사람들이 있다. 그들은 토대가 되는 합리적인 이유를 가지고 있지 않다. 그들은 단지 주장을 하는 것이지 논쟁을 하는 것이 아니다, 왜냐하면 합리적인 증거로 지지가 되는 의견을 갖고 있지 않기 때문이다.

China is accountable for the claim that the hungry dragon's insatiable demand for food, energy and other raw materials is pushing up global commodity prices.
• be accountable for ~에 해명할 책임이 있는, insatiable 만족을 모르는, commodity 원자재

중국은 식량, 에너지 그리고 다른 희귀 자원에 대한 그 배고픈 용의 채워지지 않는 수요가 세계 원자재 가격을 올리고 있다는 주장을 해명할 책임이 있다.

Even in the face of overwhelming circumstantial evidence, she had the hardihood to persist in asserting her innocence, claiming that someone had given her the things.
• hardihood 뻔뻔스러움, innocence 무죄

압도적 주변 정황상 증거 앞에서도 그녀는 무죄를 주장하는 것을 끈질기게 지속하는 철면피를 하고 있었다. 누군가가 그것들을 그녀에게 줬다고 주장하면서.

ABILITY 능력

ability 능력(현재 가지고 있는 기능적 측면의 skill인)
capability 역량(skill에 용량의 측면인 capacity를 합한)

I might have an ability to draw, but have no capability to design a multiple storied building. Similarly, you might have ability to run, but have no capability to run a marathon.

나는 그림을 그릴 능력이 있지만 다층 빌딩을 설계할 역량은 없다. 유사하게 당신은 달릴 수 있는 능력이 있을 수 있지만 마라톤을 뛸 역량은 없다.

COMPLAIN 불평하다

complain 불평하다(어떤 것에 불만족, 고통, 분노를 표현하며)
whine 우는 소리를 하다(아이가 밥투정하듯 다른 사람을 괴롭게, 애처롭게)
whimper 앓는 소리를 내다(병든 개, 아픈 아이 등이 고통, 슬픔으로)
grumble 툴툴대다(complain보다는 낮은 톤으로 화가 난 퉁한 태도로)
mutter 투덜대다(낮은 혼잣말로 불만, 위협, 비꼼 등을 나타내며)
murmur 중얼거리다(불만이든 아니든 whisper보다는 좀 크게)
  » mutter는 murmur보다 좀 더 반항적이다
mumble 웅얼거리다(주저하며 불분명한 혼잣말로 느리게)

Whining is making a long noise of complaint. Whimpering is making repetitive short little noises. If some dogs need to go potty, they will whimper (OR whine) to be let out.
우는 소리를 하는 것은 불평의 긴 소음을 내는 것이다. 낑낑거리는 것은 짧고 작은 소리를 반복적으로 내는 것이다. 일부 개들이 대소변이 마려우면, 그들은 내보내 달라고 낑낑거릴 것이다.

I heard him muttering something unintelligible under his breath, but I don't think he intended any offence to any other honorable member.
 • mutter는 목적어를 사용할 수 있음
나는 그가 알아들을 수 없는 것을 투덜거리는 걸 들었지만 그가 다른 명망 있는 사람에게 기분 상하게 할 의도였다고는 생각하지 않는다.

Murmuring is a form of complaining (OR whining) toward a situation or people involved. Of course, it's OK to complain if correction is needed, but let's not murmur. Rather, let's be more content in life.
중얼거리는 것은 상황이나 관계되는 사람에게 불평하거나 우는 소리를 내는 형태이다. 물론 바로잡아야 한다면 불평하는 것이 옳지만 중얼거리지 말자. 오히려 생활 속에서 더 자족하자.

If there is something that just isn't the way you wish it was, you would grumble about it, saying like "if I were in charge, I would do it differently." or "I wish he wouldn't do it that way." However, you just do nothing to correct but mumble a lot under your breath.
당신이 바랐던 식이 아니었던 것이 있다면, 그것에 대해 툴툴거릴 것이다, "내가 책임자라면 나는 다르게 할 것인데" 아니면 "그가 그것을 그런 식으로 하지 않으면 좋겠는데" 처럼 말하면서. 그러나 당신은 그것을 고치기 위해 아무것도 하지 않고 그냥 웅얼거린다.

LAUGH 웃다

laugh 웃다(보편적 용어로 모든 웃음을 뜻하는)
chuckle 허허 웃다(만족을 나타내며 낮은 톤으로 조용히)
giggle 낄낄 웃다(손으로 입을 가리며 교활하게)
titter 킥킥 웃다(giggle보다 낮은 소리로 chirp하는 새소리처럼)
chortle 깔깔 웃다(어린애가 웃듯이 재미있어 하며)
snort 코웃음을 웃다(콧방귀를 뀌며)
grin 씩 웃다(이빨을 드러내며)
guffaw 하하 웃다(큰 소리로 통쾌하게)
smirk 교활하게 웃다(입꼬리를 살짝 올리며)
  » 잘못할 줄 알았다는 듯 남의 불행을 고소해하면서
sneer 비웃음 짓다(코 주변을 찡그리고 거만한 표정을 지으며)
snicker 경멸적으로 웃다(약간 비웃으며 흥! 쳇! 등 짧게)
  » sneer은 표정으로 나타나고, snicker은 웃음소리가 중지되는 소리[broken laugh]가 난다

He cracked a smile and the smile became a **grin** and the **grin** became a **chuckle** that caused a short burst of laughter out loud. And then suddenly he slammed his hand on the table, **laughing** even harder.
그는 미소를 짓다가 씩 웃는 웃음이 되고 허허 웃다가 큰 웃음소리를 냈다. 그러다 갑자기, 탁자 위로 손을 내리쳤다, 더 크게 웃으면서.

He struggled to suppress his **giggling**, but ended up bursting into loud laughter. His long train of high-pitched **guFFAws** echoed in the large room.
 • suppress 억압하다, high-pitched 높은 음의, laughter 웃음소리, laugh 웃음
그는 낄낄거리는 웃음을 억제하려고 노력했지만 큰 소리의 웃음을 터뜨리게 되었다. 그의 긴 높은 음의 큰 웃음이 큰 방에 메아리쳤다.

A sustained belly **laugh** or boisterous **guffaw**, not a simple **titter**, **giggle**, or **snicker**, may have a positive impact on blood pressure.
 • sustained 지속된, belly laugh 큰 웃음, boisterous 떠들썩한
지속하는 깊은 웃음이나 떠들썩한 큰 웃음 – 단순한 킥킥거리거나 낄낄거리기 흥하는 경멸적 웃음이 아닌 – 이 혈압에 긍정적인 영향을 줄 수 있다.

When someone tickles your armpits, you make a **snorting chuckle** sound resembling noisy exhalation. This breathy **laugh** you make is an example of a **chortle**.
어떤 사람이 당신의 겨드랑이를 간질일 때, 당신은 시끄럽게 숨을 내쉬는 소리를 닮은 "크하하" 하는 소리를 낸다. 당신이 내는 호흡기의 웃음이 깔깔 웃는 예이다.

Sneering people tend to be less likely to smile and look down on others. By contrast, **smirking** people tend to have a half smile on their face and think themselves superior somehow.
비웃는 표정의 사람들은 웃을 것 같지 않으며 어떤 사람을 깔보는 경향이 있다. 이와 대조적으로, 교활한 웃음을 띠는 사람들은 얼굴에 반쯤 미소를 머금고 자신이 약간 더 우월하다고 생각하는 경향이 있다.

NOTICE 알림

notice 알림(모르는 사실을 미리 알리는)
notification 공고(공식적으로 알리는), **통지**
announcement 발표(신문, 방송 등 매체로 알리는)
information 정보(상황, 사람, 행사 등에 관한 사실인)
statement 진술(문서로), 성명서
obituary 부고(사망사실을 알리는)

We provide information for drivers who have received a notice that their license is suspended, revoked, canceled or denied.
우리는 운전자의 자격증이 정지되고 무효가 되고 취소되고 거부되었다는 통지를 받았던 운전자들에게 정보를 제공한다.

The statement issued today says that employers are required to send notification letters to all individuals suffered by the hacker's attack.
오늘 발표된 성명서는 경영자들은 그 해커의 공격을 당한 모든 개인에게 통지문을 보내야 한다고 적혀 있다.

According to tradition, the date and time for the announcements of the Nobel Laureates will be set immediately after being chosen by Nobel Prize awarding institutions.
전통에 따라 노벨상 수상자의 발표 시간과 날짜는 정해질 것이다. 노벨상 수상위원회에 의해 선정된 후 즉시.

An obituary (OR A death notice) serves as notification that an individual has passed away, and it provides information on the funeral services that are to take place.
죽음을 알리는 부고는 어떤 사람이 돌아가셨다는 공고 역할을 한다. 그리고 개최할 장례의 정보를 제공한다.

ADVICE 충고

advice 충고(손윗사람이 도덕적으로 옳은 일을 하도록)
feedback 조언(미리 체험한 경험을 공유하도록)

When you share specific observations with those who you can help, you provide feedback that they might use. However, it doesn't include your advice unless they have requested you to do it.
당신이 도울 수 있는 사람들과 특정 관찰 결과를 공유할 때, 당신은 그들이 사용할 조언을 제공한다. 그러나 그것은 당신의 충고를 포함하는 것은 아니다. 그들이 그것을 하도록 요청하지 않았다면.

GO 가다

go 가다(화자가 행위자의 관점일 때)
come 오다(화자가 수용자의 관점일 때)
enter 들어가다(go in, come in을 의미하며)
head ~로 향하다

It was so cold at the beach that I didn't want to go in the seawater.
해변 날씨가 너무 추워서 바닷물에 들어가고 싶지 않았다.

A physician assistant said to a patient who was waiting, "Will you come in now, please."
어떤 간호사가 기다리고 있던 환자에게 말했다. "지금 들어오시죠!"

A man was headed to court on charges for entering a women's locker room.
어떤 남자가 여성 라커룸에 들어간 죄로 법정으로 직행 했다.

STROLL 천천히 걷다

stroll 천천히 걷다(격식을 차리지 않고)
amble 유유자적하게 걷다
ramble/wander/roam/hang around 어슬렁거리다(목표 없이 배회하며)
itinerate 순회하다
prowl 살금살금 다니다(맹수가 먹이를 찾아)
hover 맴돌다(헬기가 건물 위에 떠 있는 것처럼 공중에 떠 주변을)

Don't let your mind go for a wander, go for a stroll instead.
당신의 마음을 방랑하도록 하지 마시고 대신 천천히 걷게 하시오.

Itinerant teachers also known as 'visiting' 'circuit' 'peripatetic' teachers are traveling school-teachers. [Wikipedia]
'visiting' 'circuit' 'peripatetic' teacher's 들은 이곳저곳을 다니는 순회 교사들이다.

I adore cats that have turned wild. They hunt birds, prowling, roaming the streets like demons. They cast their wild eyes at you, being ready to pounce on your face. [Pablo Picasso]
나는 야생으로 변해버린 고양이들을 매우 좋아한다. 그들은 악마처럼 먹이를 찾아 살금살금 거리를 떠돌면서 새들을 사냥한다. 그들은 여러분의 얼굴로 달려들려고 하며 야생동물의 눈빛을 던진다.

Eagles are hovering above the plain in search of prey, and a group of zebras are ambling to and from the river.
독수리들이 먹이를 찾아 평원 위에 맴돌고, 얼룩말 한 무리가 강으로 왔다 갔다 여유롭게 걷고 있다.

TRIP 넘어지려 하다

trip 넘어지려 하다(무엇에 걸려 균형을 잃고)
stumble 비틀거리다
fall 엎어지거나 쓰러지다

Tripping is to lose your balance after knocking your foot when there's a stimulus to trigger it. By contrast, stumbling is to walk in a clumsy way due to illness or drunkenness. Someone might trip over a toy on the floor and lose balance and stumble. From there, he might fall to the floor or regain his footing after keeping moving forward nearly falling.

• regain one's footing 발의 균형을 회복하다

걸려 넘어지는 것은 넘어지게 하는 유발물이 있을 때 당신의 발이 채인 후 균형을 잃는 것이다. 이와 대조적으로, 비틀거리는 것은 서툴게 걷는 것이다, 질병, 술 때문에. 어떤 사람이 마룻바닥의 장난감에 걸려 넘어지려 하고 균형을 잃고 비틀거릴 수가 있다. 여기에서 그가 마룻바닥에 쓰러지거나 발의 균형을 회복할 수 있다, 거의 쓰러질 뻔하며 앞으로 쏠리다가.

HIKING 산책

walking 걷기(운동으로 포장도로 등 평탄한 길을)
hiking 산책(등산로를 따라 걷는)
trekking 도보여행(장시간 험한 길을 걷는)

Walking occurs when you walk for fitness two or more days a week on flat, paved surfaces. Hiking occurs during day or overnight on trails with pre-charted paths. Trekking, meanwhile, takes place on uncharted paths and takes longer than hiking.

• pre-charted 미리 여행계획을 예정해 놓은

걷기는 건강을 위해 평탄하고 포장된 노면을 주당 2번 이상 걸을 때이다. 하이킹은 낮동안이나 밤새 하는 것이다, 예정해 놓은 보도가 있는 오솔길에서. 반면 트레킹은 기존의 길이 나 있지 않은 곳에서 하는 것이고 하이킹보다 더 시간이 걸린다.

Hike a little-known route and trek to misty foothills of a lesser-known route.
좀 알려진 등산로를 산책해 보시고 덜 알려진 등산로의 안개 낀 낮은 산기슭을 도보여행해보세요.

TIE 묶다

tie 묶다(로프, 줄 등으로 매듭을 만들며)
fasten 부착하다(버튼, 벨트, 지퍼, 훅 등 걸쇠 latch로)
bind 결박하다(테이프, 풀 등으로 움직이지 못하도록)

A **binding** knot **tied** around the end of a rope will keep the end from unraveling.
줄 끝 둘레의 묶인 결박 매듭이 가장자리가 풀리는 것을 막아줄 것이다.
You can use screws to **fasten** (OR attach) two pieces together.
당신은 두 쪽을 붙이기 위해 나사를 사용할 수 있다.

TRAVEL 여행

travel 여행(보편적 용어의), 다녀옴
tour 탐방여행(보통 package tour로 여러 곳을 다녀오는)
trip 방문여행(business trip, field trip 등 목적을 가진 단기간의)
journey 여정('나를 찾는 여행' 처럼 기약 없는 막연한 여행인)
voyage 모험여행(Voyager 우주선처럼 멋진 모험이 가득한 장기간의)
excursion 소풍(picnic), 현장학습(field trip)
cruise 해상여행(해상의 풍경을 즐기는)
expedition 탐험(원시적인 장소로), 원정
outing 하루 나들이

Our **travel** experts can help you get to all the destinations you want to visit on the **trip**.
우리의 여행전문가가 방문여행 중에 당신이 방문하고 싶은 모든 목적지에 가도록 도와줄 수 있다.

After the **voyagers** on canoes sailed at sea for months, finally the **voyage** came to an end. It's been a long **journey** of more than 10,000 kilometers.
카누를 탄 여행자들이 바다에서 수개월 동안 항해한 후 마침내 그 모험여행은 끝이 났다. 1만 킬로가 넘는 긴 여정이었다.

Guided walking **tours** of campus take place throughout the year. The **tour** consists of an outdoor walk, providing an introduction to history and general information and a unique view.
인솔자가 있는 캠퍼스 도보탐방은 연중 개최된다. 그 탐방여행은 교정을 걷는 것으로 구성되어 있다. 역사의 소개, 일반 정보, 독특한 풍경을 제공하면서.

An **excursion** — such as **trips** to local parks, libraries, fire stations — may be considered a regular **outing**.
동네의 공원, 도서관, 소방서에 다녀오는 것 같은 소풍은 정규적인 하루 나들이라고 여겨질 수도 있다.

Meet our unequivocal inboard **expedition** experts who sail full-time with the **cruise**, they'll provide more insight, understanding and commentary.
해상 관광선과 언제나 같이 항해하는 승선하고 있는 확실한 탐험전문가들을 만나세요. 그들이 더 깊은 통찰과 견해와 해설을 제공할 것입니다.

VISIT 방문하다

visit 방문하다(예고하고 의례적으로)
drop in(at/on), by/come by, over(to)/stop by 잠시 들리다
barge in on 들이닥치다(갑자기)
drop off 데려다 주다(차로), 배달하다(차로)

Way back when I was a naive youngster, I used to **drop by** the home of friends. But now I never **drop in on** anyone out of the blue. I always ring beforehand and ask if I could **come over** and hang out, even when **visiting** my brother. I know that being **barged in on** is making them annoyed, when they're not prepared for it.

• out of blue 느닷없이, hang out 놀다.

옛날 내가 순진한 청소년이었을 때 나는 친구 집을 들르곤 했다. 그러나 지금은 나는 결코 누구의 집에도 느닷없이 들리지 않는다. 나는 항상 미리 전화하고 가서 놀 수 있는지를 물어본다, 비록 내 동생을 방문할 때에도. 나는 들이닥치는 것이 그들을 귀찮게 하는 것을 알고 있다, 그들이 준비가 되어 있지 않을 때.

A UPS guy **stopped by** my house yesterday to **drop off** a package. What I mean is that the delivery guy **came over** here to deliver a package.

어떤 택배기사가 어제 내 집에 택배를 배달하려고 들렀다. 그 기사가 택배를 배달하러 여기에 왔다는 말이다.

MEET 만나다

meet ~와 만나다(장소와 시간을 중시할 때)
meet with ~와 만나다(업무상, 정치적으로, 사업상 예약되어)
  » 또한, 손님이 warm reception을 받고, 여행자가 difficulty를 meet with할 수 있다
meet up with ~와 만나다(놀려고 get together with)
catch up with ~와 만나 밀렸던 이야기를 하다

I **met** him through a mutual friend at a party and we hit it off right away.
나는 어떤 파티에서 서로 아는 친구를 통해 처음 알게 되었고 우리는 즉시 서로 반했다.

Businesses against downtown homeless shelter **met with** protests. He is planning to **meet with** the leader of the group.
도시 노숙자 보호소에 대한 사업들이 저항에 직면했다. 그는 그 집단의 리더와 만날 계획이다.

Happy hour is looking like the great way to **meet up with** coworkers, **catch up with** friends you haven't seen each other for a while, unwind after a hard day's work.
초저녁 서비스 타임은 좋은 방법처럼 보인다, 직원들과 만나서 놀고, 그간 못 만났던 친구와 미뤘던 이야기를 하고 힘든 일과 후 스트레스 해소를 하는.

COME ACROSS 마주치다

run across/come across 마주치다(정지한 사람, 물건을 우연히)
run into/bump into/encounter 만나다(이동하는 사람을 우연히), 마주치다
(문제, 저항, 어려움 등의 부정적인 것과 우연히)

Walking down the street, I came across a new noodle shop. And there I bumped into my old school friend who I hadn't seen since high school.
길을 따라 내려오면서 나는 새로 생긴 우동 가게를 우연히 발견했다. 그리고 그곳에서 고교 이후 본 적이 없던 옛날 학교 친구를 우연히 만났다.

I usually run into heavy traffic on the way to work and encounter people I know, and also, I come across total strangers.
나는 보통 출근하는 길에 교통체증을 마주치고 내가 아는 사람을 만나고 전혀 모르는 사람들도 마주친다.

LEAVE 떠나다

leave 떠나다(화자가 구체적 행동, 장소, 시간을 강조하며)
go away 가버리다(화자가 떠나는 의지를 강조하며 막연히)
make off with 도망가다(~를 훔쳐 황급히)

Art is the only way to run away without leaving home. [Twyla Tharp]
예술이란 가정을 떠나지 않고 도망치는 유일한 방법이다.

Go away, go find somewhere else to live. I also decided to go away from this place and live somewhere else.
떠나버려, 다른 곳에서 살 곳을 찾아. 나도 이곳을 떠나 다른 곳에 살기로 했어.

Two hooded burglars broke into an unlocked apartment and made off with some valuable items.
후드를 쓴 주거침입 강도 두 명이 잠기지 않는 한 아파트에 침입하여 값비싼 물품 몇 개를 가지고 도망갔다.

HIDE 숨기다

hide 숨기다(의도적이건 아니건 시야에서 보이지 않게 치워)
conceal 숨기다(은밀한 목적으로 의도적으로 감추어)

If you conceal something with something else, you would have to hide it completely from view from any angle. You can conceal your weapon with a magazine. By contrast, you can hide your weapon just by putting it out of sight, but that's not necessarily concealed.
만약 당신이 다른 어떤 것으로 어떤 것을 감춘다면, 당신은 어느 각도에서도 보이는 것을 완전히 감추어야 할 것이다. 당신은 잡지로 당신의 무기를 conceal할 수 있다. 이와 대조적으로, 당신은 무기를 hide할 수 있다, 시야 밖으로 내보냄으로써, 그러나 그것은 반드시 의도적으로 숨겨질 필요는 없다.

TURN 방향을 돌리다

turn 돌다(차의 핸들처럼 몸통, 사람 등이 축을 중심으로)
spin 돌다(동전 크기의 작은 물체가 축을 중심으로 빠른 속도로)
rotate 돌다(차바퀴처럼 큰 물체가 축을 중심으로)
» spin은 rotate보다 빠른 속도로 360° 회전하고, turn은 천천히 꼭 360°가 아니어도 돈다
revolve 곁돌다(지구가 태양을 돌 듯이 선회하며)
» 회전문은 rotate하고, 이용객은 revolve한다
swivel 돌다(회전의자처럼 바탕은 고정되고 상부만)
whirl 돌다(spin보다 빠른 속도로), **혼란하다**(마음이)
swirl 돌다(소용돌이에 갇힌 낙엽처럼 원형이나 나선형으로 빙빙)
twirl 돌리다(우산을 돌리듯, 커피에 크림을 젖듯 빙빙)

The Earth revolves (OR orbits, moves) around the Sun and it takes about one year. The earth rotates (OR turns, spins) on its own axis and one full rotation takes 24 hours.
지구는 태양 주위를 돈다, 그리고 그것은 약 1년 걸린다. 지구는 자체 축 위에서 돌고 완전히 도는 시간은 24시간이다.

Rotate your head from side to side, and your head swivels on your neck.
당신의 머리를 양쪽으로 빙빙 돌리세요, 그러면 당신의 머리는 목 위에서 돌아가요.

Ear dizziness may appear as a whirling (OR spinning) sensation.
귀의 어지러움은 빠른 속도로 돌아가는 느낌으로 나타날 수 있다.

He took his son by the hand and twirled him around in slow circles. The boy started swirling around.
그는 자기 아들의 손을 잡고 천천히 원을 그리며 그를 빙빙 돌렸다. 그 소년은 빙빙 돌기 시작했다.

SWERVE 지그재그로 가다

swerve 지그재그로 가다(갈지자로 이리 왔다 저리 갔다)
deflect 비켜나가다(원래 진로에서), 굴절하다(광선이)
go in a beeline 직선으로 가다

When you go in a beeline (OR as the crow flies), you are going straight for a destination without deviation or without swerving to the right or left.
• deviation 일탈, make a beeline for sth. ~로 곧 바로 가다
만약 당신이 벌처럼 갈 때, 당신은 목적지로 직진한다, 일탈 없거나 좌우로 왔다 갔다 하지 않고.

In general, deflection is literally defined as a bending, turning aside or a deviation from a normal course.
• turn aside 외면하다
일반적으로 deflection이란 문자 그대로 구부러지거나 외면하거나, 정상적 코스로부터 굴절을 말한다.

CAPSIZE 전복하다

capsize 전복하다(배가 물에서)
turn over 뒤집다(사물을 정상적인 자세를 turn turtle하여)
flip over 뒤집다(부침개를 토스하듯 재빨리 사물의 정상적인 자세를)
tip over 넘어뜨리다(사고로 사물을 옆으로 topple over, knock over하여)
roll over 굴러 뒤집히다(여러 번이 아니어도)

A boat is capsized when it leans too far on her side and turns over, exposing its keel to the sky.
보트가 전복된다, 보트가 너무 옆으로 기울고 뒤집힐 때, 하늘로 용골을 보이면서.

My cat won't stop tipping over his water bowl and spilling. He always wants to flip over something containing water, how annoying that is.
내 고양이는 물그릇을 넘어뜨리고 쏟는 것을 멈추지 않는다. 그 녀석은 물을 담아 놓은 것을 넘어뜨리거나 엎고 싶어한다, 얼마나 귀찮은지.

If a car slides without control on a slippery surface, it can roll over the surface before it comes to a stop, or it can leave the ground and flip over in the air before it hits the ground again.
어떤 차가 미끄러운 표면에서 통제력을 잃고 미끄러진다면, 그 차는 정지하기 전에 그 표면을 구를 수 있다. 혹은 그 차는 지면을 떠나 다시 지면에 부딪히기 전에 공중에서 제비를 돌 수도 있다.

SLIDE 미끄러지다

slide 미끄러지다(일반적 표현으로 표면에 계속 접촉하면서)
slip 미끄러지다(특히 얼음, 진창에서), 빠져나가다
glide 활강하다(공중에서 미끄러지듯)
hydroplane 미끄러지다(차가 높은 속도로 주행 중 수막현상으로)
skid 미끄러지다(차가 브레이크가 걸린 채)

I tried my paper airplane to glide through the air longer, but there was water on the floor that I did not notice, and I slipped and fell.
내 종이비행기를 공중으로 더 멀리 활강시키려고 했는데 바닥에 내가 몰랐던 물이 있어서 미끄러져 넘어졌다.

If you drive in heavy rain, the risk of hydroplaning can increase. Because the tires lose their grip on the road's surface and slide over the water that covers it. You should know both how to avoid the risk of hydroplaning and what to do when your vehicle begins skidding with the wheels locked.
폭우에 운전하면 수막현상으로 미끄러질 위험이 증가한다. 왜냐하면, 타이어가 도로의 표면을 꽉 쥐지 못하고 도로를 덮고 있는 물 위에서 미끄러지기 때문이다. 당신은 미끄러지게 될 위험 가능성을 피할 방법과 당신의 차가 브레이크가 걸린 채 미끄러지기 시작할 때 대비할 일을 알아야 한다.

DETOUR 우회하다

detour/bypass/circumvent 우회하다(장애물을 회피하여 돌아)
divert 변경하다(항로나 방향을 re-route하여 다른 곳으로)
deviate 벗어나다(정상 궤도나 규칙에서), 일탈하다

Coronary artery bypass surgery is a procedure that detours (OR circumvents) blood around a clogged artery to create new pathways for blood to flow to the heart.
• coronary 심장의, artery 동맥의, procedure 수술[medical operation], clogged 막힌
관상동맥 우회술은 막힌 동맥 주위로 피를 우회 시키는 수술이다, 혈액이 심장으로 흐르는 새로운 길을 만들려고.

The demonstration held by protesters caused police officers to divert car traffic to make sure the safety of its participants.
저항자들에 의해 열린 데모가 경찰들이 교통을 딴 데로 돌리도록 했다, 데모 참가자들의 안전을 꼭 보장하려고.

Creativity means deviation from conventional wisdom and moving away from the status quo and adoption of new ways of thinking and doing.
• status quo 현재 상태
창의성은 관습적 지혜에서 벗어남이고, 현 상태에서 떠남이고, 생각과 행동의 새로운 방식의 채택을 의미한다.

PRECEDE 앞서가다

precede 앞서가다, 선행하다
proceed 진행하다, 앞으로 나아가다

Approximately 15 percent of all strokes are preceded by a mild warning stroke. The ministrokes can be warning signs for a major stroke.
모든 뇌졸중의 약 15%는 약한 경고성 뇌졸중이 앞선다. 그 소 뇌졸중이 본 뇌졸중 경고의 징표일 수 있다.

Four cops came into my driveway and unlocked my car and proceeded to peer my things in the car with their flashlights.
• peer 자세히 보다
경찰 4명이 집의 주차 통로로 와서 내 차를 열고는 플래시를 가지고 차의 물건들을 자세히 보는 것이었다.

PRECEDED BY 선행조건은 ~다

A is preceded by B B가 A를 앞선다(B가 A의 선행조건이다)
A is followed by B B가 A를 따른다(A다음은 B다)

Victory of any kind is preceded by periods of intense preparation; no magic word produces success.
모든 승리의 선행조건은 혹독한 준비 기간들이다. 어떤 주술이 성공을 낳지는 못한다.

Hay fever, a type of inflammation in the nose, usually occurs when rain is followed by warmer weather. Because its optimum conditions are warm, humid and windy.
알레르기성 비염은 코의 염증의 일종인데 보통 비가 온 다음 좀 더 따뜻한 날씨일 때 발생한다. 왜냐하면, 비염의 최적 조건이 따뜻하고 습도가 높고 바람이 부는 것이기 때문이다.

APPLY FOR 신청하다

apply for 신청하다(융자, 비자, 지위 등 추상적인 것을 얻으려고)
apply to 신청하다(사람, 회사, 단체 등의 장소에), **적용하(되)다**

I applied to a company and applied for a position. You could apply to a University and later apply for a scholarship.
나는 어떤 회사에 원서를 내고 어떤 일자리에 지원했다. 당신은 한 대학에 지원할 수 있을 것이고 나중에 장학금 신청을 할 수 있을 것이다.

What I said does not apply to you. I don't want to apply my rule to everyone. I'm trying to apply my knowledge to solving the problem.
내가 말한 것은 당신에게는 적용되지 않는다. 나는 내 규칙을 모든 사람에 적용하는 것을 원치 않는다. 나는 그 문제를 해결하는 데 내 지식을 적용하려고 노력한다.

TRACE 자취

trace n. 자취, 흔적 v. 추적하다

trajectory 궤적(물체의 비행 경로를 나타내는 track, path를 뜻하는)

Police can locate where the assassin fired the fatal shot by tracing the trajectory of the bullet.
- locate 장소를 알아내다, assassin 암살자

경찰이 그 암살자가 치명적인 총탄을 쏜 곳을 찾아낼 수 있다, 탄환의 궤적을 추적하여.

A career path means the trajectory your career might take. In your career, you might keep fluctuating while moving forward, backward or staying on an even keel.
- on an even keel 안정을 유지하여

직업의 길은 당신의 직업이 택할 수 있는 궤적을 의미한다. 그 직업 속에서 당신은 진보하고, 퇴보하거나 직업에 안정을 유지하면서 계속 출렁출렁할 수 있다.

FLUCTUATE 출렁거리다

fluctuate 출렁거리다(밀물 썰물처럼 불규칙하게 파동하며)

oscillate 왕복운동하다(괘종시계의 추처럼 규칙적으로)

swing 흔들리다(야구 선수의 배트처럼 축을 두고 일정 범위 내에서)

sway 흔들리다(바람에 흔들리는 나뭇가지처럼)

vibrate 진동하다(휴대폰의 진동 모드처럼 가볍고 빠르게 흔들며)

rock 묵직하게 흔들리다(요람처럼 바닥이 둥글어)

Stock price fluctuated more wildly over the last few years than the weight of a morbidly obese person on a fad diet.

주가가 최근 몇 년에 걸쳐 거칠게 출렁거렸다, 요즘 인기 다이어트 하는 병적으로 비대한 사람의 체중보다도.

The pendulum oscillates(OR swings) from side to side regularly passing through the center — its equilibrium position.
- pendulum 추[진자], equilibrium 균형

흔들이 추는 중심 즉 균형점을 지나치면서 규칙적으로 이쪽에서 저쪽으로 왔다 갔다 한다.

An earthquake rocked homes across the country last night, causing the ground to vibrate and shake. Some scary footage showed skyscrapers swaying and trains shaking after the devastating earthquake.
- footage 필름, devastating 파괴적인, shake 심하게 흔들다

어젯밤 지진이 전국의 집들을 흔들었다, 땅을 진동시키고 흔들면서. 일부 무서운 동영상이 고층건물이 흔들리고 기차가 흔들리는 것을 보여줬다, 파괴적인 지진 후.

CIRCULATE 순환하다

circulate 순환하다(혈액 등이), 순회하다(정한 지점을 규칙적으로)
ventilate 환기하다

If a space is ventilated properly, air is circulated naturally through convection that allows outside air to be drawn in.
• convection 대류, 환류
어떤 공간이 적절하게 환기가 된다면, 공기는 외부 공기를 끌어들이는 대류를 통해 자연스럽게 순환된다.

RELOCATE 이사하다

relocate to 이사하다(새로운 거주지로)
move to 바꾸다(장소, 자세 등을 어떤 방식으로 변화를 주기 위해)
move into 입주하여 차지하다

If you decide on whether to relocate your aging parents to one of the alternatives or move them into your home, make sure to take into account the opinions of all other family members.
• take sth into account ~를 참작하다
여러분이 연로한 부모님을 대안시설의 하나로 이사할 것인가 당신의 집으로 모실 것인가를 결정한다면, 반드시 모든 식구의 의견을 고려하세요.

As the situation deteriorated further, the U.S. moved warships closer to the eastern Mediterranean to evacuate their citizens.
상황이 한층 악화했을 때 미국은 전투함들을 동지중해로 더 가까이 이동시켰다, 그들의 국민을 철수시키려고.

SEE 보다

see 보다(시야에 들어와 보이는 것을 그냥 우연히)
watch 보다(물체의 움직임을 주의 깊게)
look at 쳐다보다(어떤 이유로 의도를 가지고)
view 관찰하다(멀리 특히 위에서), 보다(전자 모니터에서 정보를)

When the moon rises above the horizon, it is distorted to see when viewed through the atmosphere.
달이 지평선에서 떠오를 때 대기를 통해 보일 때는 보기에 뒤틀려져 있다.

Look at that guy! Have you seen him? Last night, I watched him walking into a bar.
저 남자를 봐! 그를 본 적이 있어? 어젯밤에 그가 어떤 술집으로 걸어들어 가는 것을 봤어.

Always watch where you are going. Otherwise, you may step on other's foot.
항상 당신이 가는 방향을 주의 깊게 보세요. 그렇지 않으면 다른 사람의 발을 밟을 수 있어요.

CHECK 점검하다

check 검사하다(짧은 시간에 실수를 찾아)
examine 조사하다(장시간에 걸쳐 조사하여)
scrutinize 조사하다(세세한 부분까지 철저히)
inspect 시찰하다(검사관 등이 잘못을 찾으려고 직접 육안으로)
investigate 수사하다(사건이나 사고의 원인을 조사하여)
» interrogate는 (범죄 관련 피의자를) 심문하다.

When you check your student's exam paper, you are just looking at the paper to look for mistakes and make corrections instantly. When you examine the student's exam paper, you are scrutinizing it for a long period of time to find something suspicious about whether the student cheated.

당신이 학생의 시험지를 check할 때는 실수를 찾아 즉석 수정하려고 시험지를 보는 것이다. 당신이 그 학생의 시험지를 examine할 때는 학생이 커닝했는지에 대해 의심스러운 점을 찾으려고 긴 시간 면밀히 조사하는 것이다.

Inspection is just to visit to the respective place or things for close observation of certain tasks. A workplace inspection is the act of examining for evidence of unsafe or unhealthy conditions.

시찰은 특정 임무들의 밀착 감시를 위해 각개 장소나 물건을 찾아가는 것이다. 작업장 시찰은 불안전하거나 불건전한 상태의 증거를 조사하는 행위이다.

An investigation refers to seeking out the causes of an injury, illness, or death after it occurred.

수사는 사고, 질병이나 사망이 발생한 후 원인을 밝혀내는 것을 말한다.

SCAN 대충 훑어보다

scan 대충 훑어보다(초음파검사처럼 특정 정보를 얻으려고)
skim 훑어보다(scan보다는 자세하게 요점을 파악하려고)
skip 건너뛰다(디저트를 먹으려고 빵을 생략하는 것처럼 고의로)
miss 놓치다(잡는 데 실패하여), 애석히 여기다(~이 없음을)

Scanning is a more superficial assessment of written material to find a particular piece of information. By contrast, skimming is to get slightly more involved trying to get the gist of the text by looking at the headings, topic sentences, any pictures and beginning of each paragraph.

• superficial 외형적인, assessment 평가, gist 요점

대충 훑어보기란 특정 정보를 찾기 위해 문서를 보다 피상적으로 평가하는 것이다. 이와 대조적으로, 훑어보기란 약간 더 몰입되는 것이다, 교재의 요점을 얻으려고, 표제 주요 문장, 모든 그림들, 각 문장의 시작을 봄으로써.

Make sure not to skip any mandatory questions, otherwise the system sends you back to the purposely missed question with nasty comments.
• mandatory 강제적인, purposely 일부러

꼭 필수 질문들을 건너뛰지 마세요, 그렇지 않으면 시스템이 불쾌한 코멘트를 붙여 고의로 빼먹은 질문으로 돌려보냅니다.

If you miss every chance possible as a striker, your team probably won't miss you even if you skip a game, sitting on the bench.

당신이 스트라이커로서 가능한 모든 기회를 놓치면, 팀은 당신이 벤치에 앉아 한 게임을 건너뛰어도 아쉬워하지 않을 것이다.

SUPERVISE 감독하다

supervise 감독하다(직원, 부서 등 부분적 책임으로)
oversee 감독하다(회사 전반에 대한 책임으로)
overlook 간과하다(눈감아주며)
overview n. 요약(개괄적인)
oversight 실수(불민함으로 인한)
» oversee[감독하다]의 명사형으로 oversight[감독]의 뜻도 있음

Pharmacists take on the responsibilities of hiring and supervising staff and overseeing the general operation of the pharmacy.

약사들은 인력을 고용하고 감독하고 그 약국의 전반적인 경영을 책임지고 있다.

If you're applying for a job that requires a bachelor's degree, some employers might be willing to overlook something like this in case you have relevant experience in the field.

만약 당신이 학사학위를 요구하는 직장에 지원한다면, 일부 고용주들은 이와 같은 것을 너그럽게 보아주려고 할 수 있다, 당신이 그 분야에 관련 경험이 있을 경우에.

Before starting my presentation, I'd like to give you a brief overview of the main points.

내가 발표를 시작하기 전에 나는 주요 요점의 간략한 요약을 해주고 싶습니다.

They said that the new fourth generation TV supported Bluetooth headphones. But some tech-savvy early adopters noticed that they didn't all work that way. It's a major oversight. It is not as polished as their products tend to be.
• polished 세련된sophisticated

그들은 그 4세대의 TV가 블루투스 헤드폰을 지원했다고 말했다. 그러나 일부 기술에 밝은 얼리 어답터들은 그것들이 모두 그렇게 작용하지 않는다는 것을 알아차렸다. 그것은 중요한 실패이다. 그들의 제품들이 그런 것만큼 세련되어 있지 않다.

LOOK AFTER 돌보다

look after/take care of 돌보다(책임을 맡아 누구를 안전하게)
» 인사로 good-bye에 해당하는 말은 Take care! Look after yourself!

care for 돌보다(어린이, 노약자 등 돌봄이 필요한 상대를)

attend to 돌보다(누구에게 업무상 서비스를 제공하여)

tend 돌보다(동식물, 사람, 가게 등을)

As the time comes for your baby to be born, make sure to make early contact with a particular obstetrician in mind who you wish to look after (Or take care of, care for) you. When your labor begins, the nurse midwives will look after you and your doctor will be contacted to attend to your delivery.

- obstetrician 산부인과 의사, labor 산통, nurse midwife 조산원

해산의 시간이 다가올 때 반드시 당신을 돌봐주기를 원하는 염두에 둔 특정 산부인과 의사와 일찍 접촉해 놓으세요. 산통이 시작할 때 조산원들이 당신을 돌봐줄 것이고 의사가 당신의 출산을 돌보기 위해 연락될 것입니다.

If you have a green, growing thing to tend, it will create a wonderful relationship for your children. Furthermore, caring for (OR looking after) the indoor plants may even teach them life lessons. When your children start planting seeds, they will take care of the plants over a period of time, taking on more responsibility.

당신이 관리하는 녹색식물을 가지고 있으면 그것은 자녀를 위해 멋진 관계를 만들어 낼 것이다. 한술 더 떠서, 그 실내 화분을 돌보는 것은 그들에게 인생의 교훈들을 가르쳐줄 수도 있다. 당신의 아이들이 씨를 뿌리기 시작할 때 그들은 더 많은 책임을 지면서 일정 기간 이상 그 식물들을 돌볼 것이다.

WATCH 감시

watch 감시(위험 가능성에 대한 주의를 기울이는)

vigil 철야(간호, 기도, 저항을 위해 장시간 깨어 있는)

alert 경계(위험에 대비하여 비상대기 상태의)

Stay alert! Watch out for your great enemy, the devil. He prowls around like a roaring lion, looking for some victim to devour. [1 Peter 5:8]

경계하세요. 큰 적 마귀를 조심하세요. 그는 집어삼킬 희생자를 찾으면서 돌아다니는 사자처럼 헤매고 있어요.

A large crowd of demonstrators gathered to continue protesting and a community vigil started, chanting and praying. Police are on high alert after hearing rumors that some activists may try to disrupt the peace vigil.

많은 데모대가 저항을 계속하기 위해 모였고 지역 철야농성을 시작했다, 구호를 외치고 기도하면서. 경찰은 일부 활동가들이 평화 철야농성을 붕괴시킬 것이라는 소문을 듣고 높은 경계상태에 있다.

CUE 신호를 주다

cue 신호를 주다, n. 신호   **queue** 줄을 서다

When I arrived to buy a ticket before the ticket hatch opened, I had to take my cue to start a queue from the staff member and wait my turn to be attended to.
- take your cue from ~로부터 신호를 받다.

매표소가 열리기도 전에 표를 사려고 도착했을 때, 나는 직원들로부터 줄을 서라는 신호를 받고 차례가 될 순서를 기다려야 했다.

GOOF AROUND 빈둥거리다

goof around 빈둥거리다(실속 없이 시간을 보내며)
goof off 농땡이치다(해야 할 일을 하지 않고)
mess up/goof up/screw up 실수하다(어리석게)
fool around 장난을 일삼다(~를 가지고 위험하게), 바람 피우다
mess around 시간낭비하다(주제와 관계없는 일로 쓸데없이)

Don't take your opportunity for granted. Be serious and be a professional. Don't goof around, otherwise it can be taken away just that fast.

당신의 기회를 당연한 것으로 여기지 마라. 진지하게 생각하고 전문가가 되라. 빈둥거리지 마라, 그렇지 않으면 그 기회는 대단히 빨리 빼앗길 수 있다.

If you want to move up the corporate ladder, you won't want to be seen as someone who is always goofing off or joking around at work.
- move up the ladder 승진하다

만약 당신이 승진하고 싶다면, 직장에서 항상 농땡이치거나 농담을 하고 다니는 사람으로 보이길 원치 않을 것이다.

If you screw up one more time, I'll fire you. If it's a one-time goof-up, I can forgive, but isn't it like the third time in a row? Don't mess it up again. When you goof up one more time, you're finished.

만약 당신이 한 번만 더 실수하면 나는 당신을 해고할 거야. 한 번 실수라면 내가 용서할 수 있지만, 이것은 연속 세 번째가 아닌가? 다시 망치지 마. 한 번 더 실수할 땐 당신은 끝이야.

Don't fool around with fire, and teach your children that fire is a dangerous tool and not a toy to be played with carelessly!

불을 가지고 위험한 장난을 치지 마세요. 그리고 아이들에게 가르치세요. 불은 위험한 도구이지 부주의하게 가지고 놀 장난감이 아니라고.

If you have some types of career in mind, this college will be just the best one that realizes your dream out there! Don't mess around with all the other types of general stuff.

당신이 갖고 싶은 직업이 있으면 이 대학이 그쪽에서 바로 최고일 것입니다. 당신의 꿈을 실현시키는. 다른 일반적인 것을 가지고 쓸데없이 시간낭비하지 마세요.

SHOW 보여주다

show 보여주다(자료에 있는 사실을 증명하듯이)
indicate 가리키다(자료에 내포되거나 유추되는 것을)
represent 대표하다, 나타내다, 표현하다
signify 상징하다(어떤 현상이 숨은 뜻을 나타내도록)
reveal 드러내 보이다(잠재되거나 숨어 있어 발견된 적이 없는 것을)

Based on the data given in Table 1, forty dots are on the scatter diagram shown in Figure 2. Each dot represents one student.
- table 시간표처럼 칸에 적힌 표, figure 다이어그램, pie chart, 그래프 등의 도표

표1에 주어진 데이터를 근거로, 도표2에 보이는 산포도에 40개의 점이 있다. 각 점은 한 학생을 나타낸다.

We get wrinkles not only from smiling and aging, but from worry. However, your wrinkles should merely indicate where your smiles have been.

우리는 미소와 노화로 주름을 가질 뿐만 아니라, 걱정으로도 갖는다. 그러나 당신의 주름은 당신의 미소가 있었던 곳을 단지 가르쳐 주어야 한다.

The chest X-ray revealed a small spot on my right lung. I don't understand what the spot signifies about my health.

가슴 엑스레이는 오른쪽 폐에 작은 점을 드러내 보였다. 그 점이 건강에 무엇을 상징하는지 이해하지 못한다.

SKILL 솜씨

skill 솜씨(천성적으로 타고난 재능으로써)
technique 기술(연습, 반복으로 터득한 특수기법을 시행하는)
» 축구에서 skill은 탁월한 위치 선정, 동물적인 감각의 대응 능력이고, technique은 패스, 슈팅, 수비 등의 잔 기술을 말함

Thanks to the state-of-the-art heart repair technique and the surgeon's skill, a patient is now living a life filled with purpose and excitement instead of fighting to survive.

최신 심장 치료 기술과 외과의사의 솜씨 덕분에, 어떤 환자가 현재 생존투쟁 대신 목적과 흥분으로 가득 찬 삶을 산다.

USE 사용하다

use 사용하다(보편적 표현으로), (+사람)**이용해먹다**(exploit하여)

utilize 사용하다(최상의 효과를 위해서나 특수목적으로)
》 use의 대체용어로도 빈번히 사용함

harness 이용하다(자연의 힘 등을 동력화하여)

exert 발휘하다(무엇을 위해 힘, 노력 등을 최대로)

resort to 기대다(무엇을 달성하기 위해 나쁜 수단에 의지하며)

The lottery winner refused to use the money to buy a fancy car and decided to utilize it by paying off his debts and investing the rest in business.
그 복권 당첨자는 그 돈을 고급 차를 사는 데 사용하는 것을 거부하고 빚을 갚고 나머지 돈을 사업에 투자하는 데 그 돈을 사용하기로 했다.

If you harness the power of your subconscious mind intentionally, you can make the best choices.
만약 당신이 의도적으로 잠재의식의 힘을 이용하면 당신은 최상의 선택을 할 수 있다.

For the past two years or so he has been finding himself breathless, nauseous and physically exhausted after having exerted himself physically.
지난 2년 정도 숨이 가빠지고 매스껍고 몸이 지친 상태였다, 그가 육체적으로 애를 쓰고 난 다음에는.

If some people are oppressed, discriminated, economically deprived or socially excluded, they will tend to resort to (OR turn to) violence.
일부 사람들이 억압되고 차별되고 경제적으로 박탈되거나 사회적으로 배척된다면, 폭력에 기대는 경향이 있을 것이다.

FIX 고치다

fix 고치다(보편적 표현으로 수리하여)

repair 수리하다(formal 표현으로 복원되도록)

correct 수정하다(문장을 고치고 업데이트하거나 구체적인)

rectify 정정하다(계산, 개인 문제, 법적 절차에서 잘못을 인정하고)

mend 수선하다(옷 등을), **복원하다**(인간관계를)

If there is a technical problem with your car, it would cost so much money to repair it. If something goes wrong with your car, it will cost a lot of money to fix it. As you see, both sentences are the same meaning, but the former sounds more formal than the latter.
내 차에 기술적인 문제가 있다면 그것을 고치는 데 많은 돈이 들 것이다. 내 차가 고장이 나면 수리에 많은 돈이 들 것이다. 보시는 대로 두 문장이 같은 의미이지만 전자가 후자보다 더 격식적이다.

He wanted to put up this post to correct an error he made and rectify a possible fault.
그는 그가 저질렀던 실수를 수정하고 가능한 실수를 정정하고자 이 게시물을 올리고 싶어 했다.

My mother used to mend our socks before all the thread was gone. Otherwise they would have got out of hand and have been too hard to fix.
- get out of hand 통제가 안 되다

어머니는 우리의 양말을 수선해주곤 하셨다, 모든 실밥이 사라지기 전에. 그렇지 않으면 손을 볼 수 없어 고치는 데 너무 어려웠을 것이다.

EXTEND 늘이다

extend 늘이다(길이를 stretch out 하며)
expand 늘이다(부피를 spread out 하며)
stretch 펼치다(어떤 것을 완전한 길이대로)
enlarge 늘이다(길이나 부피를)

When you say something is extended, it's stretched out through space or maybe across time. By contrast, when you say something expands or is expanded, it's getting larger.
당신이 어떤 것이 길이가 늘어난다고 말할 때, 공간 속으로나 시간을 건너서 길이로 펼쳐지는 것이다. 대조적으로, 당신이 어떤 것이 부피가 늘어나거나 붙는다고 말할 때, 그것은 덩어리가 커지는 것이다.

Enlarge the place of your tent, stretch your tent curtains wide, do not hold back; lengthen your cords, strengthen your stakes. For you will spread out to the right and to the left. [W. Carey]
당신의 천막 칠 곳을 넓혀라, 천막의 천을 넓게 펼쳐라, 움츠러들지 마라.; 줄을 길게 하고 천막 말뚝들을 튼실하게 하라. 당신은 좌우로 펼쳐 나갈 것이니까.

MAKE UP 보충하다

make up 보충하다(벌충하여 때워), 재시험치다
catch up ~을(with) 따라잡다
keep up ~에(with) 뒤떨어지지 않다

I missed the final exam because my grandmother died. I'm wondering if I could make up the exam.
나는 할머니가 돌아가셔서 기말시험을 빼먹었어요. 내가 재시험을 칠 수 있는지 궁금해요.

You admit you've fallen behind in your studies, but you don't think you can keep up with them through making some drastic changes. If so, don't think you can not only keep up, but also catch up with them.
당신은 공부에 뒤처졌다는 것은 인정하지만 철저한 변화를 통해 그것을 뒤처지지 않을 수 있다고 생각하지 않아요. 만약 그러하면 당신은 공부에 뒤처지지 않을 뿐만 아니라 따라잡을 수 있다고 생각하지 마세요.

TEAR 째다

tear 째다, 째지다(보편적 용어로)

rip 찢다(tear보다 난폭하게)

split 쪼개다(수직이나 수평으로)

pull sth apart 찢거나 뽑아버리다(서로 다른 방향으로 당겨서)

shred 조각조각 찢다(종이, 천, 채소 등을)

When you remove a band-aid from hairy parts of your body, rip it off violently as quickly as possible rather than peeling it off slowly. Tearing it off forcefully can be less painful for some people.
당신의 신체의 털이 있는 부분에 붙였던 반창고를 뗄 때 천천히 벗겨내는 것보다 재빨리 찢어라. 힘을 가해서 찢어내는 것이 일부 사람들에게는 덜 고통스러울 수 있다.

He has a bad habit of looking for split ends and pulling the hairs apart or breaking off half the hair.
그는 머리털의 갈라진 끝을 찾아서 그 머리털을 뽑거나 절반을 부러뜨리는 나쁜 습관을 갖고 있다.

Does your canine like to tear your favorite book to pieces? Lots of domesticated dogs enjoy the sensation of shredding something with their teeth, much like wolves tear (OR rip) their prey apart.
당신의 개가 가장 좋아하는 책을 찢기를 좋아합니까? 많은 애완견이 이빨로 어떤 것을 조가리 내는 느낌을 좋아합니다, 마치 늑대들이 먹이감을 찢어놓는 것같이.

ESCAPE 도망치다

escape 도망치다(감옥 등을 빠져나와 잡히지 않도록)

flee 도망치다(위험하여 피하려고 급히)

evacuate 피난시키다, 철수시키다

He wasn't supposed to leave the country, because he had committed a crime and faced arrest. But he escaped the country.
그는 그 나라를 떠나서는 안 되었다, 왜냐하면 그가 죄를 저질렀고 체포되어야 했기 때문이다. 그러나 그는 그 나라를 빠져 도망쳐 나갔다.

When the country was very dangerous because of rebels, he decided to move to another one and finally fled the country.
그 나라가 반란 때문에 위험했을 때, 그는 다른 나라로 옮기기로 하고 마침내 그 나라를 급히 빠져나갔다.

When a fire broke out, some residents were forced to flee their homes under a mandatory evacuation order.
불이 났을 때 일부 주민들은 강제 철수 명령으로 그들의 집을 빠져나가도록 강요되었다.

ACCUMULATE 축적하다

accumulate 축적하다(어떤 물질의 수, 양이 점차 증가하며)
build up 축적하다(물질, 분노, 힘 등이 점차 증가하며)
stack up/pile up/heap up 쌓다(물건, 일, 빚 등을), 쌓이다
  » stack은 작은 규모로 쌓인 무더기, pile은 중간 정도, heap는 거대한 규모로 아무렇게 쌓인 무더기
collect 수집하다(엽서, 우표, 자동차 등을 특정한 목적으로 정리하여)
gather 쓸어담다(사람, 물건, 정보 등을 무더기로 마구)

People who have Wilson disease cannot release copper through the urine, so it is accumulated in certain organs. The place where copper builds up is the liver first, then the brain and the reproductive organs.
윌슨 병에 걸린 사람은 구리를 소변을 통해 밖으로 배출할 수 없어서 그것이 어떤 기관들 속에 축적된다. 구리가 쌓이는 장소들은 첫째가 간이고 그 다음이 뇌와 생식기관이다.

To make leaf compost, rake up leaves and pile up the bunch of leaves and leave them alone. It can take time to gather unattended pile of dry leaves, but there are lots of people out there who heap up leaves you want to collect.
낙엽 퇴비를 만들기 위해서 낙엽을 긁어모아 그 더미를 쌓고 그대로 두라. 버려진 낙엽의 무더기를 쓸어담는 것이 시간이 걸릴 수 있지만 거기에는 당신이 수집하고 싶어 하는 낙엽들을 쌓아놓은 많은 사람이 있다.

If you lose your job, your bills will continue to stack up and you will fall behind in your mortgage or rent payment.
  • fall behind in(OR on, with) 지불이 밀리다
당신은 직장을 잃으면, 당신의 공공요금 고지서가 계속 쌓이고 당신은 융자금이나 집세를 못 내게 될 것이다.

BE SUBJECT TO ~에 종속적인

be subject to ~당할 수밖에 없는(내부적 원인으로 책임이 있어)
be subjected to ~를 당하다(외부적 원인으로 불쾌하게)

When you don't pay the required reservation hold payment within 3 business days after booking, your reservation is subject to cancellation without notice.
당신이 예약 후 휴일 제외 3일 내 규정된 예약 유지비를 내지 않을 때, 예약은 통지 없이 취소될 수밖에 없다.

Immigrants are subjected to severe verbal and emotional abuse. They have to undergo discrimination and prejudice every day.
이민자들은 심한 언어적이고 감정적 학대를 당한다. 그들은 매일 차별과 편견을 겪어야 한다.

RAID 공격하다

raid 공격하다(국지적 침투를 하고 목적달성 후 철수하는)
attack 공격하다(죽기 살기로)
invade 침입하다(무엇을 뺏거나 훔치려고 몰래), **침공하다**(군사적)
intrude 난입하다(비군사적 의미로 허가 없이 강제로 break in하는)
trespass 경계를 넘다(불법적으로 영역을 침범하여)
ambush 매복 공격하다

If police forces begin the raid, they will instantly knock the door down and intrude inside.
경찰이 그 공격을 시작한다면, 그들은 즉시 문을 부수고 내부로 밀고 들어갈 것이다.

Police said "The resident fatally shot an armed intruder during home invasion."
경찰은 그 주민이 무장 침입자가 침입할 때 총을 쏴서 치명상을 입혔다고 말했다.

The victim's family sued the newspaper for trespass and invasion of privacy.
그 희생자의 가족이 사유지를 넘었고 사생활을 침범했다고 신문사를 고소했다.

An ambush is a surprise attack from a concealed position on a moving or temporarily halted target. [U.S. Department of Defense 2000]
매복 공격은 은폐된 곳에서 움직이거나 일시적으로 정지한 목표물에 대한 불시 공격이다.

WIN 이기다

win 이기다(게임, 경주, 토론, 전투 등에서 승리하여)
» 또한, '상, 돈, 메달을 타다'의 뜻도 win이다. 반대는 lose임

beat 이기다(상대 선수, 팀 등을 누르고)

defeat 이기다(beat와 같은 뜻이나 formal표현), n. 패배
» 비유적으로 'It defeats me'는 '모르겠다'는 의미

draw 무승부가 되다

We won the match. We didn't draw with them. They lost badly in the end. We won by 3 games to 2. We beat them by 3:2. They were beaten 3:2.
우리는 그 경기에 이겼다. 우리는 그들과 무승부가 되지 않았다. 그들은 결국 형편없이 패했다. 우리는 3대2로 승리했다. 우리가 그들을 3대2로 이겼다. 그들은 3대2로 졌다.

Any man who was so strong that no one could defeat him in fight could be destroyed, but no one wants to be defeated.
너무 강해서 싸움으로 아무도 그를 이길 수 없었던 어떤 남자라도 쓰러질 수 있지만, 아무도 지기를 원하는 사람은 없다.

Sunday's 1-1 draw against their arch-rival felt more like a defeat for the players.
일요일의 그들의 원조 라이벌과의 경기가 1-1 무승부로 끝난 것이 선수들에게는 패배로 느껴졌다.

ENCLOSE 동봉하다

enclose 동봉하다
attach 첨부하다

For letters or packages, "enclosed" is adopted when other items are inside the body of them. For e-mails, "attached" is adopted when a document is not inside the body of the e-mail message, but is added as an attachment.
편지와 소포에는 "동봉된"가 채택된다, 다른 물건들이 그들 속에 들어 있을 땐. 이메일에는 "첨부된"이 채택된다, 서류가 그 속에 들어 있지 않고 첨부물로 추가되었을 땐.

AVOID 피하다

avoid 피하다(아예 관계하지 않고 거리를 두며 멀리)
evade 피하다(불법적, 비도덕적으로 요리조리), 탈세하다
elude 따돌리다(위험, 추적자, 적 등을 재치나 기지로)
avert 바꾸다(코스의 방향을), 피하다(시선을 turn away하며)

Although he has been trying to find you, you have managed to keep him from finding yourself. It means that you have been evading him. By contrast, although he has been trying to find you, you have managed not to bump into him at all. It means that you have been avoiding him.
그가 당신을 찾으려 하고 있지만 당신은 그가 당신 자신을 못 찾도록 해오고 있다. 그것은 당신이 그를 요리조리 피하고 있다는 의미다. 이와 대조적으로, 그가 당신을 찾으려고 하고 있지만, 당신이 그를 전혀 마주치지 않도록 해왔다. 그것은 당신이 그와 거리를 두고 피하고 있었다는 의미다.

It's legal to avoid tax, on the contrary, it's completely illegal to evade tax. An evaded tax remains a tax legally owed, while an avoided tax reduced through legal deductions is a tax liability that has never existed.
• tax owed 부과된 세금, tax collected 거둔 세금, deduction 공제, tax liability 납세 의무
절세는 합법적이다, 반대로, 탈세는 완전 불법이다. 탈세는 합법적으로 내야 할 세금으로 남아 있지만, 합법적인 공제로 줄여진 절세는 존재하지 않았던 납세 의무이다.

One suspect on the run broke into a warehouse and then attempted to escape from his hideout via a secret passage to elude police. That's where the police caught up with him.
어떤 수배 중인 용의자가 창고에 침입했다가 비밀통로를 통해 은신처로부터 도망치려고 시도했다, 경찰을 따돌리려고. 경찰이 그를 붙잡았던 곳이 바로 그곳이다.

Fire-fighters averted a huge explosion when they managed to put out a blaze in an LPG tanker in time.
소방대원들이 큰 폭발을 비껴가게 했다, 그들이 가까스로 LPG 탱크의 불꽃을 제시간에 껐을 때.

DISTURB 방해하다

disturb 성가시게 하다(소음, 움직임 등으로), 훼방하다
disrupt 붕괴시키다(간섭하여 어떤 과정을 붕괴시켜)
interrupt 끼워 들다(상대의 말, 행동을 끊으며 반복적으로)
distract 산만하게 하다(마음을 다른 곳에 쏠리게 하여)

When you put the "Do Not Disturb" sign on your door, it's a sign that you want to be sure not to be interrupted unless the building is burning down.
당신이 문에 "방해금지"를 걸 때, 그것은 그 건물이 소실되고 있지 않다면 꼭 방해받고 싶지 않다는 표시이다.

The use of cellphones should be banned completely from school, because it promotes cheating through text messages, disrupts classes and distracts students who should be paying attention to their lessons at hand.
• at hand 당면한
휴대폰의 사용은 학교에서 완전히 금지되어야 한다, 왜냐하면 그것이 문자 메시지들을 통해 부정행위를 조장시키고 수업을 망치고 당장 수업에 주목하고 있어야 하는 학생들을 산만하게 만들기 때문이다.

AFFECT 영향을 미치다

affect v.영향을 미치다
effect n.영향, 효과, v.생기게 하다(bring about하는)

Music affects (OR influences) us and promotes health, but not all types of music have favorable effects on health.
음악은 우리에게 영향을 주고 건강하게 하지만 모든 종류의 음악이 건강에 우호적인 효과를 내지는 않는다.

The effects of any depressant drugs vary so widely among individuals. How drugs affect (OR influence) a person depends on a number of factors including body weight, health and whether you've eaten.
• depressant 진정작용을 하는
종류와 관계없이 항우울증 약의 효과들은 사람들 사이에 아주 다양하다. 약들이 사람에게 어떻게 영향을 끼치느냐는 체중, 건강, 식사 여부 같은 많은 요인에 달려 있다.

REMOVE 제거하다

remove/eliminate 제거하다(다른 곳에는 있지만 여기서는)
» 유사표현 get rid of, do away with, let go of

eradicate/erase/delete 박멸하다(뿌리까지 뽑아 없애)

When you have to get rid of an old computer, it's important to take steps to surely erase your personal information. Only when you make all the information non-retrievable by deleting them, you can eradicate any risk that your data will fall into the wrong hands.
당신이 낡은 컴퓨터를 없애야 할 때, 확실히 개인정보를 지우는 조처를 하는 것이 중요하다. 모든 정보를 제거함으로써 끄집어낼 수 없도록 할 때만, 당신의 데이터가 타인에게 넘어갈 어떤 위험성도 박멸할 수 있다.

Fully let go of your deepest regrets and do away with disappointment by using subliminal messages, and you will be able to make peace with yourself.
• subliminal message 무의식에 영향을 끼치는 메시지
잠재 메시지를 사용하여 깊은 후회들을 제거하고 실망을 없애 버려라, 그러면 당신은 평안해질 수 있을 것이다.

We have helped lots of people eradicate the painful reminders of their past by removing their tattoos putting up social barriers.
우리는 많은 사람의 과거 고통의 기억물을 박멸하도록 도왔다, 사회적 벽을 세우는 그들의 문신을 제거함으로써.

PROVIDE 제공하다

provide 제공하다(주어가 수동적으로 자원이 되어 이용될 수 있도록)

supply 공급하다(요청을 받아 물품을 능동적으로 지원하여)
» 나무가 그늘을 provide하면 인간 등의 보편적인 대상을 위해 혜택을 준다. 전기 회사는 요청을 받아 전기를 supply한다

offer 제시하다(받아들여질지 모르지만 일단)

Wild animals provide fur and meat. By contrast, rivers supply water to irrigate fields for farming.
야생동물은 가죽과 고기를 제공한다, 이와 대조적으로, 강들은 농사를 위해 들판에 물을 대려고 물을 공급하다.

First aid provides the initial attention to an injured person. If you're not a doctor, you cannot supply your medical expertise. You can offer help and advice, but you cannot supply them.
응급처치는 다친 사람에게 1차 처치를 제공한다. 당신이 의사가 아니라면 의학적인 전문지식을 공급할 수 없다. 당신은 도움과 조언을 제시할 수 있지만, 그것들을 공급할 수는 없다.

OFFER 제의

offer 제의(~하시겠어요? 등의 상대의 응답을 필요로 하는 의사 타진의)
suggestion 제의(남에게 idea, plan 등의 opinion을 제시만 하는)
proposal 제의(plan을 공식문서상으로 suggestion하는), 청혼
proposition 제의(사업상, 문제해결을 컨설팅하려고 suggestion하는)
» My proposal/proposition is that~ 하면 suggestion 보다는 더 강한 제의이며 He propositioned her for sex in exchange for promotions. 처럼 '성적인 제의'를 포함하므로 사용에 주의

If you are ready to buy a house, you must make an offer — how much are you willing to pay? It is a decision you may want to make, but not a suggestion that perhaps you might like to buy this home.
당신이 집을 사려고 한다면, offer 즉 얼마를 지불하려고 하는가?를 해야 한다. 그것이 당신이 정하고 싶은 결정이다, 아마도 당신이 이 집을 사고 싶을 것 같다는, suggestion이 아닌.

Congress rejected the latest proposal that the President put forward with respect to infrastructure.
의회는 인프라와 관련하여 대통령이 제안한 최근 제의를 거부했다.

Our system helps assess the strength of a company and evaluate the rewards and risks of a business proposition.
우리의 시스템은 회사의 강점을 평가하고 사업상 제의의 위험과 보상을 평가하는 데 도움을 준다.

FIGHT 싸움

fight 싸움(국지적인), 저항
war 전쟁(정치적인 의미의)
warfare 전쟁(군사적인 의미의)
battle 전투(큰 규모로 장기간)
combat 전투(분대전투와 같은 skirmish인 소규모)

Combat in warfare is a fight between two or more opposing armed forces. When you engage in combat, you get involved in fighting using weapons.
교전상태에서 전투는 둘 이상의 상대 무장병력 사이의 싸움이다. 당신이 소전투에 참여할 때, 당신은 무기를 사용하면서 싸움에 개입된다.

Warfare is how you wage battle against your enemy. You can win all the battle but lose the war, and the other way around.
교전상태란 적과 장기간의 전투를 수행하는 것이다. 당신은 모든 전투에서는 이길 수 있지만, 정치적 의미의 전쟁은 질 수 있고 그 반대도 가능하다.

PENETRATE 침투하다

penetrate 침투하다(보편적 용어로 어떻게 해서든 들어가며)
permeate 침투하다(냄새, 액체가 구멍, 틈을 통해 몰래)
infiltrate 잠입하다(간첩 등이 정보를 캐기 위해 몰래)
perforate 구멍을 내다(기구로 bore, punch, pierce하며)

Odors can penetrate the smallest crack in the walls, ceilings, floors and permeate any material and attach themselves to the surface or infiltrate in any porous materials.
• porous 기공이 있는

악취들이 벽, 천장, 바닥에 있는 가장 작은 갈라진 틈 속으로 침투하여 어떤 물질이건 스며들고 표면에 달라붙거나 공기구멍이 있는 어떤 물질에도 들어갈 수 있다.

The act of perforating is to make a hole through something with a boring, punching, piercing instrument to penetrate the surface of it.
• 나무, 땅을 bore하고, 종이 등에 punch하고, 귀걸이용 구멍 등을 pierce하다

천공행위는 어떤 것을 관통하여 구멍을 내는 것이다, 그 표면을 침입하기 위해 파고, 뚫고, 찌르는 기구로.

HAVE GOT 가졌다

have got 가졌다(have), 해야 한다(to 부정사가 올 때, have to)
» I've got a lot of friends와 I've got to go now인 경우 got을 생략하고 사용할 수 있음

have gotten 얻었다(obtain), 되었다(become), 들어갔다(enter)

We've got a lot to talk about, because we haven't seen each other in a long time. We have a lot of catching up to do.
우리는 할 말이 많다, 왜냐하면 우리는 오랫동안 서로 만나지 못했기 때문이다. 우리는 그간에 미루었던 이야기가 많다.

You want to travel more? You've got to (OR have to) save money, unless you have very generous parents or win the lotto.
당신이 더 여행을 원해요? 당신은 저축해야 해요, 당신이 너그러운 부모님을 갖고 있거나 로또에 당첨되지 않다면.

If you or your new spouse may have gotten a job offer in another state, or you may have to transfer just to keep your current job, you may have no choice but to relocate.
당신이나 배우자가 다른 주에 일자리 제안을 받았거나 단지 당신의 현재 직업을 유지하기 위해 전출을 해야 한다면, 이사를 하는 외에 선택의 여지가 없을 것이다.

It's unclear why the dolphins got themselves stranded. They could have been chasing fish. They could have gotten into the shallow waterway and gotten confused. [CBC NEWS]
그 돌고래들이 왜 좌초되었는지 명확하지 않다. 그들이 고기를 쫓고 있었을 수 있다. 그들은 좁은 물길로 들어가게 되었고 길을 잃게 되었을 수 있다.

EXPLODE 폭발하다

explode 폭발하다(폭발물 자체가)
blow up 폭파시키다(사물을 폭발물로)
go off 터지다(폭탄이), 발사되다(총이), 작동하다(장치가)
» go off는 전기나 기계가 꺼지다, 음식이 상하다, 장소를 떠나다 등의 뜻도 있음
burst 파열하다(내부 압력의 팽창으로 rupture하며 터져)

Mines don't explode themselves. They go off the way it is designed only when someone pulls a firing mechanism.
지뢰들은 저절로 폭발하지 않는다. 그것들은 고안된 대로 터진다, 어떤 사람이 폭발장치를 당길 때만.

Some terrorists can blow up, say, train, aircraft and the like, which are not in themselves explosive. Mine clearance specialists can blow up a mine to dispose of it.
일부 테러리스트들은 예를 들어 기차, 항공기 등등을 폭파할 수 있다, 그 자체로는 폭발력이 없는. 지뢰 제거 요원들은 지뢰를 폭파할 수 있다, 그것을 처리하기 위해.

If the temperature goes below freezing, your pipes will burst because water inside the pipe expands.
온도가 영하 이하로 내려간다면, 당신의 파이프들이 터질 것이다, 왜냐하면 파이프 속의 물이 팽창하기 때문에.

CAUSE 야기하다

cause/bring about ~를 야기하다(직접적 원인이 되도록)
lead to ~로 이끌다(그 일이 있고 여러 단계를 거친 후)
end up ~의 결과로 되다
» end up+동명사, +in(+장소, 상태), +with(+명사)
result in ~의 결과로 되다(어떤 과정이)
» result in의 주어는 '과정[process]'을 나타내는 말이 온다. 사람, 사물 등은 '과정의 결과'를 만들어 내지 못하므로 주어가 될 수 없어 end up을 사용함

Having sorrow for sin in godly way results in repentance, which leads to salvation and leaves no regrets. However, the worldly sorrow which lacks repentance results in spiritual death. The distress caused by the world brings about only spiritual death.
신의 방법으로 죄를 슬퍼하는 것은 회개의 결과를 낳고, 그것은 구원으로 이끌고 후회를 남기지 않는다. 그러나 회개가 빠진 세상 슬픔은 영적 죽음의 결과를 낳는다. 세상으로 인한 고난은 영적 죽음을 가져올 뿐이다.

Just because you achieve fame and fortune doesn't mean you don't end up behind bars.
• end up (being) behind bars 감옥에 가다(=end up in prison=end up with imprisonment)
당신이 명성과 부를 얻었다고 감옥에 가지 않는 것이 아니다.

REDUCE 감소시키다

reduce/lessen 줄이다(양, 크기, 정도, 숫자를 갑자기 확)
diminish 줄이다(질, 양, 크기를 점점)
decrease/dwindle 줄이다(양, 크기, 정도, 숫자를 점점)
shorten/curtail 단축하다(거리, 길이, 시간을 짧게)
shrink/contract 쪼그라들다(크기, 부피가)

If you want to decrease (OR dwindle) your body fat, you will need to reduce (OR lessen) calorie intake.
만약 당신이 몸의 지방을 점차 빼고 싶으면 열량 섭취를 줄일 필요가 있을 것이다.

A store can reduce (OR lessen) its prices, and effective treatment of an injury can help diminish (OR decrease, dwindle, alleviate) the pain. However, a store can never diminish (OR decrease) prices.
가게가 그 가격을 팍 낮출 수 있고, 부상의 효율적 치료가 고통을 점차 감소시키는 데 도움을 줄 수 있다. 그러나 한 가게는 가격을 점점 낮출 수는 없다.

The term of your student visa may be shortened if you take a break from studies.
당신의 학생 비자 기간이 단축될 수 있다, 공부를 쉬게 될 경우.

High humidity causes wood to expand, while dry weather causes wood to contract. So proper drying will help confine shrinking and swelling or expanding of wood in use.
높은 습도는 나무를 팽창하게 할 수 있지만 건조한 기후는 나무를 수축하게 한다. 그래서 적절히 말리는 것은 나무를 사용할 때 나무의 수축과 팽창, 즉 나무 부피가 늘어나는 것을 제한하는 데 도움을 준다.

DEAL WITH 다루다

deal with 다루다(난제의 해결 방법을 모색하며 조심스럽게)
address 해결하다(deal with와 유사하며 주로 사업상 문제를 formal하게)
cope with 처리하다(죽음과 같은 정서적인 문제를 다루어)
manage 통괄하다(전체적인 업무를)
handle 조종하다(손으로 동물이나 기구를 operate하며), 담당하다(부분적 문제를)

Yesterday one of my staff lost her temper and yelled at me in front of others. I couldn't properly deal with it.
어제 내 스태프 중 한 명이 이성을 잃고 다른 사람들 앞에서 내게 소리를 질렀다. 나는 적절히 그것에 대처할 수 없었다. (묶어 두거나 조용히 앉아 있게 하거나 등으로)

Consider how to address (OR deal with) such issues which seem to negatively affect communication.
의사소통에 부정적 영향을 주는 것 같은 그런 문제들의 해결방법을 생각해보세요.

This section tells you how to cope with (OR deal with, address) the stresses and strains of the job.
이 부분은 그 직업의 스트레스들과 긴장들을 처리하는 방법을 말해주고 있다.

She is managing (OR running) her household, caring for her children, handling tasks such as cooking and laundry, doing housekeeping and whatever the family needs in everyday life.
그녀는 가정을 운영, 즉 총괄한다, 아이들을 돌보고 요리, 세탁 같은 일을 해내고 가사와 그 가정에 매일 필요한 무슨 일이든 하면서.

LET 허용하다

let 허용하다(~를 할 수 있도록 용인하여)
allow 허용하다(let보다 formal하며 주체자가 직접 자기의 권위로)
permit 허용하다(제삼자가 주체자의 권위를 대신하여)
permission 허락(행위를 할 수 있도록 동의하는)
admission 입장 허가(어떤 장소에 들어가도록 허락하는)
admittance 입장(어떤 장소에 들어가는)

When you give someone permission directly from your wish, you may use "allow," for example, you allow him to lick your ice cream. By contrast, when a third person indirectly gives you permission, you may use "permit," for example, the security guard did not permit me to enter because their boss had given them order.
당신이 원해서 직접 허락을 해줄 때 allow를 사용할 수 있다, 예를 들어, 당신은 그에게 당신의 아이스크림을 핥도록 허용한다. 이와 대조적으로 3자가 간접적으로 허락을 해줄 때 permit를 사용할 수 있다. 예를 들어, 경비가 나에게 출입을 허용하지 않았다, 왜냐하면 상급자가 그들에게 이미 명령을 내렸기 때문에.

When someone comes to your door and you have a gut feeling that something may be wrong, don't hesitate to refuse his admittance. When you let him in or allow him to enter your room and then you have second thoughts, be assertive and demand him to leave.
• gut feeling 육감, have second thoughts 다시 생각해보다, assertive 단호하게 주장하는
어떤 사람이 문 앞에 오는 데 어떤 것이 잘못될지 모른다는 육감이 들 때 그의 입장을 거부하는 것을 주저하지 마세요. 만약 당신이 그를 들이면 즉 당신이 그를 당신의 방에 들어오도록 허용하고 난 다음 이게 아닌데 하는 생각이 들 땐 단호하게 주장하며 떠나 달라고 요구하세요.

It is feasible to gain admission to a club without admittance, but the physical entry to the club itself doesn't happen until you actually get there and pay for the ticket which entitles its holder to admittance.
• feasible 실행할 수 있는
입장하지 않고 어떤 클럽에 입장허가를 받는 것은 가능하지만, 클럽에 입장 자체는 당신이 그곳에 실제 도착하고 푯값을 내기까지는 일어나지 않는다, 그 표가 지참자에게 입장허가 자격을 주는데.

CAUSATIVE VERBS 사역동사

make sb do sth 시키다(누구를 강제적으로)
get sb to do sth 시키다(누구를 설득하거나 속여서 무엇을 하도록)
have sb do sth 시키다(누구에게 책임을 주어 무엇을 하도록)
» get은 설득해서 have는 그냥 부탁해서 무엇을 하도록 시키는 경우임
let sb/sth do sth 하게 하다(누구를 허용하여, 무엇을 용인하여)
have sth done 되게 하다(무엇이 어떻게)
» have 대신 get, make, let을 사용하기도 함

My mom **made** me apologize for being rude to neighbors.
엄마는 이웃에게 불손했다고 내가 강제로 사과하게 했다.

I finally **got** my kids **to** stop constantly fighting and **to** go to bed by nine.
내 아이들이 계속 싸우는 것을 중지하고 9시까지는 잠자리에 들도록 결국 설득시켰다.

The doctor **has** his assistant call him to reschedule the appointment.
그 의사는 그의 조수에게 책임을 주어 그에게 전화하게 했다, 약속시간을 조정하려고.

Your boss has to give final approval to **let** you leave early tomorrow.
당신의 상관이 최종 승인을 해야 한다, 당신이 내일 일찍 떠나도록 허용해주기 위해서.

Even though I still had to watch out for my kids, I never **let** the food burn.
내가 내 아이들을 주의해야 하지만, 나는 음식을 태우게 용인한 적이 없다.

You should see your dentist regularly to **have** (OR **get**, **make**, **let**) your teeth checked.
당신은 치과의사를 정기적으로 만나야 한다, 치아를 점검 받기 위해.

TURN DOWN 거절하다

turn down 거절하다(제안을 수용하지 않고)
turn away 외면하다(상대방을 마주치지 않기 위해)

He attempted to get closer to her by asking her out, but she **turned it down**. When he showed up at her house the next day, hoping she changed her mind, she **turned** him **away** without even giving him a look.
그는 그녀에게 데이트 신청을 함으로써 진전을 시도했지만, 그녀는 거절했다. 그가 다음날 그녀가 마음을 돌렸을 것이라고 기대하고 그녀의 집에 나타났을 때, 그녀는 눈길도 주지 않고 외면했다.

ADD UP TO 결과를 만들다

add up to 결과를 만들다(특정한)
number 총 ~가 되다(숫자가), 매기다(숫자를)
amount to 총 ~가 되다(양이)
total 총합이 ~이다

Don't confuse a few moments of pleasure with happiness. A few moments of pleasure are not enough to add up to true happiness.
즐거움의 몇몇 순간과 행복을 착각하지 마라. 즐거움의 몇 순간이 진정한 행복을 만드는 것에 충분하지 않다.

Points are scored when the puck is inside of one of the numbered scoring areas. After all pucks have been shot, the points are totaled.
퍽이 숫자를 붙인 득점지역의 하나에 들어가 있다면 득점이 된다. 모든 퍽이 날려지고 난 후 점수들이 합산된다.

Cheer up someone who had a rough day and offer your seat to a senior citizen or a pregnant woman. All those tiny actions will never amount to anything more than a single drop in a limitless ocean, but add up to a beautiful life.
힘든 하루를 가졌던 누군가를 격려하고 임산부나 노인에게 자리를 양보하세요. 이런 사소한 행동들은 끝없는 바다의 물 한 방울 이상이 결코 아닐 것이지만 아름다운 삶을 만들어 줄 것입니다.

ACCOMPLISH 완수하다

accomplish 완수하다(일을 성공적으로 complete하여)
fulfill 충족하다(기대, 의무, 약속 등을 satisfy하여)
achieve 성취하다(어려움을 overcome하여 목표를)
attain 도달하다(노력해서 어떤 수준에 reach하도록 근접하여)
  » goal, high standard는 attain, achieve하고, victory는 achieve하고, 목적지는 attain한다

If distracted from accomplishing your goals and your dreams, you'll be sidetracked from fulfilling GOD's purpose.
만약 당신의 목표들과 꿈을 완수하는 일로 정신이 산만해진다면, 당신은 신의 목적을 충족하는 것으로부터 곁길로 빠져들게 될 것이다.

Achieving equity in health is enabled when each individual has the chance to attain their full health potential.
• equity in health 건강상 불균형이 없는 상태
건강상 불균형이 없는 상태를 성취하는 것이 가능해진다, 각자가 완전 건강의 잠재력에 도달할 기회를 가질 때.

PROMPT 촉구하다

prompt 촉구하다(무엇이 ~를 하도록)
provoke 유발하다(~를 하도록 충분한 분노, 화 등을)
trigger 불을 댕기다(사건이 일어나도록 즉각적으로 ignite하여)
fuel 기름을 붓다(이미 일어난 사건에 활활 타도록)
evoke 일깨우다(기억, 옛날 일, 상념 등을)
invoke 호소하다(높은 단계의 힘으로 해결을 바라며 ~에)

The rapid devaluation of currency **provoked** a panic among consumers and **prompted** the throngs of people to rush to supermarkets. The sharp measure **triggered** only to raise the price of products drastically **fueling** to the fire.
• throng 무리

통화의 급속한 평가절하는 소비자들 가운데 공포를 일으키게 했고 그 수많은 사람을 슈퍼마켓으로 몰려가도록 촉구했다. 그 자극적 조치가 격렬하게 상품가격을 올리는 촉매가 되기만 했다, 불에 기름을 부으면서.

They want to **invoke** feelings of inspiration, **provoke** strong psychological responses and **evoke** a myriad of emotions among people.

그들은 영감에 호소하고 강한 심리적 반응을 부추기고 사람들의 수많은 감정을 일깨우고 싶어한다.

DECLINE 사양하다

decline 사양하다(No, thank you! 식으로 예의를 갖춰 양해를 구하며)
» decline은 감소하다[decrease]의 뜻도 있음
refuse 거절하다(조금 강하게)
reject 거부하다(No Way! 식으로 절대적으로 단호하게)
deny 부인하다(사실이 아니라고)

If you get a job offer but you're beginning to feel like the job isn't the right fit for you and you need to say "No, thanks," it will be a more professional way to express your regrets first in writing and **decline** the job instead of turning down verbally in order to take the easy way out.

만약 취업 제안을 받고 그 직업이 부적합하다고 느끼기 시작하여 "고맙지만 싫다"고 말할 필요가 있다면, 먼저 문자로 유감을 표하고 그 직을 사양하는 것이 더 프로다울 것이다, 쉬운 방법으로 말로 거절하는 대신에.

If your visa application has been processed administratively and failed to meet the requirements such as lack of required funds, your application is a **refused** but yet valid one. By contrast, a **rejected** visa application is an invalid one, because your application fell short of the decision stage for any reasons such as using a wrong form or incorrect size of picture.

만약 당신의 비자 신청이 행정적으로 처리되고 있었는데 규정된 적립금의 부족 같은 요구사항을 충족하지 못했다면 신청서는 거절된 것이지만 아직 유효하다. 이와 대조적으로, 거부된 비자 신청서는 무효다, 왜냐하면 신청서가 잘못된 양식이나 잘못된 사진 크기와 같은 어떤 이유로 결정 단계에 미달했기 때문이다.

We could neither confirm nor deny those allegations, because we must not comment on intelligence matters.
우리는 그런 주장에 관해 확인도 부인도 할 수 없다, 왜냐하면 우리는 정보 문제는 언급해서는 안 된다.

MANNER 행동방식

manner 행동방식
manners 처신(일상생활에 나타나는 사람의)
mannerisms 상투적 행동(버릇, 처신, 문학, 예술의 표현 수단이)
etiquette 예절(관습적인)
decorum 정중한 처신(예의 바른)

Manner refers to a style, a way — how something is done or conducted — as in "He spoke in a very rude manner."
태도는 어떤 스타일, 방식 - 어떤 것이 어떻게 이루어지고 행해지는지 - 을 말하는데 "그는 대단히 무례하게 말한다"에서처럼.

Manners have to do with daily life, and good manners are to know how to treat people and yourself well. Having good manners is a key to showing and gaining respect.
처신은 일상의 생활과 관계가 있다, 그리고 좋은 처신은 사람들과 자신을 어떻게 잘 대접하느냐를 아는 것이다. 좋은 처신을 갖는 것은 존경을 보이고 존경을 얻는 열쇠다.

Our mannerisms is made up of all our natural little tics — a habitual body movement or vocal sound produced repeatedly, suddenly and unconsciously. However, not all mannerisms are charming.
• tic 신체 일부를 반복적으로 병적으로 움직이는 현상
우리의 상투적 행동은 모든 우리의 자연적 작은 틱들로 이루어져 있다. 그 틱은 반복적으로 갑자기 무의식적으로 만들어지는 습관적 몸동작이나 목소리이다. 그러나 모든 상투적 행동이 매력적인 것은 아니다.

What happens in more solemn events like weddings, baptisms, diplomatic events etc. is etiquette. It's more common among upper class or special environments.
결혼식, 세례식, 외교행사 등처럼 한층 더 근엄한 행사에서 발생하는 것이 관습적 예절이다. 그것은 상류층이나 특별한 환경적 상황에서 더 보편적이다.

Decorum is a prescribed etiquette that is in tune with good taste. If you are a man of decorum, you will know how to treat other people well and always do that regularly, but not committing a social faux pas.
• prescribed 규정된, social faux pas 사교상의 실례
정중한 처신은 고상한 취향에 맞춘 관습 예절이다. 만약 당신이 정중한 사람이라면, 당신은 다른 사람들을 잘 접대하는 방법을 알고 그것을 늘 일상적으로 그렇게 한다, 그러나 사교상의 실례를 범하지 않고.

ATTITUDE 태도

attitude 태도(자신의 생각, 감정, 의견, 가치, 신념으로 반응하는)
behavior 행동(attitude로부터 나오며 행위, 언어 등을 통한 즉각적)
conduct 품행(attitude보다 법, 관습, 규칙 등의 제약을 받는 행실인)

An attitude is the way a person thinks about situations. It may be negative or positive or indifferent. It ultimately determines a person's behavior that reflects any action or saying.

태도는 어떤 사람이 상황에 대해 생각하는 방식이다. 그것은 부정적이거나 긍정적이거나 무관심할 수 있다. 그것은 궁극적으로 어떤 행위나 구변을 나타내는 개인의 행동을 결정한다.

Behavior usually refers to observable activity. Noise making, truancy, disobedience in classes, cheating in examination would be called bad behavior or misbehaving. By contrast, conduct is governed by rules, traditions and norms of some kind. Typically, people in uniform must abide by the rules and conduct themselves well, because they are representatives of the organization they belong to.

behavior란 보통 눈에 띄는 활동을 말한다. 소란하게 하고, 무단결석하고, 교실에서 불순종하고, 시험에 부정행위를 하는 것은 나쁜 행동으로 불린다. 이와 대조적으로, conduct은 규칙, 전통과 어떤 기준에 지배를 받는다. 전형적으로 제복을 입은 사람들은 규칙을 준수해야 하고 제대로 품행을 해야 한다, 왜냐하면 그들은 소속 단체의 대표자들이기 때문이다.

PERFORM 수행하다

perform 수행하다(사적인 일이 아닌 공적인 일을 계획에 따라)
conduct 행하다(실험을), 이끌다(과정을), 지휘하다(악단을)
carry out 수행하다(명령, 과제 등을), 끝내다(시작한 일을)
implement 이행하다(프로그램이나 어떤 도구 등을 사용하여)
execute 집행하다(계획, 유언, 사형 등을)

Recently, our team carried out (OR performed, conducted) a project to solve world poverty. We started conducting an experiment in our lab. Each stage of the experiment was executed perfectly, and finally a solution was come up with! If our results were implemented all over the world, no one would suffer from hunger again! My co-workers and I will continue trying to perform (OR carry out) well.

최근 우리 팀이 세계의 빈곤을 해결할 프로젝트를 수행했다. 우리는 연구실에서 실험을 시작했다. 그 실험의 모든 단계는 완벽히 집행되었고 드디어 한 해결책이 떠올랐다. 만약 우리의 결과가 전 세계에 이행된다면 아무도 기아로 고통을 받지 않을 것이다. 내 동료와 나는 계속 잘 수행하려고 노력할 것이다.

RELY ON 의지하다

rely on 의지하다(자신은 무능력하여 신에 의지하듯 도와줄 것을 믿고)
depend on 의존하다(다른 것의 변화와 영향을 받으며)
» what, when, on 등 외부 요건에 의해 determined by 될 때
count on 매달리다(당신이 바라는 바를 들어 달라고 누구에게)
lean on 의존하다(사람에 완전히 기대어)
hinge on 의존하다(사물에 완전히 기대어)
live off 먹고 살다(~에 의지해)
turn to ~에 기대다(도움이나 해결책을 얻으려고 부정한 방법에)
adhere to/cling to/stick to ~에 집착하다(고수하고)

I am **relying on** an outside accountant to handle my taxes because I don't know how to do taxes, period!

나는 외부 회계사에 의존하고 있다, 내 세금을 처리하려고, 왜냐하면 내가 세금 처리하는 방법을 모르기 때문이다, 끝.

The patients **depended** on caregivers for basic and health care needs and the caregivers **counted on** them for doing tedious household chores.

그 환자들은 돌보미들에게 의존한다, 기본적이고 건강에 필수적인 것을 위해 그리고 그 돌보미들은 그들에게 매달린다, 힘든 가사일을 위해.

You demonstrated loyalty to those who had **counted on** you for so long. It will all pay off in the end. They will bring you great pleasure.
• pay off 보답이 되다

당신은 오랜 시간 당신에게 매달렸던 사람들에 충성을 보여줬다. 그것은 마지막에는 보상을 받을 것이다. 그들이 당신에게 큰 기쁨을 가져줄 것이다.

They may **lean on** Israel to help solve its energy problem. So any deals will **hinge on** approval from Jerusalem.

그들은 에너지 문제를 해결하는 데 도와주도록 이스라엘에 의존할 것이다. 그래서 어떤 거래들도 이스라엘의 승인에 의존할 것이다.

If I left a million dollars in my savings account, I could **live off** the interest alone. After that, I would rarely **turn to** drugs and alcohol.

만약 내가 예금계좌에 100만 달러를 남긴다면 나는 그 이자에만 의지하여 먹고 살 수 있을 것인데. 그 이후에는 나는 약이나 술에 의지하는 일이 거의 없을 것인데.

A lot of people struggle to **stick to** an exercise plan and steer clear of junk food. We want to know why they **adhere to** a strenuous workout regimen, and what strategies they can employ to boost their willpower.
• regimen 양생법, employ 고용하다, 사용하다, willpower 의지력

많은 사람이 운동 계획에 집착하고 쓰레기 음식을 멀리하려고 힘쓴다. 우리는 왜 그들이 힘든 운동법에 집착하며 그들의 의지력을 높이기 위해 무슨 전략을 쓸 수 있는지 알고 싶다.

04 감각, 감정, 습관
Emotional Aspects

FEEL 느끼다

feel 느끼다(자신이 어떤 느낌이나 통증을 직접 감지하여)
sense 느끼다(다른 사람의 느낌, 통증을 간접적으로 감지하여)
perceive 인지하다(나름대로 방식으로, 주관적으로)

Have you ever felt evil from a person who you ran into? Or just sensed that the jerk was dangerous and up to no good because of a criminal looking?

• be up to no good 나쁜 짓을 할 것 같다

당신이 우연히 마주친 사람으로부터 불길하게 느껴본 적이 있나요? 혹은 그 너석이 범죄인과 같은 외모 때문에 위험하고 우범적일 거라고 감지한 적이 있나요?

If a talkative friend is very quiet, you could think, "I sense that something was wrong with her," even though you do not know the reason for sure.

한 수다쟁이 친구가 대단히 조용할 때 당신은 "그녀에게 무슨 일 있었다."고 감지한다고 생각할 수 있다. 비록 당신이 확실히 그 이유를 알지 못해도.

You can tell that your friend is indeed sad, because you perceived that in her behavior and attitude.

당신은 당신의 친구가 정말 슬프다고 판단할 수 있다, 왜냐하면 당신이 그것을 그녀의 행동과 태도 속에서 그것을 인지했기 때문이다.

BE LIKELY TO ~일 것 같은

be likely to ~일 것 같다(단순히 가능성이 있어)
» 스케이트를 타면 다칠 가능성이 농후likely하다

be liable to ~로 되기 쉽다(부정적인 의미로)
» 고속 자동차는 사고 내기 쉽다, 수업 중에 잠에 빠지기 쉽다 등. be liable for는 '책임이 있다'

be prone to ~에 잘 걸린다(병이 들거나 병적인 상태에)
» 우울증에 잘 걸린다[be prone to depression], 과장을 잘한다[be prone to exaggerate] 등

be apt to ~에 적합하다(어떤 조건이 aptitude를 충족하여)
» 열심히 공부하면 좋은 성적을 얻게 된다 등 적합한 능력이 있어 긍정적 결과로 되기 쉬운

be inclined to ~하기도 한다(어떤 내부적 inclination을 품고 있어)
» '월급을 올려주면 그 회사로 옮기기 좋겠지' 정도로 결단하지 못하고 어물쩍거리는 태도를 한다

tend to ~하는 성향이 있다(행동 패턴에 tendency를 겉으로 드러내는)
» My wife is apt to agree with me, but tends to disagree. 동의가 합당하지만 늘 반대한다

be bound to ~될 수밖에 없다(bind되어 묶여 있어)

Young women who are likely to apply make-up while driving are the most liable to crash their car as a consequence of it.
운전 중 화장할 것 같은 젊은 여성들이 그 결과로 그들의 차를 충돌할 가능성이 농후하다.

You can keep a wild animal that is prone to diseases and parasitic infection, but you are liable for harm caused by them.
당신은 병과 기생충의 감염에 잘 걸리는 야생동물을 데리고 있을 수 있지만, 야기되는 해에 책임이 있다.

He is prone to be tardy or absent at work, so I guess one day he is bound to get fired, because his new boss is really strict about that.
그는 직장에서 게으르고 결석을 잘 한다, 그래서 내 생각에는 언젠가 그는 해고되고 말 것이다, 왜냐하면 그의 새 보스가 그것에 대해 정말 엄격하거든.

When you hurry or when you're in your eighties, you are apt to be forgetful. When something is concealed or hidden from you, it is apt to be forgotten.
당신이 서두르거나 당신이 80대가 되면 당신은 건망증이 들기에 적합하다. 어떤 것이 당신으로부터 의도적으로 감춰지거나 보이지 않을 때, 그것은 잊혀지기에 합당하다.

If a dog tends to bite, don't try to pat him. They're liable to bite you. Some dogs are inclined to use their jaws aggressively. Certain breeds of dog are genetically more prone to obesity than others.
• breed 품종, 혈통, obesity 비만
만약 어떤 개가 무는 경향이 있으면 그 개를 토닥거리려 하지 마라. 물 수 있다. 일부 개들은 공격적으로 그의 턱을 사용하기도 한다. 특정 개의 품종은 유전적으로 다른 종들보다 잘 비만해지기도 한다.

SENSATION 감각

sensation 감각(인간의 오감으로 느끼는), 느낌
feeling 감각(개인적이고 개별적이며 영적인), 느낌
feelings 감정(개인적으로 즐겁거나 슬프거나 두려워하는 등의 개별적인)
emotion 정서(민족, 사회집단 등에 객관적, 공통적, 유전적으로 흐르는)
sentiment 기분(감상적인), 감성

A sensation is a physical feeling in the body. It is a type of feeling picked up by one of the five senses.
감각은 몸속 육체적 느낌이다. 그것은 오감 중의 하나에 의해 습득된 일종의 느낌이다.

We can't tell for sure whether fruit flies actually have feelings, but they can experience emotions like fear, and the emotions work in a similar way as humans do.
초파리들이 실제 감정을 가졌는지는 확실히 판단할 수 없지만, 그들은 두려움과 같은 정서를 경험할 수 있고, 그 정서들은 인간들이 하는 것과 유사하게 작동한다.

Sentiments are only forced to react when you see, say, a girl who is physically threatened and then running or crying in the street corner.
감성은 말하자면 어떤 여자애가 신체적으로 위협을 받고 도망가거나 길모퉁이에서 울고 있는 것을 당신이 볼 때 단지 반응하도록 강요되는 것이다.

INTERESTED 흥미를 느끼는

interested 흥미를 느끼는(주어 자신이나 자신의 감정이)
interesting 흥미롭게 하는(사물이나 사람이)
  » 이런 관계는 bored와 boring, excited와 exciting 등에도 똑같이 적용됨
uninterested 관심이 없는
disinterested 중립을 지키는(편을 들지 않고)

Be interested if you want to be interesting. Being interested will make you more interesting. If you want to meet interesting people, be interested in the people you meet — their thoughts, feelings, experiences, and opinions.
흥미를 가지라, 당신이 흥미롭게 되고 싶으면. 흥미를 느끼는 것이 당신을 더욱 흥미롭게 만들 것이다. 만약 당신이 흥미로운 사람을 만나고 싶으면 만나는 사람들에 관심을 가져라, 그들의 생각, 감정, 경험, 의견들에.

A judge who is hearing a court case should be disinterested, but definitely not uninterested!
어떤 법정사건을 청문하는 판사는 중립을 지켜야 하지만 절대로 관심이 없어서는 안 된다.

VEHEMENTLY 격렬하게

vehemently 격렬하게(열정, 에너지를 가지고 감정적으로)
adamantly 완강하게(고집, 소신 있게)

He was a die-hard liberal. I was stunned by how vehemently he fought with the adamant conservative regime.
그는 완고한 진보주의자였다. 나는 그가 얼마나 격렬하게 완강한 보수정권과 싸우는지에 대해 놀랐다.

Those who could not afford musical instruments vehemently condemned instrumental music. They adamantly hold to the view that instrumental music in the church is unscriptural.
• hold to 견지하여 지키다[stick to]

악기들을 살 수 없는 사람들은 기악을 비난했다. 그들은 교회에서 기악은 비성경적이라는 관점을 완강하게 고수하고 있다.

SYMPATHY 동정

sympathy 동정(타인의 불행을 단지 머리로만 이해하는)
empathy 공감(타인의 불행을 공감하고 감정이입이 되는 동병상련의)
compassion 긍휼(불행한 자의 고통 경감을 위한 동정적 행동인)
» 긍휼은 고난 받는 자를 불쌍히 여기고 '그의 고통과 괴로움에 함께한다'는 의미
pity 자비(높은 자가 낮은 자를 불쌍히 여기는 sympathy인)
mercy 자선(불쌍한 자에게 베푸는 compassion인)
apathy 냉담(무관심의 표현인)

Let's say that you met a coworker who lost his father lately. You would feel sympathy for him, if your father is still alive. You would feel empathy for him, if your father also passed away. You would let him take a day off trying to ease his pain, if you feel compassion for the bereaved.
최근 자기 부친을 잃은 동료를 만났다고 합시다. 그에게 동정을 느낄 수 있다, 만약 당신의 아버지가 아직 살아 있다면. 그에 대해 공감을 가질 것이다, 만약 당신의 아버지도 돌아가셨다면. 당신은 그의 고통을 덜어주기 위해서 하루 휴가를 내도록 할 것이다, 그 상을 당한 사람에게 긍휼을 느낀다면.

The blind and the leprous evoked mercy and pity from Jesus. In response to their plea "Have mercy on us, Lord, Son of David," he performed miracles and healed them, not in an apathetic way, but deeply moved with compassion for them.
• leprous; 나병이 걸린, evoke 불러일으키다, mercy 베푸는 자비

눈먼 자와 문둥병자들이 예수로부터 자선과 자비를 자극했다. "다윗의 자손이신 주여, 우리에게 자선을 베푸 소서!"라는 그들의 간청에 응답하여 기적을 베풀어 그들을 낫게 했다, 냉담한 태도가 아니라 그들을 불쌍히 여기는 마음으로 깊이 감동하여.

IMPULSIVE 충동적인

impulsive 충동적인(부정적이며 깊은 생각 없이 감정에 휘둘리는)
spontaneous 자발적인(화자의 의지에 의한 voluntary와 달리 저절로)
intuitive 직관적인(개인적 경험이나 숙련도에 의한 비논리적인)
instinctive 본능적인(유전적 특성에 따른 천성적이며)
compulsive 강제적인(강압적으로 행하는)

Impulsive disposition refers to an undesirable tendency to spontaneously apply instant ideas that come to mind without thinking very hard.

• disposition 성질, come to mind 생각나다

충동적 성질은 깊은 생각 없이 떠오르는 즉흥적 생각을 자의적으로 적용하는 바람직하지 못한 성향을 말한다.

If you see an off-leash dog heading toward you, you may start running instinctively or throwing any object at hand at the dog spontaneously.

• leash 가죽 끈, at hand 근처에 있는

만약 당신이 끈이 풀린 개가 당신을 향하여 돌진하는 것을 본다면, 본능적으로 도망치거나 자발적으로 그 개에게 근처에 있는 어떤 물건이라도 집어 던지기 시작할 것이다.

If you're advised to eat when you're hungry and to stop when you're full, it would be a tall order for you who suffer compulsive eating disorder. However, this intuitive eating is an excellent way to get you a full recovery.

• intuitive eating 자신의 직관에 의지하여 무엇을 얼마나 먹을지를 스스로 결정하는 식사법

만약 당신이 배가 고플 때 먹고 배가 부를 때 그만 먹으라고 충고받는다면, 강박적인 섭식장애를 겪고 있는 당신에게는 얼토당토않은 요구일 것이다. 그러나 이 직관적인 식사가 당신을 완전히 회복시키는 탁월한 방법이다.

HOBBY 취미

hobby 취미(열정, 노력, 금전이 드는 진지한)
pastime 심심풀이(일시적인 소일거리), **여가활동**(포괄적 용어로)
» 테니스, 야구 등 구경하거나 참가하는 hobby뿐만 아니라, 비디오 게임, 개와 노는 것, 도박, 요트 타기 등도 pastime에 포함됨

Taking up active hobbies promotes a healthier lifestyle and prevents obesity. However, some people who engage in pastimes take their pursuit of pleasure to extremes. It could jeopardize their own health and even lives.

• take sth to extremes 수용 불가하고 비합리적이고 어리석은 상태로 끌고 가다

활동적인 취미를 갖는 것은 건강한 삶을 장려하고 비만을 예방한다. 그러나 여가활동에 참여하는 일부 사람들은 자기의 재미 추구를 극단적으로 몰고 간다. 그것은 그들의 건강과 심지어 생명을 위기에 빠뜨릴 수 있다.

FORECAST 예보하다

forecast 예보하다(날씨를 미리)
predict 예언하다(미래의 일을 foresee하여 막연하게)
anticipate 예상하다(미래의 일의 발생 시간을 예측하고 대책을 세우며)

» 막연하지만 언젠가 달에 사람이 살 것이라고 predict하고, 오늘 밤 9시에 태풍이 올 것이라고 또는 파티에 50명이 올 것이라고 anticipate 하여 대비하다. 등

Long before the technology of weather forecasting was developed, people predicted the weather by observing the sky, feeling the air and watching animal behavior.

예보 기술이 발달하기 오래전에는 사람들이 날씨를 예언했다, 하늘을 관찰하고 공기를 느껴보고 동물의 행동을 지켜봄으로써.

If you anticipate that a car running in the rain will hit a puddle of water and splash it on you, you will tilt your umbrella to fully cover up your body. Because you can predict you will get splashed unless you do that.

• puddle 길에 고인 물, splash 철썩 튀다

만약 빗속을 달리는 차가 고인 물을 칠 것이고 당신에게 물이 튈 것이라고 예상한다면, 당신은 우산을 기울일 것이다, 당신의 몸을 완전히 감싸려고. 그렇게 하지 않으면 물이 튀리라는 것을 예견할 수 있기 때문이다.

STRESS 스트레스

stress 스트레스(일상적으로 해결 가능한 각종)
distress 만성 스트레스(스스로 해결책이 없는), 고난, 조난

Having a deadline is stress. However, when you focus on your work and meet the deadline, the stress goes away. By contrast, when you are stuck in a traffic congestion, you may lose your cool, but there is nothing you can do except for sitting and waiting in traffic. In this case you get into distress.

마감시간이 있으면 스트레스가 된다. 그러나 당신이 일에 집중하고 마감시간을 맞출 때, 그 스트레스는 없어진다. 이와 대조적으로, 당신이 교통체증에 끼어 있을 때, 당신은 침착성을 잃을 수 있지만 앉아서 교통체증 속에 기다리는 외에 할 수 있는 것이 없다. 이런 경우 당신은 고난에 빠진다.

Someone who simply feels stressed is still able to manage daily life and keeps going. On the other hand, a drowning swimmer in distress can no longer function normally.

• distressed swimmer는 수영하다가 힘이 빠졌거나, 쥐가 나거나 한 사람이다

단순히 스트레스를 느끼는 사람은 여전히 일상생활을 대처하고 영위할 수 있다. 반면, 조난되어 익사하는 수영하는 사람은 정상적으로 기능을 할 수 없다.

EXPECT 예상하다

expect 예상하다(어떤 결과든 중립적으로 기대나 담담하게 각오하며)
look forward to 학수고대하다(계획된 긍정적인 일이 일어나길 기쁨으로)
hope 희망하다(확신은 없지만 소망하는 바가 이루어지기를)
  » 죄수에게 I hope you have Mary Christmas! 처럼 얼토당토않은 부정적인 희망도 포함함
wish ~면 좋겠는데(가정법으로 즉각적, 단기적인 소망을 바라며)

I hope our team can manage to win the game. I know we face against a team stronger than our own. I expect the opponent team will beat us without sweating. Whoever wins it, I'm really looking forward to watching our guys competing!

나는 우리 팀이 그 게임을 이겨내기를 희망한다. 나는 우리가 우리보다 더 강한 팀을 만난다는 것을 알고 있다. 나는 상대 팀이 쉽게 우리를 제압할 것이라고 예상한다. 누가 이기건 나는 경기를 하는 우리 선수들을 보기를 정말 학수고대한다.

When your due date approaches, try to remain positive and look forward to the end of your pregnancy and imagine the baby you'd soon hold in your arms. Here's a roundup of what is expected in the meantime.
  • roundup 요약, 개요

출산 예정일이 다가올 때, 긍정적이려 하고 임신의 끝을 고대하고 조만간 당신의 팔에 안길 아이를 상상해보도록 하세요. 그런 동안에 예상되는-기대하거나 각오해야 할-것들의 개요가 여기 있어요.

When I know you don't feel well now, I would say "I wish you would get better," it means that my strong desire for you is your getting well soon.

내가 당신이 몸이 좋지 않은 것을 알 때, 나는 "당신이 좋아졌으면 좋겠는데요." 라고 말할 것이다. 그것은 나의 당신을 위한 강한 바람이 당신이 곧 회복되는 것이라는 의미이다.

LUCK 우연한 행운

luck 우연한 행운(노력도 가능성도 없었으나 무작위로 닥치는)
fortune 신비한 행운(노력할 때 신비한 힘이 작용하여 물질적 성공을 이루는)
  » luck은 복권 당첨처럼 무작위적이고 반드시 행복을 제공하지 않지만, fortune은 노력하면서 윤리적 판단과 선택을 하며 행복을 얻는 것
serendipity 행운(동화의 주인공에게 항상 일어나는 happy accident인)

He just happens to have been born into a wealthy, upper-middle-class American family and never has to work for a living. Worldwide, the chances of someone born into this situation are very tiny. He is a lucky guy.

그는 우연히 부유한 중상류층 미국인 가정에서 태어났고 먹고 살기 위해 일을 할 필요가 없다. 세계적으로 이런 상황에 태어난 어떤 사람의 가능성은 아주 적다. 그는 행운의 사나이다.

He decided on a career in tourism, because he was so eager to travel abroad and figured he could do this work anywhere in the world. Now he thinks he is fortunate that he can do

this much travel while having a minimal impact on his job and not going into debt.
그는 여행업을 직업으로 정했다, 해외로 여행하고 싶었고 세계 어느 곳에서나 이 일을 할 수 있다고 생각했기 때문에. 지금 그는 신비한 행운을 가졌다고 생각한다, 이렇게 많은 여행을 할 수 있어서, 직업에 최소한의 영향을 받고 빚을 지지 않으면서.

When a centenarian was asked how he would account for his longevity, he answered, 'It was just serendipity.' What he meant was that he was born with the good fortune to have lucky genes keeping him alive for so long.
• centenarian 100세의 사람, account for ~를 설명하다

어떤 100세를 먹은 사람이 그의 장수를 어떻게 설명할 것인가를 질문받았을 때, 그는 '그냥 행운'이었다고 대답했다. 그 말은 그를 그렇게 오래 살게 하는 행운의 유전자를 가진 좋은 운을 타고 났다는 뜻이다.

DUBIOUS 의심스러운

dubious 의심스러운(인격, 제안 등이 옳은지 그른지 또는 믿을 만한지)
suspicious 수상쩍은(거짓말을 하거나 범죄를 저지를지 몰라)
doubtful 확신이 없는(사건, 상황이 어떻게 귀결될지 잘 몰라)
» 예정된 산행이 우천으로 잘 될지 확신이 없는 것처럼

If you get an email that seems dubious, like, for example, you don't recognize the email-sender and the subject looks suspicious, delete it immediately without ever opening it.
의심스러워 보이는 메일을 받으면, 예로 발신자를 모르고 메일 제목이 수상한 것처럼, 절대 열어 보지도 말고 즉시 삭제하시오.

Doctors were doubtful he would survive, even if he underwent surgery. Without surgery he would bleed to death.
의사들은 그가 살아남는 것이 확신이 없었다. 그가 설령 수술을 받아도. 수술하지 않으면 그는 피를 흘리고 죽을 것이다.

DUMB 멍청한

dumb 멍청한(stupid한), 말을 못하는(mute인)
stupid 멍청한(지능이 낮고 상식이 부족하여)

I may not be smart enough to know everything, but I'm not so stupid enough to fall for your trick. I'm not as dumb as who you think I am.
나는 모든 것을 알 정도로 충분히 영리하지 못하지만 나는 당신의 속임수에 속을 만큼 그렇게 멍청하지 않아요. 나는 당신이 생각하는 정도로 멍청하지 않아요.

Love is not only blind, but also deaf, dumb and pretty stupid too. Music speaks to me every day, but I'm too deaf, mute and blind to listen.
사랑은 눈이 멀었을 뿐만 아니라, 귀도 먹고 말도 못하고 아주 멍청하기도 하다. 음악은 매일 내게 말하지만 나는 듣는 데 너무 귀가 먹고 말 못하고 눈도 멀었다.

PROPERTY 특성

property 특성(사물이 자산으로 가지는 본질적)
» 열전도가 좋은 구리의 특성, 치유의 특성이 있는 온천 등

characteristic 고유의 특징(사람, 사물의 고유한 전형적인)
» 홍반은 콜레라의 특징, 유전자의 특징 등

attribute 장점(사람, 사물의 타고난 재능으로 등급을 매기는 부가 정보인)
» job interview에서 '장점'이 될 수 있는 기업가가 될 자질, 외모의 장점, 성격의 장점 등

quality 자질(사람, 사물 내부의 virtue에 해당하는)
» 정직성, 지도력 등 미덕이 되는 점

feature 특이점(사물, 장소, 얼굴이 특이해서 관심의 대상이 되는)
» 최신 폰의 특징, 어떤 곳의 지형적 특징, 어떤 작품의 특징, 특징적인 눈 등

trait 차이점(조금 다른 특징, 특히 사람이 성격적으로 좀 남다른)
» 전형적 특징characteristic 정도는 아니며 다른 사람에게도 발견할 수 있는 점으로 유머감각, 오만함(매력적이지 못한 trait), 인내심 등이 좀 남다르다는 정도를 말함

A unique property (OR characteristic) of garlic is its pungent odor. So garlic is often called the "stinking rose."
마늘의 독특한 특성은 자극적인 냄새다. 그래서 마늘은 때때로 악취 나는 장미라고 불린다.

If you're a job applicant, you might be asked in a job interview what skill and attribute you have that make you suitable for the position. You might need to address that you have a quality of enjoying working on projects, having a passion for what you are doing, determination or flexibility etc.
만약 당신이 입사 지원자라면 면접에서 그 자리에 적합하게 하는 무슨 기술과 장점을 가졌는지 질문 받을 것이다. 당신은 알릴 필요가 있다, 당신이 프로젝트에 일하는 것을 좋아하고 하는 일에 열정을 가지며 결단력이나 유연성 등등의 자질을 갖고 있다고.

To identify a person, we can use physical features, such as his face, voice, height, finger prints, DNA etc.
어떤 사람을 식별하기 위해서 우리는 육체적 특이점, 이를테면 그의 얼굴, 목소리, 키, 지문, DNA 등을 사용할 수 있다.

Boston terrier has a known trait of short snout (that is not necessarily unique for only its breed) and one distinctive characteristic of its white feet (that is unique for its breed). In addition, as with other dogs, it has a quality of loyalty that is traditionally viewed as a virtue.
보스턴 테리어는 짧은 주둥이(그 품종에 반드시 독특하지는 않은)의 유명한 차이점이 있고 흰 발들(그 품종에 독특한)이라는 분명한 고유 특징이 있다. 게다가, 다른 개들과 마찬가지로, 전통적으로 미덕이라고 간주되는 충성심의 자질을 갖고 있다.

PECULIARITY 독특함

peculiarity 독특함(보편적 용어로 성격, 행동이 정상에 벗어나 유난하여)
» 사계절 흰 구두를 착용, 현관문이 없는 집, 껌을 늘 씹는 사람 등

eccentricity 엉뚱함(좀 웃기고 상식적이지 않으나 폐는 끼치지 않는)
» 겨울에 여름옷을 입고, 버스 대신 말을 타고 등교한다, 벌거벗은 임금님 등

idiosyncrasy 특이 성격(미친 듯하며 기행을 일삼는)
» 핫 초코에 소금을 타고, 잘 때 불을 켜고, 말을 할 때 손마디를 꺾는 등

The annual 145mile non-stop race attracts the eccentric — some might say peculiar or even perverse — but real hard runners.
• perverse 성미가 뒤틀린

연례 145마일 연속 경주가 엉뚱한—어떤 사람은 독특하다 거나 괴팍하다고도 한다—그러나 정말 열심히 뛰는 선수들을 유혹한다.

She is known for her flamboyant style and stage antics — wild costumes and bold attitude. However, for all her eccentricity, she is a very kind and generous lady.
• flamboyant 옷이나 말 등이 현란한, antics 예를 들어 록스타가 기타를 부수는 등과 같은 기행

그녀는 현란한 스타일과 무대 기행 즉 엉뚱한 무대의상과 대담한 태도로 유명하다. 그러나 그녀의 엉뚱함에도 불구하고 그녀는 대단히 친절하고 너그러운 여성이다.

Some people with autism may have idiosyncrasies such as minimal eye contact during conversation and repeating back what has been said.

자폐인들은 별난 점을 가질 수 있다, 대화 중 눈을 극히 맞추지 않고 들은 말을 되받아 반복하는 것 같은.

HONESTY 정직함

honesty 정직함(다른 사람에게 진실한 말을 하는)
integrity 성실성(자신에 대해 진실한 말을 하는)

Honesty is just about telling the truth to other people. By contrast, integrity is telling the truth to yourself. People who live with integrity are doing the right things, knowing that nobody knows what they are doing. A really callous, procrastinating person can still show honesty, but not have integrity.
• callous 냉담한, procrastinate 지연하다, cannot ~일 리가 없다

정직은 다른 사람에게 진실을 말하는 것이다. 대조적으로, 성실함은 자신에게 진실을 말하는 것이다. 성실함을 가지고 사는 사람들은 올바른 일을 한다, 그들이 하는 일을 아무도 모른다는 걸 알고 있으면서. 정말 냉담하고 질질 끄는 사람은 정직함을 보일 수 있지만, 성실성을 가질 리가 없다.

LOYALTY 충성

loyalty 충성(상호관계에 의한)
» 개가 좋은 주인에 표시하거나 좋은 친구관계에서 나타나는

faithfulness 충성(맹목적이고 일방적)
» 축구광팬, 신도, 애처가, 애국자 등이 무엇이나 누구를 믿고 충실히 따르는

fidelity 정절(남녀관계의), 충실함(high-fidelity처럼 원음에)
» 부인의 든든한 후원자인 남편은 loyalty를 가지고 있고, 외도하지 않는 남편은 fidelity를 가지고 있다. 불륜은 infidelity임

allegiance 충성(국민으로서 국가에 대한)

A lot of church members today attend church on a regular basis, supporting their pastors, out of loyalty to them. However, it's not faithfulness to God. The Bible does use the word 'faithfulness' over a hundred times instead of the word 'loyalty.'

오늘날 많은 교회 신자들은 정기적으로 출석한다, 그들의 목사들을 지지하면서, 그들에게 충성으로. 하지만 그것은 신에 충성이 아니다. 성경은 loyalty 대신에 백 번 넘게 faithfulness를 사용하고 있다.

If your spouse begins to doubt your fidelity, you will have a hard time trying to convince them of your loyalty.

당신의 배우자가 당신의 정절을 의심하기 시작하면 당신은 그들에게 충성을 확신시키려고 힘들 것이다.

I used to have a ritual "pledge of allegiance" to the flag. I know it by heart.

나는 국기에 대한 충성의 맹세 의례를 하곤 했다. 나는 그것을 외우고 있다.

USED TO ~했는데 지금은 아니다.

used to ~했는데 지금은 아니다(과거의 행사, 상황, 행위를)

would ~하곤 했다(옛날을 회상할 때, 어떤 행위를 반복적으로)
» would는 love, live, know, feel 등 '동작을 나타내지 않는' 상태동사와는 사용하지 않고, 지금도 그런 습관이 있을 수 있으며, 부정문도 쓰지 않음. 단, used to는 이런 제한이 없음

He used to watch animated cartoons every Saturday morning throughout his childhood, but now he rarely watches TV.

어렸을 때는 매주 토요일 아침에는 만화영화를 봤지만, 지금은 그는 TV를 거의 보지 않아요.

It was hard for me to resist whenever a cigarette craving stroke, but I would (OR used to) chew gum and manage to deal with the cravings.

• strike 생각이 갑자기 떠오르다, craving 열망

담배를 피우고 싶은 마음이 들 때마다 내가 저항하기가 어려웠지만 나는 껌을 씹고 그 열망을 잘 대처하곤 했다.

He used to live in a small village, but he moved to big city last year. He used to hate going to work until he got a promotion. In these two sentences, both 'living in a small village' and 'hating going to work' aren't repeated actions, so you cannot use 'would' here instead of 'used to.'

- live, hate는 상태 동사이며 would는 불가함

그는 작은 시골에서 살았지만, 그는 작년에 큰 도시로 이사했다. 그는 승진할 때까지 늘 그의 직장에 가는 것을 증오했다. 이 두 문장에서 living in a small village와 hating going to work 둘 다 반복적인 행동이 아니다, 그래서 당신은 여기에서 used to 대신에 would를 사용할 수 없다.

ACCUSTOMED TO 숙달되다

be accustomed to ~에 숙달되어 있다(상태가)

get used to ~에 숙달되다(일상적 표현으로, 동작이)
» be use to do는 '~에 사용된다'는 뜻

He can study with music on in the background. He got already used to it. I mean he is accustomed and adjusted to it. So don't mind that he lets music play while studying.

그는 배경에 음악을 틀어 놓고 공부할 수 있다. 그는 이미 그것에 익숙했다. 내 말은 그가 그것에 숙달되었고 적응이 되어 있다. 그래서 그가 공부하는 동안 음악을 틀어 놓는 것을 괘념치 마라.

PICKY 까다로운

picky 까다로운(요구가 많아서)

fussy 까다로운(떠들어대며 불평하며)
» picky eater는 골라 먹으며 야채 등을 싫어하며 좋아하는 것만 선호하며, fussy eater는 새로운 음식이나 제공 음식을 각종 이유로 불평, 거부하며 특정 음식을 요구한다

finicky 까다로운(정확하고 자세한 것을 요구하여 충족시키기 어려워)

When there are children whose eating has become so limited or selective, they have been called "picky eaters."

식사가 대단히 제한적이거나 골라 먹게 된 아이들이 있을 때, 그들은 까다로운 아이들이라고 불려왔다.

Kittens have a habit of being subject to the food fed to them when they are weaned. They are notoriously fussy eaters turning their noses up at any foods that are new or unfamiliar.

- wean 젖을 떼다, turn one's nose up 거부하다

새끼 고양이들은 젖을 뗄 때 먹던 음식에 종속적인 습관이 있다. 그들은 새롭거나 익숙하지 않은 어떤 음식도 거부하는 까다로운 식습관을 가진 것으로 악명 높다.

Our finicky clients are methodical, observant, intelligent, detail-oriented and critical. They closely monitor our work and point out flaws that otherwise might not be noticed and appreciate fine workmanship at the same time.

- methodical 질서 있고 꼼꼼히 기록하는, detail-oriented 철저한 완벽주의적인

우리의 까탈스러운 의뢰인들은 체계적이고 관찰력이 있고 영리하고 완벽주의이고 비판적이다. 그들은 우리 일을 면밀하게 모니터하고 그렇지 않으면 알아채지 못할 결점들을 지적하고 동시에 좋은 솜씨를 인정해준다.

GUILT 죄의식

guilt 죄의식(잘못해서 양심상 미안함을 느끼는)
shame 수치심(죄가 드러나서 남에게 부끄러움을 느끼는)
embarrassment 당황(자신의 수치가 대중 앞에 드러날 때 느끼는)

Feeling guilt is an emotional pain suffered for committing any sin or crime. By contrast, feeling shame arises when your defects are exposed to others and you have a feeling not to live up to your internal ideal image. And the public shame causes you to feel embarrassment.

• sin 율법을 어긴 죄악

죄의식을 느끼는 것은 어떤 죄악이나 범죄를 저질렀기 때문에 겪는 마음의 고통이다. 이와 대조적으로, 수치심을 느끼는 것은 당신의 결점들이 다른 사람에게 드러나고 당신의 내적 이상적인 이미지에 부합되게 살아갈 수 없다고 느낄 때 생긴다. 그리고 그 공개적인 수치심은 당신에게 당혹감을 안긴다.

When you are pulled over by a police officer, a traffic ticket might already have been issued by your conscience "I'm guilty." Your guilt is about breaking the law. When the police siren screams your sin to the world, you might feel ashamed. Your shame is about a feeling of being exposed as a sinner.

당신이 경찰에 의해 단속될 때, 교통 딱지가 당신의 양심에 의해 이미 발급되었을 수 있다. "내가 유죄다." 당신의 죄는 법을 어긴 것에 관한 것이다. 경찰 사이렌이 당신의 죄를 세상에 큰소리로 알릴 때, 당신은 부끄러움을 느낄 수 있다. 당신의 부끄러움은 죄인으로 드러나는 것에 대한 느낌에 관한 것이다.

REGRET 후회

regret 후회(잘못을 인정하는)
remorse 양심의 가책(잘못을 인정하며 양심적으로 자책하는)
repentance 회개(회심하게 하는)

Regret is an activity of the mind that causes us to say, "Why did I do that?" Remorse touches us a little deeper causing us to feel disgust and pain, but not causing us to change our ways. To truly repent one must have a change of will. [Warren Wiersbe]

후회란 "내가 왜 그것을 했을까?"라고 말하게 하는 정신활동이다. 양심의 가책은 역겨움과 고통을 느끼게 하면서 좀 더 깊이 마음을 움직이게 하는 것이다. 가던 길을 바꾸게 하지는 않지만. 진정으로 회개하기 위해서는 의지를 바꾸어야 한다.

GET DUMPED 차이다

get dumped 차이다(이성에게 절교 당하여)
get stood up 바람 맞다(데이트에서 상대방이 나타나지 않아)
be rejected 냉대받다(쌀쌀맞은 대접을 받으며)
be brushed off 면박당하다(의견이 고려되지 않고)
break up with ~와 헤어지다

Yesterday my girlfriend told me she needed some time to find herself and reevaluate our relationship, but wanted to stay friends with me. She actually broke up with me. In fact, I was dumped. I don't know why things have gone stale.

어제 여친이 내게 말했다, 그녀가 자신을 찾고 우리의 관계를 재평가해볼 시간이 필요하지만 나와 친구로 남아 있으면 싶다고. 그녀는 나와 끝났다. 실은 내가 차인 것이다. 왜 우리가 시큰둥하게 변해버렸는지 모르겠다.

Her last remark was that she wanted to stay friends after breakup. He took it to mean that he could win her back. So he text-messaged regularly, but kept getting brushed off like a mosquito. When he asked her to meet up, she refused or stood him up. He was rejected and dumped several times, but he couldn't back off.

• take to mean ~로 받아들이다, win back 잃었던 ~를 되찾다, back off 후퇴하다

그녀의 마지막 말은 헤어진 후 친구로 남고 싶다는 거였다. 그는 그것을 그녀를 되돌릴 수 있다는 뜻으로 받아들였다. 그래서 그는 정기적으로 문자를 했지만, 계속 한 마리 모기인 양 면박을 당했다. 그가 만나자고 했을 때 그녀는 거절하거나 그를 바람맞혔다. 그는 여러 번 쌀쌀맞은 대접을 당하고 차였지만 물러설 수가 없었다.

HIT IT OFF 첫눈에 반하다

hit it off 첫눈에 반하다(첫 만남에서)
have chemistry 친밀감이 있다(사람 사이에)
be meant for sb 궁합이 잘 맞다(연인 사이가)
be on the same wavelength 말이 통하다(생각, 성향이 비슷하여)

When we met months ago, I was physically attracted to her but we didn't hit it off particularly well. After a few dates she sent me a text message saying she felt no chemistry and was not meant for me and perhaps we should stop seeing each other.

우리가 수개월 전에 만났을 때 나는 육체적으로는 그녀에게 끌렸지만 우리는 첫눈에 반하지는 않았다. 몇 번 데이트 후에 그녀는 나에게 문자를 보냈다, 그녀가 친밀감을 느끼지 못했으며 그녀는 나와 궁합이 맞지 않고 우리는 아마도 서로 만나는 것을 그만둬야겠다는 내용으로.

When you have rapport with a person, you might be on the same wavelength and have common ground with the person.

당신이 어떤 사람과 친밀감을 가질 때 당신은 그 사람과 말이 통하고 공통점을 가지게 될 것이다.

PROBLEM 문제

problem 문제(해결책을 요구하는)

trouble 고민(나쁜 일이 생겨 부정적 감정을 일으키는)
» 만약 자동차에 problem이 있다고 하면 유리 파손 등 교체하면 그만인 단순한 문제가 있는 것이고, 자동차에 trouble이 있다면 단순 수리로 끝나지 않는 복합적인 문제가 있음을 암시함

issue 화젯거리(많은 사람이 논쟁하는)

question 시험 문제, 질문(해답이 제공되는)

matter 문제(개인적인 걱정거리나 해결이 필요한)

You'll get into trouble if you break your leg, and you'll have problem to figure out how to get to work with the broken leg.
만약 당신 다리가 부러지면 당신은 고민에 빠질 것이다. 그리고 당신은 그 부러진 다리로 출근하는 방법을 생각해낼 문제를 가지게 될 것이다.

In the past, people didn't tell others their problems such as incontinence, constipation and sexual concerns, because they accepted the health issues as a normal phase of aging.
• incontinence (대소변의) 실금, constipation 변비
과거에는 대소변의 실금, 변비와 성적인 관심사에 대한 문제들을 다른 사람들에게 말하지 않았다. 왜냐하면 그들이 그 건강 문제를 노화의 정상적인 국면이라고 받아들였기 때문이다.

Since it involves questions about words and names and your own law, settle the matter yourselves. I will not be a judge of such things. [Acts 18:15]
그것은 말과 명칭들과 당신네 법률에 관한 질문을 포함하고 있으므로 여러분 스스로 그 문제를 해결하세요. 나는 그런 것들의 재판관이 되지 않을 것이오.

LIMIT 허용범위

limit 허용범위(혈압 측정에서 정상 범위로 인정해주는 구역처럼)

restriction 한정(속도제한처럼 규정상 막아 놓고 경계로 정한)

constraint 제약(왕의 처신처럼 제도의 경직성으로 속박하는)

If you count numbers from 1 to 10, it's a limit. If you count numbers from 1 to 10 excluding the numbers 5, 7, it's a constraint.
만약 당신이 1부터 10까지 숫자를 센다면, 그것이 허용범위이다. 만약 당신이 5와 7을 빼고 1부터 10까지 센다면 그것은 제약이다.

Unfortunately, our car park is very small, so parking is restricted to staff and people with disabilities. And moreover, the parking is limited to four hours and cars that only take up one parking space.
불행히도 우리의 주차장이 너무 적어 주차가 직원과 장애인에게로 한정되었다. 그뿐 아니라, 그 주차는 4시간과 1개의 주차공간만 차지하는 차로 허용범위이다.

In addition to your one bag and one personal item limit, you're also allowed to bring the following items on board, for example, jacket or umbrella or reading material etc. And each piece of luggage must also meet carry-on size restrictions.
당신의 가방 한 개와 개인 물품 1개의 허용범위에 덧붙여, 다음 물품 예를 들어 재킷, 우산, 읽을거리 등을 지참할 수 있다. 아울러 각각 짐은 기내용 치수 한정을 맞추어야 한다.

When a king wanted to be free from constraint, he disguised himself as someone else to avoid being recognized and talked to other people without constraint.
한 왕이 속박에서 자유롭고 싶을 때 그는 못 알아볼 다른 사람으로 분장하고 제약 없이 다른 사람들에게 말을 걸었다.

CONGESTED 교통체증의

congested 교통체증의(도로에 교통이 너무 막히는)
packed 빽빽한(어떤 공간이 사람, 물건으로 가득 차)
crammed 차고 넘치는(어떤 공간에 사람, 물건이 과잉으로)
overcrowded 초만원의(제한된 공간에 사람이 너무 많아)
full 가득 찬(남은 공간이 없을 정도로), 포만한
stuffed 포만한(과식하여 더 먹을 수 없어)

Most bus services carrying heavy volumes of passengers through dense, congested urban areas are overcrowded, excruciatingly slow and definitely unreliable.
밀집되고 막히는 도시지역을 통과하여 많은 승객을 나르는 대부분 버스는 만원이고 고통스럽게 느리고 아주 신뢰할 수 없다.

More than 100 people were crammed into a room that usually accommodates 50. Many of them were squirming because of being so tightly packed in like a can of sardines.
평소 50명을 수용하는 방에 100명 이상이 넘치게 들어갔다. 그들 중 많은 사람이 꽁치 통조림처럼 너무 빡빡하게 채워졌기 때문에 대단히 불편해했다.

By eating smaller portions of mashed potatoes, gingerbread, oyster stew, persimmon pudding, you can enjoy all your seasonal favorites and feel full without being stuffed or feeling like you have to eat something else to fill you up.
아주 적은 양의 으깬 감자, 생강 빵, 굴 스튜, 감 푸딩을 먹음으로써 계절적으로 기호 음식을 모두 즐길 수 있고 포만감을 느낄 수 있다, 잔뜩 먹지 않고도, 혹은 배를 채우기 위해 그 밖에 다른 것을 먹어야겠다는 느낌 없이.

TRAFFIC JAM 정체된 차의 행렬

traffic jam 정체된 자동차 행렬(교통체증으로 늘어선)
congestion 교통체증(차의 통행이 원활하지 못한)
bottleneck 병목지점(도로가 좁아져 교통의 병목현상이 있는)
gridlock 교통체증(bottleneck에 의해 생기는)

Traffic congestion is a serious problem rather than a small inconvenience. Average commuters waste the equivalent of 5 days at work a year while stuck in traffic jams due to the congestion.
교통체증은 사소한 불편보다는 심각한 문제이다. 보통의 통근자들은 교통체증 때문에 정체된 자동차 행렬에 갇혀서 1년에 5일 근무시간 해당치를 낭비하고 있다.

Bottlenecks can be areas where drivers need to merge, such as a lane drop or on-ramp. Continuous queues and complete standstill from the bottlenecks make traffic gridlocks. It's mainly because of bad link roads or traffic-blocking accidents.
병목은 길 없음이나 진입로와 같은 운전자가 합류해야 하는 곳일 수 있다. 그 병목으로 인해 줄이 계속되고 완전한 정체가 교통체증을 만든다. 그것은 주로 연결이 나쁜 도로나 교통을 막는 사고들 때문이다.

ANIMOSITY 적의

animosity 적대적 감정(상호간 반목하는 증오심을 가진)
enmity 적대적 상태(상호간 animosity보다 더 격렬하게 혐오하는 상태인)
  » 스포츠 팀 간의 선의의 적대적 상태도 enmity이다
hostility 적대적 행동(오랜 적대감으로 폭력 행사, 외면하는 행동 등의)

Some dogs feel an instinctive animosity toward cats. That is to say that they hold enmity against cats and commit hostility whenever they see cats.
일부 견공들은 고양이들에 대해 본능적인 적대감이 있다. 즉, 그들은 고양이들에 대한 원수지간이고 그들이 고양이들을 볼 때마다 적대적 행동을 한다는 것이다.

People who kick puppies arouse my animosity; I really loathe those jerks. They have earned my undying enmity for their horrible actions. Whenever I come to see them, I would show my hostility by shouting at them.
애견을 발로 차는 사람들이 나의 적의를 불러일으킨다. 나는 정말 이런 자들을 증오한다. 그들은 혐오스러운 행동들로 나의 끝없는 적대적 상태를 가져왔다. 내가 그들을 볼 때마다 나는 그들에게 소리를 질러서 나의 적대적 행동을 보이곤 한다.

PREDICAMENT 난처함

predicament 난처함(위협적이진 않지만 혼란스럽고 불유쾌한)
» 소풍 때 소나기가 닥치는 것, 나쁜 재정 상태 등

plight 궁지, 절박함(도움을 받지 못하면 죽을 수도 있는 막다른)
» 폐유에 빠진 새, 독재국가에 사는 사람, 열악한 위생상태로 사는 사람 등

dilemma 진퇴양난(판단에 갈등이 생기는)
» 불 속에서 개와 고양이 중 어떤 것을 먼저 구하느냐 같은 것을 말하며, 백화점에서 옷을 고를 때 어떤 색으로 할 것이냐는 dilemma가 아니고 단순한 choice임.

quandary 당혹감(투표장에서 마땅한 후보가 없을 때 같은 느낌의)
» dilemma는 당면한 선택의 어려움에 관해서, quandary는 정서적 도덕적 반응의 뉘앙스일 때.

catch-22 난감함(역설에 얽혀 이러지도 저러지도 못하는)
» 악순환되는 상황, 닭이 먼저냐 달걀이 먼저냐의 경우 등

deadlock 교착상태(양편이 의견 불일치의 벽을 넘지 못한), 무승부

If you're stopped by the police while driving and arrested for your first DUI offense, you'll likely feel overwhelmed and frightened. It's certainly a predicament, but definitely not a plight.

당신이 운전하면서 경찰에 제지되어 첫 번째 음주운전 행위로 걸려 체포된다면, 당신은 압도되고 무서워질 것이다. 그것은 분명 난처한 일이지만 절대 막다른 궁지는 아니다.

If both your vital energy and wealth begin to melt away simultaneously, you will be truly in a woeful plight.

만약 당신의 활기찬 에너지와 재산이 동시에 사라지기 시작한다면, 정말 애처로운 궁지 속에 빠질 것이다.

A catch-22 implies a "damned if you do, damned if you don't" predicament. For example, Lisa would be hurt if you don't invite her, but if you do, James wouldn't come.

난감함이란 "당신이 해도 저주를 받고 하지 않아도 저주를 받는" 난처한 상태를 암시한다. 예를 들면, 당신이 리사를 초대하지 않으면 그녀는 마음이 상할 것이다, 그러나 초대하면 제임스가 오지 않을 것이다.

When you don't know what to do, you're in a dilemma. For example, rumor has it that a pharmacist has a panacea. A desperate man with a terminally ill wife wants it but cannot afford it. He must be in a real dilemma, whether he should break the law to steal it or obey the law seeing his wife dying.

무엇을 할 것인가를 모를 때 당신은 딜레마에 빠진 것이다. 예를 들어 어떤 약사가 만병통치약을 갖고 있다는 소문이 있다. 말기 병에 걸린 부인을 가진 한 절박적인 남자가 그것을 원하지만, 돈이 없다. 그는 진정한 딜레마에 빠진 것이 틀림없다, 그것을 훔치기 위해 법을 어겨야 하는가 아니면 법을 지켜야 하는가, 그의 부인이 죽어가는 것을 보면서.

When you're worried about whether to repair your car or buy a new one, you're in a quandary(OR perplexity).

당신이 차를 수리해야 할까? 새것을 사야 할까 고민할 때 당신은 당혹감 속에 있다.

A deadlock simply means you're unable to move beyond disagreement. In short, you're stuck, period.

• period 더 언급할 게 없다는 점을 강조할 때

교착상태는 단순히 의견 불일치를 넘지 못하는 것을 의미한다. 간단히 말해, 당신은 옴짝달싹 못 하는 것이다.

THREATENING 위협하는

menacing/threatening 위협하는(위험이 임박하다고)
sinister 음산한(해악질을 하겠다는 느낌이 들게 하는)
ominous 불길한(나쁜 일이 일어날 것 같은 나쁜 징조로)
inauspicious 상서롭지 않은(성공하지 못할 것 같은 생각이 들어)
insidious 잠행성의(악소문의 영향같이 물귀신처럼 은근히)

A threatening gangster looks in camera with a sinister smile, loading his gun and aiming it at the viewer.
위협하는 폭력배가 카메라 속을 본다, 음산한 미소를 띠고, 총에 장전하고 가늠쇠를 조준하면서.

Undeniably more powerful and insidious enemy than mere socialism or communism is menacing America.
단순한 사회주의나 공산주의보다 명백하게 더 강하고 잠행성의 적이 미국을 위협하고 있다.

When a narrator conveys the fact that a threat or an unpleasant event is at hand, every word or gesture he uses is ominous.
• be at hand 가까이 있는
어떤 화자가 위협이나 불쾌한 일이 가까이에 있다는 그 사실을 전달해줄 때, 그가 사용하는 말과 몸동작이 불길하다.

Among population, there is a common practice to consider some particular days blessed and conversely some particular others inauspicious and ominous, although great differences exist in singling them out.
사람들 가운데 일부 특정 날짜들은 축복받는 것이고 반대로 다른 특정 날짜들은 상서롭지 못하고 불길하다고 여기는 보편적인 관습이 있다, 비록 그 날짜들을 고르는 데에는 큰 차이가 존재하고 있기는 하지만.

FAVORITE 좋아하는 것

favorite 좋아하는 것
pet peeve 싫어하는 것

My wife likes to collect flower seeds from many plants and sow them around our space. That's her favorite part. However, she doesn't put any identification tags and later both of us don't know what is actually growing, whether it is an unwanted weed or what else. You know that's one of my pet peeves.
내 마누라는 많은 식물에서 꽃씨를 모아 우리 집 주위에 뿌리는 걸 좋아한다. 그것은 그녀가 좋아하는 부분이다. 그러나 그녀는 식별 표시를 붙이지 않아 나중에 우리 둘이 실제로 무엇이 자라고 있는지 모른다, 그것이 원치 않는 잡초인지 아닌지, 그렇지 않으면 그 밖에 무엇인지. 아시다시피 그것은 내가 싫어하는 것 중의 하나이다.

SCARE 무서워지게 하다

scare 무서워지게 하다(frighten하는)
» 갑작스러운 두려움, 공포로 방어 자세를 취해야 할 정도로

fear 무서워하다(이유 없이 어떤 것을 두려워dread 하며)
» 공격성이 없는 거미나 바퀴벌레를 무서워하듯

intimidate 공갈하다(사람, 집단이 timid하여 두려워하도록daunt 하며)
» 반드시 죽이겠다고 threaten하는 것은 아니며 불편하고 기가 꺾이도록 함. 상관이 화가 나서 부하를 intimidate하고 낯선 사람이 밤에 따라올 때 threatened를 느낀다

threaten 위협하다(돈을 주지 않으면 죽이겠다는 식의 노골적으로)

He is scared of water because he has been through a near-death experience. The thought of entering water reminds him of a scary memory and causes jitters.
• jitter 신경과민

그는 물을 몹시 두려워한다, 죽을 뻔한 경험을 했기 때문에. 물속에 들어가는 생각만 해도 무시무시한 기억을 상기하게 하고 신경과민을 일으킨다.

The threats of terrorist organizations are not new things, but a blatant attempt to intimidate our citizens. Stoking fear is their goal, but we will not be intimidated. We will not submit. We will not live in fear.
• blatant 뻔뻔스러운, 빤한, stoke 불을 지피다

테러 단체의 위협들이 새로운 것이 아니고 우리 시민들을 공갈하려는 노골적인 시도이다. 두려움에 불을 지피는 것이 그들의 목표이지만 우리는 협박당하지 않을 것이다. 우리는 굴복하지 않을 것이다. 우리는 무서움 속에 살지 않을 것이다.

FOR FEAR OF ~이 두려워서

for fear of ~이 두렵기 때문에(out of fear of)
in fear of ~를 두려워하면서

If you are running away for fear of losing your life, it means that you won't run away and avoid happening, if you don't fear it. By contrast, if you are running away in fear of losing your life, it means that both the actions of running away and fearing take place at the same time.

만약 당신이 목숨을 잃을까 두려워서 도망을 친다면, 그것은 만약 그것을 두려워하지 않는다면 당신은 도망가지 않고 일어나는 일을 피하지 않을 것이라는 의미이다. 이와 대조적으로, 만약 당신이 목숨을 잃을까 두려워하면서 도망을 친다면 도망가는 행동과 두려워하는 행동 두 가지가 동시에 일어난다는 의미일 것이다.

ABSTAIN 절제하다

abstain (+from) 절제하다(장기적으로 물질의 사용, 행위를), 기권하다
refrain (+from) 삼가다(일시적으로 나쁜 행위를), n. 후렴
restrain 억제하다(해로운 것을 못하게)

Twenty years ago, I gave my word to my mother that I would abstain from drinking hard liquor and I've kept my word since then. I also have my children refrain from alcoholic beverages and they restrain themselves.
20년 전 나는 어머님께 독주를 마시는 것을 절제하겠다는 약속을 했고, 그리고 그 이후로 약속을 지켜왔다. 나 역시 내 아이들이 술을 못하게 하고 있고 그들은 자제하고 있다.

If you're having trouble controlling your own anger, you really have to learn to restrain your emotions and refrain from having temper tantrums.
만약 당신이 자신의 화를 통제하는 데 문제가 있다면 당신의 감정을 억제하고 성질 부리기를 삼가는 것을 배워야 한다.

Legislators are required to abstain from voting if they do not support either side of an argument, even though they're present at the meeting.
입법자들은 투표를 기권해야 한다, 논쟁의 양쪽을 지지하지 않는다면, 비록 그들이 회의에 출석은 하지만.

BE FOND OF 좋아하다

be fond of 좋아하다(맛있고, 보기 좋고, 편안해서)
love 사랑하다(로맨틱한 애정으로), 좋아하다(일반적인 의미로)
crave 무지 좋아하다(감정적, 육체적 욕구를 통제할 수 없을 정도로)

If you say "I'm rather fond of my husband," instead of "I love him," your husband will be offended and hurt. Because what you mentioned can have a connotation that you probably are looking for a new husband.
만약 당신이 "나는 남편을 사랑한다"대신 "남편을 좋아하는 편이라"고 하면 당신 남편은 기분이 상하고 상처를 입을 것이다. 왜냐하면, 당신의 말은 새로운 남편을 찾고 있을 것 같다는 의미를 내포할 수 있기 때문이다.

Just because I listen to my body doesn't always mean I eat everything I crave, but once in a while I get a craving for one of those dishes my mom used to make.
• listen to one's body (몸의 필요에 의해서가 아니라) 육체의 욕구에 끌리는 삶을 살다
내가 육체의 욕구에 끌리는 삶을 산다고 해서 먹고 싶은 것을 다 먹는 것을 의미하는 것은 아니지만 가끔은 엄마가 해 주시던 식사들 가운데 하나가 참 먹고 싶다.

LOVED 사랑받는

loved 사랑받는
beloved 총애를 받았던(예식에 많이 쓰이며)

When someone loves you, you're loved by them. Feeling to be loved means you feel that someone loves you. By contrast, a beloved person is someone who is loved obsessively and worshiped such as "Our beloved Mandela" when he died.

어떤 사람이 당신을 사랑할 때, 그에 의해 사랑을 받는다. 사랑받는 느낌은 어떤 사람이 당신을 사랑한다고 느끼는 것이다. 이와 대조적으로 총애를 받은 사람은 과도하게 사랑받고 숭배되는 사람이다, "우리의 사랑받았던 만델라" 처럼, 그가 죽었을 때.

AFFECTION 호감

affection 호감(love의 시초이며 이타적으로 단순히 fond하는)
intimacy 친근함(다른 사람과 우호적인)
love 사랑(감성적이며 깊은, 또는 이성에 대한 로맨틱한)
crush 홀딱 반함(love와 infatuation의 중간 형태로 맹목적으로)
infatuation 집착(어떤 대상에게 병적으로 심취하며)
obsession 망상(infatuation의 결과로 생기는 저항할 수 없는)
desire 욕구(스스로 통제할 수 있는 단순한)

If you have affection for someone, you tend to care for them, help them, be with them. Affection can be taken as a sort of earlier phase of love. This is the moment of burgeoning intimacy. So, without affection and intimacy, love hardly can take place. Love is a feeling deep inside our heart, it speaks for itself.

- care for 특히 노약자를 돌보다, 좋아하다. speak for itself 설명이 필요 없이 자명하다

만약 당신이 어떤 사람에게 호감을 느낀다면, 그를 좋아하고 도와주고 같이 있고자 한다. 호감은 사랑의 초기 단계로 간주할 수 있다. 이것은 친근감을 싹 틔우는 순간이다. 그래서 호감이 없으면 친근감과 사랑은 거의 발생할 수 없다. 사랑이란 우리의 마음속 깊은 곳에 있는 감정이고 사랑은 그냥 보면 아는 것이다.

The most successful relationships occur when a man has a crush on a woman first and then he is infatuated with her and then he has lust for her and then loves her deeply.

가장 성공적인 관계는 일어난다, 한 남자가 먼저 한 여자에게 홀딱 반하고 그 다음 집착하고 그 다음 욕망을 가지며 그 다음 깊이 사랑할 때.

If someone becomes attracted to a person of a different gender and then obsession is added to the desire, it may seem harmless, perfectly acceptable. On the contrary, to the victim, such stalking induces fear and disrupts their lives.

만약 어떤 사람이 한 이성에게 매혹되고 그 단순한 욕망에 망상이 첨가된다면, 그것은 무해하고 완벽하게 용인될 수 있는 것 같을 수 있다. 반면, 당하는 상대에게는 그런 스토킹은 공포를 유발하고 그들의 삶을 파괴한다.

DETEST 싫어하다

dislike 싫어하다(like하지 않는)
hate 싫어하다(아주 심각하게), **꺼리다**(폐를 끼치는 것을)
detest 미워하다(hate보다 좀 formal표현으로)
loathe 질색하다(벌레가 몸에 스멀스멀 기는 느낌이 들 듯 장기간의 증오로)
abhor 증오하다(특히 도덕적인 이유로 누구의 사고방식, 행동을)
» loathe보다 강하며 '무엇을 혐오하다' 는 뜻도 포함함

I **dislike** doing things that I'm not good at, and I'm a big fan of quitting doing things that I **hate** doing.
• be a big fan of ~를 좋아하다

내가 잘 하지도 못하는 것을 하기 싫어하고, 나는 내가 아주 하기 싫어하는 것을 때려치우기를 정말 좋아한다.

You shall not bring an abomination into your house, lest you be a cursed thing like it but you shall utterly **detest** it, and you shall utterly **abhor** it; for it is a cursed thing. [Deuteronomy 7:26]
• abominate는 loathe와 비슷하나 주로 명사 abomination의 형태로 사용하며 "가증한 것"

너는 가증한 것을 네 집에 들이지 말라, 너도 그것과 같이 저주받은 것이 되지 않도록, 너는 그것을 심히 미워하라, 그것을 심히 혐오하라, 왜냐하면 그것은 저주받은 것이니까.

What does a vacation with a required reading list for kids look like? I **loathe, abhor** and out-and-out HATE it, because it takes away the pleasure of reading.
• out-and-out 아주

아이들에게 필수 독서목록을 주는 방학은 어떻게 보여요? 나는 그것을 질색하고 혐오하고 아주아주 미워합니다, 왜냐하면 독서의 즐거움을 빼앗기 때문입니다.

DAYDREAMING 꿈꾸는

dreaming 꿈꾸는(무의식적으로 잠 속에서)
daydreaming 잡생각을 하는(의식적이고 병적으로)
imagining 상상하는(영감, 자극을 받아 창조적으로)

He keeps **dreaming** day and night. Even in his real dreams during sleep he sees himself thinking and **imagining** a lot of things. It seems that he lives in a world of fantasies.

그는 밤낮으로 계속 꿈을 꾼다. 수면 중 진짜 꿈속에서도 많은 것을 생각하고 상상하는 것을 본다. 그는 환상의 세계 속에 사는 것 같다.

Daydreaming is often used as a way not only to avoid stress or other painful feelings, but also self-soothe by letting you **imagine** your wishes fulfilled.

잡생각이란 종종 스트레스나 다른 고통스러운 감정을 피하는 방법일 뿐만 아니라 당신의 소망들이 성취되는 것을 상상하게 함으로써 스스로 위안하려는 방법으로 종종 사용된다.

ATTRACT 매혹하다

attract 매혹하다(자석처럼 사람들 사이에서 끌어)
tempt 홀리다(누구를 나쁜 길로 빠지도록, 불필요한 일을 하도록)
lure 유인하다(미끼인 루어의 역할처럼 달콤한 제안으로 누구를 나쁜 곳으로)
seduce 유혹하다(순진한 자를 성적으로)
  » 속임에 빠뜨려 거부하기 어렵게 '유혹하다'는 의미도 포함
entice 회유하다(좋은 조건을 제시하고 부추기며)
induce 유인하다(아이에게 사탕을 주며 꾀듯이 설득과 영향력으로)
  » 해열제로 열을 내리게 하듯이 '유발하다'의 의미도 포함함

You are growing attracted (OR allured) to a married man. As the bible say "...each person is tempted when he is lured and enticed by his own desire." Moderate your desire, and do not commit adultery.
당신이 기혼남에게 마음이 끌리고 있군요. 성경에서 말하는 것처럼 "오직 각 사람이 자기 욕심에 유인되고 회유될 때 나쁜 길로 빠지게 됨이니" 욕구를 줄이시고 간음하지 마세요.

Just your desire first attracts your attention and entices you to approach to the forbidden thing that attracts you the most. And then you are lured by means of baits and will yield to temptation.
바로 당신의 욕구가 먼저 당신의 관심을 끌고 당신을 가장 매혹하는 그 금지된 것에 접근하도록 회유한다. 그런 다음 당신은 미끼에 의해 유인되어 유혹에 굴복할 것이다.

A woman seduced a man and induced him to engage in idolatrous worship and prohibited activities.
• idolatrous worship 우상숭배
한 여자가 한 남자를 꾀어서 그를 우상숭배와 금지된 행동을 하도록 유인했다.

MALICE 악의

malice 악의(해를 끼치거나 타인의 불운을 즐기려는 심술을 가진)
grudge 악감정(깊이 적의를 품고 있는)

If someone offends you because of envy, malice or even pure hatred and that is causing you to hold a grudge (OR bad blood) against them, you should open up to everyone about the squabbles.
• squabble 큰소리를 지르는 싸움이 아닌 티격태격 다툼
만약 어떤 사람이 시기, 악의, 심지어 증오 때문에 당신에게 마음을 상하게 하고 그것이 당신을 그들에 대해 악감정을 가지게 한다면, 당신은 그러한 티격태격 다툼에 대해 모든 사람에게 털어놔야 한다.

MALICIOUS 심술궂은

malicious 심술 궂은(해커 공격처럼 남의 명예, 신체 등에 해를 끼치며 즐기는)
vicious 사악한(애완동물의 공격처럼 본능적으로 해치려는)
vindictive 감정을 품은(사소한 결례와 같은 일로 앙심을 가지며)

When a dog growls and gets vicious and attacks you, the dog makes you scared. By contrast, when a hacker gets malicious and starts cyber-attacking, he enjoys it.
개가 으르렁거리고 사악해서 당신을 공격할 때, 그 개가 당신을 겁나게 한다. 이와 대조적으로, 해커가 심술궂어 사이버 공격을 시작할 때 그는 그것을 즐긴다.

There are vicious and vindictive people who derive some kind of voyeuristic pleasure from observing others' suffering.
• voyeuristic 훔쳐보는 취미를 가진
다른 사람의 고통을 보는 것에서 관음증과 같은 즐거움을 끌어내는 사악하고 감정을 품은 사람들이 있다.

I'm fed up with hearing vindictive, malicious and judgmental gossip and hearsay. Tell me something meaningful and important.
나는 감정을 품고 심술궂고 정죄하려는 험담과 풍문을 듣기에 질렸어. 의미 있고 중요한 것을 말해줘 봐.

PREJUDICE 편견

prejudice 편견(충분히 모르면서도 갖는 불공평하고 비판적인 시각인)
bigotry 편협성(사상이 다르다고 무모하고 강한 증오를 나타내는)
» prejudice는 상대에 대한 인식을 말하고, bigotry는 상대에 대한 태도나 행동을 말함

Prejudice is about perception, and it's like something that lots of people still hold against Muslims. By contrast, bigotry is about attitude, it is usually associated with dislike of certain groups. Anti-racist activists view racism as "racial prejudice plus power", that is, bigotry. They tend to think that racists commit discriminatory acts against isolated individuals.
편견은 인식에 관한 것이다. 이것은 많은 사람이 무슬림들에 대해 품은 것과 같은 것이다. 이와 대조적으로, 편협성은 태도에 관한 것이다, 그것은 보통 특정 집단의 증오와 관련이 있다. 반인종주의 활동가들은 인종주의를 "인종주의적 편견에 무력을 더한 것", 즉 편협성이라고 본다. 그들은 인종주의자들이 고립된 개인들에게 차별적 행동들을 저지른다고 생각하는 경향이 있다.

SULKY 부루퉁한

sulky 부루퉁한(심술 난 아이처럼 화난 것은 아니지만 시위하듯 실쭉거리며)
sullen 음울한(어떤 원인으로 장시간에 걸쳐 sulky보다)
morose 뚱한(성격적으로, 풀이 죽어 기분이 언짢은 듯)
glum 음울한(일시적 근심 걱정으로 낙담하고 슬퍼서)
gloomy 음침한(장소, 날씨가 불빛이 충분하지 않아), **우울한**
grumpy 툴툴거리는(일이 잘 안 돼 기분이 언짢아서)

A sulky person might glower as if he is ready to pick a fight with anyone. He may cry, whine or be suddenly angry with resentment or protest, and sometimes appear disheveled.
• glower 노려보다, disheveled 헝클어진

부루퉁한 사람은 마치 그가 어떤 사람과도 싸움을 걸려고 하는 것처럼 노려볼 수 있다. 울거나 보채거나 분개하여 갑자기 화를 내거나 저항할 수 있고 때때로 봉두난발로 나타날 수 있다.

A morose (OR glum) person who feels kind of depressed probably does not glower. He may just lay low and not say too much and have little emotion to express.
• lay low 접촉을 꺼리다

일종의 우울감을 가진 뚱한 사람은 노려보지 않는다. 그는 접촉을 꺼리고 적게 말하며 말하고 싶은 기분이 아닐 수 있다.

If you face injustice or an accident, or If inconsolable, dismaying or perplexing things make you seriously somber, you may feel sullen, neglected, criticized and abandoned. You may bear down or rise up to deal with what made you feel so gloomy or just make sarcastic remarks.
• somber 침울한morose, dismay 실망시키다, bear down 달려들다

만약 당신이 불법이나 사고에 직면하면, 혹은 위로할 수 없거나 낙심시키거나 당황하게 하는 것들이 당신을 심각하게 슬프게 하면, 음울해지고 방치된 것 같고 비판받는 것 같고 버려진 것같이 느낄 수도 있다. 당신은 달려들거나 그렇게 우울하게 만든 것에 대처하려고 일어서거나 그냥 냉소적인 말만 할 수 있다.

Even when you are grumpy about a bad experience hanging over your head, this book may make you feel less grumpy, perhaps even make you laugh.

머리를 떠나지 않는 나쁜 경험에 대해 당신이 툴툴거릴 때도 이 책은 덜 불평하고 웃게도 할 수도 있다.

ENVY 부러움

envy 부러움(자신이 가지지 못한 것을 가진 자에 대한)
jealousy 질투(지거나 뺏길지 모른다는 경쟁심에서 생기는)

Envy is an emotional response to a belief that someone else has something you lack. By contrast, jealousy is an unpleasant emotion wanting to hold on to what you have but worrying that someone is trying to take it.

- hold on to sth ~을 붙들다

부러움이란 당신이 갖지 못하는 것을 누군가가 갖고 있다는 확신에 대한 감정적인 반응이다. 이와 대조적으로, 질투는 당신이 가진 것을 붙잡고 싶으나 어떤 사람이 그것을 빼앗으려고 한다고 걱정하는 불유쾌한 감정이다.

If you want to own a luxury car that your neighbor has, you'll feel envy. If your girlfriend mentions that she thinks another guy is attractive, you'll feel jealousy and get mad. The jealousy (often referred to as the green-eyed monster) might compromise your relationship and well-being.

- compromise 안전하지 못하도록 하다

만약 당신 이웃이 가진 고급 차를 갖고 싶다면, 부러움을 느낄 것이다. 만약 당신의 여친이 다른 남자가 멋있다고 생각한다고 언급한다면, 질투를 느끼고 화를 낼 것이다. 종종 초록 눈의 괴물이라고도 하는 질투는 당신의 관계와 행복을 손상할 수 있다.

REVENGE 보복

revenge 보복(당한 대로 갚아 주려는)
vengeance 복수(revenge의 극단적인)
vendetta 복수심(뿌리 깊은)
retaliation 응징(군대나 집단이 직접 원인 제공과 무관할 수 있는 상대를)
resistance 저항(새로운 계획, 정치 이념 등을 받아들이지 않으려는)
backlash 반발(어떤 일의 결과로 생기는), 후폭풍

Scripture says that "Revenge is mine and I will pay it back." Vengeance belongs to God, so all vengeance is unlawful.

성경은 "보복은 나의 것이니 내가 그것을 갚을 것이다."라고 말한다. 보복은 신에게 속한다, 그러니 모든 보복을 비합법적이다.

If we are hit, we will hit back. We will come together to organize a protest against selective vendetta toward us and retaliate massively.

우리가 당하면 보복한다. 우리에 대한 선택적인 복수심에 대해 저항하려고 모여 대규모로 응징할 것이다.

My resistance does not come from a personal vendetta against anyone, rather it is an act of righteous duty to protect the innocent victims.

나의 저항은 누구에 대한 개인적인 복수심에서 나온 것이 아니다, 오히려 그것은 그 죄 없는 희생자들을 보호하기 위한 정의로운 임무의 행위이다.

His remark triggered a fierce backlash against him. Some people were outraged and began to demand his resignation.

이런 언급이 그에게 맹렬한 반발을 일으켰다. 일부 사람들은 분개한 상태였고 그의 사임을 요구하기 시작했다.

ADDICTION 중독

addiction 중독(거짓말, 도둑질, 약물 남용 등을 상습적으로 반복하는)
obsession 강박관념(극복하기 어려운 병적 망상인)

If you are obsessed with computer games neglecting everything else in your life, you will attempt to moderate or even stop the addiction through willpower.
만약 당신이 컴퓨터 게임에 사로잡혀 있다면, 삶 가운데 그 밖에 모든 것은 소홀히 하면서, 당신은 절제하려고 하거나 의지로 그 중독을 끊으려고 시도할 것이다.

Let's say you spend $10 every week on lottery tickets. In this game there are two aspects. You always buy the ticket at the same store, on the same day, with the same numbers. And when it is not done in this way, then you think you cannot win. It's an obsessive aspect. By contrast, when you are starting daydreaming what will be bought after winning the lottery or how much money will be spent, it's an addictive aspect.
당신이 매주 복권에 10불을 지출한다고 하자. 이 게임에는 두 가지 측면이 있다. 만약 당신이 똑같은 가게, 똑같은 날짜, 똑같은 번호로 그 복권을 사고 그것이 그런 식으로 되지 않을 때, 당첨될 수 없다고 생각한다면 그것은 강박관념의 측면이다. 이와 대조적으로, 당신은 그 복권 당첨 후 구매될 물품이나 돈의 지출에 대해 헛된 꿈을 꾸기 시작할 때, 그것은 중독의 측면이다.

SUBSIDE 약화하다

subside/wane/dwindle/abate vi.약화하다(상황이 점점)
mitigate/alleviate/soothe vt.완화시키다(상황의 악화를)
  » 아스피린으로 두통, 제습제로 건조함을 진정시키듯 병세, 스트레스, 교통 문제 등
relieve vt.경감시키다(의무, 통증 등에서)
assuage vt.완화시키다(죄의식, 걱정, 화, 비통함 등의 나쁜 기분을)

The sailors waited until the storm abated (OR subsided, waned, dwindled, diminished) before they set out to sea.
선원들은 폭풍이 잦아들 때까지 기다렸다, 그들이 바다로 출발하기 전에.

A simple exercise can help alleviate (OR soothe, mitigate) back problems. Lots of people go swimming to help relieve (OR ease, lower, reduce) their back pain.
단순한 운동이 등의 통증을 완화하는 데 도와줄 수 있다. 많은 사람은 그들의 등의 통증을 완화하는 데 도움을 주기 위해 수영하러 간다.

I would strengthen you with my mouth. And the solace of my lips would assuage your grief.
[Job 16:5]
내가 입으로 너희를 강하게 하며 입술의 위로로 너희의 큰 슬픔을 풀었으리라.

PLACATE 달래다

placate/appease 달래다(우는 아이를 달랠 때처럼 댓가를 주며)
console 달래다(우는 사람을 위로하는 것처럼 격려하고 위로하여)
conciliate 화합시키다(달래고 편안하게 해주어 unite하도록)
reconcile 화해하다(상대와 의견의 불일치를 해결하여 다시 친하도록)

They tend to pander, conciliate, placate (OR appease) the media for fear of being subjected to the intense public scrutiny and blame.
• pander 못된 짓을 해도 그대로 두다, be subjected to ~을 당하다

그들은 그 언론사를 방조하고, 화합시키고, 달래려 한다, 강력한 공개적 사찰과 비난 당할 것이 두려워.

Even if I hadn't consoled them, they would have finally patched things up on their own. I admired their ability to forgive their friends and fix the friendship.

설령 내가 그들을 달래지 않았다고 하더라도 그들은 결국 자신의 힘으로 화해했을 것이다. 나는 그들이 친구들을 용서하고 우정을 복원시키는 능력에 감탄했다.

We feel able to reconcile (OR make up, patch up) with anyone. We can put forgiveness into our actions and restore a bond of love.
• put sth into action ~를 실행하다

우리는 누구와도 화해할 수 있을 것 같다. 우리는 용서를 실행에 옮길 수 있고 사랑의 유대를 복원할 수 있다.

SATISFACTION 만족

satisfaction 만족(보편적 용어로 기대하고 노력하였던 것이 달성되어서 느끼는)
contentment 자족(현재 가진 것을 만족하여 느끼는)

If you feel satisfaction with your circumstances — what you have and who you are — internally without being dissatisfied, frustrated or in a hurry for something different and better, you will experience contentment. You would just sit back and be able to say, "Ah! This is good. I like my life just as it is."

만약 당신이 주변상황, 즉 가진 것과 현재의 자신을 만족한다면, 내적으로 불만족하고 좌절하거나 색다르고 더 나은 것을 찾아 서두름이 없이, 당신은 자족함을 경험할 것이다. 당신은 느긋하게 앉아 "아, 좋아. 나는 지금 이대로의 내 인생을 사랑한다"고 말할 수 있을 것이다.

If you don't desire worldly glory, reputation, wealth, position and live a normal life unbothered, you will be contented with yourself. However, unfortunately, if you pursue that worldly ambition, you will never be satisfied with yourself.

만약 당신이 세상의 영예, 명성, 부, 지위를 구하지 않고 성가심을 당하지 않는 보통의 삶을 살면 자족하게 될 것이다. 그러나 불행히도, 당신이 세상의 야망을 추구한다면 결코 자신에게 만족하지 못할 것이다.

ANGRY 화난

angry 화난(일시적으로 짜증이나 반감이 나고 폭력적일 정도로)
pissed off 화난(angry보다 폭발하는 정도로)
upset 기분 상한(실망스럽고 속상하고 상처받아)
bitter 앙심을 품은(오래가는 원한을 품어 마음속에)

I have encountered people nursing a bitter resentment and a grudge against God. They were not just upset, not just angry, not just pretending to be mad, but totally pissed off.
• nurse 강한 감정을 오래 품고 있다, mad는 angry의 북미식 표현

나는 신에 대해 앙심에 찬 분개와 악감정을 품고 있는 사람을 만나왔다. 그들은 그냥 속상하고, 그냥 화를 내고, 그냥 화난 척하는 것이 아니고 정말 화난 거였다.

When you get angry, you're yelling and fuming over something, showing "I'm mad and I want to make sure you know it" attitude. However, you can usually let it pass quickly. By contrast, when you become bitter, you feel an underlying sense of misery all the time and may focus on revenge. It's hard to let go of it to be able to move on, because bitterness is internal.
• fume 분노하다, move on 마음을 정리하다

당신이 화가 날 때 당신은 소리를 지르고 어떤 것에 분노한다, "나는 화가 났고 당신이 꼭 그걸 알았으면 한다"는 태도를 보이면서. 그러나 보통 당신은 신속히 지나가게 할 수 있다. 이와 대조적으로, 당신이 앙심에 차게 되면 내내 근본적인 비참함을 느낄 것이고 복수에 초점을 맞출 것이다. 툴툴 털고 일어날 수 있기 위해 그것을 벗어나기가 어렵다, 왜냐하면 앙심이 쌓인 것은 내면적이니까.

ANGER 화

anger 화(보편적 표현으로 화가 나 치미는)
rage/fury/wrath/exasperation 분노(anger보다 더 강하게 치미는)
» 분노의 정도는 보통 offense<resentment<anger<rage<fury... 등으로 나타냄
outrage 분노 폭발(주로 대중적으로 화가 나서 강렬하게)
offense 상심(무시, 모욕 등으로 마음이 상하여), 범죄
resentment 분개함(부당한 대우나 모욕적 행동에)
» 용서만이 해결책일 수 있음

You're still carrying anger, resentment and hurt about a past conflict with him holding grudges but not letting them go. Now it's time to try to embrace forgiveness and forget or condone what has happened.
• condone 용서하다

당신은 과거의 그와의 갈등에 관한 화, 분개와 상처를 아직도 갖고 있다, 악감정을 품지만 버리지 못하면서. 이제 용서하려고 하며 과거사를 잊거나 너그럽게 봐줄 때이다.

They were offended, even outraged by the cartoons, and a furious debate arose over the responsibilities of the press.
그들은 그 만화들로 기분이 상했고 심지어는 분노가 폭발했으며, 언론의 책임에 대한 격노한 논쟁이 일어났다.

A strong marriage has no room for malice of any form. On the contrary, if you allow all examples of anger, such as bitterness, rage, harsh words and slander to easily seep into your relationship, it can lead to marital disaster.
- seep 스며들다

튼튼한 결혼은 어떤 종류의 악의의 여지가 없다. 반면, 만약 당신이 앙심, 분노, 화, 막말, 비방과 같은 모든 화의 예들이 당신의 관계에 쉽게 스며들도록 허용한다면, 파경으로 이끌게 할 수 있다.

SADNESS 슬픔

sadness 슬픔(일시적인)
sorrow 비애(거의 참을 수 없는 슬픔인)
grief 비통함(연인과 사별에 드는 감정처럼 intense sorrow인)
lament 탄식(어떤 것에 대한 슬픔, 후회, 실망을 나타내는)
» 비탄조의 음악이나 시를 의미하기도 함
mourning 애도(장례식 등에서 표현하는)
bereavement 사별(사랑하는 사람을 잃은)
depression 우울증(슬픔으로 인해 사회적 관계를 끊는)

After my father's death I felt sadness, but I have lived with grief since my only son got killed.
아버지의 죽음 후에 나는 슬픔을 느꼈지만, 외아들이 살해되고 난 후에는 비통함으로 살아왔다.

Sorrow connotes a feeling of deep distress due to loss, disappointment, misfortune, etc.. Grief connotes intense emotional suffering due to loss, disaster, misfortune, etc., and it is accompanied by acute sorrow and deep sadness.
sorrow는 상실, 실망이나 불운으로 인한 깊은 고난의 감정을 의미한다. grief는 상실, 재앙, 불운 등으로 인한 격렬한 정서적 고통을 의미하고, 격렬한 슬픔과 깊은 슬픔을 동반한다.

If you get bereavement and become totally depressed, this method will help interrupt the painful process of mourning.
만약 당신이 사별하고 아주 우울하게 된다면, 이런 방법이 고통스러운 애도의 과정을 차단하도록 도울 것이다.

She told her friend on her death-bed that she lamented the fact that she did not get a chance to meet a lover and would die alone.
임종에서 그녀의 친구에게 말했다. 애인을 만날 기회를 얻지 못했고 홀로 죽게 되는 사실을 탄식한다고.

ENTHUSIASM 열정

enthusiasm 열정(열정적 박수를 치듯이 개인적 일시적)
passion 열정(자신과 다른 사람에게 긍정적인 이익을 장기간 끼치는)
zeal 광적 추종(종교, 정치적 신념 등의)
lust 욕망(탐욕에 의한 소유의)

When buying a new car, you can be enthusiastic about them. However, it fades just as quickly as the lust in your body. By contrast, learning, say, new languages can be emotionally supported by passion.
당신이 새 차를 살 때 그것에 잠시 열정적일 수 있다. 하지만 그것은 육신의 욕정처럼 재빨리 식는다. 이와 대조적으로, 이를테면, 새 언어를 배우는 것은 장기적 열정에 의해 심정적으로 지원받을 수 있다.

An impatient moment of yelling gets dressed up as zeal for truth, and a lot of lust might often disguise itself as the love for beauty.
참지 못해 소리를 지르는 순간이 진리에 대한 열정으로 포장되고, 많은 욕망이 종종 아름다움의 사랑으로 가면을 쓸 수 있다.

It's not possible to be zealous for worldly lust and remain a follower of holy life at the same time.
세상의 욕망을 광적으로 추구하는 것과 동시에 거룩한 삶의 추종자로 남는 것은 불가능하다.

GRATITUDE 감사

gratitude 감사(받은 호의에 grateful한 마음을 상대에게 표시하는)
thankfulness 감사(불행한 일이 일어나지 않아서 기쁘고 안도하며)
  » grateful은 타인에게 표현하고, thankful은 자신을 위로(안도)하며 감사한다
appreciation 감사(진정한 가치를 인정해주는)

We were in the accident. There was some damage to the car, but we're fine. We are thankful (OR relieved) that no one was injured and grateful to those who helped us.
우리가 사고를 당했다. 차에는 피해가 있었지만 우리는 무사하다. 우리는 아무도 다치지 않은 것을 감사하고 우리를 도와줬던 분들에게 감사한다.

We can show gratitude for having food on our table. However, we can go further and show appreciation for its beauty, fragrance, taste, nutrition, and preparation. We move beyond thankfulness as we consciously recognize the value that food adds to our lives. [Deborah Price]
우리는 탁자 위에 음식을 가진 것을 감사를 표할 수 있다. 그러나 더 나아가 그의 아름다움, 양, 맛, 영양가와 상차림에 대해 깊은 감사를 표할 수 있다. 우리는 단순한 감사를 넘어선다, 삶에 음식이 부가하는 가치를 의식적으로 인식할 때.

MANIA 병적인 열정

mania 병적인 열광(과도하게 강한)
phobia 병적인 공포감(현실적 근거 없이 극단적인)
fear 공포(보편적 표현으로)

There are several different types of manias. Megalomania is a mental illness marked by delusions of greatness, wealth, etc. Kleptomania is an irresistible impulse to steal. Nymphomania is abnormally excessive and uncontrollable sexual desire in women. Pyromania is an obsessive desire to set fire to things.

여러 다른 병적인 열정들이 있다. 과대망상증은 위대함, 부유함 등의 망상에 의해 특징져지는 정신병이고 도벽은 훔치려는 억누를 수 없는 충동이다. 음란증은 여성의 비정상적으로 과도하고 자제를 못 하는 색욕이다. 방화벽은 물건들에 불을 지르려는 과도한 욕구이다.

There are endless types of phobias. Agoraphobia is refusing to leave their homes and fearing of open spaces. Claustrophobia is an abnormal fear of being in enclosed or narrow places. Acrophobia is fearing of heights, and xenophobia is the irrational dislike, fear or prejudice towards strangers or foreigners.

많은 공포증이 있다. 광장공포증은 집을 떠나기를 거부하고 광장을 두려워하는 것이다. 폐소공포증은 닫히거나 좁은 장소에 있는 것을 비정상적으로 두려워하는 것이다. 고소공포증은 높은 장소를 두려워하는 것이다. 그리고 외국인 혐오는 낯선 사람이나 외국인에 대해 비이성적 반감, 공포나 편견이다.

SLUGGISH 느린

sluggish 느린, 게으른
languid 힘없는(활력이 부족하여 말하고 움직이는 데)
inert 비활성의(활동력이 없는)
indifferent 무관심한

No matter how long his slaves worked on the plantation, he wouldn't tolerate halting, delaying, sluggish or languid movements; all his human properties must be brisk, lively and alert.

그의 노예들이 그 농장에서 얼마나 오래 일을 했건 그는 망설이고 지연하고 게으르거나 힘없는 움직임을 참지 못할 것이다. 즉 그의 모든 인간재산은 빠릿빠릿하고 활기 차고 민첩해야 했다.

Their naturally endowed dispositions are inactive, inert, indifferent and passive.

그들의 타고난 기질들이 비활동적이고, 비활성이고, 무관심하고 수동적이다.

He was fat and inert. A sluggish worker does not fill his barn.

그는 살찌고 생기가 없다. 게으른 일꾼은 그의 곡간을 채우지 못한다.

CONFIDENT 자신감이 있는

confident 자신감이 있는(내적인)
arrogant/cocky 거만한(외부로 과도하게 자신감이 보이게 하는)

Confidence is about believing in yourself but not having to make a big deal about it. By contrast, arrogance is about trying to show off how great you are. It has to do with a "watch me" attitude and "anybody should be able to do it" cockiness.
• make a big deal about ~를 호들갑 떨다

자신감은 자신을 믿으며 그것을 호들갑 떨 필요가 없는 것이다. 대조적으로, 오만은 자기가 얼마나 대단한가를 뽐내려는 것이다. 그것은 "날 봐"의 태도와 "누구라도 그렇게 할 수 있어야 해"라는 건방짐과 관계가 있다.

FAN 팬

hobbyist 취미생활자(여가활동에 큰 애착은 없이 재미로 활동하는)
fan 팬(스포츠, 연예계의 관심사에서 즐거움을 얻는)
fanatic/enthusiast 열광자(광적인)
addict 중독자(약물 복용이나 특정 행동을 반복하는)
a stickler for something ~에 대한 집착자

Since elementary school I have been an avid fan and hobbyist of photography. Finally, I've become a student of photography this semester.
초등학교 이후로 나는 사진학의 열혈 팬이었고 취미생활자였다. 드디어 이번 학기에 사진학과 학도가 되었다.

There are so many people who indulge excessively in an activity, like Gym rat (OR maniac, fanatic, buff, nut, freak, enthusiast, addict), movie addict, car enthusiast, basketball nut, fresh-air freak etc.
어떤 활동에 과도하게 빠진 사람이 많다. 운동광, 영화광, 자동차광, 농구광. 병적으로 창문 여는 사람 등.

My mom totally hates a messy place. She hates when stuffs are strewn all over the place. She is a stickler for neatness and tidiness. I should clean up my room. Otherwise she would haunt me as a ghost and nag me all the way to my own grave.
엄마는 어질러진 장소를 엄청 싫어한다. 물건들이 온데 흩어졌을 때 싫어한다. 그녀는 정리정돈광이다. 나는 내 방을 청소해야 한다. 그렇지 않으면 그녀는 귀신처럼 따라다니며 그것에 내가 죽을 때까지 잔소리할 것이다.

He was recovered from drug addict and became a yoga enthusiast. He was replacing his past addictions with a more productive habit and finally getting back on his feet.
• get back on your feet 어려움을 극복하고 성공하다

그는 마약중독자에서 회복하여 요가광이 되었다. 그는 과거의 중독을 더 생산적인 습관으로 바꾸고 있었고 드디어는 재기하고 있었다.

NAIVE 순진한

naive 순진한(어리거나 지적장애로 타인의 의도를 의심하지 못하는)
gullible 속기 쉬운(옳게 판단하지 못하여)

There are too many people out there eager to deceive you. If you easily trust others, then you are highly gullible. If you are kind and positive, then you are so naïve about reality. If you share something publicly, it will only get stolen.

세상에는 당신을 속이려는 사람들이 너무 많다. 당신이 쉽게 다른 사람을 신뢰한다면 당신은 대단히 속기 쉽다. 당신이 친절하고 긍정적이면 현실에 대해 너무 순진하다. 당신이 어떤 것을 공개적으로 공유한다면 그것은 도둑맞고 말뿐일 것이다.

If someone tricks you and confirms that you fall for it, they will comment about how naive, childlike, gullible, happy-go-lucky you are, how you look at the world through rose-colored glasses.

• fall for sth ~에 속다

어떤 사람이 당신을 속이고 당신이 그것에 속아 넘어간다는 것을 확인한다면 그들은 당신이 얼마나 순진하고 아이 같으며 속기 쉽고 낙천적인가, 얼마나 장밋빛 안경을 통해서 세상을 바라보고 있는가에 대해 말할 것이다.

PITIFUL 가련한

pitiful 가련한(노력해도 애처롭게 가엾게 보이는)
pathetic 한심한(아무 노력도 하지 않고 무능하고 거지 같은)

Pitiful means looking or feeling so bad that other people feel pity. When you're described as pitiful, you're disappointing or unsatisfactory despite your best efforts. By contrast, pathetic means just plain bad, because you don't care or try. When a product is called pathetic, it means that it's much worse than it should be.

pitiful은 외견상 느낌상 너무 형편없어 다른 사람들이 동정을 느끼는 것이다. 그래서 당신이 pitiful하다고 묘사되면 당신은 실망스럽거나 만족스럽지 못하다, 당신의 최상 노력에도. 이와 대조적으로, pathetic은 그냥 나쁘다는 뜻이다, 왜냐하면 당신은 신경쓰지도 노력 하지도 않기 때문에. 어떤 물건이 pathetic이라고 불릴 때, 그것이 기대보다는 훨씬 형편이 없다는 뜻이다.

The parents are outsourcing to the police to discipline their children. That is such a pity. How utterly pathetic and inhumane they are.

그 부모는 자녀를 훈육하기 위해 경찰에게 하도급을 주고 있다. 그것은 불쌍한 일이다. 그들이 얼마나 거지 같고 비인간적이냐!

CAUTIOUS 조심하는

cautious 조심하는(임박한 위험에 자신감이 없이 의심이나 두려움으로)

careful 조심하는(위험은 아니나 잘못될 수 있는 상황을 세심하게 다루는)
» 신하는 폭군 앞에서 두려워서 cautious하고, 고양이가 쥐를 잡으려고 carefully 접근한다

fastidious 꽤 까다로운(미각, 청결에 지나치게 깔끔한 결벽증을 나타내는)
» 지저분한 식당에서 식사를 못 하는 등 까탈스러운 성미의

meticulous 꼼꼼한(매사에 아주 세밀하고 완벽하게)
» 수술을 담당하는 의사 또는 회계사는 meticulous해야 한다

scrupulous 정직한(철저히 양심적이고 도덕적이며), 꼼꼼한

conscientious 양심적인(어려워도 올바르게 일하려는)

Being cautious means to avoid dangerous things about to happen, like "Be cautious of(OR Watch out for) scams requiring personal information." By contrast, being careful has less to do with an imminent danger, but rather with something starting to go wrong, like "Be careful, or burn your hand."

• watch out for/that/when는 "be cautious"의 의미이나, "Watch out!"은 강한 경고를 나타낸다.

cautious는 발생하려고 하는 위험한 일들에 대해 피하는 뜻이다. "개인정보를 요구하는 사기를 조심하세요"처럼. 이와 대조적으로, careful하는 것은 임박한 위험과는 관련이 없고 오히려 잘못되기 시작하는 것과 관계가 있다, "조심해, 그렇지 않으면 손을 데"처럼.

When it comes to grooming, cats are, by nature, extremely fastidious. They always keep themselves and each other clean.

외모를 손질하는 데는 고양이가 본능적으로 정말 까다롭다. 그들은 늘 자신들과 서로를 청결하게 한다.

Less scrupulous (OR conscientious) companies find ways to circumvent and evade environmental laws, because the laws require problem-solving skills and meticulous attention to the smallest detail.

• circumvent 교묘하게 회피하다.

정직하지 못한 회사들은 환경법들을 우회하고 회피하는 방법들을 찾는다, 왜냐하면 그 법들은 문제해결 기술들과 아주 작은 세부까지 지나치게 꼼꼼한 주의를 요구하기 때문이다.

FRUSTRATED 답답한

frustrated 답답한(일이 잘되지 않아 심리적으로)

stuffy 답답한(공간이 좁거나 막혀)

We all know how frustrating it is to have a stuffy (OR blocked, congested) nose. Whenever this happens, we will get frustrated and our only wish will be to breathe freely again.

우리는 코가 막힐 때 답답함을 느낀다. 그럴 때마다 우리는 답답해지고 우리의 유일한 소원은 자유롭게 숨을 쉬는 것이다.

INDUSTRIOUS 부지런한

industrious 부지런한(인생을 걸쳐 열정적으로 일을 하는)

diligent 부지런한(일시적으로 특정 task에 집중하여 열심히 일하는)
» diligent는 노동자, 간호사, 사무직원 등 과제를 하는 사람. industrious는 사업가, boss 등의 평가에

A diligent employee follows directions well, shows up to work on time, checks the details. A good employee attends diligently to details of their works and pursues quality in accomplishing tasks. By contrast, industrious has to do with a personality trait than an action. An industrious person has initiative and creativity. He is industrious in his approach to life.

diligent한 직원은 지시를 잘 따르고 시간을 잘 지키며 세심하게 점검한다. 좋은 직원은 자기 일의 세부사항들을 부지런히 잘 돌보고 과제를 완성할 때 최고를 추구한다. 이와 대조적으로, industrious는 어떤 행동보다는 성격 특성에 관계가 있다. industrious한 사람은 주도력과 창의성을 갖고 있다. 그는 인생에 접근할 때 industrious하다.

PROFANITY 모욕적 언사

profanity 모욕적 언사(상대방을 모욕하기 위해 사용하는)
» 여기에는 swearing, cursing, bad language, blasphemous language 등이 포함됨

blasphemy 신성모독(신을, 신의 존재를 불경스러운 언어로 저주하는)
» 보수 모임에서 진보적 행위, 남의 기호품을 저주하는 등도 비유적으로 blasphemy라고도 함

sacrilege 신성모독행위(blasphemy를 파괴적이며 불경한 행동으로 나타내는)
» 성당 벽에 페인트 낙서를 하거나 성탄절에 괴기스러운 할로윈 복장의 착용 등

desecration 신성모독행위(포괄적 용어로 sacrilege와 유사함)
» 남이 신성시하는 묘지를 훼손하는 등의 비종교적인 행위도 desecration임

vulgar 저급한(세속적인)

obscene 음란한(외설적인)

When someone uses the four letter word "f—k" in the church, it's kind of profanity and also blasphemy. Because it has an inherent sexual component opposed to "sacred." If someone in an office said that, it's considered a swear word. Because it's considered an obscene remark. Using that word in public is not recommended, unless you are a douchebag. It's vulgar.
• swear words shit, sucker, nigger 등 상스러운 말, douchebag jerk, asshole보다 심하며 fucker 정도에 해당하는 욕

누군가가 교회에서 4글자 f—k라는 말을 사용할 때, 모욕적 언사이며 또한 신성모독이다. 왜냐하면, 그것은 "성스러운"의 반대되는 본질적 성적 구성요소를 갖기 때문이다. 누군가가 사무실에서 말하면 상스러운 말로 간주할 것이다. 왜냐하면 음란한 말로 간주하기 때문이다. 공공장소에서 사용하는 것은 비추이다, 당신이 얼간이가 아니라면. 그것은 저속하다.

Look at how they desecrate church, where a sacrilegious painting is installed. The table and participants in "the Last Supper" are described to be placed above burning fire. It's not a modernism stylizing the flame of the Holy Spirit. It's a blasphemy.

그들이 교회를 어떻게 불경스럽게 하고 있는지 보세요, 그곳에는 신성모독적인 그림이 걸려 있어요. 최후의 만찬 속에 있는 테이블과 참석자들이 타는 불 위에 올려져 있도록 묘사되어 있다. 이것은 성령의 불꽃을 형상화한 모더니즘이 아니다. 이것은 신성모독이다.

CAREFREE 걱정이 없는

carefree 걱정이 없는
careless 부주의한(세련되지 못하여)
reckless 무모한(무분별하게 위험스럽게 하는)
inconsiderate 배려심이 없는

I used to be carefree and happy. I didn't have a bout of anxiety over something. But now I often find myself in a spiral of anxiety overthinking everything.
• a bout of 한 차례의, find oneself in 우연히 어떤 처지에 놓이다, a spiral of 한 무리의

나는 걱정이 없고 행복했어요. 나는 어떤 것에 한 번의 걱정도 가지지 않았어요. 그러나 이제 종종 한 무리의 걱정을 하는 처지에 있어요, 만 가지 생각을 하며.

Someone who tends to frequently violate traffic rules and unknowingly hits a stationary vehicle is considered careless.
• stationary 움직이지 않는

교통규칙을 빈번하게 어기고 모르고 주차된 차를 들이받는 경향이 있는 사람은 부주의하다고 간주된다.

You're speeding, even though you're aware of the risks involved. That is regarded as reckless.

당신은 과속하고 있다, 비록 당신이 내포된 위험을 알고 있지만, 그것은 무모하게 여겨진다.

Failing to dip your headlights so as not to dazzle other road users is considered inconsiderate, because you are not considerate of others.

상대방을 눈부시지 않게 하려고 당신의 헤드라이트를 낮추지 못한 것은 배려심이 없는 짓이다, 왜냐하면 당신은 타인을 배려하지 못하고 있기 때문이다.

QUARRELSOME 다투려 드는

quarrelsome 다투려 드는(늘 반대하고 사소한 일에도)
belligerent 호전적인(blood를 보려는 듯 싸우려 들어), 교전 중인
pugnacious 호전적인(우격다짐으로 경쟁관계에서 이기려 들어)
» die-hard 아파치 족들은 belligerent하고, 폭행으로 자주 벌을 받는 학생은 pugnacious하다
aggressive 공격적인(침략 성향이 있어)
barbaric 야만적인(무식하고 잔인하여)
offensive 감정을 상하게 하는

He gets angry very easily over small issues and gets to the level that he shouldn't have. He is so **quarrelsome**.
그는 너무 쉽게 사소한 일에 화를 내고 그가 해서는 안 되는 정도에 도달한다. 그는 너무 시비조로 달려든다.

Shame on you! **Barbarian**! Once again you're showing your **belligerent**, **aggressive** and inhumane characters. Nothing changed.
부끄러운 줄 알아요. 야만인. 또다시 당신은 호전적이고 공격적이고 비인간적인 성격을 보이는군요. 변한 데가 없어요.

Pugnacious people have a habit of throwing their weight around. They are dictators. If they are requested for respect, their hostile, **offensive** reactions will make polite people intimidate into silence.

• throw one's weight around 권력을 휘두르다

pugnacious한 사람들은 권력을 휘두르는 습관을 갖고 있다. 그들은 독재자들이다. 그들은 점잖게 존경해달라는 요구를 받으면 그들의 적의를 품고 감정을 상하게 하는 반응은 점잖은 사람들을 겁먹게 해서 침묵시킬 것이다.

SANGUINE 생기 넘치는

sanguine 생기 넘치는(핏빛의), 자신만만한(optimistic leader–like)
choleric 괄괄한(목표 지향적이고 고집이 세서)
melancholic 차분한(쉽게 상처받으며 신중하고)
phlegmatic 느긋한(점액질의)
optimistic 낙천적인(잘 될 거라고 믿으며 easy-going하는)
pessimistic 비관적인(염세적이며)

Which personalities can get along the best? **Sanguine** individual often tends to marry **melancholic** one, while the **choleric** and **phlegmatic** are likely to end up getting married. Do opposites really attract? Is it good if they do?
어느 성격들이 가장 잘 어울릴 수 있을까? 활발한 사람들은 차분한 사람들과 종종 결혼하는 반면 괄괄한 성질의 사람들과 느긋한 사람들이 결혼하게 된다. 반대가 정말 서로 끌어당기지? 그들이 그렇게 하면 좋은 건가?

Winston Churchill said "A **pessimist** (sometimes known as doomsayer) sees difficulty in every opportunity. An **optimist** (sometimes known as cornucopian) sees the opportunity in every difficulty."
윈스턴 처칠은 "비관론자는 –때때로 doomsayer라고도 하는– 모든 좋은 기회에 난관을 본다. 낙관론자는 –cornucopian라고도 하는– 든 난관 속에서 호기를 본다"고 말했다.

05 사회, 경제 활동
Social, Economic Aspects

TRY 노력하다

try 노력하다(~를 완성하려고)

attempt 시도하다(어려운 일을 달성이나 완성하려고)
» attempt는 try의 formal 표현이며, 과거시제로는 시도했으나 실패했다는 의미를 포함함

strive 노력하다(좋은 결과 산출을 목표로 추구하며 장기적으로)

struggle 노력하다(나쁜 상황을 극복하려고 힘써 도전하면서)

endeavor 노력하다(숭고한 이상을 향해)
» 인성 함양 교육처럼 긍정적이고 거창한 목표를 위해 지속해서 노력하는 의미를 포함함

When I'm plagued with unwanted thoughts, I often start thinking better thoughts and try not to think about them. I attempt to exert mental control over an obsession.
  • plague with ~로 성가시게 하다, obsession 망상, exert 육체적으로 애쓰다

내가 원치 않는 생각들로 괴로움을 당할 때, 나는 종종 더 좋은 생각을 하기 시작하고 그것을 생각하지 않으려고 노력한다. 나는 강박 관념에 대한 정신적인 통제력을 발휘하려고 시도한다.

If someone says he attempted suicide, he might be still alive. By contrast, if he tried to commit suicide, he might now be dead.

만약 어떤 사람이 자살을 시도했다고 말한다면, 그는 아직 살아있을 수 있다. 이와 대조적으로 만약 그가 자살하려고 기도했다면, 그는 지금 죽었을 수 있다.

Some students are striving for better grades, but someone with a learning disability does not struggle with this issue due to low intelligence or lack of motivation.

일부 학생들은 더 나은 성적을 얻으려고 발버둥치며 노력하지만, 학습장애자는 낮은 지능이나 동기 부족으로 이런 문제에 애써 노력하지 않는다.

The most important human endeavor is the striving for morality in our actions. Only morality in our actions can give beauty and dignity to life. [Albert Einstein]

가장 중요한 인간의 숭고한 노력은 우리의 행동들 속에서 도덕성을 얻으려고 힘써 노력하는 것이다. 단지 우리 행동 속의 도덕성만이 삶에 아름다움과 품위를 줄 수 있다.

SUCCUMB 굴복하다

succumb 굴복하다(저항하다가 지치고 기력이 다해 어쩔 수 없어)
» 폭력, 유혹, 질병, 압력 등에

surrender 항복하다(잡혀 죽지 않으려고 자발적으로 두 손 들고)
» 경찰, 반란군 등에

yield 굴복하다(아이의 요구를 들어주는 것처럼 압박에 의지를 접고)
» 압박, 요구, 논쟁 등에

Don't succumb to sexual misconduct. If you yield (OR succumb) to the temptation, you will inevitably suffer even greater costs.
성범죄에 굴복하지 마라. 당신이 그런 유혹에 지게 되면, 더 큰 비용을 치르게 될 수밖에 없을 것이다.

Just because you surrender does not mean you're giving up your desires or long-term happiness. It does mean you're opening your hands and letting go of the desire to control the situation. 〔LAUREL MOLL〕
항복하는 것은 당신의 욕망이나 장기간의 행복을 포기하는 것을 의미하는 것이 아니다. 그것은 당신의 두 손을 펴고 그 처지를 좌지우지할 욕심을 버리는 것이다.

FORBID 금지하다

forbid 금지하다(종교적으로)

prohibit/proscribe 금지하다(법적으로)

inhibit/prevent/keep 막다(발생을 어렵게 방해하여), 예방하다

ban 금지하다(운전 중 휴대폰 사용 금지처럼 공공적으로)

outlaw 불법화하다(법으로 금지하여)

Murder is forbidden by religion and also prohibited by law.
살인은 종교에 의해 금지되었고 법으로 금지되었다.

A police officer's duty is to patrol streets to inhibit crimes, and the law prohibits purchases and sales of illegal substances.
경찰관의 의무는 범죄를 막기 위해 거리를 순찰하는 것이다. 그리고 법은 불법 물질의 판매와 구매를 금지한다.

Their decision to proscribe the military part of the extremist group will not prevent from terrorism. Only a full proscription on the entire group including both military and political part will make their goal achieve.
그 극단주의자 그룹의 군사 부분을 금지한 그들이 결정이 테러를 막지 못할 것이다. 그 군사와 정치 부분을 둘 다 포함한 전 그룹에 대한 전체 금지만이 그들의 목표를 달성하게 할 것이다.

It is banned to talk on a hand-held cellphone while driving, and corporal punishment in schools is outlawed in most states.
운전 중 손으로 든 휴대전화 통화는 금지되었고 학교에서 체벌은 주 대부분에서 불법으로 되어 있다.

GIVE UP 포기하다

give up 포기하다(어려움으로 하려던 것을 중도에)
» 설득하려는 노력을, 희망을, 직업 등을

abandon 포기하다(사정상 어쩔 수 없이 사람이나 소유물 등을 버려)
» 자동차를, 반란군으로 인해 마을을, 자식을, 정당이 정책 등을

desert 포기하다(임무를 고의로 비열하고 불성실하게)
» 탈영하거나, 불륜으로 가정을 버리거나, 무작정 고향을 떠나는 등으로

forsake 포기하다(싫거나 화가 나는 등 감정적 문제로 영원히)
» 채식주의 원칙, 다른 직업을 가지기 위해 프로선수를, 전통적 가치 등을
» forfeit는 벌칙으로 재산, 권리를 박탈하다

relinquish 포기하다(권리를 고의로)
» 왕위 계승권에 관한 주장, 회사의 경영권 등을

leave ~를 버리고 떠나다

quit 그만두다(일자리, 공부, 하던 일을)

You should never abandon your possession. While you can maintain it, you should not forsake it without sufficient reason. You are not bound to relinquish it, just because you have no one to trust it with. No reasonable excuse can be alleged to desert it. You should by no means quit, with a view of getting hold of it again.
• be bound to 필연적으로 ~하게 되어 있는

당신은 결코 소유물을 버려서는 안 된다. 당신이 그것을 가질 수 있으면서 충분한 이유 없이 고의로 버려서는 안 된다. 또한, 믿고 맡길 사람이 없다고 해서 포기되어야 하는 것이 아니다. 아무 변명도 무책임하게 버리는 주장이 될 수 없다. 당신은 결코 그만두어서는 안 된다, 그것을 다시 붙잡을 것이라는 예상으로.

He has everything he needs, but he does leave (OR desert) his wife and children for another woman. He is about to abandon (OR desert) his family and give up (OR relinquish) his right to custody. These days it's becoming more common to walk out on their family.
• right to custody 자녀 양육권에 대한 권리, walk out on ~와의 관계를 끝내다

그는 필요한 것들을 모두 갖고 있지만 다른 여자에게 가려고 부인과 자녀를 버린다. 그는 이제 그의 가정을 포기하고 양육권을 포기하려고 한다. 요즘은 그들의 가족과의 관계를 끊는 일이 보편화되고 있다.

The lighting house was left; it was deserted (OR abandoned). It was left like an empty shell on a sandhill.
그 등대는 버려져 있다. 그것은 버려진 것이다. 그것은 모래언덕에 있는 마치 빈 조개껍질처럼 버려져 있었다.

SANCTION 교역 금지

sanction ① n.교역 금지, 제재(국제법 위반국에 대한), v.제재하다
② n.인가(공식적인), 허용, v.허용하다, 합법화하다

embargo 중지 명령(특정 상품의 공식적인 교역의), 보도 제한(뉴스 발표 시각의)

They will not seek the approval of Congress to lift sanctions against the Islamic country. Instead, they will attempt to bypass Congress to avoid a vote, because surely it would be lost.
그들은 그 이슬람 국가에 대한 제재들을 해제시키기 위하여 의회의 승인을 구하려고 하지 않을 것이다. 그 대신 그들은 투표를 피하고자 의회를 회피하기로 시도할 것이다, 왜냐하면 틀림없이 투표는 질 것이니까.

The EU has terminated all its nuclear-related economic and financial sanctions against Iran including an embargo on buying oil from Iran. [BBC News]
유럽연합은 이란에 대해 핵 관련 경제적·금융적 제재를 종결했다, 이란산 석유를 구매에 대한 중지를 포함한.

When North Korea invaded South Korea, Truman wanted international sanction for the war and was able to get it because the Soviet representatives happened to be boycotting the Security Council. [George Friedman]
북한이 남한을 침공했을 때 투루먼은 그 전쟁에 대해 국제적인 승인을 원했고 얻을 수도 있었다, 왜냐하면 소련 대표가 안보리를 우연히 보이콧했기 때문에.

SIGN UP 가입하다

sign up (for) 가입하다(일상적인 표현으로 join하려고)

enroll 등록하다(대학, 학교과정, 군대 등에 개괄적으로 명부에 올리려고)

register 등록하다(enroll 후 제출 서류, 납부금 납부, 출석 의사 확인 등 세부적)
» 학생은 학교에 enroll하고 register해야 한다, 그러나 차량은 정부에 register하지만 사람이 아니므로 enroll은 불가함

Join our club and register your interest in participating in dementia research. Anyone interested can sign up for it. Registering is the first step in getting involved in helping beat dementia.
우리의 클럽에 가입하시고 치매 연구 참여에 관한 관심을 등록해주세요. 관심이 있는 누구나 등록할 수 있어요. 세부 등록이 치매 퇴치를 돕는 데 개입하는 첫걸음입니다.

When you enter college and start studies, you enroll once throughout academic years. Prior to the start of each new semester, you register for a more specific process such as list of classes you are going to take.
대학에 들어가서 공부를 시작할 때 당신은 전체 대학시절을 통틀어 한 번만 입학등록을 한다. 매 신학기의 시작 전에, 당신은 택하는 과목들의 목록 같은 구체적 과정을 등록한다.

MAJOR IN 전공하다

major in sth 전공하다(대학에서 관련 학과의 학위를 따기 위해)
specialize in sth 심화 전공하다(특화된 관련 과목을)

To teach at the elementary school level, you need to have, at minimum, bachelor's degree and major in elementary education. At this step, you can specialize in a particular subject you plan to teach, such as music, math or science.
초등학교 단계에서 가르치기 위해서는 당신은 최소 학사학위를 가지고 초등교육을 전공해야 한다. 이 단계에서 가르칠 계획인 음악, 수학 혹은 과학과 같은 특정 과목을 심화 전공할 수 있다.

She is a junior majoring in theatre (BA) with a minor in voice performance. She wants to attend graduate school immediately after graduation and specialize in either music history or music composition.
그녀는 연극을 전공하는 3학년생이다, 발성학을 부전공하고. 그녀는 졸업 후 즉시 대학원에 들어가서 음악사나 작곡을 심화 전공하려고 한다.

PARTICIPATE IN 참여하다

participate in 참여하다(열심과 무관하며 구성원으로 직접적으로)
engage in 참여하다(열정, 관심, 주인의식으로 적극적으로)
attend 참여하다(행사, 모임 등에 관심을 갖고), 출석하다(학교, 교회 등에 정기적으로)
» 선거유세장에서 선거운동원은 participate in, engage in하며 구경꾼은 attend한다, attend to sth/sb 는 '-를 돌보다'의 뜻

If someone participated in a project without actually engaging in it, he might not have had an interest in participating in the first place. He might not be still enthusiastic about it, even though he is still on the project team.
만약 어떤 사람이 참가의 열망이 없이 프로젝트에 참여했다면, 그는 애당초 참여할 관심이 없었을 수 있다. 그는 여전히 열정이 없을 수 있다, 비록 그가 그 팀원으로 있어도.

People have a lot of motivations to participate in clinical trials. Some volunteers say that they take part to help others and to contribute to updating medical knowledge.
• clinical trial 지원자에 의한 임상실험, take part 참여하다
사람들은 많은 임상실험에 참여하려는 동기들을 갖고 있다. 일부 지원자들은 다른 사람들을 돕고 의학 지식을 높이는 데 이바지하기 위해 참여한다고 말한다.

After overviewing the entire program, they must continue attending their classes. They will engage in discussions relating to a diverse range of topics.
전체 프로그램을 개관한 후 그들은 수업을 계속 출석해야 한다. 그들은 다양한 영역의 주제에 관련한 토론에 참여할 것이다.

PARTICIPANT 참가자

participant 참가자(자격을 갖춘 주체적)
attendee 참가자(모임이나 행사의 비주체적)
» 행사, 특히 선거의 참여자는 turnout임
candidate 후보자(어떤 지위에 오를 자격이 되어 추천되는)
applicant 지원자(본인의 의지로 응모하는)
nominee 지명자(단체 등에 의해 추천된)

Attendees could be thought to attend an event or a meeting, but they could be asleep, talking or otherwise uninvolved. They are not likely to be an active participant.
• uninvolved 열정이 없는[dispassionate]

참석자들은 행사나 모임에 참가한다고 생각될 수 있지만, 그들은 졸거나 잡담하거나 그렇지 않으면 심드렁할 수 있다. 그들은 적극적 참가자들이 아닐 수 있다.

When someone applies for a job in person, he or she becomes an applicant or a candidate for the job. When a political party chooses someone to enter the race for President, he or she is nominated by the party and is their nominee or candidate.

어떤 사람이 직접 구직 원서를 낼 때 그들은 그 직의 지원자나 후보자가 된다. 한 정당이 대통령 선거전에 들어가도록 어떤 사람을 선택하면, 그들은 그 정당에 의해 지명되었고 그 정당의 지명자 또는 후보자이다.

SKIP SCHOOL 결석하다

skip school/cut class 무단결석하다
be suspended 정학 당하다
drop out 중퇴하다(학업에 흥미를 잃어 자발적으로)
flunk out 낙제하다(학점 이수 불량으로)
get the axe 퇴학되다(학교, 직장 등에서 불상사로)

You can call a student who skips school often a ditch-a-holic. It's a humorous way of saying that someone is addicted to ditching school, playing hooky, cutting class, playing truant, whatever you may call it.

당신은 학교를 빼먹는 사람을 종종 ditch-a-holic이라고 부를 수 있다. 그것은 어떤 사람이 ditch school, play hooky, cut class, play truant, 무엇이라도 불러도 되는데 이것에 중독된 것을 유머러스하게 말하는 것이다.

Students may be suspended or expelled for gross disobedience, misconduct or other behaviors that directly affect the 'good order' of a school. Temporary exclusion (OR suspension) and expulsion from school should be generally applied only after all other disciplinary interventions have not worked.

• gross 총체적인, exclusion 제외, expulsion 제적, intervention 개입

학생들은 정학당하거나 제적되는 수가 있다, 한 학교의 좋은 질서에 직접 영향을 끼치는 전반적인 불복종, 나쁜 품행이나 행동 때문에. 학교로부터 일시적인 제외(정학)와 제적은 일반적으로 모든 다른 훈육적인 개입이 효과를 내지 못한 후에만 적용되어야 한다.

When you drop out of college, probably you just have lost interest. When you flunk out, perhaps you leave college because you don't have what it takes. Dropping can let you come back later, but flunking can get you on academic probation and make it so much harder to come back to college.

• be on academic probation 학사징계 중이다

대학에서 중퇴할 때, 그냥 흥미를 잃은 것일 것이다. 낙제할 때, 자질이 없어 학교를 떠나는 것일 것이다. 중퇴는 나중에 돌아올 수 있지만, 낙제는 학사징계에 들어가게 할 수 있고 대학에 돌아오는 데 더 어렵게 한다.

The question circulating throughout the entertainment industry is whether the famous host of a talk show decided to quit or got the axe.

연예계에서 돌아다니는 의문은 유명 토크쇼의 그 사회자가 그만두기로 했는지 잘렸는지에 대한 것이다.

OCCUPATION 생계직업

occupation 생계직업(보편적 용어로 생계로 행하는)

vocation 천직(천부적으로 소명받은)
» avocation은 본업 외의 부업을 의미함(인권활동, 환경활동, 각종 hobby 활동 등)

profession 전문직(자격을 따고 그 분야를 전문으로 하는)

An occupation can apply to any job where you work for a wage, regardless of what level of training you had to have. Anyone from a street cleaner to a clergyman may refer to their main activity as their occupation.

생계직업이란 월급을 받으려고 하는 모든 직업에 적용할 수 있다, 필수훈련의 수준과 관계없이. 청소부에서 성직자까지 어떤 사람도 그들의 주요 활동을 생계직업이라고 할 수 있다.

A vocation is something you have been called to do; it has been your destiny and you cannot imagine doing any other job. For example, if you are called a musician by vocation, you couldn't stop even if you wanted to.

천부적인 직업은 당신이 하도록 부름을 받는 것이다. 그것은 당신의 운명이고 다른 직업을 갖는 것은 상상 할 수 없다. 예를 들어 천부적인 음악가로 소명되면 설령 당신이 그만두고 싶어도 그만둘 수 없을 것이다.

A profession such as doctor, accountant, lawyer etc. is an occupation that requires four or more years of college learning and a licence to practice.

• 의사(변호사, 침술사)면허증은 a licence to practice medicine(law, acupuncture)임. licence, practice 북미식은 동사, 명사가 동일하나 영국식으로 동사는 license, practise로 표현함

의사, 회계사, 변호사 등 전문직업은 대학에서 4년 이상과 전문면허증을 필요하는 직업이다.

TASK 과제

task 과제(일시적으로 부과된 업무인), 잡일(귀찮은)
job 작업(task의 의미도 포함하는), 직업(고용된 구체적인)
work 일(활동이 요구되며 보수가 지급되는)
career 평생직업(평생 가지게 되는 경력인), 경력

A task is something you need to do. It can be cleaning your bathroom every night or returning a phone call.
과제란 해야 하는 일이다. 그것은 매일 밤 화장실을 청소하는 것이나 부재중 전화를 해주는 것일 수 있다.

If you work as a handyman, you can say you have a few "jobs" or "works" today. Meanwhile, the handyman is your job, because your job is what you do for work to make money.
만약 당신이 잡역부로 일한다면 당신은 오늘 몇 개의 "작업" 또는 "일"들이 있다고 말할 수 있다. 한편, 그 잡역부가 당신의 직업이다. 왜냐하면, 당신의 직업이란 돈을 벌려고 일삼아서 하는 것이기 때문이다.

When you search for nanny job as a career, choosing a decent family is the key. However, finding the right fit for you can be a tricky task.
당신이 평생직업으로 보모직을 찾을 때, 괜찮은 가정을 찾는 것이 열쇠이다. 그러나 딱 맞는 것을 찾기란 어려운 과제일 수도 있다.

SUSPENSION 정지

suspension 정지(revoke 즉 취소와 다른 개념의 일시적)
interruption 중지(방해로 인한)
break 중단, 휴식시간(잠시의)
pause 쉼, 끊김
hiatus 활동 중단(어떤 사유로 일시적인)
intermission 휴식시간(연극, 영화, 회의 등의 중간)
interlude 막간(연극, 음악회의 중간에 있는), 막간 음악

Several schools suspended classes because of unplanned water service interruption.
몇 학교들이 수업을 정지했다. 예정에 없던 수도 공급의 중단으로 인해.

When a woman takes time off for maternity leave or steps back from the workplace to care for children, she takes a career break. Usually it's not a pause, but putting a permanent dent in her career.
여성이 출산휴가를 내거나 자녀의 양육을 위해 직장에서 물러날 때 경력단절을 한다. 보통 그것은 잠깐 쉬는 것이 아니라 그녀의 경력에 영구적인 흠이 되게 하는 것이다.

Interlude is any block of time that comes as a break in the middle of something or pauses between acts in a play or during an intermission.
막간은 어떤 중간에 중단으로 나타나거나 연극의 막 사이나 중간 휴식시간에 잠깐 쉬는 일정 시간이다.

Hiatus means interruption of continuity, but it's temporary for a short period, but not a permanent break. For example, after two-year hiatus an entertainer is back and getting ready to release a new album.
hiatus는 지속성의 중지를 의미하지만 짧은 기간 동안 일시적인 것이다, 영구적인 중단이 아니라. 예를 들어 2년의 활동 중단 후에 어떤 연예인이 복귀하여 새 앨범 발매를 준비하고 있다.

DRAFT 모병하다

draft 모병하다(자원병으로)　　**conscript** 징병하다(국가가 강제로)
» 미국식 모병제는 draft이며, 한국식 징병제는 conscription(OR mandatory military service)임

Contrary to popular belief, "only" sons cannot be excused from the military draft and they can also be drafted.
보편적인 인식과는 반대로 독자들이 군의 모병에서 면제될 리가 없고 그들도 모병될 수 있다.

Conscription refers to the act of imposing a duty on individuals to serve in the military. During the World War Ⅱ, men and women were conscripted into military service on a large scale.
징병이란 군대에서 봉사하기 위해 개인들에게 임무를 부여하는 행위를 말한다. 제2차 세계대전 중에는 많은 남녀가 대규모로 군대에 징집되었다.

EXPULSION 추방

expulsion 추방(퇴교, 퇴출 등으로 집단을 떠나도록)
deportation 추방(불법 체류자 등을)
extradition 추방(범죄자를 재판 관할 문제로)
repatriation 본국 송환(피난민, 포로, 유해 등을)

He was expelled from his embassy, but his fight against extradition could keep him jailed in Britain for years.
그가 자국 대사관에서는 쫓겨났지만 타국으로 추방에 대한 그의 투쟁이 수년 동안 영국 감옥에 있을 수 있게 할 것이다.

After being granted asylum or refugee status, you cannot be deported to your country of origin.
망명자나 피난민 지위를 인정받으면 본국으로 추방될 수 없다.

Many refugees were repatriated home after having been forced into exile for five years.
많은 피난민이 5년간의 망명이 강요된 후 고향으로 송환되었다.

AID 돕다

aid 돕다(곤란에 빠진 사람에게 음식, 돈, 의료 등의 지원으로)
help 돕다(타인의 수고를 덜어주어 쉽게 하도록)
assist 보조하다(타인에게 노력을 보태어)
facilitate 가능하게 하다(본인이 직접 어떤 일을 쉽게 하도록)
enable 가능하게 하다(제3자에게 힘, 능력을 주어)

Volunteers from overseas will assist our mission to facilitate the processes by helping reduce poverty and aiding HIV-infected patients.

해외에서 온 자원봉사자들이 그 과정들을 가능하도록 우리의 임무를 보조할 것이다. 덜 가난하도록 도와주고 에이즈 감염 환자들을 도움으로써.

He enables them to easily design and facilitate collaborative sessions to generate innovative and creative ideas.

그는 그들에게 쉽게 디자인할 수 있게 하고 협동회의를 하게 한다, 혁신적이고 창의적인 아이디어를 만들려고.

APPOINTMENT 약속

appointment 약속(진료, 사업 관련 사람과의 구체적)
promise 약속(추상적인 의미로 ~를 해주겠다는 행동에 관한)
reservation/booking 예약(식당, 호텔 등의 장소를 미리)

Find out about comprehensive extended service plans and how to book an appointment when your car warranty runs out.

• comprehensive 포괄적인, extended 연장된

포괄적인 연장 서비스 계획과 예약을 어떻게 하는지에 대해 알아보세요. 당신의 차가 보증이 끝날 때.

God formed Israel in the incubator and had a plan for this nation. God had promised to make Abraham's descendants into a great nation.

신은 이스라엘을 인큐베이터 속에서 조성했고 이 나라에 대해 계획을 갖고 있었다. 신은 아브라함의 후손들이 큰 나라가 되도록 하겠다고 이미 약속했다.

When you make a booking, your reservation is confirmed instantly. If you cancel after your booking has been accepted, your are subject to the owner's cancellation policy.

당신이 예약할 때, 당신의 예약은 즉시 확정된다. 만약 당신이 예약이 접수되고 난 후에 취소한다면 당신은 우리의 취소정책을 따라야 할 것이다.

FINISH 끝내다

finish 끝내다(어떤 일을 완성하여)
end 끝내다(사정으로 미완성이지만), 끝나다
suspend 중지시키다(재개할 수 있으며 일시적으로)
terminate 종결하다(제품 생산, 고용 등을 끝내고 영구적으로)
stop 중지하다(도중에 멈추어), 막다(갑작스럽게 못하도록)
cease 그치다(진행 중이던 일을 점진적으로)
quit 그만두다(직장, 피우던 담배 등을 의도적으로 갑자기)

"Finish" means completing something or coming to the end of an activity, by contrast, "end" just means stopping. It is always possible to end something without finishing it. Golfers cannot finish their round when bad weather forces to end the game early.

finish는 어떤 것을 완성하는 것이거나 활동의 끝이 되는 것을 의미한다, 이와 대조적으로, end는 그냥 중지하는 것을 의미한다. 어떤 것을 완료하지 않고 끝내게 할 수 있다. 골퍼들은 그들의 라운드를 마칠 수 없다, 만약 나쁜 날씨가 그 게임을 일찍 끝내도록 강요할 때는.

The contractual right to suspend (OR stop) work is not the same as the right to terminate. A work suspension lasts only until the cause of the suspension is resolved, while termination is a permanent stoppage of work.

작업을 중지시킬 계약상의 권리는 종료시키는 권리와는 같지 않다. 작업의 중지는 중지의 이유가 해결될 때까지만 지속하는 것이지만 종료는 작업의 영구적 중지이다.

The war is ended. They surrendered unconditionally to the Allies, and their hostilities will cease.

전쟁이 끝났다. 그들은 연합군에 무조건 굴복했고, 그들의 적대행위들은 점차 그치게 될 것이다.

Quitting smoking cold turkey means completely stopping smoking without looking back. Decreasing your use means smoking less and less until you've stopped, instead of quitting immediately. [Wikihow]

• cold turkey 단번에

단박에 끊는다는 것은 당신이 뒤돌아보지 않고 흡연을 완전히 중지하는 것이다. 점차 줄인다는 것은 흡연을 완전히 끊어 버리기까지 점점 줄이는 것이다, 즉시 끊는 것 대신.

FIRED 해고당한

fired 해고당한(노동자의 과실로 직장에서)
laid off 정리해고당한(회사 사정으로 구조조정당하여)
terminated 퇴직한(중성적 용어로 fired, laid off, quit를 모두 포괄하는)
resigned 사직한(일신상의 사유로 회사를)
» 통상 2주 전 사직 통보(giving two week's notice)를 한다

You can be fired for illegal behavior, and you can be laid off because your department has been downsized or your position has been outsourced to out-of-state workers.

당신은 이 불법적인 행동으로 해고당할 수 있고 당신은 구조조정될 수 있다. 왜냐하면 부서가 축소되어 자리가 해외 노동자들에게 하청 주어지기 때문에.

If you're thinking of quitting your job because your job situation isn't working out, you might want to get terminated before you turn in your notice.
• work out 잘 되다

직장 상황이 나빠 직장을 그만두려고 생각하고 있다면 당신이 사직서 제출 전에 해고당하기를 원할 수 있다.

If you want to quit, handle your resignation carefully. Even if you are about to be fired, you need to resign tactfully. You never know when you have to put down your former employer on your reference list. It's always wise not to burn bridges.

당신이 회사를 그만두려면, 사직서를 조심스럽게 다루라. 비록 해고되려고 할 때라도 재치 있게 사직해야 한다. 언제 전 고용주를 참고 목록에 적어야 할지는 결코 모르니까. 돌아갈 다리를 태우지 않는 것이 현명한 법.

CURRICULUM 교육과정

curriculum 교육과정(교육당국에 의해 작성된)
syllabus 강의 계획서(해당 강사가 특정 반에 가르칠 개괄적 내용의)

A curriculum is a framework for guiding teaching and learning. By contrast, a syllabus gives a detailed description about teaching the curriculum. On the first day of class, instructors usually pass out a course syllabus.
• pass out 분배하다[distribute, hand out]

교육과정은 교수와 학습을 지도할 뼈대이다. 이와 대조적으로, 강의계획서는 그 교육과정을 가르치는 것에 대해 구체적으로 서술한다. 수업의 첫 시간에 가르치는 사람들은 보통 강의 계획서를 나누어 준다.

RELATIONSHIP 연인관계

relationship 연인관계(가족관계나 부부 사이는 아닌)

affair 불륜(기혼자, 직장 상사 등과 짧지 않은 기간의 지속적 liaison인)
> affair는 adultery, infidelity를 모두 포함하며, love affair, emotional affair, fling 또는 그냥 being unfaithful, cheating이라고 부르기도 한다

fling 일탈(며칠, 몇 주간의 일시적)

one-night stand 불장난(하룻밤의)

Our relationship started off as a one-night-stand type of thing about 7 years ago, and now we are married.
우리의 관계는 7년 전 하룻밤 불장난과 같은 식으로 시작했고 지금은 결혼했다.

A fling is a short sexual relationship with someone you don't know very well, while an affair is an ongoing relationship. If you're the one who cheated, you will call it a fling, pretending it's no big deal. Meanwhile, if you're anyone else, you will call it an affair, implying that a fling doesn't sound as bad as an affair. Because you're believing a fling can be forgivable, while an affair is not.
fling은 잘 모르는 사람과 일시적 외도이고 affair는 목하 진행 중인 관계이다. 만약 당신이 바람 피운 당사자라면 fling이라 부를 것이다, 큰 문제가 아닌 체하면서. 한편, 만약 당신이 당사자가 아니라면 affair라고 부를 것이다, fling이 affair만큼 나쁘지 않다고 암시하면서. 왜냐하면, 당신은 fling은 용서할 만하지만, affair는 그렇지 않다고 믿고 있기 때문이다.

ADULTERY 혼외정사

adultery 간음(혼인관계인 한쪽이 타인과 육체적)

infidelity 불륜(혼인, 약혼관계이면서 타인과), 불신앙
> adultery는 이혼 사유인 간통, infidelity는 sex, dating, sexting, talking 등 포괄적 의미의 불륜

cheating 바람 피우기(infidelity와 adultery를 모두 칭하는)

The court will grant a divorce if it is proven that one spouse had an affair and committed adultery. The adultery means having sexual relations with anyone other than their spouse.
• affair 밀애, other than ~를 제외하고
법원은 이혼을 허가할 것이다, 한 배우자가 애정행각을 하고 간음했다고 증명되면. 그 간음이란 자기 배우자 외에 다른 사람과 성관계를 가지는 것을 의미한다.

There is no foolproof method to detect infidelity, because a cheating spouse will try not to leave signs behind them. Even so, you can observe a shift in your partner's attitude about relationships.
• foolproof 확실한, shift 변화
불륜을 탐지하는 확실한 방법은 없다, 왜냐하면 바람 피우는 배우자는 항상 표를 남기지 않으려고 할 것이기 때문이다. 그래도, 당신은 부부관계에 대한 상대방의 태도에 있어 변화를 관찰할 수 있다.

DIVORCED 이혼이 된

divorced 이혼이 된(법적으로 혼인이)
estranged 소원해진(이혼은 아니지만 별거하며 관계나 대화가 없어)
separated 별거인(자녀문제 등으로 대화는 하는), **동거관계인**(법적 혼인 없이)

When someone lives apart from their spouse without intending to reconcile or terminate their marriage, they are not divorced, but separated.
어떤 사람이 배우자와 떨어져서 살고 있을 때, 화해나 혼인 종료의 의도 없이. 이혼이 아니고 별거이다.

If you have not had verbal or written contact with your living parents, you will become irreconcilably estranged from them.
만약 당신이 생존 부모님과 전화나 서신으로 접촉하지 않았다면, 그들과 화해할 수 없도록 소원해질 것이다.

DATING 데이트

dating 오붓한 시간(연인과 가지는 전통적인)
hanging out 싸돌아다니기(젊은이들이 계획 없이 어울려)

Hanging out is joining together in certain groups of young adults and doing stuff together. By contrast, dating is pairing off with someone in a temporary commitment so that they can experience a kind of one-on-one relationship in advance and perhaps start a long-term relationship.
hanging out은 젊은이들이 무리로 모이고 같이 무엇을 하는 것이다. 이와 대조적으로 dating은 임시 약속으로 누구와 짝을 짓는 것이다, 그들이 일종의 1대1 관계를 미리 경험하고 장기적 관계를 시작할 수 있기 위해.

You might be hanging out with opposite sexes right now, but if you don't take him or her on a date, they will forever be just your friend. Call and ask him or her out. Stop hanging out and start dating. It is the pathway to finding your true love and finally settling down.
• ask sb out 데이트 신청하다, settle down 정착하다
당신은 당장 이성들과 노닥거리고 있을 수 있겠지만 데이트하지 않으면 그는 영원히 그냥 친구이다. 전화해서 데이트를 신청하라. 노닥거리는 것을 중지하고 데이트를 시작하라. 그것은 진정한 사랑을 찾아 마침내 정착하는 길이다.

ACCOMPANY 동반하다

accompany 동반하다(보호자, 후원자 등으로서)
go with sb 동행하다(동등한 자격으로 함께)
» The parents go along with their children 처럼, along이 들어갈 때는 여행을 가는 데 부모는 그냥 따라가고 아이들과 간다는 점을 강조함

keep sb company ~와 같이 있다(혼자 되지 않도록)

If the President goes there, he will be accompanied by the same delegation who went with him to Moscow a year ago.
대통령이 거기에 갈 때 1년 전에 모스크바로 함께 갔던 대표단에 의해 동반될 것이다.

You must let chaperone accompany you, because you need someone who keeps you company and talks to in order to deal with your problems together.
• chaperone 미혼 여성 보호자
당신은 보호자가 당신을 동반하도록 해야 한다, 왜냐하면 같이 있어 주고 문제들을 함께 대처하기 위해 대화를 할 누군가를 필요하기 때문이다.

ACCOMMODATION 수용

accommodation 수용(새로운 것을 받아들이는)
assimilation 동화(생각을 바꾸어 새로운 것에 적응해가는)
integration 통합(하나로 만드는)

He explored the reason why they tried to assimilate the various ethnic groups into one single identity and accommodate ethnic diversity and integrate ethnic minorities into society.
그는 이유를 탐구했다, 왜 그들이 다양한 인종집단을 단일 정체성으로 동화시키려 하고 인종의 다양성을 수용하고 소수인종을 사회 속으로 통합하려 했는지.

As immigrants and their descendants, we want to be integrated into this society, but not to be assimilated to the point where we abandon our native cultures.
• to the point where~: ~정도에 이르기까지
이민자들과 그의 후손들로서 우리는 이 사회에 통합되기를 바라지만 우리의 고유 문화들을 포기하는 정도에까지 동화되고 싶은 것은 아니다.

COOPERATE 협력하다

cooperate 협력하다(과제를 나누어 도움을 주도록 수직적으로)
collaborate 협력하다(오케스트라 단원의 연주처럼 수평적으로)
coordinate 조화시키다(정보 교환, 조언 등으로 조정하여)

When you are actively working with someone doing homework together or working together on a project, you're collaborating with them. Meanwhile, when you are giving someone help with something they are working on, you're cooperating with them. Particularly when you let everyone of your team do their part to make the project successfully completed, you're coordinating the efforts of them.

당신이 어떤 사람과 숙제를 같이 하거나 프로젝트를 함께 작업하면서 활동적으로 일할 때, 당신은 그와 수평적으로 협력한다. 한편, 만약 당신이 누구에게 작업 중인 것에 도와주고 있을 때 당신은 그들과 수직적으로 협력한다. 특히 당신이 각자 맡은 부분을 하게 할 때, 당신 팀의 모든 사람이 프로젝트를 성공적으로 완성시키기 위해, 당신은 그들의 노력을 조화시키고 있다.

SERVE 접대하다

serve v.접대를 하다(보편적 용어로 사람과 관련된), 섬기다, 봉사하다
service v.수리하다(수리, 보수의 개념으로)

Pope Francis gave voice in his homily "Serving others chiefly means caring for their vulnerability." [Pope Francis]
• homily 가톨릭의 강론

프란시스 교황이 그의 강론에서 "다른 사람을 섬긴다는 것은 무엇보다 그들의 연약함을 섬기라는 뜻"이라고 말했다.

The mechanic has serviced our vehicles, which needed regular service maintenance, repair or replacement of window control in door and new transmission. I think he has been a top-notch mechanic for all of my auto repair needs.
• top notch 최고급

그 정비사는 우리 차를 수리 해왔다. 우리 차는 정기 보수, 창문 장치의 수리나 교환과 트랜스미션 교체를 할 필요가 있었는데. 내 생각에는 그는 내 차 수리에 대한 최고 정비사였다.

CONTEST 경기대회

contest 경기대회(상이나 경품을 타기 위한)
competition 경쟁심(상호 간 우위를 차지하기 위한), 경쟁관계, 대회

We are all set to launch the first international contest open to both professionals and amateurs. The aim of the competition is to promote discussion and research through which to generate insights, visions, ideas and proposals about our city to come.

- all set to do ~할 준비가 끝났다, through which 이를 통해

우리는 전문가들과 비전문가들에게 개방된 첫 번째 국제 경기대회를 시작할 준비가 되었습니다. 이 대회의 목적은 토론과 연구를 증진하는 것이고 이를 통해 미래의 우리 시에 대한 통찰과 미래상, 참신한 생각과 제안들을 도출하기 위한 것입니다.

Competition is a good motivator, but it also can have a negative effect in the long term.
경쟁관계란 좋은 동기 유발자이지만 그것은 장기적으로 부정적 영향을 끼칠 수도 있다.

COMPETE 경쟁하다

compete/contend 경쟁하다(경쟁자들이 같은 목표를 놓고)
» 상을 타려, 지위를 얻으려, 사업에서 질투하며 서로 겨루어

vie 경쟁하다(rival끼리 우열을 다투어)

Grandparents are vying for their children's attention by spending a ton of money on clothes or toys, and which is coming into competition with the other grandparents.
조부모들은 경쟁하고 있다, 옷과 장난감에 수많은 돈을 사용하여 손자들의 관심을 얻으려, 그리고 그것은 다른 조부모들과 경쟁관계로 들어간다.

The contestants from around the globe will contend (OR compete) for the title, leaving audiences enthralled and in awe.
전 세계에서 온 경기 참가자들이 타이틀을 놓고 경쟁할 것이다, 관중들을 매혹하고 경외하게 하면서.

AWARD 공로상

award 공로상(공로나 선행에 대한 기대하지 않았던), v.수여하다
prize 경쟁상(경기, 경연대회에 출전하여 받는)
reward 보상(선행에 대한 감사의 뜻으로 주는), 포상

An award is most commonly a token of merit or good actions, and it's more like something you haven't expected. You might gain a prestigious award for significant contribution.
공로상은 보통 공로나 선행의 표시이다, 그리고 기대하지 못했던 것 같은 것이다. 당신은 현저한 공로로 저명한 공로상을 받을 수 있을 것이다.

A prize is generally won in a competition, contest or lottery. You can win prizes in raffles.
- raffle 추첨

경쟁상은 일반적으로 경기나 경연이나 복권에서 따는 것이다. 당신은 추첨에서 상을 탈 수 있다.

A reward can be described as a compensation or an incentive for doing something good, like helping find a lost pet. The Nobel prize is awarded as a reward for toil and blood.
보상이란 선행에 대한 보상이나 장려책으로 설명될 수 있다, 잃어버린 애완동물을 찾는 데 도와주는 것 같은. 노벨상은 수고와 노력에 대한 보답으로 수여된다.

ADVANTAGE 혜택

advantage 혜택(남이 베풀어주는)
merit 가치나 장점(그 자체의), 공적
benefit 이득(당사자가 어떤 상황에서 얻는)
privilege 특권(특정 사람, 특정 집단에 허용된)
virtue 미덕(충성심, 성실성 등 높은 도덕적 장점을 보여주는)

Christians and Aristotelians alike argued for good moral character in men, which would produce virtue, that is, moral excellence and lead to public benefit. [Wikipedia]
• argue for 지지를 호소하다

기독교인들과 아리스토텔레스주의자들은 똑같이 남자들에게서 훌륭한 도덕적 품성을 요구했다. 그것이 미덕, 즉 도덕적 수월성을 만들어내고 공공의 이익이 되게 할 것이라고.

White-skin privilege we deal with is the advantage gained by discriminatory racists, but it is not gained because of their ability or merit.

우리가 다루는 백인의 특권은 차별적인 인종주의자들에 의해 얻어진 혜택이지만 그것은 그들의 능력이나 장점 때문에 얻어지지 않는다.

WAGE 임금

wage 임금(시급을 기초로 한)
salary 월급(연봉을 기초로 한)
payroll 임금대장(고용주의), 급료 총액

When it comes to overtime pay, the hourly-paid employees who work more than 40 hours in a workweek get one-half regular rates of pay for every hour. On the other hand, the salaried employees don't receive additional pay for any hours over 40 per week. Nevertheless, employees with low salaries are eligible to earn overtime pay.
• be eligible to ~할 자격이 있다

초과근무에 관해서 주당 40시간을 초과하여 일하는 시간급 직원은 모든 시간에 대해 정규 급료의 1.5배를 받는다. 반면 월급을 받는 직원은 주당 40시간 이상 일한 어떤 시간이라도 추가 급료를 받지 않는다. 그렇지만, 낮은 월급을 받는 직원은 초과 급료를 받을 자격이 있다.

Payroll expense is the amount of gross salaries and wages paid to employees in exchange for the services provided on behalf of their company.

급료 지출 총액은 직원에게 지급되는 총 월급과 임금의 총합이다. 그들의 회사를 위해 제공된 서비스의 대가로.

VICTORY 승리

victory 승리(경기, 전쟁, 게임에서 상대나 적을 무찔렀다는 의미의)
victorious a.승리한(경쟁에서 이겨)
triumph 승리의 환희(난관, 오락게임 등을 극복하고 내적 만족을 누리는)
triumphant a.의기양양한(승리하여 축하연을 열 만큼)

Victory means the opposite of loss. It would be like you have defeated someone by confronting them boldly in games, competitions, elections, or battles. By contrast, triumph means the opposite of failure. If you achieve perfect grades, you will have triumph over some adversity and at the same time feel like celebrating the internal victory, because you have overcome personal obstacles.

victory는 패배의 반대를 의미한다. 그것은 당신이 게임, 경쟁, 선거나 전투에서 담대하게 맞서서 쳐부수었다는 것과 같을 것이다. 이와 대조적으로, triumph는 실패의 반대이다. 당신이 A를 받으면 어려움을 이긴 승리의 환희를 가질 것이고 동시에 마음속의 승리를 축하하고 싶을 것이다. 왜냐하면, 사적인 어려움을 극복한 것이니까.

He does not merely fight your battles, but also helps you become victorious and conquer in all battles.

• fight ~와 싸우다, conquer 승리하게 하다

그는 당신의 전투를 싸우고 있기만 한 것이 아니라 당신이 모든 전투에서 승리하고 정복하도록 돕는다.

During the curtain call after his outstanding performance, he gave a triumphant smile to the audience as if to say "Yes. I know it was awesome!"

• as if to say 마치 ~라고 말하는 것처럼

그의 탁월한 공연 후에 커튼콜을 하는 동안 그는 관중에게 의기양양한 미소를 지었다, "그래요. 나도 멋졌다는 걸 알아요."라고 말하는 듯하면서.

SUCCESS 성공

success 성공(노력해서 이룩한), **입신출세**
succession 연속(계속 이어가는), **계승**

A lot of companies are generally not good at changing their future leaders by not making a success of succession.

많은 회사는 일반적으로 미래의 지도자를 바꾸는 데 능숙하지 못하다, 계승에 성공하지 못함으로써.

How do you deal with successive failures? Learn from the very mistake you've made, and in the next attempt you will not repeat it and consequently be successful in the future.

당신은 연속적인 실패들을 어떻게 대처하나요? 실수한 바로 그것에서 배우세요, 그러면 다음번에는 그것을 반복하지 않을 것이고 결과적으로 미래에는 성공적일 것입니다.

FEE 사례

fee 사례(변호사 비용 등 전문 용역비인), 보수, 수수료, 수업료
fare 교통요금(버스, 배, 항공기 등의 삯인)
charge 이용요금(환전비용, 이발요금 등 특별한 서비스 상품의)
cost 비용(어떤 것을 얻기 위해 요구되는)
price 값(고정된 물건의 가격인)
rate 임대료, 요금(하루, 매주, 매2주간, 매월, 매년 부과되는)
dues pl.회비(회원의)

You can see a breakdown of all the fees and charges that consist of the fares.
• breakdown 명세표
당신은 운임을 구성하는 모든 보수와 이용요금의 명세표를 볼 수 있다.

If you have submitted your application, you will be instructed to pay the relevant visa fee and postage charge.
• postage 우편
당신이 지원서를 제출했으면 당신은 관련 비자 수수료와 우편요금을 내라고 지시를 받게 될 것이다.

In this city the prices for apartments and the rental rates and the costs of living are insane. That's because of its crazy housing market.
이 도시에서는 아파트의 가격과 임대료와 생활비가 미쳤다. 그것은 이 도시의 황당한 주택시장 때문이다.

When you become a dues-paying member, the membership dues help make a difference for alumni, students, and the University. The dues rate varies from $20 to $45 a year.
당신이 회비를 내는 회원이 되면 그 회비가 동문, 학생, 대학의 발전을 도울 것이다. 회비의 금액은 연 20불부터 45불까지 다양하다.

CHANCE 가능성

chance 가능성(risk를 내포하고 있으며, 발생할 가능성이 있는)
opportunity 기회(긍정적이며 이익이 될 수 있는)
» get a chance / opportunity는 같은 의미이나, take a chance는 모험 삼아 해본다는 뜻이며 take an opportunity는 기회를 잡는다는 의미

To achieve anything in life, we need to take a chance. Otherwise, the opportunities you lose will be your own. Sometimes opportunity knocks, but doesn't wait.
삶 가운데 어떤 것을 달성하기 위해 가능성을 좇으세요. 그렇지 않으면 당신이 잃는 기회들이 당신의 것이 될 것입니다. 때로는 기회가 다가오지만 기다려주지는 않아요.

SUBSIDY 보조금

subsidy 보조금(child care subsidy처럼 정부에서 적자를 메워 주는)
grant 지원금(장학금, 연구기금 등 기업, 재단 등이 무상으로 주는)
loan 융자금(이자를 포함해서 유상으로 갚아야 하는)
allowance 세금공제, 수당, 용돈

The subsidy for anyone who wants to buy a hybrid car could be phased out imminently due to exhausted budget.
- phase out 종료하다, imminent 가까운 시간에

하이브리드 카를 사려는 누구라도 받는 보조금이 금방 종료될 수 있다, 고갈된 예산 때문에.

Scholarships and grants are considered gift aid, because you do not need to repay it. By contrast, a student loan is money you should pay back.
- gift aid 무상지원

장학금과 지원금은 공짜 보조금으로 간주한다, 왜냐하면 그것을 갚을 필요가 없기 때문이다. 이와 대조적으로, 학생 융자금은 갚아야 하는 돈이다.

My penny-pinching boss donated a large sum of money to a charity to take an allowance (OR deduction) on his income taxes.

내 구두쇠 사장이 많은 돈을 자선단체에 기부했다, 소득세에 세금감면을 받기 위해서.

FRINGE BENEFIT 부가복지혜택

fringe benefit 부가복지혜택(급여에 포함되지 않는)
perquisite(perk) 특전(급여에 포함되는 수당인)
» fringe benefit는 단체보험, 회사 차 이용, 병가, 휴가 등, perk는 학비, 식비, 교통비 등

Perquisites are known as subsidized amenities like housing, schooling, conveyance etc., provided by the employers in addition to the normal salary. By contrast, fringe benefits are non-monetary forms of compensation such as health insurance, leave etc. given to employees.
- subsidize 보조금을 주다, amenity 혜택

특전이란 주택, 학비, 교통수단 등 보조금 혜택들이다, 정상 월급에 추가하여 고용주에 의해 제공되는. 이와 대조적으로, 부가복지혜택은 건강보험, 휴가 등 비 금전적인 형태의 수당이다, 직원들에게 주는.

DISADVANTAGE 불리한 점

disadvantage 불리한 점(목표 달성에)
drawback 결점(관찰자가 뒷걸음질draw back할 정도의), **불편한 점**
weakness 약점(탄력, 추진력 등이 약한 상태인)
fault 문제점(공학적인), 약점(사람의 성격적), **탓**
flaw 결함(성격적 결함처럼 천성적이며 감춰져 있으나 극복할 수 있는)
defect 결함(실수 등으로 대상물에 드러나나 고칠 수 있는)
shortcoming 부족한 점(기준에 미달하여), **결함**(사소한)
pitfall 위험성(생각지 못했던 잠재된)
pros and cons 장단점(긍정적인 점과 부정적인 점인)

What is the drawback of alternative energies? The very first disadvantage that holds true for most of them is that their supply is not constant.
• hold true for ~에게 유효하다
대체 에너지의 결점은 무엇인가? 그 대부분에 적용되는 첫째 불리한 점은 공급이 일정치 않다는 것이다.

Vitamin D deficiency might be associated with muscle weakness.
비타민 D 결핍은 근육의 허약과 관련이 있다.

A person can have some inherent flaws in their personality. A piece of cloth, furniture, electronic apparatus can have some significant defects. If a diamond you bought have some minor flaws, it won't be necessarily rejected despite its imperfection. By contrast, if a watch you bought has defects, you will return it to the store.
한 사람은 성격에서 본질적인 flaw을 가질 수 있다. 옷 한 벌, 가구, 전자제품은 현저한 defect들을 가질 수 있다. 만약 당신이 구입한 다이아몬드가 작은 flaw들을 갖고 있다면, 그것은 거절되지 않을 것이다, 완벽하지 못하지만. 이와 대조적으로, 당신이 구입한 시계가 defect들을 갖고 있으면 당신을 그 가게에 돌려줄 것이다.

It's my shortcoming that I felt this jealousy toward them. I want advice on how to fix my fault.
그들에 대해 이런 질투를 느꼈던 것이 내가 부족한 점이다. 내 약점을 고치는 방법에 대한 조언이 필요하다.

A lot of people believe that buying a foreclosure can mean you get a steal of a deal, but there are also some potential pitfalls to watch out for. There are pros and cons to buying a home at a real estate auction.
• foreclosure 채무자의 저당물을 찾을 권리가 상실된 경매에 나온 물품
많은 사람은 경매물을 사는 것이 아주 싼 값으로 물건을 사는 것을 의미할 수 있다고 믿지만 역시 조심할 잠재적 위험성도 좀 있다. 부동산 경매에서 주택을 사는 것은 장단점이 있다.

DAY-SHIFT 낮 근무

day-shift 낮 근무(오전에서 오후까지 8시간 근무의)
graveyard shift/night-shift 야간근무(자정부터 오전 8시까지)
swing(combined) shift 변동근무(근무시간을 변동하는)
rotating shift 순환근무(근무시간 변경, 변동근무 등 일정하지 않게 근무하는)

If you work a non-traditional shift like the graveyard shift or rotating shifts, regular poor-quality sleep can put you at risk of accidents and health problems.
만약 야간근무, 순환근무와 같은 통상적이지 않은 근무를 한다면 반복적인 저질 수면이 당신을 사고와 건강 문제의 위험에 빠뜨릴 수 있다.

Their rotating shift schedule has a day shift, an early swing shift, a late swing shift and a night shift each day. They work 10-hour shifts alternating working 4 days one week and then 3 days the next week.
그들의 순환근무 일정은 매일 낮 근무, 이른 오후 근무, 늦은 오후, 밤 근무가 있다. 그들은 10시간 근무를 한다, 주 4일 그 다음주는 3일 근무를 바꾸는.

HOLIDAY 법정 공휴일

holiday 법정 공휴일(성탄절, 석탄절 등의 법으로 정해진)
vacation 유급휴가(심신회복을 위한 연 2주 정도의)
leave 휴가(병가, 출산휴가 등의)
day-off 비번, 1일 특가
sabbatical 안식년(대학 교수의 재충전을 위한)

An annual vacation is exclusive of the legal holidays when employees are not permitted to work.
• be exclusive of ~를 제외한 것이다
연례 휴가는 법정 공휴일을 제외한 것이다, 직원들이 일하도록 허용되지 않는.

You can take sick leave or claim two days off to attend to your spouse when he or she is sick.
당신은 배우자를 간호하기 위해 병가를 내거나 2일 특가를 요구할 수 있다, 배우자가 아플 때.

If you are tired, feeling like you're totally exhausted and stuck in a rut with daily routine, you may need take a sabbatical to recharge your batteries for work.
• be in a rut 판에 박힌 생활을 하다
만약 당신이 지쳤다면, 완전히 체력이 소진되고 일상적인 일로 판에 박힌 것 같이 느끼면서, 당신은 안식년을 가질 필요가 있다, 일을 위해 배터리를 재충전하려고.

STIPULATION 의무규정

stipulation 의무규정(조건으로 지정된 의무사항인)
provision 양도조항(어떤 것을 제공한다는)

His will have a *stipulation* that the premises should not be sold "in any case as long as the sun and the world exist." And the will also have a *provision* that his home should be passed on to his mentally impaired son for him to continue to live.

그 유언은 그 부동산들이 결코 어떤 경우에도 매각되지 않는다는 의무규정이 있다. 그리고 그 유언은 정신장애가 있는 아들에게 그 집은 넘겨져야 한다는 양도조항도 갖고 있다, 그가 계속해서 살게 하려고.

MANDATORY 강제적인

mandatory 강제적인(법적으로 정해져 어기면 처벌이 따르는)
» 운동선수의 도핑 테스트, 자동차 우측통행, 65세 퇴직, 살인은 종신형 등

compulsory 반강제적인(규칙으로 정해 권장하는)
» mandatory보다는 덜 강압적이며, 하키 선수의 헬멧 착용, 보험의 가입, 과목의 선택 등

obligatory 의무적인(도덕적, 사회적 책무로)
» 민주시민으로서, 투표의, 부모로서 의무, 이브닝 가운의 착용, 산모의 초음파 검진 등의 비의무

The company initiated *mandatory* security screening for all personnel who have access to classified material as top secret.

그 회사는 기밀로 분류된 물건에 접근하는 모든 직원에 대해 강제 보안검사를 시작했다.

If voting were not *compulsory* (OR *obligatory*), masses of people might prefer to abstain from voting.

투표가 반강제적이지(의무적이지) 않다면 수많은 사람이 투표를 기권하고 싶어할 수 있을 것이다.

Honoring your spouse is *obligatory*. It is achieved through physical manifestations of respect.
• manifestation 표시

당신의 배우자를 존중하는 것은 의무적이다. 그것은 존경의 육체적인 행위를 통해서 이루어진다.

OBLIGATION 의무

obligation 의무(계약에 의해 상호 발생하는)
» 물건 구매 후 지불, 회사 직원의 업무활동 등 법적 통제를 받는 사항

duty 책무(비계약적이고 선택적이어서 강요되지 않지만 도덕률에 의해 지켜야 할)
» 준법 / 납세 행위, 가족을 돌보거나 약자를 돕는 행위 등

Parents have a duty to care for their children. If they break their duty, a court might see this duty as an obligation and apply some regal remedy.
부모는 자녀를 돌볼 책무가 있다. 그들이 책무를 어긴다면 법원은 이 책무를 의무라고 보고 법적 조치를 취할 것이다.

EMPLOYEE 피고용인

employee 피고용인(보수를 받으며 고용된)
personnel 직원(유니폼을 입으며 조직체 지위고하 전체의)
staff 보좌진(어떤 지위에 있는 사람을 돕는)
crew 직원(항공기, 선박의 personnel인)

All employers must keep all personnel and payroll records. In the case of involuntary termination of employees, their records must be retained for one year.
- payroll 급료 총액, involuntary 의사에 반하여, termination 퇴직

모든 고용주는 전 직원과 급료 기록을 보관하고 있어야 한다. 직원들의 본의 아닌 퇴직의 경우에 그들의 기록은 1년 동안 보관되어야 한다.

The troubles between the airline and its cabin crews widened, because the airline's ground staffs were considering taking action over a heavy workload caused by a serious manpower shortage.
- widen 넓히다, workload 작업량, manpower 인력

항공사와 객실 승무원 사이의 갈등은 확대되었다. 항공사의 지상요원들이 심각한 인력감소로 인한 과도한 작업량에 대해 조치 할 것을 고려 중이기 때문에.

RESUME 이력서

resume 일반 이력서
curriculum vitae(CV) 전문 이력서

A resume is a brief and concise, reverse chronological introduction and summary of your experience, skills and education related to the type of position you are seeking.
- chronological 연대순의

이력서란 당신의 경험, 기술, 일자리와 관련된 학력에 대한 짧고 간결한 역연대순의 소개와 요약이다.

A curriculum vitae (CV) is more elaborated and longer than resume and used in job application or applying for grants. It provides a more detailed synopsis of your career experiences.
- grant 보조금, synopsis 개요, 줄거리

전문 이력서는 일반 이력서보다 더 정교하고 길고 구직이나 보조금 신청에 사용된다. 이것은 직업 경험을 구체화한 개요를 제공한다.

WARRANTY 보증서

warranty 보증서(특정 기간 특정 부분에 대한 문서로 된)
guarantee 보장, 품질보증, v.보증하다

Warranty is a contractual written guarantee by a seller, while guarantee is making an agreement that the seller will undertake repairing or replacing the goods if they go wrong. When it comes to a wedding photo, only a money-back guarantee, not a warranty, applies to the customer.

• undertake ~의 책임을 지다

보증서는 계약상의 문서로 된 보증서다. 반면 보증은 제품이 잘못되면 그 판매자가 수리나 교환의 책임을 지겠다는 승낙을 하는 것이다. 웨딩 사진에 관해서는 고객에게 보증서가 아닌 환급보증만이 적용된다.

A security alarm product facilitating to link your alarm to the police station can offer you a warranty. But there is no guarantee that the police will come to the scene!

당신의 경보를 경찰서로 연결하게 해주는 어떤 보안경보 제품이 당신에게 보증서를 제공할 수 있다. 그러나 경찰이 현장에 올 것이라는 보장은 없다.

GUIDE 안내서

guide 안내서(보편적 용어로 제품의 성능에 대한 간단한)
instructions 지침(약병의 복용 지침처럼 지시나 훈육을 위한)
directions 지시(누구를 특정한 방향으로 가게 하는)
manual 설명서(책자로 만들어진 제품 사용)

This documentation provides helpful information on installing, getting started manuals, quick reference guides, and more.

이 문서 자료는 설치 작업과 시동 설명서, 간편 제품 가이드 등등에 관한 유용한 정보를 제공한다.

When you learn how to knit, you need basic instructions for the type of stitches being used. They indicate an obligation you must stick to in order to prevent problems. Once you understand those stitches and are able to read a knitting pattern, you can follow the pattern directions. They will get you somewhere without your getting lost.

당신이 뜨개질을 배울 때, 사용되는 바느질들의 종류에 대한 기본 지침이 필요하다. 이것들은 문제를 예방하기 위해서 당신이 지켜야 하는 의무사항을 알려준다. 일단 이러한 바느질들을 이해하고 뜨개질의 패턴을 익히면 패턴의 지시를 따라갈 수 있다. 이것들은 당신이 방향을 잃지 않고 어떤 곳으로 가게 할 것이다.

HAGGLE 흥정하다

haggle 흥정하다(보편적 용어로 값을 깎으려고 요란하게)
bargain 흥정하다(값을 깎기 위해 점잖게)
negotiate 협상하다(상호 필요를 충족하기 위해)

Every time someone contacts me to haggle over the prices that I asked for, trying to knock down the prices to silly amounts even 50% cheaper. It seems to me that they think if they don't haggle, they will get ripped off.
매번 어떤 사람이 내가 요구한 가격에 대해 깎으려고 내게 접촉한다, 심지어 어이없이 싼 50% 가격으로 깎으려 하면서. 그것은 내게 그들이 흥정하지 않는다면 그들이 바가지를 쓰게 될 것으로 생각하는 것 같다.

Bargaining is simply haggling over price when a buyer attempts to get the best price, whereas negotiating attempts to meet the real need for both buyer and seller.
가격 교섭이란 단순히 가격을 놓고 흥정하는 것이다, 구매자가 가장 좋은 가격을 받으려고 시도할 때. 반면, 협상은 구매자와 판매자 모두에 진짜 필요한 것을 충족시키려고 하는 것이다.

TACTICS 단기 전술

tactics 단기 전술(소규모의)
strategy 장기 전략(광범위한)
maneuver 기동작전(작전이나 전술과 행동을 적용하는)

When you have only a good strategy without tactical execution, it's like knowing where to go without having a way to get there. Conversely, when you have tactical specificity without strategic goals, it's like doing particular thing without knowing it actually. These two must work in tandem and neither can exist effectively without the other.
• in tandem 나란히 서서
당신이 단기 전술적 실행이 없이 좋은 장기 전략만 가질 때, 그것은 목적지를 알아도 도착 방법이 없는 것과 같다. 반대로, 만약 장기 전략적 목적 없이 단기 전술적 구체성을 가진다면 그것은 실제 잘 모르고 특정 일을 하는 것과 같다. 이 두 개는 나란히 함께해야 하고 상대가 없이는 아무것도 효과적으로 존재할 수 없다.

We always make consumers believe that they have actually received promotion. When they are deceived, our maneuver is counted as a success.
우리는 항상 소비자들이 실제로 상품홍보를 받아왔다고 믿게 한다. 그들이 속게 될 때 우리의 기동작전은 성공으로 여겨진다.

ADVERTISEMENT 광고

advertisement 광고(상업적 성격의 구체적인)
marketing 홍보(기업의 전략적인)
propaganda 선전(왜곡되고 날조된 주의나 주장의), **선동**

Marketing involves persuasive strategies that seek to benefit the marketer by using advertisement through traditional media such as TV, newspapers. By contrast, propaganda is a specific type of message to attempt to influence human behavior.

마케팅이란 설득 전략을 포함한다. TV, 신문과 같은 전통적 매체를 통해 광고를 이용함으로써 판매자에게 이익을 추구하는 것인. 이와 대조적으로, 선전은 인간의 행동에 영향력을 끼치도록 하는 특정 형태의 메시지이다.

BUSINESS 사업

business 사업(포괄적 용어로 이익 추구에 관계된 모든 과정의)
» 이는 industry, commerce, trade 등에 속하는 생산, 판매, 회계, HRM, R&D, 경영 등이 포함됨
industry 산업(원자재 생산부터 제품 생산까지의)
» industry는 원자재 생산의 1차 산업, 제품 생산의 2차 산업, 서비스 생산의 3차 산업이 있다
commerce 통상(대량으로 trade하는)
» 제품뿐만 아니라 보험, 교통, 창고, 광고 등의 상품을 모두 포함함
trade 교역(물건이나 서비스를 소비자에게 사고 팔며 이익을 얻는)

We offer business opportunities for all industries wanting to start up or relocate.

우리는 창업을 하거나 이전을 원하는 모든 산업을 위해 사업 기회들을 제공한다.

The amount of trade conducted electronically has grown exponentially with widespread Internet usage, and e-commerce has changed many industry sectors and the way business is transacted.

• exponentially 기하급수적으로

전자상거래로 이루어진 교역의 총량은 인터넷의 사용과 함께 기하급수적으로 성장했다. 그리고 전자상거래는 많은 산업 영역과 사업이 거래되는 방식을 변화시켰다.

FOUND 창업하다

found 창업하다(처음 시작하여 개업하는)
establish 설립하다(현재의 형태로 이루는)
form 형을 이루다(1, 2차가 모여서 3차원의 입체적인)

The company was first founded as a small business and later established as a company with shareholders.
그 회사는 처음 작은 기업으로 창업되었고 나중에 주주회사로 설립되었다.

Since founding our company, we have constantly invested in the latest production, inspection and test equipment, and a good reputation and relationship with customers have been established.
그 회사의 창업 이래로 우리는 최신 상품, 검사, 검사장비에 계속 투자를 했고 소비자들과 좋은 평탄과 관계로 설립되었다.

Astronomers have long theorized that the first generation of stars was formed shortly after the birth of the universe and was assumed the oldest star so far.
천문학자들은 오랫동안 이론화해 왔다, 별들의 제1세대가 우주의 탄생 직후 형성되었고 지금까지 가장 나이가 많은 별이라고 추정되었다고.

LANDLORD 집주인

landlord 집주인
tenant 세입자
proprietor 집주인, 경영자, 관리자
janitor 청소부(아파트 등의), 잡역부

A proprietor who runs the rooming house could be a landlord or a manager of the dwelling unit or a primary tenant who rents a house and then sublets rooms to more persons.
• rooming house 셋방, sublet 도급받은 것을 재도급하다
셋방을 운영하는 관리자는 집주인이나 주거지의 관리인 혹은 집을 빌려서 더 많은 사람에게 다시 전대하는 제1세입자일 수 있다.

Due to our recent expansion, we are needing a janitorial crew to clean and keep our new, state-of-the-art facility.
• state-of-the-art 최신식[cutting age]
우리 최근 확장으로 청소부원이 필요합니다, 신축 최신 시설을 유지하고 청소하기 위한.

BUSINESSPERSON 사업가

businessperson 사업가(회사의 직원, 사장 등 상업적 사업을 하는)
entrepreneur 기업가(창업하여 경영하는)

An entrepreneur initiates, organizes and runs a business, taking financial risks. By contrast, a businessperson is simply engaged in business. They have no need to found a business and take the business risk.

기업가는 한 기업체를 창업하고 조직하고 운영한다, 재정적 위험을 무릅쓰면서. 이와 대조적으로 사업가는 단순히 사업에 관여한다. 그들은 창업하여 사업의 위험을 무릅쓸 필요가 없다.

OWNERSHIP 소유권

ownership 소유권(주인으로 소유한 상태인)
possession 점유(소유권이 없이 실질적으로 차지하고 있는 상태)
belonging 소지품, 소속감
tangible possession 유형자산
intangible assets 무형자산(특허권, 영업권 등의)

The prosecutor must prove you actually owned or had possession of the firearm. If he can't, your attorney will try to get the felony charge dismissed or fight for a not-guilty verdict in front of a jury.

그 검사가 당신이 실제 총기 주인이거나 그 무기를 지니고 있었다는 것을 증명해야 한다. 만약 그가 할 수 없으면, 당신의 변호사는 그 중죄를 기각시키려 하거나 배심원 앞에서 무죄평결을 위해 싸우려고 할 것이다.

When a tenant vacates a property, they are required to remove all of the furniture, personal belongings and any waste prior to returning the key.

세입자가 셋집을 떠날 때 모든 가구, 개인 물품과 어떤 쓰레기도 열쇠를 돌려주기 전에 제거해야 한다.

There are lots of companies that possess fewer tangible fixed assets, but more in the way of intangible assets which are difficult for rivals to replicate. They will obviously produce greater profits.

• in the way of ~의 종류에서

몇 안 되는 유형의 소유물을 소유하는 회사가 많이 있지만, 경쟁자들이 복제하기 어려운 무형의 자산의 종류에서는 더 많은 회사가 있다. 그 회사들이 분명 더 큰 이익을 얻을 것이다.

PATRON 후원자

patron 후원자, 단골
sponsor 후원자(정기적), 보증책임자
donor 기부자(일시적)
benefactor 자선가

A person who was a wealthy arts and fashion patron and a political benefactor to global humanity passed away from natural causes.
예술과 패션의 부유한 후원자이면서 세계 인류애의 정치적 자선가이기도 했던 어떤 사람이 자연사했다.

A donation could be classified as a one-time gift of any amount. A donor gives some money once, and the donation is finished. By contrast, a sponsorship is a commitment from a sponsor to contribute a fixed amount regularly.
• commitment 약정
기부란 얼마만큼의 돈을 한번 주는 선물이라고 분류될 수 있다. 기부자가 얼마간의 돈을 한번 주고 기부는 끝난다. 이와 대조적으로 후원이라는 것은 후원자로부터 약속이다, 일정 금액을 정기적으로 기부한다는.

MAGNATE 거물

magnate/mogul/tycoon 거물, ~왕
» tycoon은 일본, mogul은 인도, magnate는 영어에서 유래하며 모두 비슷한 의미
upstart/nouveau riche/parvenu 졸부(신흥 부자인)
icon 상징적 존재, 우상(idol)
rags-to-riches a. 자수성가한

He jumped from a fashion-industry upstart to a real estate magnate over a quarter century.
그는 패션 산업의 신흥 재벌로부터 부동산 거물로 성장했다, 4반세기 만에.

A bunch of oil tycoons wanted to live free of both non-whites and very brand-new Hollywood upstarts who were seen as having no class like trashy nouveau riche types.
• class 기품
한 무리의 석유 거물이 유색인종과 쓰레기 같은 벼락부자 부류처럼 격식도 없는 것으로 여겨졌던 신흥 할리우드 샛별들 둘을 벗어나 살고 싶어 했다.

The new biography of a self-made steel mogul is a fascinating rags-to-riches story. In the classic immigrant-to-icon tale his life and passions come vividly alive.
자수성가한 한 강철왕의 새 자서전은 매력적인 성공담이다. 그 고전적 이민자에서 우상이 된 이야기 속에 그의 삶과 열정이 생생하게 살아있다.

RICH 부자인

rich 부자의(보편적 용어로 갑부를 지칭하는)
wealthy 부호의(세계적은 아니라도 대대로 금수저급인 안정된 집안인)
affluent 부유한(넉넉한 수입이 있고 상류층이며 아쉬움이 없는)
well-off 살 만한(그렇게 부자는 아니지만 돈 걱정은 않고)

The wealth of a wealthy person will be sustainable, whereas the wealth of a merely rich person might be precarious and time-limited because it's not sure to pass their wealth on to future generations.
• precarious 불안정한

부유한 사람의 부는 대를 이으며 유지할 수 있지만, 단순히 부자인 사람의 부는 불안정하고 한시적일 수 있다, 왜냐하면 그들의 부를 다음 세대로 전하는 것이 확실치 않기 때문이다.

You call me rich. I admit it, but I'm just well-off. I mean I'm neither a bloated plutocrat nor a member of the proletariat working too hard.
• bloated plutocrat 부자, proletariat 노동자계급(working class)

당신은 나를 갑부라고 부르는데 인정하지만 나는 그냥 살만한 사람이야. 내 말은 내가 배부른 귀족이나 너무 일을 많이 하는 프롤레타리아 계급의 사람도 아니란 말이야.

If you refer to Donald Trump as "affluent" or "well-off," it would be awkward. And it would be also an exaggeration to call a highly-paid salaried employee "rich."

만약 당신이 도널드 트럼프를 "부유하다" 라거나 "잘 산다" 라고 말하면 좀 어색할 것이다. 그리고 월급을 많이 받는 직원을 "부자" 라고 부르는 것도 과장일 것이다.

COMPANY 회사

company 회사(보편적 용어로 이익 창출을 위한)
corporation 대기업(법적인 정관에 의해 설립된)
social enterprise 공기업(이익 목적과 공공 의무도 병행하는 공익 개념의)
» 독점권이 부여되는 전기, 통신, 방송, 우편, 교통 등 분야의 기업이 해당함
firm 전문 서비스 회사(법률, 회계, 컨설팅과 같은 분야의)

Business company refers to any legal entity to make a profit. Corporation is sometimes used to describe a large business. Social Enterprise is an organization that applies commercial strategies to promote, encourage, and make social change.

회사는 이익을 창출하는 법인체를 말한다. 대기업은 때때로 큰 기업을 표현하는 데 사용된다. 공기업이란 상업전략을 적용하는 조직체이다, 사회변화를 증진하고 장려하여 달성하기 위해.

Firms, like law firm, accounting firm or consulting firm, are used to specialize in one specific area. They're service-oriented businesses that interact extensively with customers, not product-oriented.

법률, 회계, 컨설팅 회사와 같은 회사들은 한 개의 특정 분야를 전문화하는 데 사용된다. 그들은 고객과 광범위하게 상호작용하는 서비스 지향 사업이다, 생산지향이 아니고.

AFFILIATE 계열사

affiliate/associate 계열사
subsidiary 자회사(결산이 모회사와 회계가 병합되는)
joint venture 합자회사
branch/agency/chapter 지점(모회사 소유의)
franchise 가맹점(맥도날드처럼 모회사가 소유하지 않는)

When a conglomerate owns less than 50 percent of the voting stock of a company, the company is an affiliate or associate. On the other hand, when a parent corporation owns a controlling percentage — upward of 50% of the voting stock, the company is a subsidiary.

• conglomerate 복합기업, less than 전혀 ~않다

한 복합기업이 어떤 회사의 의결 주식의 50% 보다 적게 소유하면, 그 회사는 계열사라고 한다. 반면, 모회사가 지배할 수 있는 비율—의결권 주식을 50% 이상 소유하고 있으면 그 회사는 자회사이다.

A joint venture company is formed by a contractual agreement of joining together two or more individuals or legal entities for the purpose of undertaking a common project or enterprise.

• contractual agreement 계약, legal entity 법인, enterprise 모험적인 기획

합자회사는 둘 또는 더 많은 개인이나 법인들의 결합이라는 계약으로 만들어진다. 공동의 기획이나 특히 모험적인 기획을 시행할 목적으로.

A branch is an office wholly run and staffed by company employees, while a franchise is run independently complying with regulations set by the original franchisor and in turn paying a certain percentage of their profits.

• comply with ~를 준수하다, regulations 규칙, in turn 그 결과에 따라서

지점은 회사 소속 직원들로 전적으로 운영되고 스태프로 짜이는 영업소인 반면 가맹사업은 독립적으로 운영된다, 원 가맹사업체에 의해 성립된 규칙을 준수하면서 그리고 그에 따라서 이익의 일정 비율을 지급하면서.

CUSTOMER 고객

customer 고객(상품을 구매하는)
client 고객(의사, 회계사, 배관공 등 전문직종의 서비스를 이용하는)
guest 이용객, 고객, 손님
consumer 소비자(producer의 반대 개념인)
buyer 구매자, 구매담당(회사 소속의)

These days there seems to be a tendency of elevating customers to the more exalted status of clients. It's a flattering way for customers to make them feel more special even in a one-time transaction.
• exalt 칭찬하다, 승진시키다, flattering 아첨, transaction 거래
요즘 고객들을 clients라고 승격된 지위로 올리는 경향이 있는 것 같다. 그것은 그들이 1회 거래라도 좀 더 특별하게 느낄 수 있도록 하는 것은 소비자들에 대한 아부다.

In the digital age, opinions of guests can help align our service offering with our target customers.
• align with 일직선으로 맞추다
디지털 시대에 손님들의 의견이 우리의 대상 고객과 우리의 서비스 제공을 연계하는 데 도움을 줄 수 있다.

Surely, a seller is good at being a buyer. Sellers spend a long-time shopping, comparing, researching products. And they are reading reviews on eBay and checking consumer reports as well.
틀림없이 판매자는 구매자가 되는 데 능숙하다. 판매자들은 많은 시간을 보낸다, 쇼핑, 상품 비교, 상품 연구를 하는 데. 그리고 그들은 이베이의 상품평을 읽고 소비자 보고서 검토도 마찬가지로 한다.

INCORPORATE 통합시키다

incorporate 통합시키다(하나로 합병하여)
include 포함한다(내용물이 다른 것도 있지만 ~도)
contain 포함한다(내용물이 다른 것은 없이 ~만)
encompass 망라하다(모든 것을 포함하여)
involve 관여하다(인간관계, 사회활동 등에)
integrate 결합하다(차 부품을 조립하여 완성차를 만들 듯이)

If you incorporate gratitude and appreciation into your life, you can change your future.
감사와 진가를 인정해주는 것을 당신의 삶 속에 통합시킨다면 당신의 미래를 바꿀 수 있다.

Some marketing careers include heavy travel, but there's far more to it than that, they have

to lunch with clients and get involved in socializing with them.
일부 마케팅을 하는 직업들은 많은 여행을 포함하지만, 거기에는 그 이상이 있다. 그들은 고객들과 점심을 먹고 그들과의 교제에 관여해야 한다.

Any consumers buy organic food because they believe that it contains more healthful nutrients, but less pesticides.
어떤 고객들이라도 유기농 음식을 산다, 왜냐하면 그들은 그것이 더 많은 건강에 좋은 영양소들을 담고 있고 살충제들은 더 적다고 믿기 때문이다.

The lecture on his books might encompass, embrace and illuminate all aspects of his life and art.
그의 저술에 대한 강의는 그의 삶과 예술의 모든 측면을 망라하고 보듬고 조명하는 것일 수 있다.

They failed to integrate disparate parts into a coherent whole.
• disparate 엉뚱하게 다른
그들은 유별나게 다른 부분들을 논리적으로 일관성이 있는 전체로 통합하지 못했다.

AFFORD ~할 여유가 있다

afford ~할 여유가 있다(비용을 감당할 만하여)
borrow 빌리다(~로부터 받아 잠시)
lend/loan 빌려주다(~에게 주어 잠시)
owe ~에게 빚을 지다

When you're just starting a business or you've been at it for a while, a logo and an invoice template seem like luxuries you can't afford. Think twice.
• invoice template 송장 서식
당신이 지금 사업을 시작하거나 잠시 그런 일을 하고 있을 땐, 로고나 송장 서식은 당신이 감당할 수 없는 사치일 것 같아요. 다시 생각해보세요.

You don't have to owe taxes on loaned money from a commercial lending institution or a private party. However, if you take out a loan from RRSP, you'll be taxed on the money you borrow.
• RRSP 은퇴저축제도[Registered Retirement Savings Plans]
당신은 상업적 대출기관이나 개인적인 상대에게서 빌린 돈에 대한 세금을 낼 필요가 없다. 그러나 만약 RRSP에서 융자를 받으면 당신은 빌린 돈에 대해 세금이 부과될 것이다.

FINANCIAL 돈 문제의

financial 금융거래의(광범위한 의미로 돈 문제와 관계된)
fiscal 재정의(공공적인), 회계의(공공 세입에 적용되는)
monetary 통화량의(돈의 공급에 관련된)

Their proactive fiscal response in the face of the adverse financial and economic crisis cushioned the impact of the global shock.

• proactive 사전 대책을 마련하는, adverse 적자의, cushion 완충하다

적자의 금융과 경제 위기에 직면해서 그들의 선제 재정적 대응이 세계적 충격의 영향을 흡수했다.

Only if financial markets function smoothly and efficiently, monetary policy aiming at controlling the amount of money supply can be effective. In other word, well-functioning financial markets are indispensable to the smooth transmission of monetary policy impulses.

• transmission 전달, impulse 충격

금융시장이 부드럽고 효과적으로 기능 할 때만 화폐 공급량의 조절을 목표로 하는 통화정책은 효과적일 수 있다. 달리 말하면, 잘 작동하는 금융시장이 통화정책의 충격들의 완만한 전달에 필요불가결하다.

LUCRATIVE 돈벌이가 되는

lucrative 돈벌이가 되는(수지맞고)
buoyant 뜨고 있는(경제활동이 성공적으로), **부력이 있는**
profitable 유익한(이익이 되어)
thriving 번성하는(살아 남는 것 아닌 더욱)

If you persist in doing what everyone thinks is difficult or foolish or what they are reluctant to do, the road to sustainability will have considerable potential. What seems unprofitable in the short term is the most lucrative.

만약 당신이 모든 사람이 생각하기에 어려운 것이나 어리석은 것이거나 그들이 하기 싫어하는 것을 끈질기게 하면 생존의 길은 상당한 잠재성을 가질 것이다. 단기간에 이익이 날 것 같지 않은 것이 가장 돈벌이가 된다.

This technology sector is not just staying buoyant but thriving. We have prepared to thrive in the buoyant market. It will continue to grow robustly.

• robustly 강하게

이 기술 분야는 그냥 뜨고 있는 것이 아니라 번성하고 있다. 우리는 이 신흥시장에서 번성하기 위해 준비해왔다. 그 시장은 강하게 성장을 계속할 것이다.

UNPRODUCTIVE 생산성이 낮은

unproductive 생산성이 낮은(productive의 반대로)
nonproductive 생산이 되지 않는, 쓸모 없는
counterproductive 역효과의(기대되던 생산력이 마이너스로)

An unengaged employee lacking in motivation or dedication is defined as unproductive or nonproductive one and liable to spread negative word-of-mouth.

• unengaged employee는 열심인 적이 없던 직원, disengaged employee는 한때 열심이었지만 여러 이유로 이직을 고려하는 직원

동기나 헌신이 부족한 열심이지 못한 직원은 생산성이 떨어지거나 없는 직원이고 험담을 퍼뜨리기 쉽다고 정의된다.

Higher tax rates would be counterproductive in the current economic depression. On the contrary, tax cuts would pay for themselves.

• pay for itself 미구에 본전 뽑고 남는다

높은 세율은 현재의 불황기에서는 역효과가 날것이다. 반면, 감세는 얼마 안 가서 본전을 뽑는다.

BANKRUPTCY 파산

bankruptcy 파산
default 채무불이행

Default may occur when a debtor is unable to pay off debt required to pay at a specified time. A company, an individual, or a country can be in default.

채무불이행은 채무자가 명시된 시점에 채무를 갚지 못할 때 일어날 수 있다. 한 회사, 개인, 나라가 채무불이행에 빠질 수 있다.

Bankruptcy is a legal process through which creditors collect debts owed to themselves.

파산은 법적인 절차이다. 그것을 통해 채권자가 자기들에게 빚진 채무를 회수한다.

RECESSION 경기침체

recession 일시적 경기침체
depression 장기 불황, 불경기

A recession is defined as a widespread decline in economic activity for more than six months, while a depression is commonly defined as an extremely severe version of a recession.

경기침체란 경제활동에서 6개월 이상 광범위한 쇠퇴라고 정의된다. 반면 장기 불황이란 경기침체의 극단적인 경우이다.

REIMBURSEMENT 보상

reimbursement 보상(사용한 돈에 대한 같은 양의 금전적인)
» 출장 갔다 온 후에 출장비 정산 등

compensation 배상(과실에 대한), 보상(노력, 결과물에 대한 공정한)
» 불법에 따른 대가는 배상이며, 합법적인 대가는 보상임

refund 환급(판매한 물건의 불만족에 대하여 돈을 돌려주는)

redemption 환매(판 것을 되사는), 속죄(종교적으로 죄를)
» 경품 쿠폰에 적힌 'redeem'은 몇 장을 모으면 얼마의 가치로 '다시 매입해 준다'는 의미임

If you ask your friend to buy something for you, you can tell him "Just give me the receipt and I'll reimburse (OR repay) you." And later on you'll pay back what he's paid.
당신이 친구에게 어떤 것을 사 달라고 부탁한다면, 당신은 "영수증만 줘 그러면 내가 네게 보상하지"라고 그에게 말할 수 있다. 그리고 사후에 당신은 그가 지급한 것을 갚을 것이다.

She should claim compensation for the sexual or physical abuse, but the monetary compensation for it does not make up for her suffering years.
그녀가 그 성적·신체적 학대에 배상을 요구해야 한다. 그러나 그에 대한 금전적 배상이 그녀의 고통의 세월을 보상할 수는 없다.

Once a purchased product has been diagnosed as defective, you have to return it for a refund.
일단 구매된 상품이 결함이 있다고 규명된다면, 환급을 위해 반품해야 한다.

During the redemption period, the defaulted borrowers are allowed to redeem (OR buy back) their property on the condition of paying off their mortgage and other costs and fees.
환매 기간에는 채무불이행 채무자들이 그들의 재산을 되살 수 있도록 허용되어 있다. 그들의 융자금과 다른 비용과 수수료를 지급하는 조건으로.

OUTLAY 착수금

outlay 착수금(최초 투자로 지급하기로 책정된)

expenditure 경비 지출(공공적이거나 경영상의), 지급

expense 비용(개인적이거나 일반적인)

The initial outlay including airfare and hotel rates for the trip was $4,000. Additional expenses are expected to be incurred for the entire vacation.
첫 착수금은 항공과 호텔 요금 포함 4,000달러였다. 추가 비용들이 휴가 동안 발생할 것이다.

Catastrophic health expenditures among people admitted to hospital are no laughingstock.
병원에 입원이 되는 사람들 사이에 재앙 수준의 건강 경비 지출은 우스개로 넘길 일이 아니다.

PRODUCT 제품

product 생산품(공장에서 생산되는 브랜드가 있는 제품인)
goods 제품(보편적 용어로 일반적 상품인)
commodity 원자재(연료, 밀가루, 설탕 같은 원료가 되는)
merchandise 상품(상점에 진열된)
produce 농산물(농장에서 생산되는 과일, 채소, 곡물, 고기 등의)

Commodities like lumber, oil, and electricity are something used as a raw product to make goods. The goods are distributed to the end users. For instance, wheat flour used as the main ingredient for making bread is commodity and the bread is goods.

목재, 기름, 전기 등과 같은 원자재란 제품을 만들기 위해 원재료로써 사용되는 것이다. 그 제품이 최종 사용자에게 분배된다. 예를 들어 빵을 만드는 주재료로 사용되는 밀가루는 원자재 물품이고 그 빵은 제품이다.

One way to dispose of the obsolete merchandise is to offer your customers at a discount or for free. You can use these unsold products to fuel your promotional activities.

- dispose of 처리하다, obsolete 폐물이 된

쓸모없게 된 상품을 처리하는 한 가지 방법은 당시의 고객들에게 할인이나 공짜로 제공하는 것이다. 당신은 이런 팔리지 못한 상품들을 홍보활동을 활성화하기 위해 사용할 수 있다.

Farm produce usually refers to the food products of farms. It includes vegetables, fruits, meat, eggs, which farmers usually sell off the back of their trucks. By contrast, farm products such as wool and dairy goods are originated from farms, but made in factories.

농산물은 보통 농장에서 나온 농산물을 말한다. 그것은 채소, 과일, 고기, 달걀을 포함하고 농부들이 트럭 짐칸에서 파는 것들이다. 이와 대조적으로 양모와 유제품 같은 농업 생산품은 농장에서 나오지만, 공장에서 만들어진다.

KNOCK-OFF 짝퉁

knock-off 짝퉁(불법 복제 제품으로 싸구려로 팔리는)
counterfeit/forgery 위조(고의로 대상 물건을 복제하는)
» 위조 지폐처럼 대량으로 위조할 때 counterfeit, 계약서의 '위조사인' 처럼 일회적일 때 forgery
fake 가짜(복제품이 아니나 유명 브랜드 또는 대가의 진품인 양 파는)
replica 모사품(자유의 여신상 기념품처럼 대상 물건을 유사하게 만든)
piracy 해적판(무허가로 책, 영화 등을 복제한)

Counterfeit or knock-off products are fake replicas of the real product. These fake designer handbags look like the real thing, but the workmanship and quality can't be compared with the original one.

위조품이나 짝퉁 상품들은 진품의 가짜 모사품들이다. 이런 가짜 명품 핸드백들은 진짜처럼 보이지만 솜씨와 질이 진품에 비교될 수 없다.

When a certain painting is copied from a valuable original, it's a forgery. When an original artist could never have painted such a painting with the forged signature, it's a fake.
어떤 그림이 진귀한 원작을 복제한 것일 때, 그것은 위조이다. 어떤 원작가가 위조된 사인이 들어간 그런 그림을 그렸을 리가 없을 때, 그것은 가짜다.

When you make an unauthorized exact copy of a book to sell it as if it were a real one, this is referred to as piracy.
당신이 어떤 책을 무허가로 똑같이 만들 때, 마치 정품인 양 팔려고, 이것은 해적판이라고 한다.

ORIGINAL 원조의

original 원조의(초기 제품의 형태로 만들어진)

authentic 진품인(original의 형식으로 시대에 맞도록 만들어 인증된)
» authentic Korean food는 한국의 전통적인 원조 방식으로 만든 음식

genuine 진품인(가짜가 아닌), 순수한
» genuine은 fake가 아닌 진품이라는 뜻이며, authentic은 original은 아니나 진품이라는 뜻

real 진짜인(두유 아닌 진짜 우유, 합섬 아닌 진짜 모직처럼 모조품이 아닌)

Authentic can mean a kind of high-end knock-off that resembles the real object very well. Think of authentic Ray Ban sunglasses, it is modern-made but exactly like the original aviator models. In fact, it is authorized by the entity that controls the rights to the first version.
• high-end 고급품, knock-off 짝퉁

authentic은 진품과 아주 닮은 일종의 고급 짝퉁을 의미할 수 있다. authentic 라이방 선글라스를 생각해보자, 그것은 최근에 만든 거지만 원조종사 모델과 똑같다. 사실 그것은 처음 버전에 대한 권리를 행사하는 법인에 의해 인가된 것이다.

If you bought an authentic (OR genuine) jersey licensed by a professional team, it could not be identical to the original team jersey worn by the players.
만약 당신이 어떤 프로 팀의 허가를 받은 진품 저지를 산다면 선수들이 입고 있는 원조 팀 유니폼과 같지 않을 수 있다.

When you're going to buy a discount designer handbag on the online auction, make sure to buy a real (OR genuine) one. There are lots of unscrupulous sellers who use photos of a real designer bag to advertise their fakes. Examine first a genuine bag and compare it with bags on the site.
당신이 인터넷 경매에서 할인된 명품 가방을 사려고 할 때, 꼭 진품을 사세요. 가짜를 선전하기 위해 진짜 명품 가방의 사진을 사용하는 파렴치한 판매자들이 많이 있어요. 먼저 진품 가방을 조사하고 그 사이트에 있는 가방들과 비교하세요.

RESPONSIBLE 책임지는

responsible 책임지는(받은 임무에 반응respond할)
accountable 책임지는(잘못된 결과에 대해 해명account할)
» 직원은 회사가 주는 임무에 responsible하며, 그 결과가 잘못되면 accountable할 의무가 있다
liable 책임지는(법적으로 손상에 대해)

The manager may be responsible for setting the right goals and priorities of their work area, but also still remain accountable for the result.
그 매니저는 목표들과 작업구역의 우선순위를 계획하는 책임이 있다. 그러나 여전히 결과에 대한 책임도 있다.

If an accident occurs in a workplace, the management may not be responsible for it. Because they didn't force the employee to act in a negligent manner. However, they are liable for the employee's actions in a civil sense and may be required to pay the compensatory damages.
• compensatory damages는 보상적 손해배상, punitive damages는 징벌적 손해배상
현장에 사고가 났다면 경영진이 그에 대한 책임이 없을 수 있다. 왜냐하면, 그들이 직원들을 태만하게 일하라고 강요하지는 않았기 때문이다. 그러나 국민정서상 직원의 행동에 대한 법적 책임이 있고 보상적 손해배상을 해야 할 수 있다.

SWITCH 바꾸다

switch/change 바꾸다(한 주인의 결정으로 두 물건을)
swap/exchange/trade 맞교환하다(두 주인이 합의하여 서로 물건을)

"Switch" refers to "change" from a certain property, location, or attribute to another. We can take our tickets to the ticket office and switch them for different seats or a different date.
switch는 것은 특정 재산, 위치, 특성을 다른 것으로 change하는 것을 말한다. 우리는 입장권을 갖고 매표소로 가서 다른 좌석들이나 다른 날짜로 바꿀 수 있다.

When we swap something, I take yours and you take mine. After big matches, players have a habit of swapping (OR exchanging, trading) their sweaty jerseys as a ritual.
우리가 어떤 것을 맞교환할 때, 내가 당신 것을 갖고 당신이 내 것을 갖는 것이다. 빅 매치 후에 선수들은 의례적으로 그들의 땀에 젖은 선수복을 맞교환하는 습관이 있다.

CHANGE 바꾸다

change 바꾸다(다른 것으로 만들거나 대치하여), **갈아입다**
alter 수선하다(전체적 특징을 유지하며 부분적 외형을)
modify 부분 변형하다(필요에 맞추어)
adjust 조절하다(기계적으로 조정하여 편리하고 만족한 상태로)
adapt 적응하다(자신을 환경에 맞추어)

When you change clothes, you remove one set of clothing and put a different set on. If you put on too much weight, you will need to alter your clothes.
- put on weight 체중이 늘다

당신이 옷을 갈아입을 때, 옷 한 벌을 벗고 다른 옷을 입는다. 만약 당신이 너무 비만해졌다면 옷을 수선해야 할 것이다.

When you modify something, you make partial changes to meet your needs. When you adapt to something, you change yourself to fit or to correspond with it. When you adjust something, you make a change in order to improve it, just like when you adjust the rear-view mirror to be able to see following vehicles better.

당신이 어떤 것을 modify할 때 필요를 충족하기 위해 부분적인 변화를 주는 것이다. 당신이 어떤 것에 adapt한다면 맞추거나 그것에 상응하도록 자신을 변화시키는 것이다. 당신이 어떤 것을 adjust할 때 당신은 그것을 개선하기 위해 변화를 주는 것이다, 마치 따라오는 차를 더 잘 볼 수 있도록 백미러를 조절할 때와 같이.

If you wear a seat belt, you will adjust it to allow some comfort and free movement. If you're a disabled driver, you may need a specially adapted belt known as disabled person's belt.

만약 당신이 안전띠를 맨다면, 편안하고 움직임이 자유롭게 하도록 조절해야 할 것이다. 만약 당신이 장애인 운전자라면 당신은 장애인용 벨트로 알려진 특수 맞춤 벨트 필요할 것이다.

CONVERT 바꾸다

convert 바꾸다(자연적 특성이 근본적으로 바뀐), **개종하다**(종교를)
transform 바꾸다(크기, 형태, 색 등은 바뀌어도 본성은 그대로인)
» convert는 transform보다 대대적으로 바꾼 것. 전기에서 converter는 가정용 어댑터처럼 교류를 직류로 바꿔주는 장치다, 트랜스[transformer]는 전압을 바꿔주는 변압기이다

It's not hard to find that old buildings are converted (OR transformed, turned) into something else to serve new purposes entirely.
- serve a purpose 제 몫을 하다

낡은 건물들이 전혀 새로운 역할을 위해 다른 어떤 것으로 바뀌는 것을 찾는 것은 어려운 일이 아니다.

You'll see magic when flour and liquid are converted into a beautiful puffy loaf of bread, and corn and oil are transformed into corn chips.

당신은 기적을 보게 될 것이다, 밀가루와 액체가 아름다운 부풀어 오른 빵 덩어리로 변하고 옥수수와 기름이 콘칩으로 바뀔 때.

DIFFERENT 다른

different 다른(똑같지 않고)
distinct 다른(현저하게 구별되어)
disparate 다른(유별나게 생판 다르고 별난 것이 많아)

Don't confuse these disparate concepts! I mean you shouldn't confuse the "eccentrically different" concepts.
이 유별나게 다른 개념들을 혼동하지 마라. 내 말은 여러분은 완전히 다른 개념을 혼동하지 말아야 한다는 뜻이다.

The criminal was not charged only for murder. He is charged with two distinct offences, one capital murder and the other arson.
• capital murder 사형감인 살인
그 범죄자는 살인으로만 기소되지 않았다. 그는 두 건의 현저하게 다른 죄목으로 기소되었다, 한 건은 살인 또 다른 건은 방화.

DIFFERENCE 차이

difference 차이(일반적으로 특성들이 각각 다른)
distinction 유난함(유별나게 차이가 나는)
discrepancy 불일치(결과가 모순되며)
inconsistency 불일치(일관성이 없는 행동의)

We all have differences in every aspect of life, but some have the distinction of being famous or of being notorious.
우리는 삶의 모든 면에서 차이점들을 갖고 있지만, 일부 사람들은 유명하거나 악명 높은 유별남을 갖는다.

A large number of people who have enrolled in health insurance could lose access to their coverage. That's because there are discrepancies between the income reported on enrollment and what the government has on record. Enrollees need to fix the discrepancy, but the fact that they have an inconsistency on their income does not mean that there is a problem on their enrollment.
건강보험에 등록한 많은 사람은 그들의 보상 범위에 들어가지 못할 수 있다. 그것은 가입서에 보고된 수입과 정부가 기록상 가진 것과 불일치가 있기 때문이다. 가입자들이 이 불일치를 수정해야 한다, 그러나 그들이 수입에서 불일치되는 사실이 등록에 문제가 있다는 것이 아니다.

VARIOUS 다양한

various 다양한(여러 종류이지만 그만그만하여 비슷한 것이 많아서)
diverse 다양한(방향이 divert하여 엇나가 생판 다른 점이 있어서)
» pick various flowers 비슷비슷한 많은 꽃을 따다, pick diverse flowers 큰 꽃, 작은 꽃 등 생판 다른 많은 꽃을 따다

Employees from various backgrounds and lifestyles are likely to bring more diverse ideas and out-of-the-box solutions. Those who have diverse interests can talk about various subjects that might have surprisingly little to do with one another.
• out-of-the-box 형식의 틀을 벗어난, have to do with ~와 관계가 있다

다른 많은 배경과 삶의 방식을 가진 직원들이 많은 다른 아이디어들과 상식을 뛰어넘는 해결책들을 도출하는 것 같다. 생판 다른 이해관계를 가진 직원들은 서로와 전혀 상관없을 수 있는 다양한 주제들을 말할 수 있다.

VARIATION 변형

variation 변형(색깔에 변화를 주는 것처럼 표준과 다르게 만들어진)
variety 다양성(마트의 식료품 코너에 식료품들처럼 여러 종류가 있는)
assortment 모둠(마트의 치약들처럼 동종의 다른 상품들의)

A variation is like a different form of something. If you create a white striped mini rose, it would be a genetic variation of a rose. By contrast, a variety is like an assortment or a grouping of variations. For example, mini roses, climbing roses, rose bushes, etc. are a variety of roses.

변형이란 어떤 것의 다른 형태와 같은 것이다. 만약 당신이 흰 줄이 있는 미니 장미를 만든다면 그것은 장미의 유전적 변형이 될 것이다. 이와 대조적으로 다양성은 모둠, 즉 변형들의 집단화 같은 것이다. 예를 들어 미니 장미, 덩굴 장미, 장미 덤불 등은 장미들의 다양성이다.

Customers can enjoy a variety of meaningful experiences with this food assortment ranging from fruit, nuts, vegetables, dairy to white bread.

고객은 이 모둠 음식으로 뜻깊은 체험의 다양성을 누릴 수 있다, 과일, 견과류, 채소, 유제품에서 흰 빵에까지.

CONSIST OF ~로 구성되어 있다

consist of 구성되어 있다(Z consists of X and Y: z는 x와 y로)
» 유사표현 comprise, be composed of, be made up of

compose 구성하다(X and Y compose Z: x와 y가 z를)
» 유사표현 constitute, make up

consist in ~에 있다(~가 본질적인 것으로)

Nearly one-third of average diet consists of junk food or fast food.
평균 식사의 거의 1/3이 정크푸드나 패스트푸드로 이루어져 있다.

The whole comprises the parts, while the parts compose the whole. Thus, the USA comprises (OR consists of, is composed of, is made up of) 50 states, while fifty states compose (OR constitute, make up) the USA.
전체는 부분들로 구성되어 있다, 반면에 부분들은 전체를 구성한다. 그러므로 미국은 50개 주로 구성되어 있다, 반면 50개 주는 미국을 구성한다.

Tolerance means putting up with differences and showing respect to other people's opinions, but not resorting to violence or slandering against them. Furthermore, it consists in helping them so that they feel no difference.
인내란 차이를 참고 견디는 것이고 다른 사람의 의견을 존중하는 것을 의미한다, 그러나 폭력에 의지하거나 그들에 대해 비방하지 않는 것이다. 더군다나, 그것은 그들을 도와주는 데 있다, 그들이 다르게 느끼지 않도록.

CONSISTENT 일관성이 있는

consistent 일관성이 있는(행동이)
coherent 일관성이 있는(논리가)
persistent 포기 없는(행동을 결코), 가차 없는(relentless한)
insistent 고집스런(주장을 반복하며), 완강한(adamant한)

We have lacked one clear, consistent way to represent our community. So we are trying to create a new visual identity and put the coherent brand into consistent use.
• visual identity 상표인 brand와는 달리 단체의 상징 mark
우리는 우리의 단체를 나타내는 분명하고 일관성이 있는 방법을 빠뜨려왔다. 그래서 우리는 새로운 상징 마크를 만들어 그 논리적으로 일관성이 있는 브랜드를 행동적으로 일관성 있게 사용하려 하고 있다.

Students must be taught to be so persistent, so insistent and so consistent in their approach for achieving their desired goal.
학생들은 끈질기고 완강하고 일관성이 있도록 교육받아야 한다, 그들의 희망하는 목표 달성을 위해 접근하는 데.

PROXY 대리인

proxy/deputy 대리인(권한을 대행하는)
surrogate 대리모(대리출산을 위한), 의료대리인
replacement 교체, 보충요원
stand-in/fill-in/substitute(sub) 대역
backup 예비요원
delegate 대표자(지명되어 임명된)
representative 대표자(회원에 의해 선출된)
makeshift/temporary(temp) 임시직
alternative 차선책

A surrogate medical decision maker in hospitals and nursing homes, also known as a health care proxy, is an advocate for incompetent patients. This guardian is an authorized deputy, agent or delegate.
병원과 요양원에서 대리치료 결정을 내리는 사람은 의료관리 대리라고도 하는데 무능력환자의 대변자이다. 이 보호자는 권한을 부여받은 대리인, 에이전트 또는 대표이다.

When you're asked to fill in for godparent who is unable to attend a baptism, you are a proxy godparent. Your role is to attend the service and stand in for the chosen godparent.
당신이 침례식에 참석할 수 없는 대부를 대신하도록 요청받을 때, 당신은 대리대부이다. 당신의 역할은 예배에 참석하는 것이고 그 선택된 대부를 대신하는 것이다.

With no alternative to choose, they have to walk through the makeshift passageway every day.
선택의 여지없이 그들은 매일 임시통로를 통해 걸어야 한다.

In preparation for the time when a backup worker takes sick leave or bereavement leave or even quits the job, make sure to appoint a fill-in so that your company doesn't suddenly become vulnerable.
• bereavement leave 장례휴가, appoint 지명하다, vulnerable 취약한
보충요원이 병가나 장례휴가를 내거나 심지어 사직할 때를 대비해서 꼭 대신하는 사람을 지정하세요, 당신의 회사가 갑자기 취약해지지 않기 위해서.

You should name at least one alternate personal agent. In case you die without having named the replacement, the probate court will have to appoint one for you.
• alternate 교대하는, 대체하는, probate court 유언검증법원
당신은 적어도 1명의 대체하는 개인대리인을 지정해야 한다. 그 대리인을 지명하지 않고 당신이 죽으면 유언집행 법원이 당신을 대리하는 1명을 지명해야 할 것이다.

A delegate is appointed, authorized or commissioned to act for or represent another. By contrast, a representative is elected to use his expertise according to his will.

임명된 대표는 임명되거나 권한을 부여받거나 위임된다. 다른 사람을 위하거나 대표하기 위해. 이와 대조적으로 선출된 대표는 본인 의지에 따라 자신의 경륜을 사용하기 위해 선출된다.

I have recently decided to become vegan, and I'm finding it surprisingly easy to adhere to this new way of life. However, I haven't found yet a substitute for coffee creamer. That is the only stumbling block. I need to find a good alternative to cream for my coffee in the morning.

- vegan 채식주의자, stumbling block 장애물, a good alternative to ~대한 좋은 대안

나는 최근 채식주의자가 되기로 했고 새로운 생활 방법을 고수하는 데 정말 쉽게 한다. 그러나 아직 커피크림의 대체물을 찾지 못했다. 이것이 유일한 장애물이다. 나는 아침에 내 커피 크림의 좋은 대체물을 찾아야 한다.

REPLACE 교체하다

replace 교체하다(더 좋은 효과를 내기 위해 영구적으로)
substitute 대체하다(비슷한 효과를 내도록 일시적으로)
fill in/stand in 대신하다(결원으로 다른 사람이 업무를)
deputize 대리하다(일상 업무보다 상급직의 업무를)
cover 대변해주다(동료의 잘못된 결과에 대해 변명하여)

When you substitute one object for another, it's an exchange to create as identical an effect or outcome as possible. But when you replace one object with another, it means that you want to have more improved results.

한 물체를 다른 것으로 대체할 때, 가능한 한 동일한 효과나 결과를 만들기 위한 교환이다. 그러나 한 물체를 다른 것으로 교체할 때, 더 나은 결과들을 갖기를 원하고 있다는 의미이다.

He filled in the missing entertainer on the talk show. It means he made a surprise fill-in appearance during the show.

그는 토크쇼에서 결원이 된 연예인의 땜빵을 했다. 그것은 그 쇼에서 깜짝 대타출연을 한 것이다.

The Vice President will deputize on behalf of the President to deliver a country statement.

부통령이 국가성명서를 전달하기 위해 대통령 대신으로 대리할 것이다.

He was asked to cover for an absent employee who had called in sick today.

그는 병가를 낸 결근한 직원을 대신하여 변명해달라고 요청받았다.

ILLEGAL 불법의

illegal 불법의(법을 어기는)
illicit 부도덕한(비밀스럽고 윤리, 도덕적으로)
» 따라서 불법적인illegal 것은 illicit일 수 있지만 부도덕한illicit 것이 항상 illegal은 아니다

Beating somebody up would usually be illegal, but no one would normally call it illicit. If someone has an affair, it would be considered illicit but not illegal.

어떤 사람을 때리는 것은 불법적일 것이지만 아무도 그것을 부도덕하다고 일컫지 않을 것이다. 어떤 사람이 바람을 피운다면 그것은 부도덕하지만 불법은 아니다.

Human trafficking is an act that has been declared illegal, but there are some countries that are suspected of illicit human trafficking.

인신매매는 불법이라고 선언된 행위이지만, 부도덕한 인신매매가 의심되는 일부 국가들이 있다.

INNOCENT 죄가 없는

innocent 죄가 없는, 순수한
ignorant 무지한(지식, 정보가 없어)
oblivious 망각한(무슨 일이 일어났는지)
incognito 신분을 숨기고

People facing a criminal charge are entitled to be presumed innocent until they are proven guilty. That's one of the hallmarks of a democratic system.
• criminal charge 기소, presume 추정하다

형사 기소를 당한 사람들은 무죄 추정될 자격이 있다, 유죄 판결될 때까지. 그것은 민주 시스템의 특징의 하나이다.

So many people choose to stay ignorant to the world around them and completely oblivious to everything going on.

아주 많은 사람이 주변 세상에 무지한 채로 그리고 세상 돌아가는 일에 완전히 깜깜한 채로 있으려고 한다.

Very few people have ever seen her face in private, because she always wears all kinds of make-ups and get-ups, and travels incognito to avoid crowds.
• get-ups 젊은이들이 입는 이상한 옷

사람들이 그녀의 얼굴을 직접 본 적이 거의 없다, 왜냐하면 그녀는 항상 모든 화장과 이상한 옷을 입고 늘 사람들을 피해 신분을 드러내지 않고 다니기 때문이다.

CLIME 범죄

crime 범죄(법을 어기는)
sin 죄악(종교의 율법, 도덕을 어기는)
guilt 죄의식(자신의 행동에 대한), 죄(잘못을 저지른)
conviction 유죄판결

Divorce is the best example of a sin, but not a crime. On the other hand, severely disciplining your child is not a sin, but it can be a crime.
이혼은 죄악의 최상의 예다, 그러나 범죄가 아니라. 반면, 당신 아이를 심하게 훈육하는 것은 죄악이 아니라 범죄일 수 있다.

If you commit an offence, crime, violation or wrong doing, guilt will haunt you like a long hangover.
• haunt 늘 붙어 다니며 괴롭히다, hangover 숙취
당신이 위반, 범죄, 범법이나 잘못을 한다면, 죄의식이 긴 숙취처럼 당신을 따라다닐 것이다.

Once you pay an admission of guilt fine, whether it is for parking or speeding violation, it means that you are considered to have committed an offence and in turn to have been convicted by the court in terms of the relevant charge.
• admission of guilt fine 벌금, in turn 그것 때문에, 차례로
일단 당신이 죄를 인정하는 벌금을 낸다면 그것이 주차위반이나 과속이건, 그것은 당신이 죄를 지었고 그것 때문에 당신은 관련 죄의 관점에서 법원에 의해 유죄판결을 받은 것으로 간주된다는 것을 의미한다.

PLAINTIFF 원고

plaintiff 원고(법원에 재판을 신청한)
defendant 피고(형사, 민사사건의)
the accused 피고(형사사건의)

A plaintiff is a person or an institution that files an accusation against another party called a "defendant." They start the paperwork with the court at the beginning of a lawsuit, and the court sends summons to the defendant who must defend themselves against the charges.
• accusation 고소, summons 소환장, charge 고발
원고는 피고라 불리는 상대방을 상대로 고소를 하는 사람 또는 기관이다. 그들은 소송 초기에는 법원과 서류 작업으로 시작하고 법원은 그 고소에 대해 스스로 방어해야 하는 피고에게 출석 요구서를 보낸다.

A defendant can be a party in both a civil and criminal proceeding, and in a criminal case it is also referred to as "the accused."
피고는 민사와 형사 재판 둘 다에서 당사자일 수 있다. 그리고 형사 사건에서는 the accused라고도 한다.

WRONG 틀린

wrong 엉뚱한(완전히 inaccurate하여), 나쁜(윤리, 도덕의 기준으로)

incorrect 부정확한(wrong은 아니나 inappropriate, not correct하여)
» wrong과 incorrect는 의미가 일부 겹치나 wrong은 문맥 밖으로 엉뚱하게 틀린 것이고 incorrect는 조정이 가능하다. immoral의 의미는 wrong만 쓰인다

bad 부도덕한(높은 윤리, 도덕의 기준으로)

erroneous 오류가 있는(사실을 기준으로)

If you enter just one incorrect (OR wrong) digit in eight-digit account number when transferring money, your money can end up in the wrong bank account and do go astray.
• enter 입력하다, go astray 없어져 실종되다

만약 당신이 돈을 보낼 때 8개 숫자의 계좌번호에 한 개의 부정확한 숫자를 입력한다면, 당신의 돈은 엉뚱한 은행계좌로 들어가서 없어질 수 있다.

All policies will turn out to be good or bad. Bad policy will yield bad fruit. If it is erroneous and false, sooner or later it will end up being eternally deadly.

모든 정책은 결과가 좋을 수도 나쁠 수도 있다. 나쁜 정책은 나쁜 열매를 맺는다. 만약 그것이 오류가 있거나 허위라면 조만간 영원히 치명적인 결과가 될 것이다.

EVIDENCE 증거

evidence 증거(증명하기 위해 필요한 법정의)

proof 증명(증거물이 충분히 모이거나 결정적 증거에 의한)

testimony 법정 증언(증인이 법정에서 선서 후 행하는)

affidavit 서면 증언(증인이 재판에 불참할 때 공증 후 제출하는)

If police were looking for a bank-rubber and they found lots of money in your house, that would be one piece of evidence. If they found a CCTV footage showing you at the bank holding a gun, it would be a proof that you robbed the bank.

경찰이 은행 강도를 찾고 있고 그들이 당신의 집에서 많은 돈을 찾았다면 그것은 증거의 일부일 것이다. 만약 그들이 CCTV 화면을 찾아냈다면, 권총을 들고 은행에 있는 당신을 보여주는, 그것은 당신이 그 은행을 털었다는 증거일 것이다.

An affidavit is a sworn, written statement used to present evidence to the court. A testimony is what takes place in court, when a witness is sworn in before beginning answering questions. In particular, eyewitness testimony has traditionally been viewed as the most persuasive form of evidence in trial.
• swear in 선서하다

법정 진술서는 법정에 증거를 제출하는 데 사용되도록 선서하고 작성된 진술이다. 법정 증언은 법정에서 이루어지는 것이다, 증인이 질문에 대답하기 전에 선서된 경우. 특히 목격자의 증언은 재판에서 전통적으로 가장 설득력이 있는 증거의 형태로 간주한다.

COMPLY 따르다

comply with 따르다(법적, 위계질서상의 요구를 싫지만 억지로)

obey 복종하다(후환이 두려워 강압 때문에 명령을 따르고 권력에 순순히)

abide by/observe 준수하다(법, 규칙을 존경심을 보이며)
» obey보다 덜 강압적임

follow 신봉하다(주의, 주장, 가르침을)

accede to 응하다(요청에 동의하고)

conform to 순응하다(동물행동학적ethological 선례, 풍습 패턴에)

go by the book 원칙대로 하다

Any citizens are obligated to obey the lawful order of police officers. Police can use reasonable force to subdue them when they refuse to comply with their orders.
- subdue 제압하다

어떤 국민도 경찰의 합법적 명령에 복종해야 할 의무가 있다. 경찰은 그들의 명령을 따르기를 거부할 때 그들을 진압하기 위하여 정당한 무력을 사용할 수 있다.

I'll abide by (OR observe) the decision. I'll obey it until it is reversed.
나는 그 결정을 준수할 것이다. 나는 그것이 개정될 때까지 복종할 것이다.

Both Christians and the Jews observe (OR abide by) the Old Testament Law and follow the teachings of it.
기독교인들과 유대인들은 구약의 율법을 지키고 그 가르침을 따른다.

We regret that we cannot accede to your request for a loan.
우리는 돈을 빌려 달라는 요구에 응할 수 없는 것을 유감으로 생각한다.

Anyone who refuses to conform to the social rules of their society is considered abnormal, and he or she is called a deviant. We should conform to social norms as social beings.
- deviant 사회 상식에서 벗어난 사람

그들 사회의 사회 규칙들에 순응하기를 거부하는 누구라도 비정상적으로 여겨진다. 그리고 그들은 일탈자라 불린다. 우리는 사회적 존재로서 사회 규범에 순응해야 한다.

You always go by the book and stick to how things have been done, but I think it's much wiser to use common sense than to go by the book.
당신은 항상 원칙대로 하고 전례에 집착하지만 내 생각에는 원칙대로 하는 것보다는 상식을 사용하는 것이 훨씬 더 현명하다.

ARREST 체포하다

arrest 체포하다(범죄행위로)
apprehend 연행하다(심문을 위해 경찰서로)
detain 가두다(유치장에)
forfeit 몰수하다(벌칙으로)

Bounty hunters are hired to apprehend (OR round up, catch) a person who does not show up in court. Once the suspect is caught, they are then detained by local police.
현상금 사냥꾼들이 법정에 출두하지 않는 사람을 연행하도록 고용된다. 일단 용의자가 잡히면 그들은 경찰에 의해 유치된다.

He was summoned by the police and arrested on a criminal charge and locked up for a while, but then acquitted by the court. He ended up feeling as if his whole things were forfeited, because he couldn't get his job back.
• charge 죄과, lock up 감옥, 정신병원 등에 감금하다, acquit 무죄로 하다
그는 경찰에 의해 소환되고 범죄로 체포되고 잠시 구금되었다. 그러나 그 후 법원에 의해 혐의를 벗었다. 끝내 그의 모든 것이 몰수된 것같이 느끼게 되었다, 그가 직장에 복귀할 수 없었기 때문이다.

TRAFFIC 불법 거래하다

traffic 불법 거래하다(마약 등을), 인신매매하다
» 명사일 때 (도로, 인터넷의) 교통량, 불법거래
smuggle 밀수하다, 불법 이주 알선하다

Cigarettes are the most widely smuggled legal consumer product in the world, without customs examination or payment of customs duty. The legal consumer products and their illegal trafficking are a multi-billion-dollar business today.
담배는 세상에서 가장 광범위하게 밀수되는 합법적 소비품이다, 세관 검사나 관세의 지불 없이. 그 합법적 소비품들과 그것들의 불법 거래는 오늘날 수십 억 달러의 사업이다.

The smuggling of migrants is to facilitate illegal border crossing in order to get paid for providing this service. This human trafficking forces an individual into a commercial, sexual exploitative situation through deception or force.
• exploitative 착취하는
이주자들의 불법 이주 알선은 불법 월경을 가능하게 하는 것이다, 이런 서비스를 제공한 대가로 돈을 받기 위하여. 이런 인신매매는 사기와 강압으로 개인을 상업적인 성 착취 상황으로 몰아넣고 있다.

TEASED 놀림받는

teased 놀림받는(기분 상하게 하려는 농담과 조롱을 당하며)
picked on 괴롭힘을 당하는(보통 언어로 abusive하여)
bullied 괴롭힘을 당하는(폭력을 당하고 조롱당하고 돈을 뺏기는 등 포괄적으로)
» You're so fat, I can't stand the sound of your voice, your hair looks funny, do us all a favor and kill yourself 등 언어적인 것은 picked on. 폭력 등이 포함된 abusive로 학교에 가기 싫을 정도일 때는 bullied

People tease each other out of love and everyone including the recipient laughs. But teasing can be just a "nice name" for bullying. The bullying behavior can range from picking on someone verbally to threatening injury and harm. Being the target of bullying is no laughing matter, because it is done out of hate.

사람들이 애정으로 서로를 놀리고 놀림을 받는 사람을 포함한 모두가 웃는 것이다. 그러나 놀리는 것은 괴롭힘의 사탕발림 이름일 수 있다. 그 bullying의 행동은 어떤 사람을 말로 집적거리는 picking on에서부터 해치겠다고 협박하는 것까지 범위가 될 수 있다. 괴롭힘의 대상이 되는 것은 웃어넘길 일이 아니다, 왜냐하면 그것은 증오에서 비롯된 것이니까.

If you are picked on but you can stick up for yourself and make it stop, then you are not going to be bullied anymore. However, the bully will probably move on to another less powerful victim. No one picks on a strong man, at least not to his face.

• stick up for ~를 방어하다[defend], to one's face ~가 보거나 듣는 데서는

만약 당신이 집적거림을 당하더라도 자신을 방어할 수 있어 그것을 중지시킬 수 있으면 더는 괴롭힘을 당하지 않을 것이다. 그러나 그 괴롭힘은 또 다른 힘없는 희생자에게 옮겨갈 것이다. 아무도 강한 남자를 집적거리지 않는다, 적어도 면전에서는.

SEXUAL ASSAULT 성폭행

sexual assault 성폭행(폭력에 의한 한 차례 성적 행위로 rape인)
sexual abuse 성학대(지위를 이용 위력으로 약자를 장기간 반복적으로)
molestation 성추행(미성년자에 대한 성접촉인)
» child sexual abuse는 molestation에 해당함
sexual harassment 성희롱(보통 직장 내)

Sexual assault is any form of sexual violence that includes rape, incest, sexual abuse, molestation, groping and similar forms of forced or non-consensual sexual contact.

• incest 근친상간, groping 손으로 더듬는 행위

성폭행은 성폭력의 여러 형태이다, 강간, 근친상간, 성학대, 미성년자 성추행, 만지기, 강제적이거나 원치 않는 성적 접촉의 유사 형태를 포함하는.

Sexual harassment is a form of sexual and psychological abuse including intimidation, bullying or a form of illegal employment discrimination.

성희롱은 성적·심리적 학대의 형태이다, 겁박, 괴롭힘 또는 불법적인 고용 차별의 형태를 포함하는.

TEASING 희롱

teasing 희롱(연애감정이 없이 놀리거나 수작을 거는 등의)
flirting 구애(상대방에 대한 로맨틱한)
hitting on 구애(말을 걸고 노골적으로 유혹하며 적극적)
making a pass 집적대기(말을 걸거나 신체 접촉을 하며)

» flirting은 이성을 칭찬하며 기분 좋게 하고 쌍방이 즐김, making a pass는 원치 않는 성적인 신체 접촉이며, hitting on은 일방적으로 데이트를 요구하는 구애 행위임

Teasing means making fun of someone or being sexually suggestive with no intention to follow through. Some tend to enjoy doing that, because they get a real kick out of seeing how a girl or a man reacts and gets worked up. Teasing results in just fruitless fun.

• get a kick out of 재미를 보다, get worked up 흥분하다

희롱은 어떤 사람을 놀리는 것이거나 진정성이 없이 성적인 의도를 내비치는 것을 의미한다. 일부 사람들이 그렇게 하는 것을 즐긴다, 왜냐하면 어떤 여자나 남자가 어떻게 반응하고 어떻게 성질이 폭발하는지를 보는 것을 그들이 아주 재미있어 하기 때문이다. 희롱은 결실이 없는 장난이 되고 만다.

When a guy can flirt with a girl, he is smiling at her, complimenting her, making a lot of eye contact and teasing her in a sweet way. Flirting has the potential to turn into a full-fledged relationship.

어떤 사내가 한 여자에게 구애할 때 그는 미소 짓고 칭찬하고 눈을 맞추고 달콤하게 놀린다. 구애는 성숙한 관계가 될 가능성이 있다.

Hitting on means a form of aggressive flirting. If you have a crush on a girl, you will hit on her and try to make advances, expressing an interest in further contact with her, like "Would you like to go out for a coffee sometime?".

적극적 구애는 공격적인 구애의 형태이다. 만약 당신이 어떤 여자에 홀딱 반한다면, 당신은 그녀에게 구애하며 진도를 나가려고 할 것이다, 앞으로 그녀와의 접촉에 관심을 표현하면서, 언제 커피 한잔할까요?처럼.

Making a pass means turning talk into action trying to kiss, butt touching, hugging without invitation. It goes beyond flirtation, and it is also taken as steps that constitute sexual harassment.

집적대는 것은 말을 실행에 옮기는 것을 의미한다. 키스, 엉덩이 만지기, 원치도 않는 포옹을 하려고 하면서. 그것은 수작질을 뛰어넘는다, 그리고 이것은 역시 성희롱이 성립하는 단계로 여겨진다.

TRICK 속임수

trick 속임수(속이거나 사기를 치려는)
prank 장난질(대상자를 속여서 웃기기 위한)
vandalism 훼손(고의로 남의 소유물을 파괴하는)
mischief 해악질(장난질에 훼손행위를 포함하는 놀부 심보를 부리는)

They're plotting to play a trick on a guy who keeps bothering them. He will have to deal with unexpected events.
그들은 그들을 계속 귀찮게 하는 남자에게 속임수를 쓰려고 획책하고 있다. 그는 예기치 못한 일들을 감당해야 할 것이다.

The evening before Halloween has long been a time for pulling pranks on neighbors, but now it is often developing into vandalism. Throwing eggs at the house of people who don't hand out candy, or unhinging gates, or things like that is not an uncommon mischief on Halloween.
할로윈 전야는 오랫동안 이웃에게 장난하는 시간이었지만 이제는 종종 야만적인 행동으로 발전한다. 사탕을 주지 않는 사람들의 집에 계란을 던지고, 문을 떼어버리는, 이와 같은 짓은 할로윈의 드문 해악질이 아니다.

LAWYER 법률가

lawyer 변호사(보편적 용어로), 법률가
attorney 담당 수임 변호사
District Attorney 지역검찰(DA)
assistant district attorney 평검사
prosecutor 검사(국가의 법률을 대변한다는 의미의)
advocate 대변자(보편적 용어로), 로비스트
counselor 조언자
» counselor at law는 변호사[attorney, lawyer]의 별칭

As an advocate, the lawyer's task is to represent the interests of a person or a group as passionately as possible. The success of the lawyers depends on their advocacy skills necessary to marshal the available evidences and develop arguments.
• advocacy skill 변론술, marshal 증거를 열거하다
대변자로서 변호사의 임무는 가능한 만큼 열정적으로 개인이나 집단의 관심사를 대변하는 것이다. 법률가들의 성공은 유효한 증거를 내놓고 논리를 전개하는 데 필요한 변론 기술에 달려 있다.

Prosecutors represent plaintiffs, and they are trying to convict defendants of a crime. On the contrary, defense attorneys represent defendants and present evidences to get them off the hook.
• convict sb of ~를 유죄로 판결하다, off the hook 의무나 곤란에서 빠져나오도록
검사들은 원고들을 대표하고 그들은 피고들에게 어떤 범죄를 유죄로 판결하도록 노력한다. 반면, 방어하는 변호사들은 피고들을 대표하고 그들을 **빼내려고** 증거를 제시한다.

He began his legal career as a trial assistant and was then promoted to assistant district attorney. Shortly after that he was assigned as trial division chief of the District Attorney (D.A.) office.
그는 공판 검사로 법조 경력을 시작했고 지방 검사보로 승진했다. 그 바로 다음 그는 지역 검찰의 공판부장으로 임명되었다.

CHARGE 고발

charge n.기소(경찰 등이 재판을 받도록), 죄과, v.기소하다(법률적인 증거로 공식으로)

accuse 고소하다(일반인이), 비난하다(누가 죄를 지었다고)
» 일반인이 체포되고 accused될 때, 검사는 증거가 충분하면 file a charge 한다

sue 소송하다(주로 배상을 받기 위해 민사로)

prosecute 기소하다(prosecutor에 의해)

indict 기소하다(선출직의 직무와 관련 범죄를 grand jury에 의해)

impeach 탄핵하다(대통령 등 선출직을 직무와 관련하여)

An accusation usually leads to a criminal charge. When a criminal charge is laid, a person accused of(OR charged with) a crime is called "the accused." Prosecution is when a charge is filed by the District Attorney (DA) against the defendant.
• lay a charge 기소하다, the accused는 형사사건의 피고, defendant 형사나 민사의 피고

고발은 보통 범죄의 기소로 이어진다. 형사 기소가 될 때, 범죄로 고소를 당한 사람을 피고라고 한다. 기소는 피고에 대해 지역검찰에 의해 고소가 제기될 때이다.

A woman sued a celebrity chef, accusing him of forcibly kissing and groping her without her consent.

어떤 여자가 한 유명 요리사에 대해 민사소송을 제기 했다, 그녀의 동의 없이 강제로 키스하고 만졌다고 비난하면서.

Senators voted to indict the President and put him on trial in the impeachment process on charges of money laundering and corruption.
• put on trial 법정에 세우다, on a charge of ~의 죄로

상원 의원들이 대통령을 기소하여 탄핵 절차로 법정에 세우기로 가결했다, 자금 세탁과 부패 혐의로.

THEFT 절도

theft 절도(포괄적 용어로 남의 것을 훔치거나 뺏거나 모든 종류의)

larceny 절도(단순절도petit larceny, 중절도grand larceny 등 법률적 의미의)

shoplifting 좀도둑(상점에서)

burglary 주거침입죄(housebreaking의 의미인)

robbery 강도질(노상 강도, 날치기, 은행 강도 등의)

Larceny is theft by stealth, with no weapon and without deceit, while fraud is theft using tricks, deception, or misrepresentation.
• deceit는 악의를 가진 기만행위, deception은 마술사의 눈속임이나 조금 부정적 속임

절도는 비밀리에 무기 없이 기만행위 없이 행하는 도둑질이다. 반면 사기는 계략이나 속임 허위진술을 하는 도둑질이다.

Shoplifting charges become a more serious charge of burglary when the shoplifters get caught while using tools to remove anti-theft devices.
좀도둑질 혐의는 더 심한 주거침입 혐의가 된다, 그 좀도둑들이 절도방지장치를 제거하는 연장을 사용하다 잡힐 때.

Robbery is a kind of theft using any type of force to take money or property from someone. However, it doesn't necessarily mean that the victim has to suffer some form of physical injury.
강도는 누구로부터 돈이나 재산을 뺏기 위하여 어느 형태의 힘을 사용하는 절도의 형태이다. 하지만 그 희생자가 반드시 어떤 신체의 상처를 입어야 하는 것은 아니다.

ROB 강도질하다

rob 강도질하다(금품, 재산을 뺏으려고)
hold sb up 강도질하다(무기를 들이대고)
loot 약탈하다(폭동 속에서 폭도들이 looter로)
plunder/pillage/sack 노략질하다(군인들이 점령지를)
» 전시에 plundered 마을은 계속 존재하지만, pillaged 마을은 폐허가 된다, sacked된 마을은 파괴되기 전 모든 귀중품을 빼앗긴 곳이다. pillaged되었지만 sacked되지 않은 곳은 다시 plundered될 수 있다
ransack 약탈하다(무자비하게), 수색하다(철저하게 샅샅이)
» 비전시 상황에는 robbing, ransacking이 적용된다
raid/break into 불법 침입하다(물품을 훔치려고)
burglarize 절도하다(불법 침입하여)

A local store was robbed at gunpoint during a midday holdup by a man dressed in Santa Claus. The disguised holdup man ran off with roughly $1,000.
• at gunpoint 총으로 위협당하여
한 변두리 가게가 총기 강도질을 당했다, 한낮의 권총강도로, 어떤 산타클로스 복장을 한 남자에 의해서. 그 변장을 한 권총강도는 대략 1,000달러를 갖고 도주했다.

The terrorists planned to raid (OR break into) the village and plunder all things they wanted.
그 테러리스트들은 그 마을을 습격해서 그들이 원했던 모든 것을 약탈할 계획을 세웠다.

He is devastated after his house was ransacked. The heartless thieves took everything worthwhile, even his pet dog.
그는 자기 집이 뒤져지고 약탈당한 후 망연자실했다. 그 무자비한 도둑들이 그의 집에서 값나가는 것은 모조리 훔쳐갔다, 심지어는 애완용 개까지.

The two teenagers were apparently planning to burglarize a house and broke into the house, but they were scared off by a dog inside. However, they denied the fact that they were there to raid the house, and insisted that they were just hanging out there.
그 두 십대가 분명 한 집을 강도질하려고 계획하고 그 집에 침입했지만, 집 안에 있던 개가 무서워 도망쳤다. 그러나 그들은 그 집을 침입하기 위해 그곳에 있었다는 사실을 부인했고 그냥 그곳에서 놀고 있었다고 우겼다.

SUMMONS 소환장

summons 소환장(피소 사실을 통고하며 판사 앞에 출석을 요청하는)
» 검사도 증거 조사를 위해 발부할 수 있음

subpoena 소환장(사건의 증인으로 법정 출두를 강제로 요구하는)

citation 소환장(법원에), 인용(어떤 저작물에서)
» summons의 일종이며 주로 주차 위반, 법규 위반 등으로 ticket이 발부되는 경우에 적용함

warrant 영장(법 집행자가 압수, 체포하도록 판사가 발부하는)

Summons is an official notice of a lawsuit that a defendant is sued for some reasons. By contrast, subpoena is a court order that forces witnesses to appear in the court to offer testimony on a specific day.
- lawsuit 소송, defendant 피고, testimony 증언

출두 명령서는 소송의 공식적 통지이다. 피고가 어떤 이유로 소송되었다는. 이와 대조적으로, 증인 소환장은 법원의 명령이다, 증인들을 지정한 날에 증언을 위해 법정에 출두하도록 강제하는.

A citation is issued instead of a warrant and allows an individual to appear in court out of their own free will. These kinds of summons are used in financial liability for loss, traffic incidents and other legal proceedings where a warrant is not issued.

출석 통지서는 영장 대신 발부되고 한 개인을 자유의지로 법정에 출두하도록 허용하는 것이다. 이런 종류의 소환장들은 영장이 발부되지 않는 손실에 대한 금전적 책임, 교통사고와 다른 법적 소송 절차에 사용된다.

ACQUIT 무죄 판결하다

acquit 무죄로 되다(법원의 판결로)

convict 유죄로 되다(법원의 판결로)

vindicate 혐의를 풀다(의심, 비난에서 해소되어)

exonerate 면죄하다(유죄판결 후에 결백이 입증되어)

In one case a murder is acquitted, in another case an innocent person is falsely accused and falsely convicted by racists and a corrupt system.

한 사건에서는 어떤 살인자가 무죄로 판결된다, 다른 사건에서는 죄 없는 자가 부정하게 고소되고 허위로 유죄 판결을 받는다, 인종주의자들과 부패한 체제에 의해서.

He was exonerated from the charges by the court. He was found not guilty and finally vindicated. However, he didn't see that the prosecutor's vicious lies were exposed and he was acquitted, because he died prior to the end of the trial.

그는 법원에 의해 그의 죄과에서 무죄가 되었다. 그는 죄가 없음이 밝혀졌고 드디어 혐의를 벗었다. 그러나 그는 검사의 악한 거짓말이 드러나고 그가 무죄로 된 것을 보지 못했다, 왜냐하면 그는 그 재판의 종결 전에 죽었기 때문이다.

FIB 거짓말

fib 거짓말(위기를 벗어나려고 아이처럼 꾸미는 사소한)
lie 거짓말(사실과 다른 부정직한)
white lie 거짓말(악의 없는)
baloney 뻥(근거 없는), 공갈

To lie is not saying the truth at all. Telling a fib means bending the truth. If you went to a mall instead of going to church, you can lie like "I did go to church. I never went to the mall." or you can fib like "I went to church before I went to the mall."

• lie through one's teeth 새빨간 거짓말을 한다

lie를 하는 것은 진실을 전혀 말하지 않는 것이다. fib를 말하는 것은 그 사실을 약간 왜곡하는 것이다. 만약 당신이 교회에 가는 대신 쇼핑하러 간다면 당신은 "나는 교회에 갔다. 나는 쇼핑하러가지 않았다."라고 lie할 수 있거나 "나는 쇼핑하러 가기 전에 교회에 갔다"고 fib할 수 있다.

White lies are used to avoid offending someone. For example, you can tell someone white lies like "That dress looks amazing on you" even though you don't like the dress someone is wearing.

white lie는 누군가를 마음 상하게 하지 않기 위해 사용된다. 예를 들어 당신은 어떤 사람이 입고 있는 옷이 비록 마음에 들지 않아도 당신은 "그 옷이 네게 정말 잘 어울린다"고 악의 없는 거짓말을 할 수 있다.

He promised to create the most transparent government, but he is now lying through his teeth. What he said is totally baloney.

그는 가장 투명한 정부를 만들겠다고 약속했다. 그러나 그는 지금 새빨간 거짓말을 하고 있다. 그가 말한 것은 완전히 뻥이다.

DEFAMATORY 명예훼손의

defamatory 명예훼손의(보편적 용어로)
libelous 명예훼손의(문서나 그림에 의한)
slanderous 명예훼손의(구두나 행동으로 하는)

Written defamation in any other form of communication such as printed words or images is called libel, and spoken defamation such as spoken words or gestures is called slander.

인쇄된 문장, 사진과 같은 다른 의사소통의 형태 속에서 문서에 의한 명예훼손은 libel이라고 하고 말이나 몸동작 같은 언어표현에 의한 명예훼손은 slander라고 한다.

LIE 거짓말하다

lie 거짓말하다 (상대방에게 거짓을 진실로 믿게 하려고 말로)
deceive(into) 속이다 (거짓말, 거짓행동 등으로 상대방에게 해를 끼치려고)
» 예외적으로 magic은 deceive하지만 해를 끼치는 것은 아님
swindle(out of) 사기를 치다 (사기로 어떤 것을 뺏으려)
cheat(out of) 속임수를 쓰다 (사소한 정도의 속임수로 뺏으려)
» defraud는 cheat와 비슷하나 주로 법적인 formal용어

The devil **lied** to her, **deceiving** her **into** believing that she could be like God if she ate the fruit from the Tree of Knowledge of Good and Evil.
악마는 그녀에게 거짓말을 했다. 그녀가 신처럼 될 수 있다고 믿게 하도록 속이면서, 만약 그녀가 선악과나무의 과일을 먹으면.

A man attempted to **swindle** an old man **out of** the allowance paid to him monthly by the State Government. However, he ran out of luck and was arrested after his attempt failed.
어떤 남자가 어떤 노인을 속여 주 정부에서 매달 지급되는 용돈을 사기치려고 시도했다. 그러나 그 남자는 운이 다되어 체포되었다. 그의 시도가 실패한 후에.

There are no slot machines that are not ripped off in the world. Even though how high level of security is adopted to counteract such attack, somebody continues to find ways to **cheat** casinos **out of** their money.
이 세상에서 바가지 쓰지 않는 파친코 기계들이란 없다. 얼마나 높은 수준의 보안이 도입되어도, 그런 공격에 대비하기 위해, 누군가는 카지노들을 속여 돈을 빼앗는 방법들을 계속 찾고 있다.

DEROGATORY 모욕적인

derogatory 모욕적인 ('누구는 형편없어' 처럼 개인에 대해)
pejorative 모욕적인 ('어느 집단은 멍청해' 처럼 집단에 대해)
disparaging/slighting 얕잡아보는

All employees must not do or say anything that could be considered **derogatory**, **disparaging**, **insulting**, **offensive**, intimidating or humiliating to other employees and clients. If their behaviors were defamatory, the business or its clients could be adversely affected.
• intimidate 위협하다, humiliate 굴욕을 주다, adversely 역으로
모든 직원은 모욕적이고, 깔보고, 무례하고, 상처를 준다고 여겨질 수 있는 어떤 것을 말하거나 해서는 안 된다, 다른 직원들과 고객들을 위협하면서, 창피를 주면서. 그들의 행동이 명예훼손을 하면, 그 기업이나 고객들은 나쁜 영향을 받을 수 있다.

The contents of the article are so **pejorative** and demeaning that dozens of passages would be censured and condemned by plenty of others.
그 기사의 내용은 너무 모욕적이고 천박해서 수십 줄의 문장들이 많은 사람에 의해 비난받고 규탄될 것이다.

VIOLATION 위반

violation 위반(보편적 용어로), 중과실(법규 위반으로 기소될 심각한)

breach 계약 위반(계약자의 행위가 약속을 깨는)
» breach of conduct[행동 규정 위반]으로 학교에서 퇴학 당할 수 있다

offense 과실(벌금부터 교도소에 갈 범죄까지 모든)

infraction 경과실(주차 위반, 안전벨트 미착용 등 벌금 부과로 끝날)

infringement 침해(인권, 권리, 지적소유권 등을 개념적으로)

encroachment 침범(건물, 개인의 시간 등 사유재산 영역 속으로)

Traffic law is divided into infractions and violations. An infraction is not considered a criminal offense, and the punishment for it is usually a fine. Traffic law violations including speeding, failing to yield etc. are strict liability offenses.
• strict liability offense 엄격 책임 범죄로 고의성이 없어도 사회정책상 처벌하는 범죄

교통법은 경과실과 중과실로 나뉜다. 경과실은 범죄과실로 간주하지 않는다, 그리고 그에 대한 처벌은 보통 벌금이다. 과속, 양보불이행 등의 교통법 위반들은 엄격 책임 범죄이다.

Let's say, when someone stole a book from a bookshop, it's an infraction of law. And it's also a breach of contract in that he failed to pay for it. And it's also an infringement of the owner's right in that the owner was deprived of the chance of making profit.

말하자면 어떤 사람이 책방에서 책을 한 권 훔쳤을 때 그것은 경과실이다. 그리고 계약 위반이기도 하다, 그가 돈을 내지 않았다는 점에서. 그리고 그것은 주인에 대한 권리의 침해이기도 하다, 주인이 이익을 남길 기회를 빼앗겼다는 점에서.

I live in a mountain cabin, and wild animal encroachment is a big problem. Bears often break into my cabin and trash everything. They're a huge nuisance.

나는 산의 작은 집에 사는데 야생동물의 침범이 큰 문제다. 곰들은 종종 내 집에 침입하고 모든 것을 엉망으로 만든다. 그들은 큰 골칫거리다.

BATTERY 폭행

battery 폭행(신체적)

assault 폭행(신체 접촉은 없이 위협만 하는)

Threatening to hurt someone verbally while pointing a gun or waving a weapon is considered assault. By contrast, punching or hitting someone with an object is battery. Usually assault and battery are actually two separate charges often paired together.

총을 겨누거나 무기를 흔들면서 말로 어떤 사람을 해치겠다고 위협하는 것은 assault이다. 이와 대조적으로 물건을 가지고 누구를 때리고 치는 것은 battery이다. 보통 언어폭행과 신체폭행은 짝을 이루는 두 건의 별개의 죄과이다.

CONFIDENTIAL 기밀의

confidential 기밀의(사업상이나 개인 서류 등이)
classified 보안 등급으로 분류된(군, 정부에 의해)
off the record 비공식적으로

Information described as "confidential" should not be known publicly for business or personal reason.
confidential이라고 묘사되는 정보는 사업상이나 개인적 이유로 대중에게 공개되지 않아야 한다.

Classified is an overall designation in which individual documents are marked by military, security or government with one of several levels of sensitivity, top secret, secret, confidential, restricted, in order to make it illegal to make a disclosure to unauthorized individuals.
보안 등급이란 전반적 지정이다, 각각의 서류들이 군, 경비회사나 정부에 의해 다수의 민감 정도, top secret, secret, confidential, restricted 중의 하나로 표시되는, 권한이 없는 개인들에게 누설하는 것이 불법이 되도록 하려고.

Off the record means that a certain information is provided strictly on the basis that it will not be used for any other purpose. It means that it won't appear in print.
비공식적이란 어떤 정보가 어떤 다른 목적으로 사용되지 않을 것이라는 토대 위에서 엄격하게 제공된다는 것을 의미한다. 그것은 문서로 만들어지지 않을 것을 의미한다.

PLEA 호소

plea 호소(다급한 pleading인)
petition 청원(다양한 목적의), 탄원, 진정
complaint 민원(시정해달라고 요구하는)

When Christ was crucified and hung on the cross, He issued a plea for mercy on behalf of His tormentors and pled for divine forgiveness for His people.
• on behalf of ~를 위하여, tormentor 괴롭히는 자, plead는 plea의 동사
예수가 십자가에 못 박히고 달렸을 때 그는 그를 괴롭히는 자들을 위해 자비를 호소했고 그의 백성들을 위해 신의 용서를 간청했다.

The victims of human rights abuses can obtain justice by filing a petition alleging a violation of human rights.
인권 학대의 희생자들은 정당성을 얻을 수 있다, 인권 위반을 주장하는 탄원서를 제출함으로써.

If you are not satisfied with the quality of our service you get from us, you can submit a service-related complaint.
만약 당신이 우리에게서 받은 우리의 서비스의 질에 불만족하다면 당신은 서비스 관련 민원을 제출할 수 있다.

SCAM 신용 사기

scam 신용 사기(남을 속여 이익을 챙기는)
» 부정직한 전문직이나 회사나 집단에 의한 신용이나 기술, 권위 등을 과대 포장하여 판매에 악용하는 사기, 또한 로또 사기, 전화 사기, 인터넷 범죄 등

fraud 사칭 사기(남의 신분을 사칭하고 남의 돈을 편취하는)

rip-off 바가지 씌우기

hoax 공갈 메시지(대중을 거짓으로 속여 골탕을 먹이려고)
» 공항에 폭발물을 설치했다고 허위로 119에 신고하는 등

A scam is a scheme designed to rip off and cheat you out of your money using fraudulent methods. If a fraudster tells you via telephone, email, or even in person that, say, you will win $5 million and all you need to do is to give him your bank details, you are likely to fall for the scam.

• scheme 음모, rip off 바가지 씌우다, fraudulent 부정한, fall for ~에 속다.

신용 사기는 바가지 씌우거나 부정한 방법들을 사용하며 당신의 돈을 편취하도록 계획된 음모이다. 만약 어떤 사기꾼이 당신에게 예를 들어 당신이 500만 달러를 타게 될 것인데 당신이 할 것은 그에게 은행 정보를 주는 것이라고 전화, 이메일 또는 직접 말하면 당신은 그 신용 사기에 속을 수 있을 것이다.

When someone uses a different name on documents etc. to steal stuff, pretending to be someone else, it's a fraud. When you cheat on your wife, you can be also called a fraudster by her. Because you were pretending to be faithful to her while committing adultery.

누군가가 물건을 훔치기 위해 딴 사람의 이름을 서류 등에 사용할 때, 다른 사람인 척하면서, 그것은 fraud이다. 당신이 바람을 피울 때, 역시 배우자에 의해 사기꾼이라는 소리를 들을 수 있다. 왜냐하면, 간음하면서 그녀에게 충실한 체하고 있었기 때문이다.

A rip-off is when you get a bad deal in a transaction, especially when you are overcharged for something. It is usually distinguished from a scam in that a scam typically involves legal wrongdoing, misrepresentation or fraud. On the contrary, a rip-off may be considered charging excessive prices, but it's not illegal.

• legal wrongdoing 주차 문제, 출장비 과다 사용 등처럼 남에게 사소하게 해를 끼치는 합법적 악행

rip-off는 거래에서 당신이 불량거래를 당하는 때이다, 특히 당신이 물건 값을 더 많이 요구받는 경우에. 이것은 신용 사기와 구별된다, 신용 사기가 전형적으로 합법적 악행, 허위진술이나 사기를 포함한다는 점에서. 반면, 바가지는 초과한 가격을 부과하는 것이지만 그것은 불법은 아니다.

If you try to spot lies, hoaxes and misinformation online, scams can be detected in seconds. Don't get fooled by hoaxes or fake messages.

• fool 놀리다, 속이다

만약 온라인상에서 당신이 거짓말과 공갈 메시지들과 잘못된 정보들을 찾아내려고 하면, 신용 사기들은 몇 초 내에 탐지될 수 있다. 기망, 즉 거짓 메시지에 속지 마세요.

CRIMINAL 범죄자

criminal 범죄자(일반적 용어로 범죄를 저지른 모든)
perpetrator 특수범죄자(일반 범죄가 아닌 은행 강도, 빈집털이 등의 전문적인)
» 일반적으로 형이 확정된 '범죄자'의 뜻도 있으며, 상습범은 recidivist임
offender 가해자(criminal을 완곡하게 부르는 표현으로)
suspect 용의자(수사선상에 올라 있어 의심스러운)
culprit 형사피의자(충분한 증거가 있어 구류된)
felon 중범죄자(심각한 범죄를 저지른)
delinquent n.비행 청소년, a.비행의

Someone who committed a crime is referred to as a criminal, who is also euphemistically called an offender. A perpetrator is someone who committed a specific crime. If police keep searching for a suspect who robbed a bank, they will say that they are searching for a perpetrator, not a criminal. A culprit is someone detained for a crime, and police has enough probable cause to hold the person.

• euphemistically 완곡하게, detain 억류하다

죄를 지은 사람은 범죄자라고 불린다. 가해자라고도 완곡하게 불린다. 특수 범죄자는 특수 범죄를 저지른 사람이다. 만약 경찰이 은행을 턴 어떤 용의자를 추적하고 있다면 그들은 특수범을 찾고 있다고 말할 것이다, 범죄자가 아니라. 형사 피의자는 범죄로 구류된 사람이고 경찰이 그를 잡아 둘 충분히 가능한 이유가 있다.

A delinquent act is a criminal act committed by a youth. If it is committed by an adult, it will be considered a criminal offense, either misdemeanor or felony.

• misdemeanor 경범죄, felony 중죄

비행 청소년의 행위는 소년에 의해 저질러진 범죄행위이다. 만약 성인에 의해 저질러진다면 경범죄나 중범죄 중의 하나인 범죄행위로 간주할 것이다.

BUDGET 예산

budget 예산
revenue 총수입(회사에서 비용을 포함한), 총세입(정부에서 세금의)
proceeds 수익(모든 상업적 행위로 얻어지는)
income 수입(개인의)
deficit 적자(정부나 회사의)
surplus 흑자(정부나 회사의)

Budget is the projected financial estimate of revenues and expenses in a fiscal year, whereas expenditures are the actual spending of money incurred on the account.
• fiscal 회계의, estimate 예산, incur 손해를 입다
예산은 한 회계연도에 총세입과 비용의 예측된 재정예산인 반면, 경비 지출은 계정에서 생기는 실제 지출이다.

Revenue means proceeds for business from the sales of products and services to customers. By contrast, income means net profit for individuals such as total wages, salaries, tips, interest.
총수입은 고객들에 대한 생산품과 서비스의 판매로부터 기업의 이익을 의미한다. 이와 대조적으로, 개인 수입은 총임금, 월급, 봉사료, 이자와 같은 개인에 대한 순소득을 말한다.

The governor deserved a lot of credit for turning his state's budget deficit into surplus, but the effects turned out to be very short-lived.
• deserve the credit for ~의 공을 인정받다
그 주지사가 주의 적자 예산을 흑자로 돌려놓은 많은 공을 인정받을 만했다. 그러나 그 효과들은 일시적이었다.

EMBEZZLE 횡령하다

embezzle 횡령하다(직위를 이용하여 사적으로)
seize 빼앗다(전격적으로), 덮치다(병, 공포 등이)
confiscate 압수하다(보관하려고 빼앗아)
deprive A of B 박탈하다(A에게서 B를)
get one's hands on 입수하다(손에 넣어)

The former mayor was indicted on criminal charges, because he lined his pockets with campaign funds and accepted bribes and embezzled money.
• line one's pocket 부정하게 이익을 보다
전임 시장이 범죄들로 기소되었다. 왜냐하면, 선거 기금을 착복하고 뇌물을 받고 돈을 횡령했기 때문이다.

The police believe that the confiscated stolen weapons along with seized face masks were going to be used in an armed robbery.
경찰은 빼앗은 복면과 함께 압수된 도난 무기들이 무장 강도질에 사용될 예정이었다고 믿고 있다.

As confidences turned into doubts, panic seized upon them and they fled like rats.
자신감이 의심으로 바뀌었을 때, 공포가 자신감을 사로잡았고 자신감은 쥐새끼들처럼 도망쳤다.

If terrorists could get their hands on the missing radioactive material, then history would cease to exist.
테러리스트들이 그 분실된 방사성물질을 그들의 손에 넣을 수 있다면 역사는 없어질 것인데.

If such restrictions take away their civilian freedom, they will be deprived of their liberty.
그런 제한들이 민간의 자유를 빼앗는다면, 그들은 자유를 빼앗길 것이다.

ARSON 방화죄

- **arson** 방화죄(복수를 위해 남의 재산에 불을 지르는)
- **pyromania** 방화벽(병적으로 불을 지르는)
- **incendiary** a.인화물질의, n.방화범
- **fire setting** 불장난(호기심에 의한)

Arson is a crime that someone commits to gain a benefit by igniting someone else's property, and pyromania(OR firebug) is a psychiatric diagnosis. Fire setting is fire-starting behavior often by unsupervised children with an incendiary device.

방화는 어떤 사람이 타인의 재산에 불을 질러 이익을 얻기 위해 저지르는 범죄이다. 그리고 방화광은 정신병의 진단이다. 불장난은 인화성의 장치로 불을 내는 행동이다, 종종 보호자의 감시를 받지 못하는 아동들에 의한.

70% of juvenile fire-setters are under age 10, and this indicates that juvenile arson remains an issue of significant clinical concern despite the fact that pyromania is rarely diagnosed in children.

유소년 불장난의 70%가 10세 이하이고 이것은 유소년 방화가 현저한 임상적 관심사로 남아 있다는 것을 보여주고 있다, 아이들은 방화벽이라고 진단이 되는 경우가 드물다는 사실에도 불구하고.

DETAIN 구류하다

- **detain** 구류하다(붙잡아 강제로)
- **retain** 간직하다(놓지 않고 붙잡아), 변호인을 선임하다
- **maintain** 유지하다(늘 좋은 상태로 있도록)
- **sustain** 유지하다(멸종되지 않도록)

Retain means to keep or hold something whether in mind, possession or a certain condition. By contrast, detain means to keep someone in custody or confinement.

retain은 어떤 것을 마음, 소유, 특정 조건 속 어디이거나 붙들고 있는 것을 의미한다. 이와 대조적으로, detain은 누구를 구류나 감금하고 있는 것이다.

Upon arrest or detention by the police, the detainee must be informed of the right to retain and instruct legal counsel without delay. This means they have the right to consult with a lawyer to get immediate legal advice in private.

- instruct (변호사에게) 의뢰하다

경찰에 의해 체포되거나 구류되자마자 그 구치자는 바로 변호인을 선임하고 의뢰할 권리를 통고받아야 한다. 이것은 그들이 사적으로 즉각적인 법률 조언을 얻기 위해 변호사와 면담할 권리를 갖는 것을 말한다.

To maintain good health or to keep your health at the same level, you need a good balanced diet. It will help sustain and support a healthy life.

건강을 유지하기 위해, 즉 건강을 여전하게 하려고 당신은 균형 잡힌 식사를 할 필요가 있다. 그것은 건강한 삶을 유지하고 지지하게 도와줄 것이다.

PROBATION 집행유예

probation 집행유예
parole 가석방

Parole is a form of conditional release of an inmate from custody prior to the expiration. By contrast, probation occurs when courts order to place an offender under supervision, instead of serving time in prison. In both cases, the offender who fails to comply with the court-ordered conditions can end up returning to prison.

- supervision 관리, serve time 형을 살다

가석방은 만기 전에 구금상태에서 죄수의 조건적인 석방의 한 형태이다. 이와 대조적으로, 집행유예는 법원이 범법자를 감시 속에 놓도록 명령할 때이다, 교도소에서 형을 살게 하는 대신. 두 경우 법원에 의해 명령받은 조건을 준수하지 못한 범법자는 감옥으로 돌아가는 결과가 될 수 있다.

INCARCERATION 투옥

incarceration 감금(감옥, 재활시설, 병원, 전자 팔찌 등 모든 합법적)
imprisonment 투옥(교도소에 합법적), 불법 감금
custody 구금 상태(사법기관에 의해 통제를 받는)
arrest 체포(범죄로 자유를 뺏는 단기적)
jail 구치소(1년 이하 등 짧은 형기를 사는)
prison 교도소(형이 확정되어 긴 형기를 사는)

Convicted drug addicts should be sent to jail or prison. It is right to imprison or confine drug users.

유죄가 확정된 마약 중독자들은 구치소나 교도소로 보내져야 한다. 마약 상용자들을 감옥에 가두거나 감금하는 것은 옳다.

The authorities should continue to provide drug abuse treatment and education interventions for incarcerated offenders and then link them to appropriate post-release community services.

당국은 수용시설에 구금된 범법자들을 위해 마약류 중독 치료와 교육 개입을 계속 제공해야 하고 그들을 석방 후 적절한 사회 서비스와 연결해야 한다.

An arrest occurs when police officers take a suspect into custody and the suspect's liberty is deprived. Usually the suspect is taken to a police station and held in custody in a cell and questioned. After that, they may be released or charged with a crime.

경찰이 혐의자를 가두어 그 혐의자의 자유가 박탈될 때 체포가 발생한다. 보통 그 혐의자는 경찰서에 보내져서 감방에 구금되고 심문을 받는다. 그 후에 그들은 풀려나거나 범죄로 기소될 수 있다.

BUTCHER 도살하다

butcher 도살하다
slaughter 살육하다

To butcher animals means to kill them and cut them up so that they can be eaten. To slaughter refers to brutal murder, mass murder or savage killing. A dehumanized person can slaughter people with guns, while butchers work with sharp tool like saws and knives, but not with guns.

도살하는 것은 동물을 죽여 먹을 수 있도록 자르는 것을 의미한다. 살육하는 것은 잔인한 살해, 대량학살이나 야만적인 살해를 말한다. 짐승 같은 인간은 총으로 사람들을 죽인다, 반면, 백정들은 톱이나 칼과 같은 날카로운 도구를 가지고 일을 한다, 총이 아닌.

MASSACRE 대학살

massacre 대학살(잔인하고 악의적으로 대규모의)
genocide 집단학살(종교나 정치적 신념이나 인종적 이유로)
» holocaust처럼 민족, 종족, 인종, 종교집단의 전체나 일부를 제거를 목표로 함

Holocaust survivors of Nazi genocide placed an advertisement in a newspaper to harshly criticize Israel for Gaza massacre.
• condemn 비난하다
나치 집단학살의 홀로코스트 생존자들은 가자 지구 대학살에 대해 이스라엘을 맹비난하기 위해 한 신문에 광고를 올렸다.

He publicly pronounced the massacre as a genocide, and his comment made them angry.
그는 공개적으로 그 대학살이 genocide라고 선언했다, 그리고 그의 언급은 그들을 화나게 했다.

COALITION 동맹

coalition 동맹(공동의 목적으로 서로 돕고 행동을 함께하기 약속한)
alliance 연합(두 나라 이상이 서로 합동하여 하나의 조직체를 만드는)

A coalition is a group of people working together for the same goal. It is stronger than an alliance. When one powerful nation forms a coalition with some less powerful nations, the powerful nation takes all the blame for what happens among them. By contrast, when one powerful nation forms an alliance with some less powerful nations, the powerful nation is largely not responsible for it even though the allied nation attacks the other one.

동맹은 같은 목표를 위하여 함께 일하는 사람의 집단이다. 그것은 연합보다 더 강하다. 한 강대국이 일부 약한 국가들과 동맹을 조직할 때 그 강대국이 그들 사이에서 발생하는 일에 대해 모든 비난을 받는다. 이와 대조적으로 만약 한 강대국이 일부 약한 국가들과 연합을 조직할 때 그 강대국은 큰 틀에서 책임이 없다, 한 연합국이 다른 나라를 공격한다 해도.

SECRETIVE 비밀의

secretive 비밀의(정보를 공개하지 않고 숨기는)
clandestine 은밀한(간첩, 군사적, 사적인 활동을 비밀리에 하는)
surreptitious 몰래 하는(어떤 행동이 부끄럽고 비이성적이어서)
furtive 재빨리 슬쩍(죄의식으로나 들킬까 봐 stealthy, sneaky하게)

During the couple's surreptitious love affair, their clandestine meetings in secret places were carefully planned, meticulously guarded.
그 남녀의 몰래 하는 애정행각 중에 비밀 장소에서 은밀한 만남은 세심하게 계획되고 꼼꼼하게 보호되었다.

The individuals working in the task force were highly secretive about any sort of information. They might do some clandestine work without using their real name.
그 긴급대응팀에서 일하는 사람들은 어떤 정보라도 극비로 했다. 그들은 본명을 사용하지 않고 은밀한 작업을 할 것이다.

After casting a furtive glance around the dining hall, he took a couple step backward.
슬쩍 식당을 둘러보고 그는 몇 발자국 뒤로 물러났다.

ESPIONAGE 간첩행위

espionage/spying 간첩행위(국가나 군사 기밀사항에 대한)
intelligence 첩보(보편적 용어로), 정보 수집

Intelligence is the act of gathering information and analyzing it so that you can make informed decisions on how to achieve your goals. By contrast, espionage, casually called spying, is about dangerous intelligence or secrets which someone deserves to fight to get.
• informed decision 얻은 정보를 근거로 내린 결정
첩보란 자료를 모으고 분석하는 것이다. 목표를 달성할 방법을 얻은 정보를 바탕으로 결정할 수 있기 위해서. 이와 대조적으로, spying 이라고 하는 간첩행위는 위험한 정보 수집 또는 누군가가 얻기 위해 싸울 가치가 있는 비밀에 관한 것이다.

Most intelligence about business secrets really isn't that big deal, but industrial, military espionage is hard to justify its activity, because it could often cause people to lose their jobs or even lives.
사업상 비밀에 대한 대부분의 정보 수집은 그렇게 큰일이 아니지만, 산업과 군사적 간첩행위는 그 활동을 정당화하기 어렵다. 왜냐하면 종종 국민에게 직업이나 심지어 생명을 잃게 할 수 있어서.

06 지적 활동
Intellectual Aspects

BELIEVE 믿다

believe 믿다(증명된 결과로 일시적으로)
trust 믿다(누구의 성품이나 인격을 신뢰하여)
believe in 믿다(~의 존재를), 옳다고 믿다(어떤 사실이)

You believe that I can drive a car, when you see my driver license. However, you won't allow me to drive your car, when you don't trust me. Similarly, you might believe that an expert could be very good at his job, but you might not trust him enough to put your life on the line for his risky act.

당신은 내 운전면허증을 볼 때, 내가 차를 운전할 수 있다고 믿는다. 그러나 내가 당신의 차를 몰도록 허용하지 않을 것이다, 당신이 나를 신뢰하지 않는다면. 마찬가지로, 당신이 어떤 전문가가 그의 일을 대단히 잘할 수 있을 거라고 믿을 수는 있지만, 그의 위험한 행동에 당신의 생명을 걸 정도로 충분히 그를 신뢰하지 않을 수 있다.

Do you believe in miracles? Some people believe in God and they don't believe in homosexuality. They don't think same-sex couples should be able to get married.

당신은 기적의 존재를 믿는가? 일부 사람은 신의 존재를 믿고 동성애를 옳다고 생각하지 않는다. 그들은 동성 커플들이 결혼할 수 있도록 해야 한다고 생각하지 않는다.

BELIEF 믿음

belief 믿음(의심의 반대이며 증거로 인해 어떤 것이 진실이라고)
» 얻는 경험이나 정보를 통해 완전히 확신하면 얻는 것으로 연륜에 따라 바뀔 수 있음

faith 신앙(belief에 바탕을 두고 confidence로 실행을 하는)
» 기우제를 하면 반드시 비가 올 것이라고 믿고 자신감으로 우산을 준비하는 행위는 faith임

trust 신뢰(상대의 좋은 성품을 알고 갖게 된)

confidence 신념(지식, 경험으로 갖게 된), 자신감
» 지식과 과거의 경험을 토대로 trust하는 것

Belief is one-dimensional, and it exists in the mind and has "doubt" as its immediate neighbor. By contrast, faith is multi-dimensional, and it exists in the heart and is a complete confidence in something.
믿음이란 1차원적이고 그것은 정신 속에 있고 바로 이웃으로 "의심"을 갖는다. 이와 대조적으로, 신앙은 다 차원적이고 그것은 마음 속에 있고 무엇에 완전한 신념을 가지는 것이다.

The most important component in a healthy relationship is the building of mutual trust, respect and confidence.
건강한 인간관계에서 가장 중요한 구성 요소는 상호 신뢰, 존경심과 자신감을 구축하는 것이다.

RELIABLE 신뢰할 수 있는

reliable 신뢰할 수 있는(본인이 사실적 증거로 믿고 rely on할 수 있어)

credible 신빙성이 있는(일반적 시각에서 사실로 믿을 수 있어 보여)
» credible information은 believable한 정보일 수 있고, reliable information은 trustworthy한 정보

A journalist may say that his information comes from a reliable source, when the source is only a one-time contact but has factual information that can be verified. By contrast, the journalist may say that his information comes from a credible source, when he can contact the source any time and they have provided correct information in the past and therefore he can count on it for accurate information.
어떤 기자는 그의 정보가 reliable 출처에서 나온다고 말할 것이다, 그 출처가 단지 한번 접촉이지만 검증될 수 있는 사실적인 정보를 가지고 있을 때. 이와 대조적으로, 그 기자는 credible한 출처에서 나온다고 말 할 수 있다, 언제라도 그는 그 출처를 접촉할 수 있고 그 출처는 과거에 정확한 정보를 제공했다, 그러므로 정확한 정보에 대해 그를 믿을 수 있을 때.

SOLVE 해결하다

solve 해결하다(문제의 해답을 만들어 성공적으로)

resolve 수습하다(문제를 적절히 대처하여 걱정거리가 없도록)

» 스트레스, 갈등이 생길 때 여러 가지 방법이 있을 수 있으나 보통 완전해결보다는 그중 한 가지로 수습하여 resolve한다. 반면에 수학 문제는 정답이 하나이므로 solve한다

He is firmly resolved to sincerely care about solving their issue or complaint at his own responsibility.
- resolved 결심한

그는 단단히 결심했다, 그들의 문제와 불평을 해결하는 데 진정으로 관심을 두기로, 자신의 책임으로.

Grief — a natural reaction to the loss of a loved one — is not a problem to be solved or resolved. Rather, it's a process to be lived through. Never try to get over it, but get on with it. And never move on, but keep moving forward.
- live through 별일 다 겪으며 살다, get on with 연이어 계속하다.

사랑하는 사람을 잃은 것에 대한 자연 반응인 슬픔은 해결책이 있거나 수습되는 문제가 아니다. 오히려 살면서 겪어야 하는 과정이다. 결코, 극복하려고 하지 말고 그것을 계속하라. 그리고 분위기 전환을 하려고 하지 말고 계속 앞으로 나아가라.

APPREHEND 감지하다

apprehend 감지하다(지적으로), 파악하다, 체포하다
apprehension 불안(걱정되고 불길한 전조의)
comprehend 이해하다(복잡다기한 것을)
comprehensive a. 이해력이 있는, 포괄적인

If the people can't comprehend or don't want to apprehend the approach of a person being honest in own attitude toward resolving any issues, then they will squarely put the blame or burden on him by saying that he lacks the ability to make them understand his views. [Anuj Soman]
- squarely 단호하게

만약 그 사람들이 어떤 이슈들을 수습하는 데 자신의 태도에 있어 정직한 사람을 이해할 수 없거나 그 사람의 접근을 감지하기를 원하지 않다면, 그러면 그들은 단호하게 그에게 비난하거나 부담을 지울 것이다, 그는 다른 사람의 관점들을 이해시키는 능력이 부족하다고 말함으로써.

Racial minorities who violate law are more likely to be apprehended than whites. And once arrested, they tend to be sentenced to prison. Furthermore, once convicted, they are expected to receive longer sentences.

법을 어긴 소수인종들은 백인들보다 체포될 가능성이 크다. 그리고 일단 잡히면 그들은 금고형으로 선고되기 쉽다. 더군다나, 일단 유죄가 되면 더 긴 형을 받을 것이 예측된다.

The **apprehension** or discomfort associated with dental treatment is neither unusual nor abnormal in every walk of life.
　　• every walk of life 모든 직업, 계층
치과 진료에 연관된 불안이나 불편함이 모든 계층의 사람에게서 별난 것도 비정상적인 것도 아니다.

He wanted to make one big, **comprehensive**, all-embracing, all-encompassing, all-inclusive, all-out survey.
그는 한 개의 크고 포괄적이고 모든 것을 망라한, 모든 것을 포함하고, 총괄적이고, 총력을 다한 설문조사를 하고 싶어 했다.

VERIFY 사실임을 증명하다

verify 증명하다(테스트와 확인을 거쳐 사실임을)
certify 공인하다(인증서 등의 증서를 발행하여)
testify 증언하다(법정에서 선서 후 사실임을, 전문가로서)
attest 증언하다(일반적으로 사실을, 유언장에 필요한 증인이)
　» 의사는 환자의 상태에 대해 객관적으로 testify하고, 환자는 주관적으로 attest한다
justify 정당화하다(말로 설명하여)

A driver's license is a **verified** certificate issued to those who are permitted to drive vehicles.
운전면허증은 증명된 공인서다, 자동차를 운전하도록 허용된 사람들에게 발급된.

Your documents must be **certified** by a person who is authorized by law and stamped or endorsed as true copies of the originals.
당신의 서류들은 법에 따라 공인된 사람에 의해 공인되어야 하고 원본의 진짜 복사본으로 스탬프가 찍히거나 배서되어야 한다.

He came as a witness to **testify** and gave his statement to the judge.
그는 증인으로 법정에서 증언하려고 출두하여 판사에게 그의 진술을 했다.

If the document is a will, it requires at least two witnesses to **attest** that the written will was signed by the testator.
　　• testator 유언자
만약 그 서류가 유언이라면 그것은 적어도 두 명의 증인을 필요로 한다. 그 작성된 유언이 유언자에 의해 사인된 것이라는 것을 증언해줄.

If you tell me a lie and the lie is revealed, you will try to **justify** it excusing that you didn't want to hurt my feelings by saying the truth.
만약 당신이 내게 거짓말을 하고 그 거짓말이 드러난다면, 당신은 정당화하려고 할 것이다, 진실을 말함으로써 내 감정을 상하게 하고 싶지 않았다고 변명하면서.

DECIDE 결정하다

decide 결정하다(보편적 용어로 선택사항 중에 주관적으로)
determine 결정하다(분석, 연구하여 진실에 근거를 두며)
choose 선택하다(개인적 선호도와 관심에 중점을 두고 골라)
select/pick 선택하다(대상물의 질을 상대평가하여 최상의 것을)
» 옷이나 아이스크림을 choose 한다, 승진 대상자를 공정하게 select 한다

If you can't decide what to do, you may flip a coin and the coin will choose for you.
만약 당신이 무엇을 할 것인가 결정할 수 없다면, 동전을 던지고 그 동전이 당신을 대신해서 선택할 것이다.

Choosing to be positive and having a grateful attitude is a whole cliché, but your attitude is going to determine how you're going to live your life. [Joel Osteen]
긍정적으로 살려고 선택하고 감사하는 마음을 가지려고 선택하는 것은 귀가 따갑도록 들은 얘기이다. 그러나 당신의 마음가짐이 당신의 미래의 삶의 방식을 결정하게 될 것이다.

There was a choice of five main courses, and the winner could select (OR pick) one of them.
다섯 개 코스의 선택지가 있었고 그 승자가 그중 한 개를 고를 수 있었다.

SUPPOSE 추측하다

suppose 추측하다(확신이 없이 그럴 거라고 가정하며)
assume 억측하다(자기 독단으로 가정하여), 권력을 쥐다
presume 추정하다(사실에 근거를 두고), 무죄 추정하다

He supposes that these two approaches have failed, because both are premised on a widespread but mistaken assumption.
　• be premised on ~에 전제를 두고 있다
그는 이 두 접근 방법은 실패했다고 추측한다. 둘 다 광범위하게 통용되지만 잘못된 억측을 전제로 하므로.

"Presume" should be based on evidence. However, "assume" is not necessarily based on fact. So something you presume is more likely true than something you assume. Let's say, if you see your restaurant customer leaving a $10 bill on the table right after he finishes his meal, you might assume he is paying for his dinner. However, you might be more likely to presume he is leaving a big tip for the server who waited on him.
presume은 증거에 토대를 두어야 한다. 그러나 assume은 반드시 사실에 토대를 둘 필요는 없다. 그러므로 당신이 추정하는 것은 억측하는 것보다 더 진실에 가깝다. 예를 들어 당신의 식당 고객이 식사 직후에 탁자 위에 10불 지폐를 놓는 것을 본다면 당신은 그가 식사비를 지급하고 있다고 억측할 수 있다. 그러나 그가 시중들었던 웨이터에게 후한 봉사료를 남긴다고 추정할 가능성이 더 클 수 있다.

CORRECT 수정하다

correct 수정하다(틀리거나 올바르지 않은 것을)
» 발음이 틀렸다고, 잘못된 숙제를, 시력이 나빠서, 자세를 바르게 수정해주다

amend 수정하다(법적 용어, 서류, 법조문 등을)

rectify 수정하다(상황, 오류, 실수 등을)

If you discover you made a mistake or forgot something on a previously filed tax return, you can correct it by amending or changing your original tax return.
만약 당신이 전에 작성한 세금 정산에서 실수나 잊은 것을 발견한다면, 당신은 그것을 수정할 수 있다, 최초 제출한 세금 정산서를 수정 또는 변경함으로써.

You have the right to rectify, erase or destroy inaccurate data of your health records. If you take legal action, the court can order the hospital to amend (OR correct) them.
당신은 부정확한 건강기록의 자료를 정정하고 없애거나 파괴해버릴 권리를 갖고 있다. 당신이 법적 조처를 하면, 법원은 병원에게 그 것들을 수정하도록 명령을 내릴 수 있다.

HYPOTHETICAL 가설의

hypothetical 가설의(실험하기 전에 전제로 삼는 가정적인)

assumed 억측된(독단적으로 사실일 거라고 믿는)

alleged 혐의가 있는(어떤 사람이나 물건이 검증되지 않았지만)

purported 주장된(검증되지 않고 일부 사람들에 의해)

supposed 추측성의(사실인 것 같으나 확신이 없어)

notional 가정치의(기술용어로 산출 시간이나 양에 대한 명목적인)

A hypothetical condition is an assumption made contrary to fact. However, it is assumed for the purpose of discussion, analysis, or formulation of opinions. [Wikipedia]
가설의 조건은 사실과 반하여 만들어진 억측이다. 그러나 그것은 토론, 분석이나 의견의 형성을 목적으로 억측된 것이다.

He could face criminal charges for his alleged involvement in a supposed conspiracy to kill all black people.
그는 모든 흑인을 죽이려는 추측성 음모에 개입한 혐의로 형사 기소될 수 있을 것이다.

An audio message purportedly from IS leader threatened retaliation against Western countries.
• retaliation 보복
주장되기로는 IS 지도자로부터 발신되었다는 오디오 메시지가 서방세계에 보복을 위협했다.

The notional value is the value of what you control rather than the value of what you own. If you purchase 100 barrels of oil and the current price is $60, its notional value is said to be $6,000. [Wikipedia]
명목가치라는 당신의 소유가치라기 보다는 당신이 관리하는 것의 가치이다. 만약 기름 100배럴을 사고 현재의 가격이 60달러라면 그 명목 가치는 6,000달러라고 한다.

PREMISE 전제

premise 전제(결론의 반대개념으로 논리적 주장의 토대를 이루는)
hypothesis 가설(과학실험으로 실증되거나 부인될 수 있는 가상적인)

A premise is a proposition or a claim on which an argument is based and from which a conclusion is drawn. There is a classic example like "All men are mortal, and Socrates is a man, therefore Socrates is mortal." In this example, "All men are mortal, and Socrates is a man" is a premise, and the rest is a conclusion.

전제란 논점이 근거하고 결론을 끌어내는 제의나 주장이다. 다음과 같은 고전적 예가 있다. 모든 남자는 죽는다. 그리고 소크라테스는 남자다, 고로 소크라테스는 죽는다. 이 예 가운데 "모든 남자는 죽는다, 그리고 소크라테스는 남자다."가 전제이고 나머지는 결론이다.

A hypothesis, which is used mostly in the field of science, is a proposition that needs to be confirmed or rejected through study or experiment. For example, if a prisoner gains a professional skill while in prison, then the inmate will be less likely to commit a crime after release. In this example the conditional clause expresses a hypothesis.

가설이란 주로 과학에 쓰이는 것인데, 연구나 실험을 통해 확정되거나 거부되는 제안이다. 예를 들어, 죄수가 감옥에서 직업 기능을 습득하면 그 재소자는 석방 후 죄를 범할 가능성이 적을 수 있다. 이 예에서 조건절이 가설을 나타내고 있다.

ASSESS 평가하다

assess 평가하다(성적평가처럼 어떤 기준으로 1등, 2등... 등으로)
appraise 감정평가하다(부동산가치평가처럼 판단을 내리려고)
estimate 추정하다(가치를 어림잡아), 견적을 내다
evaluate 평가하다(목표에 도달 정도를)

When you finance your home purchase, most banks will require collateral. Your home can be collateral for the loan and the lender will require an objective assessment of your home's value. That assessment is the job of a real estate appraiser.

• finance 자금을 공급하다, collateral 담보물

당신이 주택 구매자금 조달을 할 때, 대부분의 은행은 담보물을 요구할 것이다. 당신의 집은 그 대출의 담보물이 될 수 있고 대출업자는 당신 집 가치의 객관적인 평가를 요구할 것이다. 그 평가는 부동산 감정평가사의 일이다.

When using comparison statistics of satellite data, you can estimate precipitation and assess rain-detection capabilities of the satellites and evaluate their performance.

• precipitation 눈 이슬 비 우박 등의 강우, 강수량

당신이 위성자료의 비교통계를 사용할 때, 강우량을 추정하고 비를 탐지하는 그 위성들의 능력들을 평가할 수 있고 그들의 성과를 평가 내릴 수 있다.

FIGURE OUT 생각해내다

figure out 생각해내다(타인의 조언을 구하지 않고 스스로 답을)
find out 알아내다(누구에게서, 어떤 출처로부터 답을 찾아)
get to know 알게 되다(상대가 숨기고 있는 것을)
get wind of 눈치채다(숨겨온 비밀, 계획 등을)

At first, I didn't think it will take more than a few minutes to figure out the solution of this simple puzzle. But I admit that spending a bit more time on it won't make any difference.
처음에는 나는 이 단순한 수수께끼의 해답을 찾아내는 데 몇 분 이상 걸리리라고 생각하지 않았다. 그러나 그것에 더 시간을 소비하는 것은 별 소용이 없으리라고 인정한다.

If you try to find out, say, the capital city of a country, you will be able to find it out by looking up the topic in an encyclopedia or surfing the Internet.
당신이 예를 들어 한 나라의 수도를 알아내려고 할 때 당신은 백과사전에서 그 주제를 찾아보거나 인터넷을 검색함으로써 그것을 알아낼 수 있을 것이다.

If media gets to know what happened in the hospital, the hospital will lose patients. So they are trying to get the case resolved quickly before media gets wind of it.
언론이 그 병원에서 일어난 일을 알게 되면 그 병원은 환자들을 잃게 될 것이다. 그래서 그들은 언론이 눈치채기 전에 재빨리 그 문제를 수습하려고 노력하고 있다.

INVENT 창작하다

invent 창작하다(세상에 없던 것을 처음 devise하여)
conceive 착상하다(상상하고 고안하여), 임신하다
discover 발견하다(전에 알려지지 않았던 것을 처음 찾아)

New ways for converting sunlight directly into electricity have been invented.
태양을 전기로 직접 변환시키는 새로운 방법들이 고안되어 왔다.

Conceive means to think or create something in the mind. You can imagine and conceive a system which is never implemented.
conceive는 마음속에서 어떤 것을 생각하여 만드는 것이다. 당신은 한 번도 실행되어본적이 없는 시스템을 상상하고 착안할 수 있다.

New chemicals, subatomic particles and chemical elements are 'discovered', but not invented, even when they are newly created by scientists. This is because they exist somewhere else in the universe. [Wikihow]
새로운 화학물질들, 원자보다 작은 입자들과 화학 원소들은 발견되는 것이다. 그러나 발명되는 것이 아니다. 비록 과학자들에 의해 새로이 만들어질 때일지라도. 그 이유는 그들이 우주의 어딘가에 존재하고 있기 때문이다.

IMPROVISATION 즉석 창작

improvisation 즉석 창작(사전준비 없이 즉석 만들어 내는)
impromptu 즉흥 연주(외운 곡을 준비 없이 악보 없이 연주하는)
» 음악 외에도 you can improvise an impromptu speech. 즉흥 연설을 즉석 창작할 수 있다

playing by ear 즉흥 연주, 임기응변(상황에 맞게)
» 모짜르트는 듣기만 한 complex음악을 즉흥연주 할 수 있는 재능을 가진 virtuoso였다

ad hoc/ad-lib a.즉흥적 연기(대사, 연주)의(임기응변으로)
makeshift a.임시변통의

Improvisation in music is the art of making it up as you play a musical instrument. It is quite common in jazz. When you play music impromptu, you play any song relying on your musical memory without practicing it beforehand or reading score.
- make up 시나 음악을 만들다, score 악보
- impromptu는 형용사, 부사, 명사로 사용됨

음악에서 즉흥 작곡은 악기를 연주하면서 작곡하는 기법이다. 그것은 재즈에서 아주 보편적이다. 당신이 즉흥 연주를 할 때는, 음악적 기억에 의존해서 노래를 연주하는 것이다, 사전 연습이나 악보를 보지 않고.

"Playing by ear" means that you can play what you hear, saying "You hum it, I'll play it." If you've been reading sheet music, you would wish you could play by ear instead! It is considered a desirable skill among musical performers.

즉흥 연주는 "당신은 허밍해요, 내가 연주할 테니" 라고 말하면서, 당신이 들은 것을 연주할 수 있는 것을 의미한다. 만약 당신이 악보를 보아왔다면, 그 대신 즉흥 연주할 수 있으면 좋을 것이라고 희망할 것이다. 그것은 연주자들 사이에서 선망의 기술로 간주된다.

Ad hoc means suggesting a one-off solution for a task instantly without providing for continuing dialogue, discussion and assessment. In most cases it is a makeshift, an immediate and improvised action. The product from ad hoc practices is seldom coherent, homogeneous, but visibly made-up.
- one-off 일회성의, improvised 준비 없이 즉석 행해진, homogeneous 동종의

임시방편은 어떤 일에 대한 일회성의 해결 방법을 즉각적으로 제시하는 것을 의미한다, 대화, 토론, 평가를 계속 제공하지 않고. 대부분 그것은 임시방편이고 즉각적이며 즉석 만들어진 활동이다. 그 즉흥적 실행에서 나온 결과물은 거의 일관성이 없으며 균일하지 않고 두드러지게 조잡하다.

PARADOX 역설

paradox 역설(문장 자체에 논리적으로 모순되는 표현이 들어 있는)
» 복종만이 진정한 자유를 준다, 궁수가 오조준해야 목표물을 맞힌다, 등

irony 반어(문장 자체에 모순은 없으나 주체자가 반대로 당하는)
» 가라앉지 않는다던 타이타닉이 처녀항해에 침몰, 본인의 하수구가 막힌 배관공 등

The quicker you pick up the pace, the faster you will get things done. However, actually the opposite is paradoxically true in that you will get things done rather faster and better by taking a break and relaxing.
속도를 더 빨리할수록 당신은 더 빨리 당신의 일을 해낼 것이다. 그러나 실제로는 반대가 역설적으로 사실이다, 휴식하고 느긋하게 함으로써 당신이 더 빨리 더 잘 일을 해낼 것이라는 점에서.

As a child he hated homework so much. And then later, ironically, he became an elementary school teacher.
그가 어릴 때 숙제를 너무 싫어했다. 나중에 그는 반어적으로 초등학교 교사가 되었다.

SATIRE 풍자

satire 풍자(유머, 과장, 조소 등으로 인간의 한계나 우둔함을 깨우치는)
sarcasm 비꼼(거짓말, 냉소적 표현으로 상대를 악의적으로)
parody 모방(대상 원작을 개작하여 웃기거나 조롱의 목적으로)
exaggeration 과장, 침소봉대(Making a mountain out of a molehill)

An old father turned 90 told his son that if he is still alive in two years, he will want to be shot. However, the son can't shoot his father, because the fifth commandment orders to "honor your parents." It's a satire. It has a moral message and has more to do with society. This means making fun of an individual or a society by exposing their stupidity and shortcomings through humor, irony, exaggeration, ridicule.
90세가 된 노령의 한 부친이 아들에게 말했다, 2년 후에도 살아있으면 그가 살해되기 원할 것이라고. 그러나 그 아들은 그의 아버지를 쏠 수 없다. 왜냐하면, 제5계명이 "부모를 공경하라" 이기 때문이다. 이것은 풍자이다. 이것은 도덕적 메시지를 갖고 있으며 사회와 더욱 관계가 있다. 이것은 개인, 사회를 조롱하는 것이다, 유머, 반어, 과장, 조소로 그들의 어리석음과 단점을 드러냄으로써.

Sarcasm is a mean of indirect hostility disguised as humor. Let's say, if you see someone you don't like slip on a banana peel, you will use this chance to make fun of him with sarcastic remarks full of poker-faced, ill-humored, wounding mockery.
비꼼은 유머로 포장된 간접적인 적의의 수단이다. 이를테면, 만약 당신이 싫어하는 어떤 사람이 바나나 껍질에서 미끄러지는 것을 본다면, 그를 조롱하기 위해 이 기회를 사용할 것이다, 무표정하고 성질 더럽고 상처를 주는 비웃음으로 가득 찬 비꼬는 말로.

A parody is a humorous or mocking imitation of an original work or someone's style often in an exaggerating or overemphasizing way to produce comedic effect. A famous example is "The Great Dictator" where Charlie Chaplin impersonated Hitler.
패러디는 원작이나 누구의 스타일을 유머러스하거나 희화하는 모방이다, 코미디 같은 효과를 내기 위해 종종 과장하거나 과도하게 강조하며. 유명한 예가 "위대한 독재자" 이다, 찰리 채플린이 히틀러를 흉내 낸.

EUPHEMISM 완곡한 표현

euphemism 완곡한 표현(민감성을 피하기 위한)
» die→pass away, old person→senior citizen, urine→number one로 표현하듯

metaphor 은유(문학적으로 의미를 강화하고 생생하게 직접 비유하는)
» 미국은 melting pot이다, 그녀의 마음은 태평양이다, 도시는 정글이다. 등

simile 직유(은유의 일종이며 like, as를 사용하여 어떤 면에서 비슷한 점을)
» sleep like a log, as busy as a bee처럼

Euphemism uses less offensive expressions such as "be expecting,""be in the family way" instead of sensitive expressions about bodily functions such as "be pregnant."

완곡한 표현은 "임신한"과 같은 신체적인 기능들에 관해 민감한 표현 대신 be expecting, be in the family way와 같은 무례하지 않은 표현을 사용하는 것이다.

Metaphors make a direct comparison such as "have a bun in the oven,""swallow a watermelon seed," regarding conception.

은유들은 임신에 관련하여 직접적인 비교이다. "오븐에 빵이 있다" "수박씨를 삼키다"와 같은.

When you make a direct comparison to show similarities between two unlike things, it is referred to as a simile. Technically speaking, similes are a type of metaphor, but a connecting word "like" or "as" is used to compare things, as in "she is like a flower blooming."

두 개의 다른 물건들 사이에 유사성을 보이기 위해 직접비교를 할 때 그것은 직유라고 불린다. 기술적으로 말하면 직유는 은유의 한 형태이지만 연결어 like 또는 as가 사물을 비교하기 위해 사용된다. "she is like a flower blooming" 처럼.

FIGURATIVELY 비유적으로

figuratively 비유적으로
literally 문자 그대로
metaphorically 은유적으로
tongue-in-cheek 농담조의

When you say that you're "tied up," you mean literally that you are stuck, physically restrained. By contrast, when you say that in a figurative way, you mean that you are too busy to help.

You're tied up하고 말하면 문자 그대로 우리가 꽉 끼어 육체적으로 구속된 것을 의미한다. 이와 대조적으로, 그것을 비유적으로 말하면 너무 바빠서 도와줄 수 없다는 뜻이다.

When you say "My love is the sun," you mean that you are equating your love with the sun. It's a metaphor. When you say that figuratively, it's likely to be like "My love is like the sun that warms me."

당신이 "내 사랑은 태양이다"라고 말할 때 당신이 자기의 사랑을 태양과 동등시한다는 뜻이다. 이것은 은유이다. 만약 당신이 그것을 비유적으로 말하면 "내 사랑은 나를 따뜻하게 하는 태양과 같다"와 같을 것이다.

He never takes things seriously. His comment is always **tongue in cheek**. I don't believe him.
그는 결코 사실을 심각하게 받아들이지 않는다. 그의 말은 언제나 농담조이다. 나는 그를 믿지 않는다.

CLICHÉ 상투적 표현

cliché 상투적 표현(관습적으로 쓰이는)
» time will tell, opposites attract, brave as a lion 등

stereotype 속설(사람, 집단을 가리키는 그러나 부정확할 수 있는)
» Black people can't swim, White men can't jump 등

dime-a-dozen 다반사인(매우 흔한 이야기인)
» 유의어 ordinary, usual, so-so, run-of-the-mill, moderate, normal, mediocre, stereotyped, clichéd, commonplace, humdrum 등

A **cliché** is an overused phrase, like "The quiet before the storm." "Every cloud has a silver lining." "Don't cry over spilt milk."
상투적 표현이란 과도하게 사용되는 어구이다. "폭풍 전의 고요함" "쥐구멍에도 볕들 날이 있다" "이미 엎질러진 물이야" 같은.

If some tourists are wearing shorts and multi-colored shirts and talking loudly to local people, we can tell they are obviously **stereotypical** North American.
일부 여행객들이 반바지에 얼룩덜룩한 셔츠를 입고 지역 사람들에게 큰소리로 말을 건다면 우리는 그들이 분명 통상적인 북미 사람들이라고 분별할 수 있다.

A lot of stars released their namesake fragrance. These days celebrity fragrances seem to be **a dime a dozen**. They're so **commonplace** that some stars have multiple perfumes, but they smell like crap.
많은 스타가 자기들 이름의 향수를 출시했다. 요즘은 유명인사 향수들이 흔해빠졌다. 그것들이 너무 보편적이어서 일부 스타들은 여러 개의 향수를 가지고 있다, 그러나 냄새는 형편없다.

AMBIGUOUS 분명치 않은

ambiguous 모호한(사람, 사물이 여러 가지로 해석될 수 있어)

vague 모호한(정보가 분명치 않아)

ambivalent 양면적인(사람이 두 가지의 느낌이 드는)
» 어떤 여행에 무서움과 흥분으로 기대한다면 당신은 ambivalent 하다

"I saw her duck." It could mean 'I saw her perform the act of ducking to avoid something.' or 'I saw the duck that belongs to her.' This sentence contains more than one meaning, so it's **ambiguous**.
I saw her duck. 이것은 '그녀가 허리를 꾸부리는 행동을 하는 것을 보았다, 어떤 것을 피하기 위해', 또는 '나는 그녀 소유의 오리를 보았다'의 뜻을 의미할 수 있다. 이 문장은 한 개의 의미 이상을 가지고 있다, 그래서 이것은 모호하다.

When she was asked what time her husband came home, she vaguely answered "Sometime last night."

그녀의 남편이 몇 시에 귀가했는지 질문을 받았을 때 그녀는 모호하게 대답했다. "지난밤 언젠가에" 라고.

There are some people who are ambiguous and unable to be defined into two polarized alternatives. They are likely to make you feel ambivalent about trusting them, because they always say things that can be interpreted in two ways.

모호하고 두 개의 극단의 택일로 정의될 수 없는 일부 사람들이 있다. 그들은 당신이 그들을 신뢰하는 데 양면성을 느끼게 하는 것 같다, 왜냐하면 그들은 두 가지로 해석될 수 있는 것들을 항상 말하기 때문이다.

IDEA 착상

idea 착상(개인의 머리에서 나온, 정제가 필요한 막연한)
concept 구상(집단에 공유되는 다듬어진 구체적), **객관적 개념**
notion 개념(막연하고 허황한)

An idea is just a stimulated thought. It's a rough notion or inkling in our head about something we like or want to do. A concept is a theory based on an idea, and more or less the final form of an idea. Therefore, things that were just an idea yesterday can be a concept today and can grow up to be a scenario tomorrow.

- inkling 어렴풋한 암시

아이디어는 그냥 불쑥 나온 생각이다. 그것은 우리가 좋아하거나 하고 싶은 것에 관한 다듬어지지 못한 막연한 개념 즉 얼핏 드는 느낌이다. 구상은 아이디어에 기초를 둔 이론이고 아이디어의 다소 최종적인 형태이다. 그러므로 어제의 아이디어에 불과했던 것이 오늘의 구상이 될 수 있고 내일의 행동계획으로 성장할 수 있다.

When you say "I have a notion that I'd escape this mess," you mean that you have a gut feeling that you have to escape this mess.

- gut feeling 직감

당신이 "I have a notion that I'd escape this mess"라고 말할 때 "이 혼란에서 벗어나겠다는 직감을 가진다"는 말이다.

CONCEPT 개념

concept 객관적 개념(어떤 것에 대한 일반적)
conception 주관적 이해(어떤 추상적 개념에 대한 개인, 집단의), **임신**

Privacy is a well-researched yet highly disputed concept. The Western conception of privacy is different from the East. Nobody can define the concept of privacy which is applicable to all.

사생활은 잘 연구가 되었지만 아주 많이 논란이 되는 객관적 개념이다. 사생활에 대한 서양의 주관적 이해는 동양과 다르다. 모든 사람에게 적용할 수 있는 사생활의 개념을 아무도 정의할 수는 없다.

DIFFERENTIATE 구별하다

differentiate 구별하다(서로 다른 점을)
distinguish 구별하다(긍정적 의미로 독특한 특성을 찾아)
discriminate (+against)차별하다(성별, 인종 편견 등 부정적 의미로),
(+between)구별하다(사람이나 사물 사이에 ~을)

You can't tell the difference between the identical twins. They're so similar that it is hard to differentiate one from another, especially when they wear the same thing. Neither of them has a distinguishing mark by which you can tell them apart.
• tell sth apart ~를 분간하다

당신은 그 일란성 쌍둥이 사이에 다른 점을 구별할 수 없다. 그들은 너무 비슷해서 서로 구별하는 것이 어렵다, 특히 그들이 똑같은 옷을 입을 때에는. 그들 중 누구도 특징적인 점을 가지지 않는다, 그것으로 당신이 그들을 구별할 수 있는.

We all have the right to be treated equally and not to be harassed or discriminated against on the basis of our gender identity.

우리는 동등하게 취급되고 괴롭힘을 당하거나 차별을 당하지 않을 권리를 갖고 있다, 성 정체성을 토대로.

SEGREGATION 인종 분리

segregation 인종 분리(흑인 학교, 백인 교회 등 인종적으로 떼어놓는)
discrimination 차별(성별, 종교 등으로 구분하여 불이익을 주는)
separation 분리(함께 있던 것을 나누어), 구분
isolation 격리(차단하고 고립화시켜)
insulation 단열(열, 추위를 차단하는)

When African Americans were segregated in many public facilities, it was a widespread racial discrimination. However, equitable provision of separate toilet facilities for men and women does not constitute gender discrimination.
• equitable 공정한, provision 규정, constitute 성립하다

미국 흑인들이 많은 공중시설에서 인종적으로 분리되었을 때, 그것은 광범위한 인종차별이었다. 그러나 남녀 구분 화장실의 평등 조항은 성차별이 성립하지 않는다.

If you can't isolate from the outside cold, then we have the solution for you. It's an internal wall insulation.

만약 외부의 추위로부터 차단할 수 없다면, 그러면 우리는 해결책을 갖고 있다. 그것은 내벽 단열이다.

SEGREGATE 분리하다

segregate 분리하다(인종적 이유로 사회적으로)
separate 떨어지다(근접성이라는 면에서 거리가), 쪼개다(split)
detach 떼어내다(물질적, 은유적 의미로 전에 붙인 것을)

Set up separate high security jails for terrorists so that they cannot indoctrinate other inmates and recruit them into their terrorist group. Segregate them from ordinary convicts.
- separate 분리된, indoctrinate 이론을 주입하다, convict 기결수

테러리스트들을 위한 분리된 높은 안전도의 감옥을 지으시오, 그들이 다른 재소자들을 세뇌해 그들의 테러 집단으로 선발해 넣을 수 없도록. 일반 기결수로부터 격리하세요.

When a retinal detachment occurs, the retina is separated from its supportive tissue.
망막 박리가 발생할 때, 망막은 지지조직으로부터 떨어진다.

COMPARE TO 비교하다

compare to 비교하다(다른 종류를 병렬하고 유사성을 찾으려고)
compare with 비교하다(같은 종류를 병렬하고 유사성을 찾으려고)

Human life has often been compared to many things like a race, an actor in a stage, or even a mist appearing for a little while and then vanishing.
인간의 삶은 많은 것들과 비유되어왔다. 경주, 무대 위의 배우나 심지어 잠깐 나타났다가 사라지는 안개처럼.

Compared with the same period of the previous year, this year represents a further significant increase.
전년도의 똑같은 기간과 비교한다면 올해는 훨씬 괄목할 만한 증가를 나타낸다.

SUBCONSCIOUS 잠재의식의

subconscious 잠재의식의(잠재되어 인식력으로는 깨닫지 못하는)
unconscious 무의식상태의(passed out, knocked out 되어)
subliminal 현상 속에 숨겨진(무의식에 영향을 끼칠 수 있도록)

Seeing food stimulates appetite and subconsciously makes us hungry. A deep-seated childhood trauma can subconsciously wreak havoc on a person's life.
- wreak havoc on 큰 해를 끼치다

음식을 보면 식욕을 자극하고 잠재의식 속에서 우리를 배고프게 한다. 마음속 깊이 자리 잡은 유년시절의 외상후증후군들이 잠재의식 속에서 한 사람의 삶에 큰 해를 끼칠 수 있다.

Advertisers sometimes subtly convey **subliminal** messages by inserting hidden messages that viewers are not consciously aware of. They expect that the consumers' ability to critically evaluate a product is **unconsciously** removed.

• be aware of: (어떤 것의 존재를) 알다

광고주들은 종종 시청자들이 의식적으로 인식하지 못하는 숨겨진 메시지를 삽입하여 숨겨진 메시지를 교묘하게 전한다. 그들은 기대한다, 상품을 비판적으로 평가하는 소비자들의 능력이 부지불식간에 제거되기를.

INTENTIONALLY 고의로

intentionally/deliberately/willfully 고의로(on purpose인)
unintentionally 우연히(고의가 아닌 by accident, by chance인)
inadvertently 부주의로(negligently)
accidentally 좀 더 큰 실수로(by accident, by mistake)
unwillingly 본의 아니게
unwittingly 자기도 모르게
recklessly 무모하게(자칫하면 사고가 날 것을 알면서도)

My girlfriend likes to make me upset **deliberately**. She **intentionally** gets into arguments and jokes around saying that she's just caused it.

내 여친은 고의로 나를 화나게 하는 것을 좋아한다. 그녀는 고의로 다투고 그녀가 싸움을 일으켰다고 말하면서 농담조로 말하는 것이다.

When someone knowingly and **willfully** commits sins by violating a moral law, there is no more sacrifice left for such continuous **intentional** sins.

누군가가 알면서 그리고 계획적으로 죄를 지을 때, 도덕법을 어김으로써, 그런 계속적이고 의도적인 죄에 대한 대속은 없다.

Last night I **inadvertently** left my car lights on overnight, and moreover, I **accidentally** deleted an important file.

지난밤 나는 부주의로 밤새 내 카 라이트를 끄지 않고 그대로 두었고, 그뿐 아니라, 나는 실수로 중요한 파일을 삭제해 버렸다.

The role of parenting is a tremendous, lifelong responsibility that no one dare to take **unwittingly** or **unwillingly**.

부모 역할은 어마어마한 일생의 책임이다, 자기도 모르게 또는 본의 아니게 감히 맡지 않는.

He went anyway; **recklessly** and arrogantly he climbed to the top of the mountain.

그는 하여튼 갔다, 무모하게 거만하게 그는 그 산의 꼭대기로 올라갔다.

06 지적 활동 • Intellectual Aspects

DELIBERATE 고의적인

deliberate 고의적인(계획적으로)
vicarious 간접경험의(다른 사람의 경험을 통해)
secondhand a.간접의, ad.간접으로, 중고로(다른 사람이 쓰던)
indirect 우회하는(최단거리로 가지 않고), 간접적인

True love is not just some spontaneous, random, euphoric feeling. It asks us to be far more meaningful and also a deliberate choice — a plan to love each other for the better.

• euphoric 들뜬, for the better 훨씬

진정한 사랑이란 그냥 저절로 생기는, 무작위의, 기분 째지는 느낌이 아니다. 그것은 우리에게 훨씬 의미 있도록 요구하고 또한 의도적 선택, 즉 서로 훨씬 더 사랑하기 위한 계획을 요구한다.

Vicarious learning is what we learn from observation of others rather than through direct performance. Vicarious feelings are what we experience secondhand without firsthand participation, so they are not totally authentic.

간접학습은 우리가 직접적인 행위를 통하는 것보다 다른 사람의 관찰 결과로부터 배우는 것이다. 대리 감정 반응이란 우리가 직접적 참여 없이 간접적으로 체험하는 것들이어서 완전히 진짜는 아니다.

A lot of women of reproductive age are exposed to secondhand smoke. Breathing indirect smoke can have immediate adverse effects on you and your baby's health.

많은 가임 여성이 간접흡연에 노출된다. 간접적인 연기의 호흡이 당신과 아이의 건강에 직접적인 부작용을 끼칠 수 있다.

INTENTION 의도

intention 의도(일반적 마음의 작정을 나타내는)
intent 의도(법적, 공공적, 범죄적 목적을 포함한)

Everything that takes place on earth starts with at least an intention. When you decide to buy your friend a present, or send your client a message, or wiggle your shoulders, it all starts with setting a clear intention.

세상에 일어나는 모든 일은 적어도 한 가지의 의도로 시작한다. 만약 당신이 친구에게 선물을 사주기로 하거나 고객에게 메시지를 전달하거나 어깨를 돌리려고 할 때, 분명한 의도를 세우는 것으로 시작하는 것이다.

The investigation concluded that the police officers were not motivated by an intent to make an arrest or to seize evidence, and moreover, they neither have criminal intent nor pose any threat to any citizen.

• pose a threat: 위협하다

조사는 결론을 내렸다, 그 경찰관들이 체포하거나 증거를 잡으려는 의도로 동기 유발된 것이 아니었다고, 그뿐 아니라, 범죄적 의도를 가지지도 어떤 시민이라도 어떤 위협도 제기하지 않았다고.

TENDENCY 성향

tendency 성향(실제 드러나는)
inclination 성향(실행하지 않은 잠재적)
» 어떤 비만자가 운동을 피하는 tendency가 있다면 실제로 운동을 피한다는 의미이고, 그런 inclination이 있다면 그러한 성향만을 가지고 있다는 의미임

Procrastination is the tendency to put off priority tasks with a fixed deadline until the last possible minute.
• put off 연기하다[delay], priority task 우선적 과제
미루는 버릇은 정한 기간이 있는 우선적 과제들을 가능한 마지막 순간까지 지연시키는 성향이다.

Unless you adjust your steering wheel constantly, your car tends to drift off the road. It is, morally speaking, the tendency to go off course. We all have an innate inclination to be vulnerable to temptation — to be inclined to sin.
당신이 계속 핸들을 조정하지 않으면 당신의 차가 길 밖으로 밀려 나갈 성향이 있다. 그것은 윤리적으로 말하면 일탈하는 성향이다. 우리는 모두 유혹에 취약한, 즉 죄를 지으려는 잠재적 성향을 갖고 있다.

Higher educated people have less inclination to superstition. Conversely, those of low socio-economic status are more likely to be inclined to accept it.
고학력인 사람들은 미신에 쏠리는 성향이 덜하다. 반대로 낮은 사회경제적 상태의 사람들은 그것을 받아들이는 성향이 더 높다.

INFER 추론하다

infer 추론하다(삼단논법으로 사실에 근거하여)
denote 의미하다(문자 그대로의 의미를 나타내며)
connote 의미하다(문자 속에 내재적 의미를 나타내며)
» 어떤 사람을 '아이' 라고 부르면 '덩치가 작다.' 는 의미를 denote하고, 그를 childish 즉 유치하다는 의미를 connote 한다

Inferring is to draw a logical conclusion from indirect evidence or premises. For example, if clouds form and the sky grows darker, you might infer (OR deduce) that it's probably going to rain.
추론한다는 것은 간접증거나 전제로부터 논리적 결론을 내리는 것이다. 예를 들어, 구름이 형성되고 하늘이 어두워지면, 비가 올 것이라고 추론할 수 있을 것이다.

Denotation represents the explicit literal meaning of a word in dictionary definition. By contrast, connotation represents the associated emotional meaning. For example, a word "homeland" denotes the place of birth, and it connotes patriotic loyalty at the same time.
명시적 의미란 사전상의 정의로 명백한 문자적 의미를 나타낸다. 이와 대조적으로, 함축이란 연관된 감성적 의미를 나타내는 것이다. 예를 들어, 고향이라는 단어는 탄생지를 denote한다, 그리고 동시에 애국적인 충성심의 뜻을 connote한다.

IMPLY 암시하다

imply 암시하다(논리적으로 판단하도록 간접적으로 언급하여)
implicate 암시하다(결과와 직접 연관을 나타내)
allude to 암시하다(넌지시 빗대어 언급하여)
insinuate 암시하다(부정적이거나 상스럽지 못한 뜻을)

» 전문용어를 많이 사용함으로써 그 분야의 지식이 많음을 imply하고, 데모대가 정부의 결정에 반대함을 implicate하려고 저항하고, 한 성직자가 넌지시 'allude to+시국에 대한 견해' 할 수 있다. 어떤 정치가는 정적의 스캔들을 insinuate 한다

Implying is to suggest without saying so directly. When you tell your guest that you're tired, it implies that it's time to call it a night. By contrast, implicating is to connect or closely link to something, for example, blood stains on your clothing implicate that you are injured.

암시하는 것은 직접 말하지 않고 암시하는 것이다. 손님들에게 당신이 피곤하다고 말할 때 그것은 오늘 밤 모임을 마치자고 손님들에게 말하는 것을 암시한다. 이와 대조적으로, 직접 암시하는 것은 어떤 것과 연결하거나 밀접하게 이어주는 것을 의미한다, 예를 들어, 당신의 옷에 묻은 핏자국은 당신이 다쳤음을 직접 암시한다.

The act of alluding is to refer to something indirectly by giving a glancing mention to something but never actually naming it. For example, if I allude to the fact that someone is behind you, you might stop talking.

• a glancing mention 짧거나 간접적인 언급

넌지시 암시하는 것은 어떤 것을 간접 언급하는 것이다, 무엇에 대해 짧게 한 마디 던지지만 명칭은 결코 사용하지 않음으로써. 예를 들어, "만약 내가 당신 뒤에 누가 있다는 사실을 암시하면 당신은 말을 멈출 것이다."

"You'd better watch your step with him." This sentence is insinuating that he's not as innocent as he looks.

• watch your step with ~에게 행동을 조심하라, 그렇지 않으면 잘못된다

"당신은 그에게 조심해야 해요." 이 문장은 그가 보이는 것처럼 그렇게 좋은 사람은 아니라는 것을 넌지시 암시하고 있다.

PUZZLE 맞추기 게임

puzzle 맞추기 게임(word/jigsaw puzzle 등 두뇌훈련 게임인)
riddle 수수께끼(Sphinx's riddle처럼 숨겨진 이중성을 묻는 말인)
» 우문현답의 형식으로 구성됨
charade 몸짓 게임(몸짓을 보고 의사를 알아맞히는)
» 가식적인 행위를 뜻하기도 함
quiz 쪽지시험(학기시험인 test, exam과 달리 점수 비중이 낮은)
trivia 하찮은 질문(골프 공 보조개의 개수를 묻는 등의)

A puzzle includes all forms of games to test mental ability. A riddle, by contrast, refers to a short and humorous puzzle using words only in the form of a question.
맞추기 게임은 정신능력을 검사하기 위한 모든 형태의 게임을 포함한다. 이와 대조적으로, 수수께끼는 질문의 형태로 언어만을 사용하는 짧고 유머러스한 알아맞히기를 말한다.

Name the foods that start with W. Name the world's longest rivers and so on. We have hundreds of funny and interesting quizzes. If you are a trivia nut and want to expand your horizons, let's have some fun together.
W로 시작하는 음식의 이름을 대보세요. 세상에서 가장 긴 강의 이름을 대보세요 등등. 우리는 수많은 오락 퀴즈를 갖고 있어요. 만약 당신이 수수께끼 광이고 지평을 넓히기 원하면, 우리 함께 재미를 가져 봅시다.

Now play charades. It's up to you how you explain the words. This game is performed with just hand gestures.
이제 몸짓 게임을 해봅시다. 그것은 당신이 그 말을 어떻게 설명하는지는 당신에 달렸어요. 이 게임은 손의 동작으로만 실행됩니다.

KNOW 알다

know 알다(머릿속에 기존지식이 있어)
recognize 인식하다(노래가 들릴 때 '노래네' '들어본 적이 있는데' 정도로)
identify 식별하다(노래가 들릴 때 곡명까지 댈 수 있을 정도로)
perceive 인지하다(자기 나름의 방식으로 이해하여)
notice 알아채다(순간적으로 상황을 파악하고)
realize 알게 되다(몰랐던 것을 깨달아)

We all know what we have to do, because we have it in our brains as information.
우리는 모두 우리의 과제를 알고 있다, 왜냐하면 우리가 그것을 머릿속에 정보로 갖고 있기 때문이다.

Some users are not able to recognize all the growing number of SNS friends by face. They are prompted to identify people in photos by an identity verification method.
일부 사용자들은 증가하는 SNS 친구들을 얼굴로 모두 인식할 수는 없다. 그들은 신원검정 방법으로 사진 속의 사람들을 식별하도록 촉구된다.

You perceive death as a tragedy. On the other hand, Christians may perceive it as moving on to the Kingdom of God.
당신은 죽음을 비극이라 인식한다. 반면, 기독교인은 천국으로 이동하는 것으로 인식할 수 있다.

If you notice that a girl is playing with her hair, twirling it around one of her fingers, you can perceive it as her being nervous or as her flirting act.
만약 한 여자가 손가락으로 머리칼을 감아 돌리면서 자기 머리에 장난하는 것을 알아채면, 당신은 그것을 그녀의 초조함이나 구애행위로 인지할 수 있다.

I realize that he is in trouble, and I understand his difficulty.
나는 그가 곤란에 빠져 있다는 걸 깨닫고 나는 그의 어려움을 이해한다.

KNOWLEDGE 지식

knowledge 지식(알고 있는)
wisdom 지혜(몇 개를 보고 더 많은 숨겨진 것을 깨달아 분별해 내는)
intelligence 지능(지식을 연결하고 적용하는 똑똑한 지적 실력인)

An inmate of a mental hospital may have a lot of knowledge and know how to solve some of problems, but he may lack the wisdom to tackle his own problems to come on his own.
• tackle 맞짱 뜨다

어떤 정신병원 환자는 다양한 지식을 가지고 문제의 일부를 해결하는 방법을 알고 있을 수 있지만, 그는 다가올 자신의 문제를 스스로 해결해낼 그 지혜를 결여할 수 있다.

Intelligence is an umbrella term used to describe various qualities of mind like logical thinking, reasoning, planning and problem solving etc. One can increase their intelligence by expanding their knowledge base, but intelligence is not a prerequisite for wisdom.

지능이란 논리적 사고, 추리, 계획, 문제해결 등 정신의 다양한 특징들을 묘사하는 데 사용되는 포괄적 용어다. 사람들은 지식의 토대를 확장함으로써 지능을 높일 수 있지만, 지능은 지혜의 선행조건이 아니다.

ACKNOWLEDGE 인정하다

acknowledge 인정하다('그래, 그러면 어때?' 식으로)
admit 인정하다(잘못을 시인한다는 의미를 나타내며)
concede 인정하다(어떤 사실이나 진술이 진실이라고 마지못해 겨우)
accept 받아들이다('OK' 하고 수락하여)

When you say "I acknowledge that I have a snoring problem," you're recognizing the fact, but indifferent to the fact. You don't care, like "so what?" There's no connotation of trying to make amends. By contrast, when you say "I admit I have a snoring problem," you realize you have a problem and are more likely to seek outside help.
• connotation 암시, make amends 개선하다

당신이 "내가 코골이 문제가 있다고 인정한다"고 말할 때, 당신은 그 사실을 인식하지만, 그 사실에 무관심하다. 당신은 "그게 어때서?" 식으로 관심을 두지 않는다. 개선해보려는 암시는 없다. 대조적으로, 당신이 "나는 코골이 문제가 있다는 것을 인정한다"고 말할 때, 당신은 문제가 있다는 걸 깨닫고 외부의 도움을 구해 볼 가능성이 크다.

When you say "I concede error," you acknowledge the fact as being true and often reluctantly accept it, but don't apologize for it.
• reluctantly 싫어하면서, 마지못해

당신이 "내가 실수를 인정한다"고 말할 때, 당신은 그 사실을 진실로 인정하고 마지못해 그것을 종종 받아들이지만, 그것에 대해 사과하지는 않는다.

CONCESSION 용인

concession 용인(어쩔 수 없이 어떤 점이 옳다고, 패배를 인정하며)
compromise n.타협, v.타협하다, 더럽히다(명예, 평판, 신용 등을)

Negotiation is an essential component of our life in that if you take a stand, you may argue defending yourself and then make concessions and finally reach a compromise.
협상은 우리 인생의 필수적인 요소이다, 당신이 어떤 입장을 가지면, 자신을 방어하면서 논쟁하고 그런 다음 용인하고 결국 타협에 도달할 수도 있다는 점에서.

Never compromise your moral values for the sake of getting ahead in your career.
• for the sake of ~를 위해서
당신의 도덕적 가치들을 절대 더럽히지 마라, 당신의 승승장구를 위해서.

REGARD 간주하다

regard ~라고 간주하다(as와 함께 사용되고 진행형은 불가하며)
consider ~라고 간주하다(보어와 함께 사용되어)
» consider는 상태 동사일 때 '간주하다' 이며 진행형이 불가함, 동작 명사일 때는 '고려하다' 의 의미이며 진행형이 가능함

Some people regard private enterprise as a predatory tiger to be shot. Others look on it as a cow they can milk. Not enough people see it as a healthy horse, pulling a sturdy wagon.
〔Winston Churchill〕
일부 사람들은 민간기업을 쏴 죽여야 하는 포식 호랑이라고 여기고 있다. 다른 사람들은 우유를 짤 수 있는 젖소라고 여긴다. 소수의 사람이 억센 마차를 끄는 건강한 말이라고 여긴다.

An individual considering being a living kidney donor needs to know that one of the two kidneys considered suitable for use is surgically removed and transplanted into a recipient.
신장 기증을 고려하는 사람은 다음을 알아야 한다, 사용에 적합하다고 여겨지는 두 개의 신장 중에 1개가 수술로 제거되어 수용자에게 이식이 된다.

IDENTITY 신분

identity 신분, 정체성(어떤 사람인가의, 타 집단과 다른)
identity with 일치(~와 동일하게)

Once we have successfully verified your identity by phone, we will notify you and you will be able to login in.
일단 우리가 전화상으로 성공적으로 당신의 신분을 대조확인했으면 우리는 당신에게 통지하고 당신은 로그인할 수 있을 것이다.

Politics is a war of cause; a jousting of principles. Absolute identity with one's cause is the first and great condition of successful leadership. [Woodrow Wilson]
• cause (한 집단이 투쟁하는 노선인) 주의, joust 창을 들고 싸우다
정치란 노선의 전쟁이다, 즉 원칙들의 대결이다. 성공적인 지도력의 첫째가고 중요한 요건이 국민의 생각과 완전히 일치하는 것이다.

IDENTIFICATION 신분확인증명

identification 신분확인, 신분증명서
verification 대조확인(영수증, 사진, 잔액 등의 증거와)
authentication 사실인증(근거를 찾고 분석하여 진짜임을)
» 수표는 눈으로 진짜인지 검증authentication하고 은행을 통해 잔액을 대조확인verification한다
authorization 접근권한 부여(보안상 허가하는)

Authorization cannot occur without authentication happening first, so both terms are reciprocal.
접근자격 부여는 먼저 발생하는 인증이 없이는 이루어지지 않는다, 그래서 두 용어는 상호작용한다.

If you go to a bank with a valid identification, a bank teller will conduct the verification of your identity by visually inspecting your ID. Then you can be authenticated as an account holder or an authorized user, and you will be provided with authorization to access the account information.
만약 당신이 반드시 지참해야 하는 유효한 신분증을 가지고 은행에 간다면, 은행 직원은 당신의 신분증을 눈으로 검사하여 당신의 신원을 대조확인한다. 그런 다음 당신은 계좌의 소유자나 접근자격이 있는 사용자라고 인증 받을 수 있다, 그리고 계좌의 정보에 접근하도록 자격이 부여될 것이다.

FORGETFULNESS 건망증

forgetfulness 건망증(잘 잊어버리는)
oblivion 망각(완전히 잊은)

While entering your kitchen, you can forget why you got up from sofa and headed to the kitchen in the first place. It can be an example of forgetfulness and considered the most common early symptom of dementia. By contrast, people with dementia often forget what, say, a car key is used for. The state of this kind of memory loss is referred to as oblivion.

당신이 부엌으로 들어갈 때, 애당초 왜 소파에서 일어나 부엌으로 향했는지 까먹을 수 있다. 그것은 건망증의 예이고 치매의 가장 보편적인 초기 증세로 여겨질 수 있다. 이와 대조적으로, 치매환자들은 종종 예를 들어 자동차 열쇠가 무엇에 사용되는 것인지를 잊어버린다. 이런 종류의 기억상실상태는 망각이라고 한다.

MEMORIZE 암기하다

memorize 암기하다(외어 머릿속에 집어넣어)
remember 기억해내다(암기한 것을 끄집어내)
recall 회상하다(머릿속을 뒤져 기억 속의 조각들을 끄집어내)
reminisce 추억하다(단순한 기억, 회상보다 깊은 마음속에서)
remind 상기하다(기억이 나도록)

Each of us experiences sensory stimuli that remind us of something else, for example, the smell of popcorn might remind you of a movie. Associating something with something else can be effective to help you memorize many seemingly unrelated ideas.

누구나 다른 특별한 것을 상기시키는 감각기관의 자극을 체험한다, 예를 들어, 팝콘 냄새는 당신에게 어떤 영화를 상기시킬 수 있다. 어떤 것을 다른 것으로 연상하는 것은 무관해 보이는 개념들을 외우게 도와주는 데에 효과적일 수 있다.

Giving something in memory of a loved one can be for you a very special way to remember them. Commemorate the special person or important event through a remembrance gift.

• in memory of ~의 기념으로, commemorate 기념하다

사랑하는 사람을 기념하여 어떤 것을 주는 것은 당신이 그들을 기억하는 대단히 특별한 방법일 수 있어요. 기념품을 통해 특별한 사람이나 중요한 행사를 기념하세요.

I don't recall that, and I have no recollection of state residents celebrating the terror attacks. If it had happened, I would have remembered it.

나는 그런 기억이 없고 테러 공격들을 축하하는 주의 주민에 대한 기억이 없어요. 그런 일이 발생했다면 나는 그걸 기억해냈을 것이지요.

Older people may be encouraged to spend their time reminiscing about the good old days. Focusing on reminiscence based on activities can lead to their improved emotions and overall happiness.

노인들은 지난 좋은 시절에 대해 추억에 젖으면서 그들의 시간을 보내도록 권장될 수도 있을 것이다. 활동들에 기반을 둔 추억에 집중하는 것은 그들의 기분을 좋게 하고 전반적인 행복으로 이끌 수 있다.

DELUSION 망상

delusion 망상(잘못된 생각인)
illusion 환상(착각을 일으키는)
allusion 암시(넌지시 언급하며 빗대어)
imagination 상상력
meditation 명상
hallucination 환각, 환청

His fatal flaw is the taste for romantic delusion. He is easily deceived into believing in illusions that are romantically satisfying to him.
- believe in ~를 옳다고 생각하다

그의 치명적 결점은 낭만적 망상에 대한 취향이다. 그는 낭만적으로 그를 만족하게 하는 환상을 사실이라고 쉽게 속는다.

Allusion is an indirect reference enriching the text. However, you are not necessarily aware of the allusion to understand it. If you understand it, it will allow you a richer reading experience.

넌지시 암시하는 것은 문장을 풍만하게 하는 간접 언급이다. 그러나 당신이 그것을 이해하려고 그 암시가 있다는걸 반드시 알아야 하는 것은 아니다. 만약 그것을 이해한다면 더 풍부한 독서 경험을 허용해줄 것이다.

Do not use imagination or evoke emotions in meditation. Instead, concentrate your attention either on a particular object or on whatever arise.

명상할 때 상상력을 사용하거나 감정을 유발하지 마시오. 대신, 특정 물체나 무엇이거나 발생하는 것 중 하나에 주목하시오.

If someone has a delusion, he may keep thinking, for example, his neighbor is going to kill him. By contrast, if someone has a hallucination, he may see things that aren't there, hear voices that are not real, smell strange odors.

만약 어떤 사람이 망상이 있다면, 예를 들자면 이웃이 그를 죽이려 한다고 계속 생각할 수 있다. 이와 대조적으로, 만약 어떤 사람이 환각 환청을 가지면, 그들은 존재하지 않는 것을 보고 진짜가 아닌 목소리들을 듣고 생소한 냄새를 맡는다.

EXPERIENCE 전문지식

expertise 전문지식(전문가 영역의)
experience 경험(인생에서 다년간의 일반적)

Anyone can have experience in something, but not everyone acquires expertise. Several years' experience is not a guarantee that you will be proficient at something and become an expert.
- proficient 능숙한

어떤 사람이라도 어떤 것에 경험을 가질 수 있다. 하지만 모든 사람이 전문지식을 얻는 것은 아니다. 수년 동안 경험을 한다고 해서 반드시 어떤 것에 능숙해지고 전문가가 되는 것이 아니다.

Our expertise gained through accumulated experiences in the field makes sure that we help you get the maximum return from your event.

그 분야에 축적된 경험으로 얻은 우리의 전문지식이 반드시 요번 행사에서 이익을 최대로 얻도록 도울 것이다.

AMBITION 야망

ambition 야망(물불을 가리지 않고 추구하며 나쁜 길일 수도 있는)
aspiration 사훈(회사의 미래의 이상인), 염원(불타는 ambition은 아닌)

We support the professional ambitions of all women who want to build a better world where organizations and economies not only grow, but thrive.
우리는 조직들과 경제들이 성장할 뿐만 아니라 번성하는 더 나은 세상을 만들기를 원하는 모든 여성의 직업적인 야망을 지지합니다.

Management needs an aspiration regarding how the company will work in the future. Any company must be organized and managed by the corporate aspiration, which energizes and motivates the company to bring about focus and direction for future development.
경영진은 그 회사의 장기적 비전에 관한 사훈을 필요로 한다. 어떤 회사도 그 회사의 사훈에 의해 조직되고 운영돼야 한다. 그 사훈이 그 회사가 미래 발전을 위한 집중과 방향을 제시하도록 힘과 동기를 부여하는 것이다.

PARADIGM 사고방식

paradigm 사고방식(편만한 사고행위를 파악하는 방법을 나타내는)
epitome 전형(보편적 용어로 본보기가 되는), 타산지석(부정적 의미의)
quintessence 진수(최상급의 물건이나 품질인)
archetype 원형(기본적인 최초의), 원조

A paradigm shift is like an "aha" experience; turning or changing of our perception. It is as if light bulb suddenly turns on or a brilliant idea pops into our head out of nowhere.
사고방식 전환은 우리의 인식을 돌리거나 바꾸는 '아하'의 체험과 같은 것이다. 그것은 마치 전구가 갑자기 켜지거나 돌연 기찬 아이디어가 우리 머릿속에 떠오르는 거와 같다.

An actress can be the epitome (OR example) of beauty or the epitome of slovenliness.
어떤 여배우는 아름다움의 본보기이거나 칠칠치 못함의 반면교사일 수 있다.

The quintessence of beauty in everything is represented through the perfection of proportion and setting.
매사에 아름다움의 최고봉은 비율과 차림의 완벽성을 통해 나타난다.

What John Wayne stands for today is the archetype of the rugged cowboy actor with a cigarette. A singing cowboy was a subtype of the archetypal cowboy hero of early Western films. [Wikipedia]
• rugged 거친, 억센

존 웨인이 오늘날 상징하는 것은 담배를 물고 있는 억센 카우보이 배우의 원형이다. 노래 부르는 카우보이는 초기 서부 영화의 그 원조 카우보이 영웅의 아류이다.

RENOVATION 개선

renovation 개선(소유하던 자동차, 집, 건물 등을 개조하여)
innovation 혁신(전에 생각지 못했던 새로운 것을 만드는)
alteration 수선(옷을 몸에 맞도록), 개량
refurbishment 신장(보기 좋도록 재생하거나 새로 단장하는)
overhaul 전면 수리(총체적 분해수리인)
modification 변형(조절하여 알맞도록)
restoration 복구(원래 상태로)
maintenance 유지(보수하며 좋은 상태로)

Look before you leap; it's good to be cautious before you decide to do something. The same goes for improvement plan. Renovate before you innovate, because doing the new thing might not be the right thing.

돌다리도 두드려보고 건너라, 즉 어떤 것을 판단하기 전에 조심하는 것이 좋다. 개선 계획에도 마찬가지다. 혁신하기 전에 개선하라, 왜냐하면 새롭게 하는 일이 제대로 하는 일이 아닐 수 있기 때문이다.

Office refurbishment means any upgrade, alteration, modification in the current status of the building. It can offer an excellent opportunity to enhance income.

사무실을 새로 꾸미는 것은 현재 상태의 건물에 업그레이드, 개량, 변형을 의미한다. 그것은 수입을 높이는 탁월한 기회를 제공할 수 있다.

To keep military resources in satisfactory condition, maintenance, repair, and overhaul of equipment and facilities must be carefully managed. [land.org]

전략자산을 만족한 상태로 유지하기 위해서는 유지보수, 수리, 장비와 시설의 전면 수리가 세심하게 운영되어야 한다.

All disturbed areas resulting from construction and maintenance activities must be restored to original or better condition and be stabilized.

건축과 유지보수 활동으로 생긴 모든 어지러운 장소들이 원래 상태나 더 나은 상태로 복구되고 안정화되어야 한다.

AUDIT 시찰

audit 회계(기업 관련 장부상의), **설비 검사**(특정 목적의)
surveillance 밀착감시(보안 관련)
monitor 사후점검(규칙, 목표의 준수 여부 점검을 위한 following-up인)
scrutiny 정밀검사(비판적인 관점에서)

Auditing is performed by either an employee or an outside accountant to examine the financial report of an organization.
회계는 직원이나 외부 회계사에 의해 수행되는 것으로 한 조직체의 재정보고서를 조사하기 위한 것이다.

More and more schools are installing security cameras. The comprehensive surveillance system is linked directly to the police station, where all video footage is closely monitored and scrutinized on real-time basis.
- footage 편집되지 않은 자료 필름

점점 더 많은 학교들이 보안 카메라들을 설치하고 있다. 그 포괄적인 감시 시스템은 경찰서에 직접 연결되어 있는데 그곳에서는 모든 비디오 자료가 실시간으로 자세히 사후점검되고 정밀검사된다.

SPECIMEN 표본

specimen 표본(곤충 채집처럼 부류 중 전형적인 예시로 채집된)

sample 견본(혈액 샘플처럼 어떤 종류의 전체 중의 부분적)

A specimen is an exemplified part of a larger whole. It's like taking one or more individuals of a whole living creature. By contrast, a sample is a part of a larger collection of a thing. It's just like you draw a blood sample, but not all blood.

표본은 더 큰 전체의 예시된 일부이다. 이것은 전체 생물체 중 1개 이상의 개체를 취하는 것 같은 것이다. 이와 대조적으로, 견본은 어떤 물건의 많은 수집품 중의 일부다. 그것은 피 전체가 아닌 샘플을 뽑는 것과 같다.

GOAL 최종 목표

goal 최종 목표(장기적 비전에 의한)

target 목표(구체적이고 단기적인)

aim 정조준(어떤 것을 목표로 겨냥하는)

purpose 목적(광범위한 추상적인)
» 어떤 사람이 purpose, aim을 가지고 그가 열망하는 것이 goal, target이다

Madness has no purpose or reason, but it may have a goal. [from Movie "Star trek"]
미친 짓은 목적이나 이유가 없지만, 최종 목표를 가질 수 있다.

My goal is to lose weight this year. My weight-loss target is 10kg.
내 목표는 올해 몸무게를 줄이는 일이다. 내 감량의 목표는 10kg이다.

He wants to aim to reach this lofty goal that the target of a new campaign is to show the importance of purpose for his task.
그는 새로운 캠페인의 목표가 그의 과제에 대한 목적의 중요성을 보여주는 것이라는 이 고결한 최종 목적에 도달하는 것을 정조준하고 싶어 한다.

PLAN 사전계획표

plan 사전계획표(프로젝트 수행을 위한)
schedule/program 세부 일정(plan에 따른), 예정표
timetable 시간표(기차, 버스, 수업 시간표 등의)
agenda 의제, 안건
roster 당직근무표
itinerary 여행 일정표

You must create an achievable **plan** and set learning goals for every session and an organized **schedule** that blocks out days and times in your calendar dedicated to studying.
• block out 미리 계획하여 시간을 할애하다

당신은 달성 가능한 사전계획을 짜고 수업시간마다 학습 목표들과 조직화한 세부 일정을 세워야 한다, 학습용 달력에 날짜와 시간을 빼놓은.

They agreed on an **agenda** of issues and set a **timetable** for meetings to proceed to negotiate the final deal talks.
• proceed to ~를 하게 되다

그들은 현안들에 대한 의제에 동의했고 최종 타협을 협상하게 되는 회의시간표를 정했다.

For efficiency and employee's satisfaction, it is crucial to generate an appropriate **roster** or worker's **schedule** in organizations such as hospitals where staff members work in shifts.
• work in shift 교대제로 근무하다

효율과 직원의 만족을 위해서는 적절한 근무표 즉 근무일정을 만드는 것이 중요하다, 직원이 교대제로 일하는 병원들과 같은 단체에서.

After you create your travel **itinerary** template, it is dependent on your personality whether to go with pre-planned **itinerary** or to follow your own **schedule**.
• template 모형

당신이 여행 일정표를 만들고 난 후에, 미리 계획된 여행 계획을 지키느냐 자신의 일정을 따르느냐는 당신의 개성에 달렸다.

TRANSLATION 번역

translation 번역(외국어 text를 문자로)
interpretation 통역(외국어를 실시간으로 언어로)

They provide document **translation** and face-to-face/over-the-phone **interpretation** services in many languages.

그들은 다수의 언어로 문서 번역과 대면/전화 통역 서비스를 제공합니다.

LYRICS 가사

lyrics 가사
verse 운문시(prose poem 산문시가 아닌), 행(poem의)
poem 시(한 편의)
poetry 시(문학의 한 장르로서), 시집

I had no problem typing the first verse into the score. Now I can't even click on any of the lyrics, much less place a second verse. Help! If not, there must be some changes to tonight's rehearsal schedule.
• score 악보, much less ~는 고사하고

나는 첫 번째 행을 악보에 타이핑하는 데 문제가 없었어요. 이제는 두 번째 행을 넣는 것은 고사하고 가사의 어느 곳에도 클릭도 할 수 없어요. 도와주세요. 그렇지 않으면 오늘 밤 총연습 일정을 변경해야 합니다.

Poems can be written in either free verse or formal verse. Free verse is so familiar in modern lyric poetry, and it doesn't follow a particular rhyme pattern or meter, but varies in its rhythm. On the contrary, formal poetry or metrical verse follows one of the traditional patterns for rhythm, rhyme and stanza.
• meter 운율, rhyme 압운, stanza 4행 이상의 각운이 있는 시구

시들은 자유시나 정형시의 하나로 쓰일 수 있다. 자유시는 현대서 정시에서 친숙하다, 그리고 그것은 특정 운율, 즉 운문을 따르지 않고 리듬이 다양하다. 반면에, 정형시나 운문시는 리듬, 운율과 각운의 전통적인 패턴 중의 하나를 따르는 것이다.

AUDITION 오디션

audition 실기 테스트(가수, 배우의)
tryout 실기 테스트(운동선수, 응원단, 댄스 팀 등의)
cattle call 단체 오디션
callback 재심(오디션 후의 합격 가능자들의)

There are auditions for theater or film, by contrast, tryouts are for sports teams, like cheerleading, football, baseball, gymnastics, dance etc....

연극이나 영화를 위한 오디션이 있다. 이와 대조적으로, tryout은 응원단, 축구, 야구, 체조, 댄스 등과 같은 스포츠 팀을 위한 것이다.

The initial audition I participated in was just a huge cattle call, because everyone wanted to audition for a film. It was kind of an open audition. After the cattle call, there was a callback. Most people talked more about callbacks, but the callbacks were for real actors.

내가 참여했던 첫 오디션은 큰 규모의 단체 오디션이었다. 왜냐하면 모든 사람이 어떤 영화를 위해 연기 테스트를 원했기 때문이었다. 그것은 일종의 공개 오디션이었다. 그 단체 오디션 이후에 재심이 있었다. 대부분의 사람들이 재심을 더 많이 얘기했지만, 그 재심들은 진짜 배우를 위한 것이었다.

07 인물, 생물
People, Living Creatures

SPOUSE 배우자

spouse 배우자(법적인)
significant other(SO) 파트너
» 연인, 불륜, 부부 사이 등에서 사생활을 침해받지 않고 partner를 지칭하는 중성적 표현

Young adults are more likely to live with a romantic partner than parents, whether they are a spouse or a significant other. It is a much more prevalent living arrangement among educated young adults.
- living arrangement 삶이나 주거의 형태, 생활방식

젊은 성인들은 부모보다는 애정관계의 파트너와 사는 경향이 있다. 그들이 배우자이건 짝꿍이건. 이것은 교육을 받은 젊은 성인들 사이에 훨씬 더 만연한 생활방식이다.

Significant other (SO) is colloquially used as a gender-neutral term for a person's partner in an intimate relationship without disclosing or presuming anything about marital status, relationship status, or sexual orientation. [Wikipedia]
- relationship status 교제관계(어느 정도의 사이인지 목적이 있는 사이인지 등)

짝꿍은 구어체로 어떤 사람의 내밀한 관계에 있는 짝을 위해 성 중립적인 용어로 사용된다. 결혼 여부, 교제 관계, 성별에 관해 어떤 것을 드러나거나 추정되지 않도록.

NEAREST RELATIVE 혈육

nearest relative 혈육(부모, 형제자매, 자녀 등의 가까운)
» 주로 병원 관련 보호자를 부를 때 쓰임

next of kin 근친(배우자, 자녀, 인척 등)

If there's no designation of health care surrogate, the person's next of kin such as spouse or nearest relative may be required to sign the consent form.
• surrogate 대리인
만약 건강관리 대리인 지정이 없다면, 그의 배우자나 혈육과 같은 근친이 그 동의서에 사인해야 할 것이다.

When a person dies without a will, the person's estate is distributed to the deceased's next of kin such as spouse or children. When a person dies intestate and no heirs can be identified, the person's estate legally belongs to the government.
• estate 재산, intestate=without a will, heir 상속자
어떤 사람이 유언장 없이 죽을 때 그 유산은 죽은 사람의 배우자나 자녀 같은 근친으로 분배된다. 어떤 사람이 유언장이 없이 죽고 상속자도 확인될 수 없을 때에는 그의 유산은 법적으로 정부에 귀속한다.

NEPHEW 조카

nephew 조카
niece 질녀
sibling 형제자매
cousin 사촌
relative 친척(혈연, 결혼으로 생기는)
in-law 친척(결혼으로 생기는)
» mother in-law 시어머니 또는 장모, stepmother 계모

Your cousin is the child of your uncle or aunt. Your nephew is the male child of your brother or sister. Your niece is the female offspring of them.
당신의 사촌은 고모, 이모나 삼촌, 외삼촌의 자녀이다. 당신의 조카는 형제자매의 남성 자손이다. 당신의 질녀는 그들의 여성 자손이다.

My dad married his new wife when I was young. I had two full (OR blood) siblings, and my step-mother had one daughter; my step-sibling (related by marriage, not by blood). After my dad's remarriage, he has a son; my half-sibling (sharing one parent).
아버지는 내가 어릴 때 새 부인과 결혼했다. 나는 두 친형제를 가지고 새엄마는 (혈육이 아니라 혼인에 의한) 나의 의붓 남매인 딸이 하나 있었다. 아버지는 재혼 후 아들을 하나 가졌고, 그는 나와 (한 부모를 공유하는) 이복형제이다.

I have approached every relative of my in-laws and I have done every possible effort to get any help, but it was of no use. My in-law relatives were least bothered about me.
나는 내 시집 식구의 모든 친척에 접근하고 도움을 얻기 위해 모든 가능한 노력을 다해왔지만, 소용이 없었다. 나의 시가 친척들은 내게 거의 신경을 쓰지 않았다.

BEST MAN 신랑 들러리

best man/groomsman 신랑 들러리
maid of honor/bridesmaid 신부 들러리

The bride's right-hand woman and groom's right-hand man are referred to as the maid of honor and best man, respectively. Those bridesmaids and groomsmen are generally sisters, friends, or close relatives of the bride or groom.
신랑과 신부의 우인 대표를 각각 best man, maid of honor로 부른다. 그 신부 들러리와 신랑 들러리는 일반적으로 자매, 친구나 신랑 신부의 가까운 친척들이다.

BEST FRIEND 가장 친한 친구

best friend 가장 친한 친구(같이 시간을 보내며 비밀을 털어놓는)
true friend 진정한 친구(절대 변치 않고 배반하지 않을)
fair-weather friend 뜨내기 친구(좋을 때만 함께하는)
friend in need 소중한 친구(필요할 때 함께한)
bosom friend/confidant 절친한 친구(아주 가까운 마음속의)
soul mate 동반자(깊은 갈망을 공유하는 영혼의)

He is my first best friend in need. The only real true friend loves me unconditionally. He is like four-leaf clover; it's hard to find but lucky to have. I won't lose him.
그는 나의 첫 가장 소중한 친구이다. 그 유일한 진짜 진정한 친구는 나를 무조건 사랑한다. 찾기 힘들지만 가져서 행운인 네 잎 클로버 같은 사람이다. 나는 그를 놓치지 않을 것이다.

If you encounter only fair-weather friends, gossiping friends or even backstabbers in your life, it means that you pour your heart and soul into a wrong friendship.
• backstabber 뒤돌아 험담하는 자
만약 당신이 인생에서 뜨내기 친구들, 떠버리 친구들 심지어 뒤통수치는 사람들만 만난다면, 당신은 잘못된 우정에 정성을 다 쏟아 붓는 것을 의미한다.

The bosom friend on whom you so rely would gladly die a thousand deaths for you, if it needs to be done.
당신이 대단히 의지하는 그 마음의 친구는 당신을 위해 천 번의 죽음도 기꺼워할 것이다, 만약 그럴 필요가 있다면.

He met the love of his life. She was not simply a buddy or a confidante or a life's companion, but a soul mate for life.
• the love of my life 반려자, buddy 친한 친구, confidante confidant의 여성형
그는 반려자를 만났다. 그는 단순히 친구나 속마음을 터놓는 사람이나 인생의 동반자가 아니라 평생 영혼의 동반자였다.

FRIEND 친구

friend 친구(속마음을 터놓는 가까운 사이의)

acquaintance 지인(그냥 몇 번 만나 아는 사이인)
» acquaintance는 그냥 아는 사이, casual friendship은 최근 급속하게 가까워진 사이, close friendship은 절친인 사이, intimate friendship은 영적 교감의 사이

peer 또래(친구는 아니지만 같은 신분, 특징을 가진), 급우

I wouldn't really call us 'friends,' we're more like acquaintances or a casual friendship.
나는 우리를 친구라고 부르지 않는다, 우리는 몇 번 만난 사람이거나 최근 좀 가까워진 사이에 가깝다.

Peer-to-peer learning encourages peers to collaborate and to share knowledge.
또래 학습은 급우들에게 협력하고 지식을 나누어 갖도록 장려한다.

COWORKER 동료

coworker 동료나 팀원(보편적 용어로 같이 일하는 모든)

colleague 동료(같은 직위나 유사한 일을 하는)
» CEO는 자기 회사의 청소부와 coworker이고, 다른 회사의 CEO와는 colleague이다

fellow/associate/peer 동료(동등한 지위의)

companion 반려자, 동반자

company 동반(복수 없음), 일행

counterpart 상대 파트너(타 회사, 조직체, 국가 등의 동일 업무 담당인)

If you get a crush on your colleague, you need to ask the coworker out for drinks after work.
• get a crush on ~에게 반하다, ask sb out 데이트 신청하다
당신이 한 동료에 반하면 일과 후에 술 한잔하러 그 동료에게 데이트 신청해야 한다.

Peer pressure from fellow runners encouraged challenges of signing up for the race.
같이 뛰는 선수들로부터 받는 동료집단의 압력이 그 경주에 등록하는 도전에 용기를 줬다.

I have company coming. My company consists of five persons; I have five companions in my company.
합류할 친구가 있다. 내 일행은 5명이다, 즉 내 일행 속에 5명의 동행자가 있다.

US President accused Russian counterpart of behaving like pouty kid.
미국 대통령은 러시아의 대통령이 뽀로통한 아이처럼 군다고 비난했다.

FRONT-DESK CLERK 프런트 직원

front-desk clerk 프런트 직원(receptionist)
» 호텔의 예약, 체크인, 체크아웃 등의 서비스 담당임

concierge 컨시어지
» 호텔 손님을 위해 모든 예약, 관심지 방문 등을 도와주는 직원

Our front desk staffs are very friendly and always eager to help guests. Our on-top-of-things concierges are ready to help make sure that every guest has everything they need for a pleasant stay.
• on top of something 현지 사정에 밝은

우리의 프런트 직원들은 대단히 친절하고 항상 손님들을 도와주려고 한다. 현지 사정에 빠삭한 우리의 컨시어지들은 모든 손님이 유쾌하게 머무는 데 필요한 모든 것을 가지도록 확실히 도와줄 준비가 되어 있다.

PREDECESSOR 전임자

predecessor 전임자
precursor 선구자(앞서간 forerunner인), 전조증상(앞서 나타나는)
progenitor 창시자

If your attributes such as specific skills, experiences and education are not equivalent to those of your predecessor, you should never ask for the same compensation.

만약 특정한 기술들, 경험들과 학력과 같은 당신의 장기들이 당신의 전임자의 그것들과 대등하지 않다면, 당신은 똑같은 보상을 요구해서는 안 되는 것이다.

Mild cognitive impairment (MCI) is often believed to be a precursor to dementia. It is just simple memory loss accompanied by other symptoms such as tiredness, depression or weight loss. However, forgetfulness caused by normal ageing is not the same as having memory loss.

경도인지장애는 종종 치매의 전조라고 믿어진다. 그것은 단순히 기억상실이다, 피로, 우울증이나 체중 감소와 같은 증상을 동반한. 그러나 정상적 노화에 의해 생기는 기억력 감퇴는 기억상실이 있는 것과는 같지 않다.

He is often cited by many as the progenitor of modern sculpture.
그는 종종 많은 사람에 의해 현대 조각의 창시자라고 불린다.

SUBORDINATE 부하

subordinate 부하(보편적 용어로)
underling 똘마니(낮은 지위의 사람을 낮잡아 부르는)
henchman 졸개(주군에 충성스러운 심복인)

If you treat your staffs as your underlings who should be grateful to have a job, they will eventually leave you alone. And if you're surrounded only by the subordinates who do whatever you say and who are easy to manipulate, it will lead to a distorted relationship like one between a gang boss and his devoted henchmen.

• manipulate 조종하다, devoted 충성스러운

만약 당신이 직원들을 일자리를 가진 것을 감사해야 하는 똘마니로 대우하면 그들은 결국 당신을 떠나게 될 것이다. 그리고 만약 시키는 대로 하고 조종하기 쉬운 부하들에게만 둘러싸이면, 그것은 갱 보스와 충성스러운 심복의 관계와 같은 왜곡된 관계로 이끌 것이다.

MAIN CHARACTER 주인공

main character 주인공(내용상의)
protagonist 주인공(이야기를 이끄는)
　》 대체로 main character와 동일하나 다른 경우도 있음
antagonist 대립 인물(드라마 속 protagonist와의)

A protagonist battles the conflict as the main character in the story. On the contrary, an antagonist is the bad character in movies, books or video games. The goal of the antagonist is to make the protagonist's life miserable.

주인공은 스토리상 주연으로서 갈등과 싸운다. 반면 대립 인물은 영화, 책, 비디오 게임에서 악역이다. 그 대립 인물의 목표는 주인공의 삶을 비참하게 하는 것이다.

Main character in a story is generally who the story is about. This doesn't necessarily mean that the person is the title character. By contrast, a protagonist is a character who pushes the story forward or reacts the event through striving to achieve goal. The person is contrasted with an antagonist who tries to prevent that. For example, in the sci-fi movie "The Terminator," the main character is Sarah Connor. The protagonist is the robotic Terminator, and the bad guy from the future, Kyle Reese, is the very antagonist.

• title character 제목에 나오는 주인공

스토리 속의 주인공은 보통 그 스토리가 관계하는 사람이다. 이것은 반드시 그 사람이 제목에 나오는 주인공일 필요는 없다. 이와 대조적으로, protagonist는 목적을 이루려는 노력을 통해 스토리를 이끌고 사건에 대응하는 주인공이다. 그는 그것을 막으려는 antagonist와 대비된다. 예를 들어 공상과학영화 터미네이터에서 main character는 Sarah Connor이고 protagonist는 로봇 터미네이터이고 미래에서 온 악한 Kyle Reese가 바로 그 antagonist이다.

CARTOONIST 만화가

cartoonist 만화가
illustrator 삽화가
calligrapher 서예가
graffiti artist 길거리 예술가
portrait artist 초상화가
muralist 벽화가

He is a nationally syndicated cartoonist who provides humorous illustrations, caricatures and creative graphic novels.
• syndicated 판권, 저작권 등을 대행해주는 소속사[agency]에 가입된, graphic narrative 시리즈 만화
그는 범국가적 신디케이트 만화가이다. 유머러스한 삽화들과 희화와 창의적인 시리즈 만화를 제공하는.

He works as a graffiti artist, muralist and portrait artist. He depicts custom portraits and calligraphic paintings on canvas or walls.
• custom portrait 고객의 요구에 그려주는 초상화
그는 길거리 예술가, 벽화가 그리고 초상화가로 일하고 있다. 그는 고객 초상화와 캔버스나 벽에 글씨 그림을 그려준다.

DWARF 난쟁이

dwarf 난쟁이(의학적 용어로 왜소증이 있는)
midget 땅꼬마(모욕적 언어로), 작은 축소판(miniature인)

It is not appropriate to use the word dwarf. If the vertically challenged were described as dwarfs, they would be offended. Someone prefers the term "little person." The one word you should never, ever say to the little person is midget. It's like the N-word.
• the vertically challenged 키 작은 사람들, N-word 흑인을 모욕적으로 호칭
dwarf라는 단어를 사용하는 것은 적절치 않다. 만약 그 왜소증이 있는 사람들이 dwarf들이라고 묘사가 되면 상처를 받게 된다. 어떤 사람은 '작은 사람'이라는 용어를 선호한다. 작은 사람에게 절대로 쓰지 말아야 하는 한 단어는 midget이다. 그것은 흑인을 nigger라고 하는 것과 같다.

PEASANT 농부

peasant 시골 농부(낮은 사회적 계층의)
farmer 농부, 농장주(기업적인)
» peasant farmer는 자급자족 또는 남는 것만 조금 내다 파는 소규모 농부임

The farmers want to be referred to as peasants to express the opposition to factory farming and animal farming in the valleys and plains.
그 농부들은 시골 농부로 불리기를 원한다. 계곡과 평원에 있는 기업 영농과 동물농장에 대립을 나타내려고.

INFANT 유아

infant 영아(2개월부터 1세 정도의)
» 신생아newborn는 생후 2개월 정도까지, 아기baby는 생후 4세 정도까지
toddler 걸음마기 유아(1세부터 3~4세 정도의 걸음마를 시작하는)
» toddler 이후 4세 정도에 preschooler가 된다
minor 미성년자
adolescent 청소년(사춘기와 adulthood 성년의 중간 단계인)
adult 성인(신체적 관점으로만)
grown-up 성인(육체적, 정신적 관점에서 성숙하여 어른이 된)
puberty 사춘기
teen(teenager) 십대

An infant is unable to walk on its own in an upright position, while a toddler is starting to walk unaided and beginning to master its gross motor skills.
• motor skill 운동능력
유아는 곧은 자세로 스스로 걸을 수 없다. 반면, 걸음마 하는 아기는 도움 없이 걷기 시작하고 전반적인 운동능력을 섭렵하기 시작한다.

A lot of teens go through dramatic physical changes as a part of puberty and often make it through the tough parts of adolescence. The adolescents are eager to grow up and get out of their parent's grip and be treated like grownups, while they want to idolize and almost worship celebrities.
• make it through(+noun) (~를) 이겨내다, idolize 우상시하다, celebrity 유명인
많은 10대는 사춘기의 한 부분으로서 극적인 육체의 변화들을 겪고 종종 청년기의 힘든 부분들을 견딘다. 그 청년들은 기를 쓰고 성장하여 성인으로 대접받으려고 하는 반면 유명인들을 우상화하고 거의 경배하고 싶어 한다.

An adult is a person who has reached biological maturity. However, what makes the person a grown-up is emotional maturity, responsibility and capacity to have a beneficial effect on society.
성인은 생물학적인 성숙에 도달한 사람이다. 하지만 그 사람을 어른이 되게 하는 것은 정서적 성숙, 의무의 이행 능력과 사회에 유익한 영향을 끼치는 능력이다.

CAREGIVER 돌보미

caregiver 돌보미(보편적 용어로 노약자를 돌보는)
babysitter 아이 돌보미(특별한 경우나 정기적으로 아이를 돌봐주는)
nanny 전문 보모(아이의 전반적 성장을 위해 돌보는)
parttime nanny 시간제 전문 보모
  » babysitter와 nanny의 결합 형태임
housekeeper 가정부(domestic worker인)
  » 과거에 여자는 하녀maid, 남자는 집사butler로 불렸음
au pairs 외국인 가정부
  » 동거 보모live-in nanny와 housekeeper의 역할을 하며 18~26세의 문화교류 비자로 미국 가정에 거주하는 외국 출신

I'm a nanny, not a babysitter. If someone calls me a babysitter, I will be deeply offended and they will get a dirty look from me. I can guarantee that.
나는 전문 보모입니다, 아이 봐주는 사람이 아니라. 만약 어떤 사람이 나를 아이 봐주는 사람이라고 부른다면 나는 깊이 상처를 받을 것이고 그들은 나로부터 백안시 당하게 될 것입니다. 보장해요.

We provide childcare services in the child's home including live-in and come-and-go nannies or au pairs.
우리는 동거 보모와 출퇴근 보모나 외국인 가정부를 포함해서 방문 아이 돌보미 서비스를 제공합니다.

We provide affordable, reliable, dependable caregivers available to work from 3 to 7 days on the basis of live-in or live-out employment. Our home care service falls into the following categories; personal care, hot meal preparation, housekeeping, babysitting etc.
  • live-out 통근하는, fall into categories 여러 갈래로 나뉜다
우리는 저렴하고, 믿을 수 있고, 신뢰할 수 있는 돌보미를 제공합니다, 3일에서 7일 동거나 출퇴근 근무로 이용 가능한. 우리의 가정 돌보미 서비스는 다음과 같이 나뉩니다, 개인 돌보미, 식사 돌보미, 가사 돌보미, 아이 돌보미 등.

DREAMER 몽상가

dreamer 몽상가(꿈만 꾸는)
visionary 몽현가(꿈을 실현하려는)

Dreamers dream about the world being different, but visionaries envision themselves making a difference. Dreamers think about how nice it would be for something to be done. Visionaries look for an opportunity to do something. [Andy Stanley]
몽상가들은 딴 세상을 꿈꾸지만, 몽현가는 발전시키는 자신을 그린다. 몽상가들은 어떤 것이 이루어지는 것이 얼마나 좋은 일인가에 대해 생각한다. 몽현가는 어떤 것을 할 기회를 찾는다.

NATIVE 그 지역 태생의

native 태생의(어떤 지역에서 태어나 그곳)
indigenous 원산지인(현재는 다른 곳에도 분포하나 특정 지역이)
endemic 고유종의(특정 지역에서만 분포하고 다른 곳에는 없는)
aboriginal 원주민의(캐나다의 Inuit족처럼 토종)
primitive 원시적인(초기 인간시대에 살던 사람 같은)

US and Australia have their own indigenous people (OR aboriginals). When Columbus discovered America and mistook it for India, the Spanish called all the native Americans Indians.

미국과 호주는 본래 그곳 사람들(즉 원주민)을 갖고 있다. 콜럼버스가 아메리카를 발견하고 인도라고 오인했을 때, 그 스페인인은 모든 아메리카 출생의 사람들을 인도인들이라고 불렀다.

An endemic species is not only indigenous, native to their area, but also is distributed only to the particular one. Therefore, not all indigenous, native species are classified as endemic.

- That species is purple. 에서 species가 집단을 말할 때는 단수, These species are red.개별적인 것은 복수임

고유종이란 그곳의 원산지이고 태생이면서 그 특정 지역에만 분포되어 있다. 그러므로 모든 원산지의, 그곳 태생의 종이라고 고유종이라 분류되지는 않는다.

In many movie and TV productions and even in comic books, aboriginal people are commonly depicted as being primitive, violent and wily, or passive and disobedient.

많은 영화, TV 제작물 가운데, 심지어 만화책에서 원주민들은 보통 원시적이고 폭력적이고 교활하거나 수동적이고 반항적인 사람들이라고 묘사된다.

FAUNA 토종 동물

fauna 토종 동물
flora 토종 식물

Fauna is all of the animal life of any particular region or time. The corresponding term for plants is flora. These collective terms are often used to refer to the indigenous (OR native) plant and wildlife adapted to a given area. [Wikipedia]

토종 동물은 특정 지역이나 시대의 모든 동물이다. 식물에 상응하는 용어는 토종 식물이다. 이 집합적인 용어들은 지정된 지역에 순응된 토착 식물과 야생 생물을 언급하기 위해 종종 사용된다.

CITIZEN 국민

citizen 국민(출생으로 공민권을 받은), **일반인**
civilian 민간인(군사작전에 포함되지 않는)

A soldier in US Army is a citizen, but the person is not a civilian. Any US citizen who is not in military service is a civilian. Non-citizens such as tourists or diplomats are civilians even though they are not US citizens.

미군에 있는 군인은 미국 국민이지만 그 사람은 민간인은 아니다. 군에 근무하지 않는 어떤 미국 국민도 민간인이다. 여행자들이나 외교관들과 같은 비국민들은 민간인들이다, 비록 그들은 미국 국민은 아니라도.

IMMIGRANT 이민자

immigrant 이민자(이민하여 들어온)
emigrant 이민자(이민하여 떠나간)
expatriate(expat) 국외 이탈자(일시적으로 고국을 이탈한)
   » defectors는 국가나 정당을 이탈하여 반대편에 서는 배반자
refugee 난민(박해, 종교, 정치적 이유 등으로 국외로 간)
asylum seeker 망명 신청자(난민으로 보호를 원하는)
evacuee 대피자(재난으로 피난처에 일시적으로 evacuated된)
fugitive 도망자(사법부, 채권자 등을 피해 다니는)

An immigrant is someone who comes into a new country to settle permanently. An emigrant is someone who leaves their country to settle in another country. An expatriate is someone who temporarily lives outside their native country with some intentions of returning.

immigrant는 새로운 나라에 영구적으로 정착하려고 들어오는 사람이다. emigrant는 타국에 정착하기 위해 모국을 떠나는 사람이다. expatriate는 귀국 의사가 있으며 태어난 나라 밖에서 일시적으로 사는 사람이다.

Both refugees and evacuees are people who are fleeing from a bad situation and seeking safety, refuge or asylum. Evacuees stay one week or so, while refugees stay the rest of his life.

난민과 대피자들은 둘 다 나쁜 상황을 피해 안전과 피난처나 보호시설을 찾고 있는 사람들이다. 대피자들은 1주일이나 그 정도, 반면, 난민들은 인생 나머지를 머문다.

An asylum seeker is someone who has applied for refugee status, and a fugitive is someone who is running away from law.

• flee 피하다, refuge 피난처

망명 신청자는 난민 지위를 신청한 사람이고, 도망자는 법을 피해 도망치는 사람이다.

IMITATE 모방하다

imitate 모방하다(보편적 용어로 타인의 말이나 행동을)
» imitate는 '좋은 본을 받다'는 뜻이므로 My son 'copied' his father and left home의 경우, 내용상 copy대신 imitate는 어색함. 또한 '웃기려고 흉내 내다'는 의미도 포함함

copy/replicate 베끼다(각종 방법으로 원본과 유사하게)
» copy는 손으로 베끼거나 축소형이나 확대형을 만들든지 하여튼 '유사하게 만들다'

duplicate 복제하다(원본과 똑같이 하나 더 만드는)
» 컴퓨터에서 copy는 파일을 복사하여 붙이는 것, duplicate는 폴더 내에서 같은 파일을 하나 더 reproduce 하는 것임

emulate 본받으려 하다(존경하는 사람을)

simulate 사실화하다(실제처럼 비슷하게 가상실현하여)
» 플라스틱을 나무로 보이도록 하는 등

impersonate 대역하다, 사칭하다(범죄적 목적으로 경찰 등을)
» imitate, mimic는 누구를 사칭하지 않지만, impersonate는 누구와 똑같이 하거나 사칭한다

It might not be such a smart idea to try to **emulate** your favorite author's writing style. Forget about attempting to **copy** it. If you pursue it, your writing will come off as a poor **imitation**, because some echoes of it will show up.
• come off as ~라는 인상을 주다

당신이 좋아하는 저자의 글 스타일을 본받으려는 것은 좋은 생각이 아니다. 그것을 모방하려는 것을 잊어라. 만약 당신이 그것을 좇으면 당신의 글은 초라한 모방으로 보일 것이다, 그 메아리들이 나타나므로.

If you need another key, you'll make a **duplicate**, not a **copy**. Because the key should be an exact **copy** in appearance as well as in the function of the original.

다른 열쇠가 필요하다면 때 비슷하게 복사하는 것이 아니라 똑같이 복제할 것이다. 왜냐하면, 그 열쇠는 원본의 외형과 기능을 똑같이 복사해야 하기 때문이다.

It was made to **replicate** race-car **simulation** venues and will be used for training race-car drivers and **simulating** different car setups.
• car setup 경주용 차 성능증폭장치

그것은 경주용 차 가상실현실들을 복제하기 위해 만들어졌고 경주선수들을 훈련하고 차의 다른 장비들을 가상실현해보기 위해 사용될 것이다.

The comedian perfectly **impersonates** Hollywood celebrities. It's so funny how well he mimics the voices, looks and mannerisms of them.

그 코미디언은 할리우드의 유명 인사들을 완벽히 대역하고 있다. 그들의 목소리들 외모들과 버릇들을 얼마나 잘 모방하는지 너무 웃긴다.

COPYCAT 흉내쟁이

copycat 모방꾼(누구의 행동, 옷, 아이디어 등을 모방하는 것을 비난할 때)
mimic 모방자, v.흉내 내다(남을 흉내를 내어 웃기려고)
impressionist/mimic 예능인(흉내를 잘 내는)
(celebrity) impersonator 예능인(유명인 흉내를 내는)

If you are copying everything someone does and says, the others will begin to call you a copycat. Most of us have a subconscious desire to copy others, from picking up someone's gesture or speech patterns to unwittingly mimicking an accent.

- pick up 언어, 습관을 무심결에 따라 하다

만약 당신이 누가 행동하고 말하는 모든 것을 흉내 내고 있으면 다른 사람들이 당신을 copycat이라고 부르기 시작할 것이다. 우리 대부분은 다른 사람을 모방하려는 잠재적 욕망이 있다, 다른 사람의 몸짓이나 말버릇을 무심결에 따라하는 것에서부터 자기도 모르게 억양을 흉내 내는 것에 이르기까지.

An impressionist or a mimic is a performer whose act consists of imitating the voices and mannerisms of others. Particularly, a person who copies famous celebrities in politics, music or acting industry is called an impersonator. The person could be a look-alike of them or dress up the way of them or mimic their mannerism and behavior to entertain as an act of comedy. [Wikipedia]

- mannerisms 버릇, acting industry 영화계

흉내를 잘 내는 사람은 예능인이다, 그의 행동은 타인의 목소리나 버릇을 모방하는 것으로 구성되어 있다. 특히 정치, 음악이나 영화계의 유명인을 흉내 내는 사람은 impersonator라고 부른다. 그는 유명인과 외모가 비슷할 수 있거나 그들처럼 옷을 입거나 그들의 버릇과 행동을 모방할 수 있다, 코미디 활동으로 즐겁게 하려고.

MAGICIAN 마술사

magician 마술사(보편적 용어로)
illusionist 환상마술사(magician 가운데 특히 소품을 사용해서 착각을 일으키는)

Magicians pretend to do magic like "card tricks" for slightly larger groups or similar entertainment venues. By contrast, illusionists only create illusions on a stage like the classic "Sawing A Woman In Half" with elaborate props and often together with pretty girls.

- venue 개최지, prop 연극의 소품

마술사들은 좀 큰 규모나 유사 오락장에서 "카드 마술"처럼 마법을 행하는 흉내를 낸다. 이와 대조적으로, 환상 마술사들은 무대 위에서 환상을 만들기만 한다, 정교한 소품과 종종 미녀들과 함께 "여인을 반으로 쪼개기" 정통 메뉴처럼.

FOREFATHER 선조

forefather 선조(보편적 용어로 조상의 의미인)

ancestor 조상(혈연관계가 있는)

progeny 소산(포괄적 용어로 교배로 생긴 모든 자식이나 동식물의)

offspring 자녀(사람의), 새끼(동물의)
  » progeny와 유사하나 더 친근하고 non-formal한 표현

descendant 자손(먼 옛날 혈연관계인 조상에 대한)

posterity 후손(미래에 살게 될 미래 세대인)

In the context of family or species, your great-great-great grandfather can be called your ancestor or forefather, and you are the descendant or great great great-grandchildren of them.
가계나 종의 맥락에서 당신의 증증증조 할아버지가 당신의 조상, 즉 선조라고 불릴 수가 있고 당신은 그들의 후손, 즉 증증증 손자이다.

Muslims believe that the descendants of Ishmael turned out to become Islam. They claim that the ancestors of Mohammed were really the descendants of Ishmael.
무슬림들은 이스마일의 자손이 이슬람이 된 것으로 밝혀졌다고 믿고 있다. 그들은 모하메드의 조상들은 이스마일의 진짜 후손들이었다고 주장한다.

Your children can be called the fruit of your loins, offspring, progeny or descendants, no matter how old they are. These terms also refer to your grandchildren, great-grandchildren and untold generations to come.
  • grandchildren은 손자, great grandchildren은 증손자, 차후손을 great를 붙여 표현함
당신의 자녀들은 나이가 얼마이든지 the fruit of your loins, offspring, progeny나 descendants라고 불릴 수 있다. 이 용어들은 손자, 증손자와 무한한 미래 세대의 자손을 말하기도 한다.

If you could stop something about to disappear from falling into oblivion, what would you choose to save and pass down to posterity?
  • oblivion 망각
당신이 막 사라지려는 어떤 것이 망각 속에 빠지는 것을 막을 수 있다면 당신은 무엇을 구하고 후손에게 넘겨주려고 선택하겠나?

PRESTIGIOUS 일류의

prestigious 일류 명문의(사물이 질적 우월성으로 감탄, 존경의 대상이 된)
» 어떤 명문 대학, 노벨문학상 등

prominent 이름을 떨친(존경은 못 받아도 잘 알려지고)
» 독재자 히틀러, 무기상 카쇼기 등

eminent 권위자인(자기 분야, 직업, 기술에서 뛰어나고 존경받는 사계의)
» 어떤 역사가, 정치적 인물, 물리학자, eminent Beethoven 등

distinguished 명망 있는(eminent에 공개적인 존경을 추가한)
» 외교관으로 distinguished한 경력을 갖다, distinguished한 저술가 등

famed 소문난(명소, 행사, 옛사람 등이 과거부터 회자되고 명성이 자자하게)
» 카지노로 famed한 도시, 가을 경치로 famed한 산책로 등

famous 유명한(현재 명성으로 관심을 끌고 잘 알려져 있고 회자되는)
» famous한 팝 스타, famous한 은유, 페니실린의 발견으로 famous한 플레밍 등

renowned 명성이 자자한(학계, 사업 등 각자 자기 분야에서)
» world-renowned한 베를린 필, 로마네스크 양식으로 renowned한 교회, renowned한 탐험가 등

well-known 잘 알려진(특별한 결과물이 없지만 일반적으로)
» well-known 저술가, well-known 테러리스트, well-known 브랜드 등

This **prestigious** award is presented annually to honor global **distinguished** Social Sciences scholars who contributed to their fields.
이 일류급의 상은 계속 사회과학 분야에 공헌한 세계적으로 명망 있는 학자들을 존경하기 위해 매년 수여된다.

Some politicians might have been **prominent**(OR **famous**), but they probably wouldn't be called "**eminent**," containing the idea of being respected. Someone like Adolf Hitler is **famed**, but not for the good reasons. Generally, the more **famous** a politician is, the worse they tend to turn out.
일부 정치인들은 이름을 떨쳤을 수 있지만, 그들은 권위자라고 불리지 않을 것이다, 존경받는다는 개념을 포함하는. 아돌프 히틀러와 같은 사람은 유명하다, 그러나 좋은 이유 때문이 아니고. 일반적으로 어떤 정치인이 더 유명할수록 그들은 더 나쁜 자로 드러나는 경향이 있다.

How has Professor X succeeded in becoming so **prominent** a scholar? Tell me, please, what is there in Doctor Y that makes him so **eminent** in his field? or Why is Professor Z considered such a **distinguished** authority? 〔American Association of University Professors〕
어떻게 X 교수님이 이름을 떨친 학자가 되는 데 성공했어요? 제발 말해주세요, Y 박사님이 그의 분야에서 권위자가 되게 한 것에 무엇이 있어요? 또는 Z 교수님은 그렇게 명망 있는 대가로 여겨지는 이유가 뭐죠?

Mourners at the funeral of the **renowned** business woman were told that she was a woman of "indomitable spirit", as **well-known** faces gathered to remember her life. 〔News Irish News〕
명성이 자자한 그 여성 사업가의 장례식에서 조문들은 그녀가 '불굴의 정신'을 가진 여성이었다는 말을 들었다, 잘 알려진 얼굴들이 그녀를 추모하기 위해 모였을 때.

REPUTATION 명성

reputation 명성(사람, 물건에 대해 일반인들에게 존경받을 만한)
» 그는 컴퓨터 도사야, 그 시는 예술의 도시로 이름났다 등

fame 유명함(명성으로 또는 이름, 외모가 일반에게 잘 알려져서)

If you refer to a name like Albert Schweitzer, you might not know how he looks like, but you know what kind of a person he is. That's because of his reputation. By contrast, you can recognize some celebrities simply by looking at their faces, but you don't know what kind of people they really are. That's because of their fame.

당신이 슈바이처와 같은 이름을 말할 때 나는 그의 외모를 잘 몰라도 그가 어떤 사람인가를 안다. 그것은 그의 명성 때문이다. 대조적으로, 당신은 얼굴만 봐도 일부 유명인들을 인식할 수 있다, 그러나 그들이 어떤 성품의 사람인가를 당신은 모른다. 그것은 그들의 유명함 때문이다.

NOTORIOUS 악명 높은

notorious 악명 높은(나쁜 쪽으로 유명하여)
infamous 오명이 있는(어떤 유명인이 과거 불륜, 약물중독, 범죄 등으로)

I ordered one of the most famous dishes of their cuisine, but it turned out a notorious meal in my opinion. It was so bad I didn't even finish the meal.

우리는 그들 요리 가운데 가장 유명한 식사 가운데 하나를 주문했지만 내 생각에는 악명 높은 식사로 드러났다. 나는 그 식사를 다 먹지도 못했다.

The gangster became infamous because of the gravity of crimes he had committed in the past.
• gangster 폭력배, gravity 죄의 중대함

그 깡패는 오명을 이미 가졌다, 그가 과거에 저질렀던 범죄의 중대성 때문에.

PROPER 적절한

proper 적절한(어떤 일이 올바르고[correct], 적합하여[suitable])
adequate 적절한(어떤 사물의 질적,양적 관점에서 충분하여[sufficient])
appropriate 적절한(사회문화적 관점에서 언변이나 의복 등이)

Everyone has the right to an adequate standard of living for themselves, including adequate food, clothing and housing. We commit ourselves to taking appropriate steps to ensure the realization of this right at the proper (OR right) time, timely.

모든 사람은 적절한 음식, 의복, 주거를 포함하는 적절한 삶의 수준을 누릴 권리를 갖는다. 우리는 이런 권리를 확실히 실현하기 위한 적절한 조치를 취할 것을 약속한다. 적절한 때에, 늦지않게.

BE WORTH ~의 가치가 있다

be worth ~의 가치가 있다(물건 또는 사람이 금전적이나 중요성에서)
» 시간, 노력, 돈 등을 들였기 때문에 무엇과 동등한 비유적 value를 가지고 있어서

deserve ~할 만하다(사람이 장점이나 행동의 결과로 합당한 자격이 있어서)
» 유사표현으로 be worthy of, '경쟁은 가치가 있다'는 A competition is worthwhile.

He is worth millions of dollars, but he made it all by illegal transactions. If you say he deserve (OR is worthy of) an award, a question could be raised.
그는 수백만 달러의 가치가 있지만, 부정적인 거래로 만든 것이다. 만약 그가 상을 받을 만하다고 당신이 말하면 의문이 제기될 수 있다.

Chasing dreams is an exhausting effort, but the rewards are well worth it because the rewards are great. You did all the hard work and you deserve to be paid for it.
꿈을 쫓는 것은 힘든 노력이지만 그 보답들은 그만한 가치가 있다, 왜냐하면 그 보답이 크기 때문이다. 당신은 힘든 일을 했고 그것에 보상을 받을 만하다.

BE QUALIFIED FOR ~자격이 있는

be qualified for ~자격증이 있는(자격증을 땄기 때문에)

be entitled to ~자격이 있는(법적인 권리를 갖추고 있어)
» 부모 재산을 상속받도록 entitled 되는 자녀, 특수교육을 받는 장애인 등

be eligible for ~적격인(필요조건을 충족시켜)
» 어떤 콘테스트의 조건이 18세 이상 참가에, 부상이 이탈리아 유학이라면, 20세면 참가에 eligible 하고, 우승자는 이탈리아 유학을 하도록 entitled 된다

When a thirty-year-old job-seeker finds a job limited for only under 25, he is not eligible for it, even though he may be qualified for it.
30세의 구직자가 25세 이하에만 제한된 직업을 발견할 때, 그는 그 직에 적격이 아니다, 그가 그에 자격증이 있을지 모르지만.

If you are pregnant, you may be entitled to up to 52 weeks statutory maternity leave no matter how long you've been in your job. However, you may not be qualified for statutory maternity pay, because it depends on whether you satisfy the qualifying conditions.
• statuary 법으로 정한, maternity leave 모성 휴가

당신이 임신한다면 그 직장의 근무기간과 관계없이 최대 52주의 법정 모성휴가의 자격이 있을 수 있다. 그러나 법정 모성수당의 자격은 없을 수 있다, 왜냐하면 자격조건을 충족시키는지에 달렸기 때문이다.

COMPETENT 능력이 있는

competent 능력이 있는(그냥 좀 하는)
proficient 능숙한(기술과 경험으로 숙달되어 완전하게)
capable of ~를 해낼 수 있는(못하는 게 아니라)

A competent speaker in English should be able to speak English correctly and hold conversations. By contrast, a proficient speaker in English should be able to speak as fluently as native speakers and have a rather extensive vocabulary.
• hold a conversation 대화하다, extensive 다방면에 걸친

영어에 능력 있는 사람은 영어를 올바르게 말하고 대화할 수 있어야 한다. 이와 대조적으로, 영어에 능통한 사람은 원어민처럼 유창하게 말하고 상당히 해박한 어휘를 가져야 한다.

My 18-year-son is eligible to drive, that is, he is capable of getting a drive license, but that doesn't mean he is a competent driver.
내 18세 아들이 운전할 자격이 있다, 즉 운전면허를 딸 수 있지만, 그것이 유능한 운전자라는 의미는 아니다.

PERSPECTIVE 가망이 있는

prospective 가망이 있는(바라는 대로 기대되어 현재)
potential 잠재 구매력이 있는(장래에)
» 필수 재능이 있어 훈련하면 발휘할 가능성이 있는

If someone seems interested in buying your artwork, he is a prospective client. This suggests you have some expectation that he will buy it. By contrast, if you have a large circle of friends and acquaintances who are known to be so passionate about your artwork, they are your potential clients.

어떤 사람이 당신의 예술작품을 사는 데 관심이 있는 것 같으면 그는 현재 기대 가능한 고객이다. 이것은 당신이 그가 살 것이라는 약간의 기대를 갖는 것을 암시한다. 이와 대조적으로, 만약 당신이 당신 작품에 열정적인 것으로 알려진 많은 친구 지인들을 갖고 있다면, 그들은 당신의 장래 잠재 고객들이다.

BEGINNER 왕초보

beginner 왕초보(처음 시작한)
novice 초보(기본기는 있으나 더 진보되지 않는)
apprentice 견습공(장인의 기술을 배우려는 도제인)
craftsman 장인(특별한 기술을 가진)
craftsmanship 솜씨(장인이 될 만한)
workmanship 기술(기술자, 직공의)

A beginner is a person who has never a previous learning experience about something. A novice, meanwhile, is a person who has low-to-below-average competency at something and may not get any better.
왕초보는 어떤 것에 사전 학습경험이 전혀 없는 사람이다. 초보는, 반면, 어떤 것에 평균 이하의 능력이 있으며 더 진보가 없는 사람이다.

Typically, a craftsman began life as an apprentice, who learns from a Master Craftsman without ever walking through the doors of a college.
전형적으로 장인은 도제로서 인생을 시작했다. 그는 대학에 다니지 않고 대가 장인으로부터 배운다.

When I looked around at the finishes and joinery, I noticed they resorted to shoddy workmanship and the use of inferior materials. It was disappointing to me that they didn't value craftsmanship anymore!
• finish 마감, joinery 결합물, shoddy 조잡한, resort to ~의 좋지 않은 수단을 쓰다
내가 마감과 결합물들을 둘러볼 때, 그들이 조잡한 기술과 저질 재료들을 사용하고 있다고 알아챘다. 그들이 장인의 솜씨를 더는 높이 평가하지 않았다는 것이 내게 실망스러웠다.

GENIUS 천재

genius 천재(전에 없던 것을 창조하는), 천재성
prodigy 신동(기존 학문을 빨리 학습하는 영재인)
savant 기인(종종 자폐증이 있으며 천재는 아니나 한 분야에 정통함)

The cult of the kid genius can actually do more harm than good. That's the wrong way to treat child prodigies. They need rather less attention.
• cult 숭배
그 소년 천재를 숭배하는 것은 득보다 해가 더 많을 수 있다. 그것은 영재들을 대접하는 잘못된 방법이다. 그들은 오히려 더 적게 주목받아야 한다.

He showed us his genius that had astonished researchers, but he turned out to be an autistic savant.
그는 연구자들을 깜짝 놀라게 했던 그의 천재성을 우리에게 보여줬지만, 그는 자폐성 기인으로 밝혀졌다.

VIRTUOSO 대가

virtuoso 대가(유명하지 않을 수 있으나 한 분야에)
maestro 거장(지명도나 활동이 뛰어난)
» 지휘자 conductor를 호칭할 때 maestro라고 함

When a person is called "virtuoso," the person is thought to be an individual who has skills unparalleled by any other human being in any field. The last goal they want to be called is a maestro.
어떤 사람이 "대가"라 불릴 때, 그 사람은 어떤 분야에서 든 어떤 사람과도 비견되지 않는 기술을 가진 사람이라고 생각된다. 그들이 불리기 원하는 마지막 목표가 거장이다.

The pianist will be moving from being a child prodigy like Mozart or Chopin to becoming a virtuoso, possibly one day a maestro.
그 피아니스트는 모차르트나 쇼팽처럼 천재소년에서 대가, 어쩌면 언젠가 거장이 될 것이다.

TECH SAVVY 기술에 밝은 사람

tech-savvy 기술에 밝은 사람
computer literate a.컴퓨터 가능자인
computer illiterate a.컴맹인, n.컴맹

Even young children have to be tech-savvy, and for that they need to be computer literate to utilize their tech talents. Opportunities thrown up by technology can be harnessed only if they are not computer illiterate.
• throw up 기대치 못한 새로운 것을 만들다, harness 이용하다
어린아이들도 기술에 정통해야 하고 그러기 위해 그들은 기술 분야의 재능을 사용하기 위해 컴퓨터 가능자여야 한다. 기술로 뜻하지 않게 만들어진 기회들은 단지 그들이 컴맹이 아니라는 조건일 때만 이용될 수 있다.

ADVERSARY 적수

adversary 적수(이기려는 악감정을 가진)

enemy 적군이나 원수(반드시 쳐부숴야 하는)
» adversary는 이기려는 상대이지만 타협이 가능하며, enemy는 멸망시킬 상대로 타협이 불가함

opponent 상대방(경쟁, 투쟁 관계에서 대립하고 있는)
» adversary, enemy, competitor, rival 들의 상대방은 모두 opponent이다

competitor 경쟁자(동종 스포츠나 사업에서 악감정이 아닌 선의의)

rival 경쟁자('사랑의 경쟁자'처럼 시기, 질투하는 개인적 경쟁관계인)

archrival 최대의 경쟁자

Competitors are those who belong to the same business, sport activity or nature of job. Primary competitor (OR main opponent) is referred to as archrival. They try to essentially lead the other one without doing harm. However, in case of enemy, which is used for nations or groups having opposition, the opponents do not hesitate to do harm to each other.
• nature of job 직업의 본질(청소부라면 오물을 치우는 것)

경쟁자들은 동일 기업, 동일 스포츠 활동이나 동일 직업상 본질 속하는 사람들이다. 주요 경쟁자는 최대의 라이벌이라고 한다. 그들은 본래 상대를 해치지 않고 앞서려 한다. 그러나 반대세력을 가진 국가나 집단에 사용되는 적군의 경우 상대방들은 서로에게 해를 끼치는 일을 서슴지 않는다.

We are not just rivals, but adversaries who can't work together. If we could turn both adversaries and rivals into allies, we would get things done more efficiently and feel better at work.

우리는 그냥 경쟁자들이 아니라 함께 일할 수 없는 적수이다. 만약 우리가 적수와 라이벌을 동맹으로 변화시킬 수 있으면 우리는 일을 더 효율적으로 잘 할 것이고 직장에서 기분이 더 좋을 것인데.

COMPETITOR 경쟁상대

competitor 경쟁상대(사업상, 게임 등의)

contestant 참가자(경기, 경연대회의)

contender 도전자(챔피언 타이틀의), 후보자

Contestants of Ms. World contest are vying for the competition as competitors. The final of the contest of this year is upon us, because we have three strong contenders of top 10 finalists.

미스월드대회의 참가자들은 경쟁자들로서 그 경쟁을 이기려고 다투고 있다. 올 경연의 결승전은 우리에게 달려 있다, 왜냐하면 우리나라가 상위 10명의 결선 진출자 중에 3명의 강력한 도전자를 갖기 때문이다.

IGNORAMUS 무식꾼

ignoramus 무식꾼
know-nothing know-it-all 허풍선이

If you act like that, I don't think you have some sense of knowledge. It looks like you're lacking education... maybe you need to go back to school. That'll be much better. What a dumbass loser ignoramus! You're the most stupid know-nothing know-it-all I've encountered.

만약 당신이 그렇게 행동한다면, 당신은 지식 '지'자도 모른다고 생각한다. 학력이 부족해 보인다. 학교로 다시 가야 할 것 같아. 그게 훨씬 낫다. 멍청이, 실패자, 무식꾼! 당신은 내가 만난 가장 멍청한 허풍선이다.

CHAMPION 우승자

champion 우승자
runner-up 준우승자
third-place finisher 3위 수상자
bringing up the rear 꼴등

In a competition, there is a champion and a runner-up. In the Olympic game the top three rank holders are awarded a gold, silver, and bronze medal respectively. The third-place finisher describing the athlete who finishes third would be a bronze medal winner.

경기에는 챔피언과 준우승자가 있다. 올림픽 경기에서는 상위 3위까지 금, 은, 동메달이 순서대로 각각 수여된다. 3등하는 선수를 묘사하는 3위는 동메달 수상자가 될 것이다.

This shouldn't take long. You two go ahead. Tom, you bring up the rear. I'll catch up with you later.

이것은 오래 걸려서는 안 돼. 너희 둘 앞서가! 탐은 마지막에 따라오고. 나는 나중에 너희들을 따라갈게.

RECIPIENT 수령자

recipient 수령자(정보, 선물의)
receiver 수신기, 장물구매자, 청산관리인

Only for the apparatus receiving radio signals, the term "receiver" is accepted. Meanwhile, for a person who receives an award, a prize, a medal, the term "recipient" is used instead of receiver. In medical sphere, recipient is much more commonly used than receiver, like organ recipient.

라디오 신호들을 받는 장치로만 receiver라는 용어가 인정된다. 반면, 공로상, 경쟁상, 메달 같은 것을 받는 사람에게는 receiver 대신 recipient라는 용어가 사용된다. 의학분야에서는 recipient가 receiver보다 훨씬 더 보편적으로 사용된다, 장기 수혜자처럼.

ONLOOKER 구경꾼

onlooker 구경꾼(현장을 보기 위해 몰려든)
bystander 행인(우연히 현장을 지나던 사건과 관계없는)
spectator 관중(스포츠 등의 대중행사의)
viewer 관람자(문화, 예술품의), **시청자**(TV, 컴퓨터 등의)
audience 청중(문화행사의 집단적)
witness 목격자(사건을 직접 본), 증인

Spectators go on purpose to see public event or activity, whereas onlookers do it by chance.
관중들은 공공행사나 활동을 보려고 일부러 가는 반면 구경꾼들은 우연히 그것을 목격한다.

A gunman opened fire, and in the process two civilians were hit. The two victims may be innocent bystanders who have been accidentally caught up in the event at the moment, but they may not be onlookers who have paid attention to the event.
• caught up in sth 깊이 관여하게 된
총을 든 사람이 총을 쐈고 그 과정에 두 민간인이 맞았다. 그 두 희생자는 우연히 그 순간 그 사건에 엮이게 된 순수한 행인일 수 있다. 그러나 그들은 그 사건에 관심을 가졌던 구경꾼이 아닐 것이다.

The opening ceremony of the Olympic Game attracted spectators in the stadium and 3 billion television viewers worldwide.
그 올림픽 게임의 개회식은 경기장에 있는 관중들과 전 세계 30억 TV 시청자를 매혹했다.

If participant turnout is quite low at your speaking event, you might even feel deflated and mutter to yourself "it's hardly worth the effort." But you should put a ton of effort into even the small audiences.
• turnout 행사 참석자수, deflate 공기가 빠지다, mutter 투덜대다
당신의 연설회에 나온 참가인원이 저조하면 힘이 빠지고 "노력의 가치가 없다"고 투덜거릴지도 모른다. 그러나 작은 청중이라도 큰 노력을 쏟아야 한다.

According to a witness, an unidentified armed man was killed in a shootout with police.
• shootout 총격전
한 목격자에 의하면 신원미상의 무장한 남자가 경찰과 총격전에서 사살되었다.

WALKER 보행자

walker 보행자(보행을 목적으로 걷는)
pedestrian 보행자(교통수단이 도보인)
passenger 승객(탈것을 타고 있는)
jaywalker 무단횡단자(교통규칙을 무시하고 길을 건너는)

Green electric-powered cars are much more dangerous to pedestrians than traditional vehicles. Walkers are 40 percent more likely to be run over by a quiet hybrid or electric car than by one with a petrol or diesel engine. 〔THE DAILY MAIL〕

친환경 전기차들이 전통적인 차들보다 보행자들에게 훨씬 더 위험하다. 보행자들은 휘발유나 디젤 엔진을 가진 차보다 조용한 하이브리드나 전기 엔진의 차에 의해서 치일 가능성이 40% 높다.

Some drivers don't hesitate to herd people on foot by honking their horn and don't mind intimidating the defenseless pedestrians, because they think the pedestrians are just in their way. They justify their road rage while accusing them of jaywalking or walking too slowly.

• herd 무리를 모으다, road rage 보복, 난폭운전

일부 운전자들은 클랙슨을 울려 걷고 있는 사람들을 모는 것을 주저하지 않고 무방비의 보행자들을 겁주는 것을 개의치 않는다, 그 보행자들이 그들의 길을 방해하고 있다고 생각하기 때문에. 그들은 마구잡이 운전을 정당화한다, 그들이 무단횡단을 하고 너무 느리게 걷고 있다 비난하면서.

The motorcyclist may be charged with vehicular assault after his passenger was injured in a car crash.

그 오토바이 운전자는 차량폭행으로 기소될 수 있다, 그의 승객이 자동차 충돌에서 사고를 당한 후에.

DOUCHEBAG 뻔뻔한 놈

douchebag 뻔뻔한 놈(상습적으로 뻥, 허세, 착각, 멍청하고 파렴치한)
scumbag 암적인 놈(불결한, 우범적, 새디즘적, 구제불능의 타락한)
» scumbag>douchebag>dick, asshole 순으로 심한 욕임, jerk는 "녀석" 정도의 뜻

When a selfish fan snatched the ball and refused to give it back saying "I caught it," the crowd called the jerk a whole bunch of unpleasant things including "asshole, scumbag or douchebag."

이기적인 팬이 그 볼을 낚아채서 "내가 잡았어" 라고 하면서 되돌려주는 것을 거부했을 때, 그 관중들은 그자를 엿같은 놈, 뻔뻔한 놈이나 암적인 놈을 포함한 온갖 불쾌한 것들로 불렀다.

NOMADIC 유목민의

> **nomadic** 유목민의
> **sedentary** 앉아서 일하는, 정주하는(한 곳에 정착하여)
> **perched** 앉아 있는(새가 횃대 위에 균형을 잡는 모양으로)
> **parched** 아주 건조한

Sedentary farming occurs when farmers stay in the same place every year. By contrast, nomadic cultivation occurs when farmers move from one place to another.
정주하는 농업은 농부들이 매년 한 자리에 머무를 때이다. 이와 대조적으로, 유목민의 경작은 농부들이 한 곳에서 다른 곳으로 이동할 때 일어난다.

There is a hut perched at the edge of a cliff, which gives its occupants thrilling and somewhat frightening views.
절벽의 가장자리에 앉아 있는 오두막이 있다. 그것은 거주자들에게 전율 넘치고 약간은 무서운 경치를 준다.

After several drought years, the country was entirely parched up and desolate and consequently deserted by herbivorous animals.
몇 년의 가뭄 후에, 그 나라는 완전히 건조해졌고 황폐하고 결과적으로 초식동물로부터 버림받게 되었다.

VAGABOND 방랑자

> **vagabond** 방랑자(가난 때문이 아닌 역마살이 낀 낭만적)
> **wanderer** 떠돌이(목적도 없이 여행을 일삼는)
> **nomad** 유목민(초원, 음식의 공급을 따라 이동하는), 방랑자

A vagabond lives as a nomad with no permanent address, but they are not against working hard to make money and moving on to the next adventure. So vagabond is a romanticized term.
방랑자란 영구적인 주소도 없이 유목민처럼 산다. 그러나 그들은 돈을 벌기 위해 열심히 일하고 다음 모험을 위해 이동하는 것을 마다하지 않는다. 그래서 vagabond는 낭만적인 용어이다.

He was a long-term wanderer, and he was still happy to be a nomad with no intention of settling down and getting a steady job anytime soon.
그는 장기 방랑자였고 아직도 곧 정착하고 안정된 직업을 가질 의도가 없는 유목민이어서 행복해했다.

You can call me a digital nomad, vagabond or urban gypsy, whatever you like. But I don't ever recall it being said in a derogatory way.
• digital nomad 원격근무자, recall+동명사 과거의 사실을 회상하다(it은 동명사의 의미상 주어)
디지털 유목민, 방랑자, 도시의 집시 등등이라고 나를 부를 수 있다. 그러나 그것이 경멸적으로 들렸던 기억이 없어.

FREELOADER 식객

freeloader 식객(남의 비용으로 먹으려는)

sponger 해면 같은 자(일하지 않고 남의 비용으로 사는)
» sponger는 가장 정도가 약한 자, parasite는 가장 정도가 강함

deadbeat 남을 등쳐먹는 자(빈둥거리고 빌린 것 떼어먹고)
» deadbeat dad는 자녀 양육비를 주지 않는 아빠

scrounger 공짜를 잘 챙기는 자(남이 버리는 것을 챙기는)

parasite 기생충 같은 자(게으르고 남의 고혈을 빨고 사는)

leech 거머리 같은 자(남의 금품을 노리고 장시간 주목하는)

loafer/idler 게으름뱅이(일을 피하는 lazy person인)

There's a friend who shows up at your house empty-handed and stays for a whole weekend and never offers even to do the dishes. There's another friend who takes road trips in your car at your expense. They don't care about your time and money. They are not a real friend but only a freeloader (OR a sponger, a moocher).
• do the dishes 접시를 닦다

빈손으로 당신 집에 나타나서 주말을 지내며 식기를 닦겠다고 하지도 않는 친구가 있다. 당신 차를 타고 당신의 비용으로 여행을 하는 다른 친구가 있다. 그들은 당신의 시간과 돈에 관해 관심이 없다. 그들은 진정한 친구가 아니고 단지 식객이다.

I am not a scrounger or deadbeat who spend their lives living off the hard work of others. I am a hard-working, honest individual who, like many others, needs a new opportunity.

나는 열심히 일하는 사람을 뜯어먹고 사는 scrounger나 deadbeat가 아니다. 나는 열심히 일하고 정직한 사람이다, 다른 많은 사람들처럼 새로운 기회를 필요하는.

He harms the organization by acting as a leech draining vital energy from other people. This parasite is a loafer who desires a free ride, while blaming mistakes on others and expressing pessimistic views in the workplace.
• blame sth on sb ~을 ~에게 탓으로 돌리다

그는 조직을 해친다, 다른 사람들의 활력 에너지를 빼내는 거머리처럼 행동함으로써. 이 기생충은 무임승차를 바라는 게으름뱅이다, 실수들을 다른 사람의 탓으로 돌리고 직장에서 부정적인 관점을 쏟아내면서.

VAGRANT 부랑자

vagrant 부랑자(구걸하러 다니며 교활하고 신뢰할 수 없는)

tramp 부랑자(구걸하며 터덕터덕 걸어 이곳저곳을 떠도는)
» tramp는 lawful하여 도둑질은 하지 않음, 이런 면에서 vagrant와 구별됨

hobo 떠돌이 일꾼(일을 찾아 지역을 이동하고 거처도 없는)

bum 비렁뱅이(적극적 구걸도 술에 절어 일도 하지 않는 몹쓸)

beggar 걸인('beg'하는 모든 사람을 지칭하는)

panhandler 걸인(도시에서 도와 달라고 하며 동냥을 구하는)

A vagrant is like a bum who comes into communities looking for help and charity. They can, though, steal what they want and be gone in the dark of night. So the connotation of vagrant is not much better than that of bum.

떠돌이 걸인은 거지와 같다, 도움이나 자선을 찾아서 지역사회에 들어오는. 하지만 그들은 원하는 것을 훔쳐서 야반 도주할 수 있다. 그래서 vagrant가 내포하는 뜻은 bum의 그것에 더 낫지 않다.

Bums almost never work and don't even bother to travel. Even a beggar who is bumming spare change on the street corner might get offended if you call him a bum when he considers himself a hobo or a tramp.

비렁뱅이들은 거의 일을 하지 않고 떠돌아다니지도 않는다. 길거리에서 잔돈을 구걸하는 거지라도 당신이 그를 bum라고 부르면 기분을 상할지도 모른다, 그가 자신들을 hobo나 tramp라고 생각하고 있을 때는.

I'm not a bum. I got money. You can call me a hobo because a hobo will work for his living. You can call me homeless because that's true for now. But if you call me a bum again I'll have to teach you something about respect that your daddy never did. (Wikiquote)

나는 비렁뱅이가 아니다. 나는 돈을 갖고 있다. 당신은 나를 뜨내기라고 부를 수 있다, 왜냐하면 뜨내기 일꾼은 먹고 살려고 일을 하기 때문이다. 당신은 나를 노숙자로 부를 수 있다, 왜냐하면 지금은 그것이 사실이기 때문이다. 그러나 만약 당신이 나를 다시 비렁뱅이라고 부르면 당신의 부친이 가르치지 않았던 존경심에 관한 것을 가르쳐야 할 것이다.

After new laws come into effect, you will have to be qualified to be a beggar. Any old riff-raff must not muscle their way into the profession without qualification. The qualified panhandlers only will be allowed to hang out in rags and solicit money on the streets.

• riff-raff 하층민, muscle 밀치고 나아가다, in rags 누더기를 걸친

새로운 법이 발효된 후 거지가 될 자격증이 있어야 할 것이다. 어떠한 늙은 하층민도 자격증 없이 직업전선으로 밀치고 나아가서는 안 된다. 자격증 있는 거지들만 넝마를 걸치고 길에서 구걸하도록 허용될 것이다.

THRIFTY 알뜰한

thrifty 알뜰한(아무거나 아끼고 챙기고 아까워하는)
frugal 검소한(필요 이상의 것에 돈을 낭비하지 않고 절약하는)
stingy 구두쇠인(모욕적인 말로 돈을 아끼는)
> stingy는 miserly보다 좀 덜한 구두쇠인

If you find out a sofa that you can buy for a small amount of money, you will shop the sales even though your own sofa is fine just the way it is. Because you're a thrifty shopper. If you're a frugal shopper, you will try to purchase things you need at a good price.
당신이 몇 푼 되지 않는 돈으로 살 수 있는 소파를 찾아내면, 그 세일 품을 살 것이다. 자신의 소파가 그런대로 괜찮아도. 왜냐하면 당신은 알뜰 구매자이기 때문이다. 당신이 검소한 구매자라면, 당신은 필요한 물건을 좋은 값에 사려고 할 것이다.

A husband who is stingy with his family is one of the worst types of misers. The stingy miser ignores the needs of others.
가족에게 인색한 남편이 최악의 노랭이 중 하나다. 그 구두쇠 노랭이는 다른 사람의 필요한 것을 무시한다.

I've been a spendthrift, unlike my father who wouldn't dream of buying stuff from anywhere but a grocery store. At the moment, I'd say I would rate myself frugal. My motto is "You get what you pay for." However, some others say I've definitely been a miser (OR cheapskate, tightwad) at all times!
• spendthrift 낭비하는 사람, miser, cheapskate, tightwad 노랭이
나는 돈이 헤펐다. 식료품점 외에 어느 곳에서 물건 구매를 꿈도 못 꿀 내 아버지와는 달리. 지금 나는 검소하다고 하겠다. 나는 "싼 게 비지떡"라는 말이 내 모토다. 그러나 다른 사람들은 나는 계속 돈 안 쓰는 노랭이라고 한다.

WET BLANKET 분위기 망치는 사람

wet blanket 분위기를 망치는 사람
> 유사어 party pooper, spoilsport, killjoy

down-to-earth 현실적인
stick-in-the-mud 고리타분한

I hate to sound like a wet blanket, but we should probably turn down the volume. Otherwise our neighbors are probably bothered by the noise. Do I act like a stickler for the rules?
• a stickler for the rules 원칙주의자
나는 분위기 깨는 사람처럼 보이기 싫지만 우리는 볼륨을 낮춰야 할 것 같아. 그렇지 않으면, 우리 이웃들이 그 소음에 귀찮아질 것 같거든. 내가 고리타분해 보이냐?

In the past he was praised as a practical, down-to-earth person deeply rooted in reality. Unfortunately, he is now being accused of being a stick-in-the-mud.
과거에 그는 현실에 깊이 뿌리를 박고 있는 실용적이고, 현실적인 사람으로 칭찬 받았다. 불행히도 그는 이제 고리타분하다고 비난 받고 있다.

MACHO 사나이 기질의

macho 사나이 기질의(근육질을 뽐내며 행동하는)
wild 야생의(행동이 예측 불가능한)
savage 야성을 가진(사납고 공격성이며 멋진)
barbarous 야만스러운(미개하고 원시적인)
masculine 남성의(feminine의 상반된 성인)

Macho men are likely to invest less time and money in their partners and children. The masculine men who possess higher level of testosterone are considered bad fathers untrustworthy and emotionally cold.

마초 기질이 있는 남자들은 그들의 상대와 아이들에게 시간과 돈을 덜 투자하는 것 같다. 남성 호르몬이 수치가 높은 이 남성들은 신뢰할 수 없고 냉담한 나쁜 아버지들로 여겨진다.

Wild animals are not necessarily savage in nature. Everything that lives in the forest is wild, but it certainly isn't savage.

야생 동물들은 본성적으로 반드시 야성적이지 않다. 숲 속에 사는 모든 것은 야생이지만 꼭 야성적이지 않다.

A civilized country has a mission to promote educational opportunities as a fundamental human right. We stand in opposition to the barbarous or savage country.

문명화된 국가는 인간의 기본권으로서 교육 기회들을 촉진할 임무를 갖고 있다. 우리는 야만적이거나 야성적인 국가에 대척점에 있다.

BUSYBODY 오지랖 넓은 사람

busybody 오지랖 넓은 사람(남의 사생활 간섭을 좋아하는)
man of his word 신실한 사람(진실을 말하고 약속을 지키는)
know-it-all/smart alec/wise guy 잘난 체하는 사람
Monday morning quarterback 뒷북치는 사람

A busybody is a nosy, meddling person. My next-door neighbor, that's who; she is always peering at us over the fence and interfering in every little detail of our lives.

busybody는 참견하고 간섭하는 사람이다. 내 이웃이 바로 그 사람이다. 그녀는 담장 너머로 항상 우리를 기를 쓰고 들여다보고 우리 생활의 사소한 것을 간섭한다.

He is a truthful man of his word and deeds and a man of honor. He is, though, another useless smart alec and a kind of Monday morning quarterback.

그는 행동과 말이 진실한 사람이고 명예로운 사람이다. 그러나 그는 또 다른 쓸데없는 잘난 척하는 사람이고 일종의 비평을 잘하는 사람이다.

CARNIVORE 육식동물

carnivore 육식동물
» 육식동물에는 사자와 같은 포식자predator, 하이에나 등의 사체청소부scavenger가 있다

omnivore 잡식동물
herbivore 초식동물

A fang is a long, pointed tooth, and it is used for biting and tearing flesh. Fangs are most common in carnivores such as lions, or omnivores such as bears, but some herbivores such as fruit bats carry them too. Humans who are eating meat as well as vegetable matter are omnivores, but they have no fangs, instead they have canine teeth that most herbivores don't have at all.

• canine teeth 송곳니[cuspids, dog teeth, eyeteeth]

동물의 이빨은 길고 뾰족하다, 그리고 그것은 고기를 씹고 자르는 데 사용된다. 동물의 이빨들은 사자 같은 육식동물, 곰 같은 잡식동물에 보편적이지만 과일박쥐 같은 일부 초식동물도 가진다. 고기나 채소를 먹는 인간은 잡식동물이지만 이빨을 가지지 않고 그 대신 송곳니를 갖는다, 대부분 초식동물이 전혀 갖지 않는.

CANINE 개과에 속하는

canine 개의 속성을 지닌, n.개과 짐승
feline 고양이의 속성을 지닌, n.고양이과 짐승
equine 말의
bovine 소의

Cat is to 'feline' as dog is to 'canine'. Similarly, horse is to 'equine' as cattle is to 'bovine.'

• A is to B as C is to D A와 B와의 관계는 C와 D와의 관계와 같다

고양이와 feline과의 관계는 개가 canine과의 관계와 같다. 비슷하게 말과 equine과의 관계와 소와 bovine과의 관계가 같다.

Usually canines are group-living animals. Dogs love their owners and they need to be cared. By contrast, all felines are solitary. Cats love their house, but they are independent.

보통 개과 동물은 군서생활 동물들이다. 개들은 그들의 주인을 사랑하고 돌봄 받기를 원한다. 이와 대조적으로, 모든 고양이과 동물은 외톨이다, 고양이들은 그들의 집을 사랑하지만 독립적이다.

HERD 짐승의 무리

herd 무리(젖소, 영양, 얼룩말 등 네 발 짐승의)
flock 무리(비둘기, 청둥오리 등 조류의, 또는 양, 염소 등의)
swarm 무리(벌, 모기, 나비 등 곤충의)
school/shoal 무리(고기, 돌고래 등의)
  » school은 한 방향으로 무리를 지어가는 고기, shoal은 독립적으로 무리를 지어 사는 고기
bunch 무리(다발, 송이, 사람 등의)

It was human beings that had passed their viruses to pigs and caused widespread illness in swine herds and poultry flocks.
바이러스를 돼지에게 전했고 돼지 무리와 가금류 속에 광범위한 질병을 일으킨 것이 바로 사람들이었다.

We usually use collective terms. We talk of a school of fish, a gang of thieves, a gaggle of geese, a pack of cards, a litter of puppies, a swarm of butterflies, a bunch of bananas or people. They can also be used metaphorically beyond the original meaning like swarms of bargain hunters, a school of elites.
  • talk of ~에 대해 말하다, litter 한 배의 새끼[brood]
우리는 보통 집합용어들을 사용한다. 고기떼, 떼도둑, 거위 떼, 카드 한 곽, 강아지 한 배의 새끼, 나비떼, 바나나 다발, 한 무리의 사람들에 대해 말한다. 그들은 은유적으로 원래의미를 초월하여 바겐세일 사냥꾼들, 엘리트 집단과 같이 사용될 수도 있다.

VERTEBRATES 척추동물

vertebrates 척추동물
  » 파충류reptiles, 양서류amphibians, 어류fish, 조류birds, 포유류mammals 등
invertebrates 무척추동물
  » 해면sponges, 산호corals, 불가사리sea stars, 조개류clams, 벌레worms 등 지구상 동물 중 95%를 차지함

Birds and some mammals can sense the earth's magnetic field and combine learned landmarks with sensed direction. They use these to determine where they are and where to navigate. Other vertebrates are able to detect electric fields produced by prey and use these to locate the prey.
새들과 일부 포유동물들은 지구의 자기장을 감지하여 학습된 육상 지표를 감지된 방향과 결합할 수 있다. 그들은 이들을 위치와 이동 방향을 결정하기 위해 사용한다. 다른 척추동물들은 먹이가 만드는 전기장들을 감지하고 그 먹이를 찾아내기 위하여 이들을 사용한다.

Crustaceans are a large and diverse invertebrate animal group, including crabs, lobsters (OR crayfish) and shrimps (OR prawns).
  • lobsters 바다가재, shrimps 새우
갑각류들은 크고 다양한 무척추동물군이다, 게, 바다가재, 새우를 포함하는.

LIVESTOCK 가축

livestock 가축(cattle, sheep, goats, ostrich 등을 통칭하는)
cattle 소(암소cow, 수소bull, 거세소steer 등 농가에서 기르는)

Millions of people depend on livestock for meat, milk, eggs. Cattle are reared for meat, dairy animals for milk and poultry for eggs.
수백만의 사람들이 고기, 우유, 계란을 위해서 가축에 의지한다. 소들은 고기를 위해 사육되고 우유를 위해서는 젖소가 그리고 계란을 위해서는 가금류가 사육된다.

PIGEON 회색 비둘기

pigeon 회색 비둘기(도시에 사는 길들인)
dove 흰 비둘기(숲에 사는 평화의 상징인 야생의)
squab 비둘기 새끼, 비둘기 고기(요리용으로 쓰이는)

The dove holding an olive branch is generally thought to be a symbol of peace. Both pigeons and doves can be even used to deliver messages due to their strong homing instinct.
올리브 가지를 물고 있는 야생 비둘기들은 일반적으로 평화의 상징이라고 생각된다. 집비둘기와 흰 비둘기 둘 다 강한 귀소 본능 때문에 메시지를 전달하는 데 사용될 수도 있다.

If a bird is called a pigeon, it looks ugly. If it is called a dove, it looks pretty. A squab — the meat of a young domestic pigeon or dove — is used as food.
 • domestic 농장에 살거나 house-pet으로 집에 사는, domesticated 농장 animal로 길들인
어떤 새가 pigeon이라고 불린다면 그것은 못나 보인다. 그것이 dove라고 불린다면 예뻐 보인다. 어린 집비둘기나 야생 비둘기의 고기인 squab는 식용으로 쓰인다.

TWIG 작은 가지

twig 작은 가지(중간 가지에 붙은 잎이 나고 꽃이 피는)
branch 중간 가지(큰 가지에서 나온)
bough 큰 가지(몸통에서 나온)
trunk 큰 몸통(나무의), 몸통(동물의)

A twig is like a little extension off of a branch that attaches to the tree trunk. A bough refers to large branches growing directly from the trunk.
작은 가지는 나무 몸통에 달린 가지로부터 조금 연장된 것과 같다. 큰 가지는 큰 몸통에서부터 바로 나온 큰 가지를 말한다.

THORN 식물가시

thorn 식물 가시
bone 생선 가시, 동물의 뼈
barb 철조망 가시, 미늘(낚시 바늘의)

We might use 'thorns' usually for the part of a plant and for the external spines of a puffer fish or a sea urchin, not for the internal bones. What is stuck in your throat when you eat fish is fish bone, but not fish thorn.
- spine 가시모양의 돌기, puffer fish 복어[blowfish], sea urchin 성게

우리는 식물과 복어나 성게의 외부 가시에 대해 보통 thorns라고 사용할 수 있다, 내부에 있는 뼈가 아니라. 당신이 고기를 먹을 때 목에 걸리는 것은 생선 bone이다, 생선 thorn이 아니고.

Barb means the sharp part projecting in reverse direction from a fish hook, harpoon or arrow, and it makes it hard to be removed from them.
미늘은 낚시, 작살, 화살촉의 거꾸로 돌출한 날카로운 부분을 의미하고 그것들에서 빠지는 것을 어렵게 한다.

SHRUB 관목

shrub 관목(다년생의 덤불로 구성된 키 작은)
bush 수풀(야생의)
liana 덩굴식물(칡, 나팔꽃 등의)
hedge 울타리(관목을 다듬어 만든)

When it comes to creating a privacy barrier between you and your neighbor, shrubs and hedges are an excellent alternative as privacy screens.
당신과 이웃 사이에 사적인 장벽을 만드는 데는 관목과 울타리가 사적인 차폐물로서 훌륭한 대안이다.

Grass, moss and fungi grow on the underbrush that is made up of low bushes and covered by lianas and climbing plants.
- underbrush 덤불, climbing plants 담쟁이

잔디, 이끼와 곰팡이는 덤불에서 자란다, 키 작은 수풀로 이루어져 있고 덩굴들과 담쟁이로 덮인.

PRUNE 전정하다

prune 전정하다(나무의 보호나 기타 목적으로)

trim 다듬다(관상수 등의 현상유지를 위해), 다듬다(머리, 수염을)

mow 깎다(잔디, 곡식 등을 기계로)

Trimming shrubs or hedges is to maintain a particular shape and form of them. By contrast, pruning is the selective removal of older stems to control growth and to keep the plants healthy and vigorous.
관상수나 울타리를 trimming은 그의 특별한 모양이나 형태를 좋은 상태로 유지하는 것이다. 이와 대조적으로, pruning은 성장을 조정하고 나무를 건강하고 활기 있도록 오래된 가지를 선택적으로 제거하는 것이다.

Mowing lawns is a weekly chore, but more frequent mowing at lower height increases turf-grass density and promotes deep root.
잔디를 깎는 것은 주간 허드렛일이지만, 낮은 높이로 더욱 빈번한 잔디 깎기는 잔디의 조밀도를 증가시키고 뿌리를 더 깊게 한다.

FOREST 숲

forest 나무숲(상업성이 있는 목재가 생산되는 대규모의)
» forest에는 상록수evergreen, 활엽수deciduous가 대부분임, 영국식은 forest보다 작은 규모를 wood(s)라고 하나 북미식은 모두 forest라고 함

grove 유실수나 인공림(눈, 바람 등을 막기 위해 인공적으로 만든)

jungle 숲(열대우림 기후에 있는), 위험한 곳

Chestnuts providing uses for timber and food have been gathered from wild trees in the forests as well as cultivated groves.
목재와 식용으로 쓰일 밤나무는 숲의 야생나무에서 또한 경작되는 유실수림에서 수집된 것이다.

The Amazon jungle is the world's largest tropical rain-forest. A trip into the jungle is to enter the richest natural habitat on earth.
아마존의 정글은 세계에서 가장 큰 열대우림이다. 그 정글여행은 지구상에 가장 풍부한 자연 서식지로 들어가는 것이다.

WOOD 나무

wood 나무(보편적 용어로 목재, 건축, 자재, 연료로 쓰이는)
board 가공 판자(보통 너비 4.5인치 이상, 두께 2.5인치 이하)
lumber 제재목(마루용 판자, 서까래rafter, 대들보beam 등의)
timber 원목(껍질이 있는 벌목 전이거나 벌목한 후 제재 전의)
» log: 통나무(cabin용, 장작용 등으로 벌목된)

Wood is air-dried or dried in a purpose-built oven(kiln). Usually the wood is sawed before drying, but sometimes the log is dried whole. [Wikipedia]

목재는 자연건조나 목적성 오븐, 즉 킬른이라는 찌는 통속에서 건조된다. 보통 그 목재는 건조되기 전에 톱으로 켜지지만 때로는 그 통나무가 통째로 건조된다.

A tree standing unharmed in nature is called timber, before it is sawn into boards referred to as lumber.

자연 속에 온전하게 서 있는 나무는 timber라고 불린다. lumber라고 불리는 가공 판자로 쪼개지기 전에.

A sawmill is a facility where logs are cut into lumber. Prior to the invention of the sawmill, boards were split and planed, or more often sawn by two men with a whipsaw. [Wikipedia]

• plane 대패질하다, whipsaw 2인용 톱

제재소는 통나무를 목재로 제재하는 시설이다. 제재소가 처음 생기기 전에는 판자들은 힘으로 쪼개지고 종종 대패질되거나 2인용 톱으로 켜졌다.

FLOWER 꽃

flower 꽃(보편적 용어로 모든 종류의)
blossom n.꽃(과수나무의), v.꽃이 만개하다
bloom n.꽃(관상수의), v.꽃이 피다, 번영하다

If you watch flowers blooming, you can observe the magnificent process of burgeoning buds — slowly sprouting and spreading their petals — and finally appreciate full bloom. Shortly after the flowers blossom, they will slowly begin to wilt and disappear.

• bud 봉우리, sprout 싹이 나다[germinate]

만약 당신이 꽃들이 피는 것을 본다면 천천히 꽃잎을 열고 펼치는 놀라운 봉우리의 개화 과정을 관찰하고 결국 만개한 관상수의 꽃을 감상할 수 있다. 그 꽃들이 만개한 직후에는 그들은 서서히 시들고 사라지기 시작한다.

Blossom is a term given to the flowers of stone-fruit trees that produce masses of flowers usually in spring. Bloom is often larger and showier than fruit-tree blossoms. It is usually used for cultivated flowers and flowering shrubs.

• stone fruit 복숭아처럼 씨가 딱딱한 과일

과수의 꽃은 봄에 많은 꽃을 피우는 씨가 딱딱한 과실나무들의 꽃에 부여되는 용어이다. 관상수의 꽃은 과실나무의 꽃보다는 크고 더 눈에 띈다. 그것은 재배된 꽃, 꽃피는 관상수들에 보통 사용된다.

ANNUAL 한해살이

annual 한해살이
perennial 다년생 식물
biennial 2년생 식물
quadrennial 4년생 식물

Annuals, biennials, quadrennials and perennials produce flowers that form viable offspring seeds, but not sterile ones, if successfully pollinated.
• viable 생존 가능한, pollinate 꽃 가루받이를 하다

한해살이, 두해살이, 4년생 식물과 다년생 식물들은 꽃을 생산한다. 불임성이 아닌 생존 가능한 씨앗을 만드는, 성공적으로 화수분이 된다면.

A lot of states have shifted from annual budgets, meaning budgets released every year, to biennial budgets. That's why it is difficult for states to predict revenue from year to year.

많은 주가 매년 발표되는 예산인 1년 예산에서 2년 예산으로 바꿨다. 그 결과 각 주가 년 단위의 총세입을 예측하기가 어렵다.

WREATH 화환

wreath 화환(묘지, 기념관, 현관문 등에 장식을 위한 둥근 모양의)
garland 꽃 줄(크리스마스 추리 등을 두르는 데 쓰이는 장식용)
festoon 줄 조명(네온사인, 전구 등으로 여러 곳을 연결하여 조명하는)

Why do you buy a boring holiday wreath? You can make your beautiful, homemade wreath by using nature's bounty. It will bring the scent of the forest to your front door.

따분한 축제일 화환을 왜 사세요? 자연의 혜택을 이용하여 아름다운 집에서 만드는 화환을 만들어 보세요. 그것은 자연의 축복을 사용한 것으로 당신의 현관에 숲의 향기를 가져다줄 것입니다.

Decorate your house with festive garland; a decorative wreath hung on inanimate objects like Christmas trees, and with festoon lighting; a chain of lights. They will help spruce up your home and create a festive atmosphere.
• spruce up 몸치장하다

당신의 집을 축제의 꽃 줄 즉, 크리스마스 추리처럼 고정물체에 걸려 있는 장식 화환인 꽃 줄과 장식용 줄 전구 전등인 줄 조명으로 집을 장식해보세요. 그들은 집을 치장하고 축제의 분위기를 만들게 할 겁니다.

BOUQUET 꽃다발

(floral) bouquet 꽃다발(손으로 드는 묶음)
flower arrangement 꽃 장식(화병이나 용기에 꽂힌)
foliage 나뭇잎들(집합적)
leaf 잎사귀(개별적)

You don't have to decide which type of flower you like best. We offer floral bouquets with an assortment of the most popular flower perfectly suitable for every occasion and recipient.

당신이 어떤 종류의 꽃을 가장 좋아하는지 결정할 필요는 없다. 우리가 모든 행사와 수령자에 아주 적합한 가장 인기 있는 꽃의 모음으로 된 꽃다발을 제공한다.

Florists can make any flower arrangement more lively with artificial plants, silk foliage and additional greenery.
• greenery 푸른 나뭇가지, 잎

꽃장식가는 인공 식물들, 실크로 된 나뭇잎들과 첨가하는 푸른 나뭇잎으로 꽃 장식을 더 생생하게 만들 수 있다.

The beautiful, changing autumn foliage never fails to surprise and delight us. We wonder why fall leaves change colors and how the brilliant red color of maple leaves is created.

아름답고 변화하는 가을 나뭇잎들은 반드시 우리를 놀라게 하고 기쁘게 한다. 우리는 가을 잎들이 왜 색들을 변화시키는지 단풍잎의 빛나는 붉은 색이 어떻게 만들어지는지 궁금해한다.

HORTICULTURE 원예

horticulture 원예(정원의 경작인)
agriculture 농업(땅의 경작인)

Agriculture breaks down into many different sections, including animal science(dairy, poultry, etc.), agronomy and aquaculture etc. Horticulture is one of them, and it deals with the cultivation of a garden, orchard, nursery; growing flowers, fruits, vegetables, or ornamental plants.
• break down into ~로 쪼개지다, agronomy 작물학, aquaculture 양식, nursery 묘목장, 육모

농업은 낙농, 가금류 등의 동물학, 작물학과 양식학 등을 포함하는 많은 다른 분야로 갈라진다. 원예는 농업의 하나다, 그리고 그것은 정원, 과수원, 묘목장의 경작, 즉 꽃 과일 채소 관상수의 재배를 다룬다.

WILT 시들다

wilt 시들다(식물이 물 부족하여 늘어지고)
» 꽃이 wilt 하면 물을 주면 되살아난다

wither 마르다(체중 감량으로 마르는 것처럼 늘어지고)
» 꽃이 wither 하면 죽었거나 죽고 있어서 물을 줘도 되살아나지 못한다

shrivel 쪼그라들다(건포도나 낙엽처럼 계속 말라 구부러지고)

If you forget to water your plants, their leaves will wilt and droop and be in various stages of shrivel. If you cut flowers and put them into a flower container (OR vase), they will start withering and dying even with water and sunshine.

• droop 축 늘어지다

만약 당신이 식물에 물 주기를 잊어버린다면, 잎들은 시들고 축 늘어지고 쪼그라드는 여러 단계 속에 있을 것이다. 만약 당신이 꽃들을 꺾어 용기에 꽂으면, 그것들은 마르고 죽기 시작할 것이다. 물과 햇볕이 있어도.

FERTILIZER 비료

fertilizer 비료(보편적 용어로 식물의)
compost 퇴비(유기체를 썩혀 토양에 좋고 천연 살충제로 쓰이는)
manure 거름(동물의 배설물로 만든)

If you're using chemical fertilizer without compost, you will not be able to keep soil fertile and more productive.

만약 당신이 퇴비 없이 화학비료를 사용한다면 토양을 비옥하고 더 생산적으로 유지할 수 없을 것이다.

Over-fertilizing with synthetic chemicals is more adversely affecting on environment than feeding with organic manure.

합성화합물로 과도하게 비료를 주는 것은 유기농 거름으로 먹이를 주는 것보다 환경에 더 악영향을 끼친다.

ORCHARD 과수원

orchard 과수원(과수작물을 재배하는)
farm 농장(채소, 곡물, 가축 등을 재배하거나 사육하는)
plantation 농원(후진국형 대규모의)
ranch 목장(가축을 기르는)

An orchard is where fruits are grown rather than vegetables or grains or a combination of meat and dairy products as in a farm. Generally, in an orchard only one thing grows like a grape orchard, apple orchard, and so on.
과수원은 과일들이 자라는 곳이다. 농장처럼 야채나 곡류나 고기와 유제품의 결합이 자라기보다는. 일반적으로 과수원에서는 오직 한 가지가 자란다, 포도 과수원, 사과 과수원 등처럼.

A plantation is a large farm in a hot country where crops such as tea, cotton, and sugar are grown. The large southern plantations that grew tobacco or rubber depended on slave labor.
대농원은 더운 나라의 큰 농장인데 거기서는 차, 목화와 설탕 같은 작물들이 길러진다. 담배나 고무를 재배했던 남부 대농원들은 노예노동에 의존했다.

A ranch is a large farm that raises only one kind of grazing animals such as cattle, horses, sheep or other livestock.
• graze 방목하다
목장은 소, 말, 양이나 다른 가축 같은 방목하는 동물 한 가지만 기르는 큰 농장이다.

REPELLENT 방충제

repellent 방충제(곤충이나 절지동물의 침범을 막는 bug spray인)
» 핵전쟁을 억제하는 등의 억제제는 deterrent.
pesticide 살균 살충제(곰팡이 제거제fungicide, 제초제herbicide 등)
insecticide 곤충 살충제(개미, 바퀴, 벌 등을 죽이는)

When it comes to insect repellent, one-size definitely doesn't fit all. Figuring out what type is best for you depends on the type of bug you want to stay away from.
• one-size-fits-all 일반형[free-size], bug spray 방충제
방충제에 관해서는, 일반형이 모든 것을 해결하지 않는다. 당신에게 어느 형이 가장 적합한가를 알아내는 것은 당신이 피하고 싶은 곤충의 종류에 달려 있다.

Pesticides are designed to be toxic to the pests that we target. Insecticides are a type of pesticide used to kill specifically insects.
살균 살충제들은 우리가 표적으로 하는 해충에는 독이 되도록 고안된 것이다. 곤충 살충제들은 일종의 살충제인데 곤충을 죽이는 데에 특히 사용되는 것이다.

08 현상, 사물
Occurring Events, Things

LIVE 생존하다

live 생존하다(remain alive하여)
inhabit/populate 살다(어떤 장소를 점유하여)
dwell 살다(어떤 주거 형태든 어떤 장소에 일정 기간)
reside 거주하다(어느 곳에 주거지를 가져 주민으로)
lodge 세 들어 살다

He told me that he was just given six months to live.
그는 내게 그가 생존할 날이 6개월뿐이라고 말했다.

40 different ethnic groups inhabit (OR live in, populate) the Arctic region.
40개의 인종 집단이 북극에 살고 있다.

The old man dwells on street corners in poverty, but dwells in happy thoughts.
그 노인은 가난으로 길에서 살고 있지만, 행복하게 살고 있다.

I have resided in a town for 10 years now and it is a quiet town to live in.
나는 지금 거의 10년 동안 어떤 동네에 살았는데 그곳은 살기에 조용한 동네이다.

During our college days, I lodged with a local family, and my friends lodged in a guest house.
우리가 대학에 다닐 때 나는 한 가정집에 세 들어 살았고 친구들은 게스트하우스에서 살았다.

INHABITANT 거주자

inhabitant 거주자(보편적 용어로), 서식생물(특정 지역에 사는)

dweller 거주자(특정 형태의 장소에 사는)
» city dweller, slum dweller, shelter dweller 등 복합어로 주로 사용함

resident 거주민(행정구역district, 아파트 등에 합법적인)
» resident는 중산층bourgeois의 의미를 내포함

occupant 점유자(어떤 자리, 장소를 선점하고 있는)

tenant 세입자(세 들어 사는)

Stressful situations affect urban and rural inhabitants differently. Most urban dwellers perceive them much more painfully than residents of small towns.
스트레스를 받는 상황은 도시인과 시골에 사는 거주민에게 다르게 영향을 끼친다. 대부분 도시 거주자는 더 고통스럽게 인식한다, 작은 마을에 사는 거주자들보다.

In case an occupant or a roommate is not a tenant, the landlord can't ask them for the full amount of the rent.
점유자나 룸메이트가 세입자가 아닐 경우 집주인은 그들에게 집세의 전체 금액을 요구할 수 없다.

Foreign nationals can gain permanent resident status through marriage to either a citizen or a green card holder.
• foreign national 외국 국적의 사람, green card 영주권
외국 국적 사람들은 영구 거주민 지위를 얻을 수 있다, 국민이나 영주권 소유자 중 하나와의 결혼을 통해.

FORM 형성하다

form 형성하다(입체적 형태로), n.형태(3차원적인 입체적)

shape 모양을 이루다(평면적인 형태로), n.모양(설계도면처럼 평면적)

Some scientists claim that the earth began to form over 4.6 billion years ago when the giant disc-shaped cloud of material started to collapse due to the force of gravity.
일부 과학자들은 주장한다, 지구는 46억년 전에 형성되기 시작했다고, 거대 디스크 모양 물질의 구름이 중력의 힘으로 붕괴되기 시작했을 때.

The earliest forms of indigenous dwellings were often round in shape.
원주민 주거지의 초기 형태는 종종 모양이 둥글다.

EVOLUTION 진화

evolution 진화(생물이 여러 세대를 걸쳐 단순 형태에서 복잡 형태로)
mutation 돌연변이(유전적 변화로 새롭거나 부정적 형태로)
metamorphosis 변태(완전히 다른 형태로), 변신

The Gothic style evolved from Romanesque architecture and lasted from the mid-12th century to the end of the 15th century. It was characterized by round arches and small stained-glass windows.

고딕 양식은 로마네스크 건축에서 진화했으며 12세기 중엽부터 15세기 말까지 지속되었다. 그것은 둥근 아치와 작은 스테인드글라스 창문으로 특징지어졌다.

New viruses are constantly evolving by mutation. Occasionally such mutations result in new genetic variation of viruses, which can spill over from animals to people.

• spill over 부정적으로 영향을 끼치기 시작하다

새로운 바이러스들은 돌연변이에 의해 끊임없이 진화하고 있다. 때로는 그런 돌연변이는 새로운 바이러스의 유전적 변형의 결과다, 이 것은 동물에서 인간으로 부정적 영향을 끼치기 시작할 수 있다.

A butterfly undergoes an incredible metamorphosis and emerges from its cocoon.

• undergo 겪다, cocoon 고치

나비는 믿을 수 없는 변신을 겪고 고치에서 나온다.

CONSERVATION 보호

conservation 보호(수단, 방법을 가리지 않는 적극적)
preservation 보존(손대지 않고 그대로)
exploitation 개발(이용하려고), 착취(사익 추구를 위한)

Conservation is to exploit and manage the natural resources in a sustainable way. By contrast, preservation is to keep one's hands off the originals in order to maintain a pristine condition. Say, the Mona Lisa is being protected and preserved in a glass case, but not being conserved.

• pristine condition 원래의 상태[the status quo]

보호는 천연자원을 파괴하지 않고 유지할 수 있게 개발하고 운영하는 것이다. 이와 대조적으로 보존이란 원형에서 원래의 상태를 유지하기 위해 일반인의 손이 닿지 못하도록 하는 것이다. 이를테면 모나리자는 유리 케이스에 보호되고 preserved되고 있다. 그러나 conserved되고 있는 것이 아니다.

Wildlife is facing multiple threats of extinction due to illegal exploitation, habitat loss, climate change, encroachment of exotic species and particularly, illegal hunting and trade.

• encroachment 침입

야생 생물은 불법 개발, 서식지의 상실, 기후 변화 외래종의 침략과 특히 불법 사냥과 거래 때문에 멸종의 많은 위험에 직면하고 있다.

POLLUTE 오염시키다

pollute 오염시키다(주변 환경에 해를 끼칠 정도로)
contaminate 순수하지 못하게 되다(이물질이 들어가)

By definition, contaminated water would be impure or poisonous water, whereas polluted water would be dirty, harmful or chemical-added water. Several drops of juice in a glass of pure water are contaminants and several drops of oil in it are pollutants.

정의상으로 이물질이 든 물은 순수하지 못하거나 독성의 물일 것이다. 반면 오염된 물은 더럽고, 해롭거나 화학물질이 첨가된 물이다. 순수 물잔 속에 몇 방울의 주스는 이물질이고 그 속에 몇 방울의 기름은 오염물질이다.

OCCURRENCE 사고

occurrence/happening 사고(예고 없이 발생하는 모든)
accident 사고(예측 못하게 발생한 우연한)
 » happy accident처럼 긍정적 의미의 사고도 포함함
incident 사고(고의적), 작은 사고(중요하지 않는 사소한)
mishap 사고(기계의 오작동처럼 대비하면 피할 수 있는 크고 작은 불운한)
near miss 사고(하마터면 큰일 날 뻔한 close call한)

The recent happening to us was far from an everyday occurrence.
최근에 우리에게 일어난 일은 일상생활에서 일어나는 것이 전혀 아니었다.

When a drunken driver hit someone, it's an accident. Because it was caused by alcohol, but not by his intention. By contrast, when several men were arrested after a fight broke out in a bar, it's an incident. Because the fight didn't happen by chance.

어떤 술 취한 운전자가 어떤 사람을 치었을 때, 그것은 우연한 사고이다. 왜냐하면, 술 때문이므로, 그의 의도가 아니라. 이와 대조적으로, 술집에서 싸움이 벌어지고 난 후 몇 남자가 체포되었을 때, 그것은 incident이다. 왜냐하면, 싸움이 우연히 발생한 것이 아니기 때문이다.

If you are skydiving, accidents and incidents will be able to occur. These should be called mishaps, because they are identifiable and could be minimized by optimizing preparation. Some mishaps are minor, some can be fatal.

당신이 스카이다이빙을 한다면 우연한 사고나 작은 사고가 일어날 수 있다. 이것들은 mishap들이라고 불러야 한다, 왜냐하면 이것들은 인식할 수 있고 대비를 극대화함으로써 최소화될 수 있기 때문이다. 일부 mishap은 가벼울 수 있고, 일부는 치명적일 수 있다.

If near misses happen in the workplace, it will be able to serve as a warning that a fatal accident is waiting to happen.

직장에서 일어날 뻔한 사고가 일어난다면, 그것은 치명적인 사고가 일어나려고 대기하고 있다는 경고로서 역할을 할 수 있다.

HAPPEN 일이 발생하다

happen/occur/arise/go on/come up 발생하다(우연히 자연적으로)
» 모두 자동사이므로 수동태로 쓰일 수 없음

be held/take place 개최되다(예정되거나 의도된 행사 등이)
» hold는 '개최하다' 이며, take place는 '일이 발생하다[happen]' 의미도 있음

be caused by ~로 야기되다(be provoked by)

bring about ~를 발생시키다

What is an epidemic and what causes this to happen? How do new infectious diseases come up (OR take place, arise, occur, go on)?
전염병이 무엇이고 무엇이 이것을 일어나게 하는가? 새로운 감염 질병이 어떻게 발생하는가?

The inauguration had pretty average turnout for one of these events. The ceremony took place at a banquet held in a Hotel.
그 취임식은 이런 행사의 하나로는 보통의 참석 인원이었다. 그 예식은 한 호텔에서 열린 연회에서 개최되었다.

Genetic changes can arise during lifetime as a result of errors that occur while a cell is dividing due to damage to DNA caused by certain environmental influences.
유전변이가 일생 중에 발생할 수 있다, 어떤 환경의 영향들로 생긴 DNA 손상 때문에 한 세포가 분열하는 동안 발생하는 오류의 결과로서.

The Industrial Revolution happened over roughly two centuries. In the period a change in beliefs about human ability was brought about.
산업혁명이 거의 2세기에 걸쳐 일어났다. 이 기간에 인간의 능력에 대한 신념의 변화가 생겼다.

EVENT 행사

event 행사(회의, 편지 쓰기, 단순 파티, 단순 페스티벌 등 모든 보여주기)

occasion 특별행사(event보다 거창하고 특별한 의례적인)

We have earned a well-deserved reputation for hosting social events of all kinds. We can help make your special occasion even more memorable and immerse you and your guests in the most impressive experiences.
• well-deserved 아주 그럴 만하다는, immerse 빠져들게 하다
우리는 모든 종류의 사교적 행사를 주최하여 좋은 평판을 얻었다. 우리는 당신의 특별행사를 훨씬 기억에 남을 만하게 만들 수 있도록 하고 당신과 손님들을 가장 인상적인 경험 속으로 몰입하도록 해줄 수 있다.

AGE 시대

age 시대(역사상 객관적으로 명확히 구분되는)
» the Stone age, the Internet age 등

epoch 시대(출발 시점이 불분명한 일정 기간의)
» 봉건 시대[the feudal epoch], 탐험 시대[the epoch of exploration] 등, era보다는 길다

era 시대(특정 날짜로부터 시작하는 특정의)
» Lady Gaga era, the Roman era, the gene-editing era 등

period 기간(정해진 시간의 길이를 나타내는)
» six-month period, my period of happiness, the Jurassic period 등

times ~시대(어떤 특정), ~시간(어떤 특정)
» modern times, ancient times, happy times처럼 한정 형용사와 함께 사용함

The iron epoch (OR age), the Industrial age (OR epoch) is waning, but global cultural developments are still very much dependent on them.
철기 시대, 산업혁명 시대는 사그라지고 있지만, 세계 문화의 발달은 여전히 그것들에게 아주 많이 의존하고 있다.

People started to use the Internet in the digital age. In this era the way to connect, exchange information is rapidly transforming.
사람들이 디지털 시대에 인터넷을 사용하기 시작했다. 이 특정 시대에는 정보를 연결하고 교환하는 방식이 급변하고 있다.

Most of the greatest works in modern times are created not during a period of happiness, but during a period of struggle.
현대의 가장 위대한 작품들 대부분은 행복의 기간이 아니라 투쟁의 기간 만들어진 것이다.

PRESENT 선물

present 선물(행사 등을 기념하여 보답이나 기억을 위한 사적인)

gift 선물(도움이나 감사의 차원으로 기부를 위한 공식적인)
» a gift of love/healing/quiet day 같은 무형적 선물도 gift에 분류됨. 또한, 한정명사로 gift shop, gift basket, gift wrap 등으로 present 대신 사용함

When you give somebody something for their birthday or wedding, it is referred to as a present. By contrast, when you give, say, a building janitor something as a mark of your appreciation for his services, or a known person something as a token of love, respect, celebration, it is referred to as a gift.
어떤 사람에게 생일이나 결혼을 위해 어떤 것을 줄 때, 그것은 present라고 한다. 대조적으로 예를 들어 빌딩 청소부에게 그들의 서비스에 대해 감사의 표시로 어떤 것을 줄 때, 사랑, 존경, 축하의 상징으로 유명인에게 어떤 것을 줄 때 그것은 gift라고 한다.

LEGACY 유산

legacy 유산(개인적으로 물려받은), 상속(inheritance인)
» Kennedy's legacy, your family's legacy처럼 개인이나 가문의 전통

heritage 유산(국가, 사회적으로 과거에서 내려온)
» the heritage of America, your nation's heritage처럼 국가, 사회적 유산

vintage 명품(과거의 어떤 물품이 최상의 가치를 가진)

antique 골동품(희소성이 있는)

legend 전설(전해내려 오는)

pedigree/lineage 혈통(genealogy), 계보

Every vintage Henry Norbak jewel is a tangible reminder of namesake founder's legacy, and they represent pioneering heritage of quality craftsmanship that is inimitable, unsurpassable.
모든 명품 헨리 노박의 보석이 동명 설립자의 유산을 상기시키는 유형의 기억물이다, 그리고 모방할 수 없고, 능가할 수 없는 수준급 솜씨의 앞서가는 유산을 나타낸다.

The vintage streetcars built in 1845 — the oldest public transit line — are actual antiques. By contrast, heritage streetcars are new ones built to antique designs.
1845년에 만들어진 가장 오래된 공공 교통수단인 그 명품전차는 실제 골동품이다. 이와 대조적으로, 유산인 전차는 옛 디자인에 맞추어 만들어진 새 전차이다.

His fashion legend's legacy still lives on more than 20 years after his death and continues to inspire young designers.
그의 패션 전설의 유산은 그의 사후 20년 이상 살아있어서 젊은 디자이너들에게 계속 영감을 준다.

He was every inch a versatile artist with an impressive pedigree. His entire lineage has been successful musicians.
• every inch 조금도 틀리지 않게
그는 인상적인 계보를 가진 영락없이 재주 많은 예술가였다. 그의 전체 혈통은 성공적인 음악가들이었다.

PASS DOWN 계승하다

pass down 전승하다(직계 세대 자손들에 hand down하는)

pass on 전해주다(누구에게)

These stories have been passed down generation to generation, but they are hardly ever even read by people at present. Please pass them on to all your friends and acquaintances.
이 이야기들은 세대에 걸쳐 전해진 것이지만 현재에는 사람들에게 거의 읽히지도 않아요. 제발 여러분의 친구들이나 지인들에게 전해주세요.

HAND OVER 넘겨주다

hand over 넘겨주다(타인에게)
take over 인계받다(넘겨준 것을)
turn over 인계하다(공권력에 처리를)

The plot of land was handed over to the bank for debt swap, and the bank took over the real estate after its owner proved unable to service his debt.
• plot 작게 구획된 토지, debt swap 빚을 다른 자산으로 갚는 채무교환, service debt 이자를 내다

그 토지는 채무교환으로 은행으로 넘겨졌고 그 은행은 그 부동산을 넘겨받았다, 소유주가 부채의 이자를 낼 수 없다고 입증되고 난 뒤.

If I catch someone committing a criminal offence in my store, I will grab him by the collar with my big hand and turn him over to the police.
내가 내 가게에서 범죄행위를 하는 사람을 잡는다면, 나는 내 큰 손으로 먹살을 잡아 경찰에 인계할 것이다.

TRADITION 전통

tradition 전통(대대로 전해오는)
» 독립기념일에 폭죽놀이, 생일에 케이크 선물 등 대대로 전해오는 어떤 곳의 전통

convention 전통(그 시대의 보편적, 관습적으로)
» 남자가 여자에게 청혼하는 방식, 장례식에 검은 상복 착용 등 그 시대의 보편적 관습을 말하며, 부정적인 의미일 때는 고루하고 융통성이 없는 관습을 의미

history 역사(변천, 발달사로 중요한)
» historic event는 '역사적으로 중요한' 사건이며, 반면 historical event는 '역사책에 기록된 즉 과거에 일어난 사건'의 뜻

When it comes to marriage, the color of a traditional wedding dress might be red symbolizing love and joy. However, currently a floor-length white or ivory dress is a conventional one.
결혼에 관해서라면 traditional한 웨딩드레스의 색은 사랑과 환희를 상징하는 붉은색이다. 그러나 현재 마룻바닥에 끌리는 희거나 상아색의 드레스는 conventional한 옷이다.

Conventional methods mean usual methods that have been in use for a long time, by contrast, conventional thinking has more negative or non-innovative conformist connotation.
• conformist a.체제 순응하는

전통 방법들은 오랫동안 사용되었던 통상적 방법을 의미한다, 이와 대조적으로, 전통 사고는 더 부정적인, 즉 비혁신적 체제 순응적 의미를 갖고 있다.

In that year, it was the first time in our country's history that more people were living in urban than in rural areas. It was a historic tipping-point.
• tipping-point 전환기

그해는 이 나라 역사에서 시골보다 도시에 더 많은 사람이 사는 첫 번째 해였다. 그것은 역사적으로 중요한 전환점이었다.

DONATION 기부

donation 기부(자발적으로 제공되는 금전이나 물품의)
contribution 기부(선거자금 모금처럼 요구에 의한), 분담금
handout 자금(활성화를 위해 제공되는), 동냥(가난한 사람에게 주는)

Recently my boss bought a goodbye gift for our colleague who moves on to a new position. She threw a small party during lunch hours we all attended, and the gift was presented. The next day she sent e-mail saying "Please, bring me whatever amount you'd like to donate. Maybe you can chip in $5. Please try to contribute something." I don't like the way our society encourages people to ask for handouts. It has just rubbed me the wrong way.

• chip in 분담하다, rub the wrong way 귀찮게 하다

최근 내 상사가 새로운 자리로 옮기는 동료를 위해 작별 선물을 샀다. 그녀는 점심시간에 우리가 모두 참여하는 작은 파티를 열고 그 선물을 주었다. 다음날 그녀는 이메일을 보냈는데 내용이 "각자가 기부하고 싶은 만큼 보내주세요. 5달러도 가능해요. 약간씩 분담하려고 하세요"였다. 나는 우리 사회가 동냥을 요구하는 것을 권장하는 것을 좋아하지 않는다. 그것은 나를 짜증나게 해왔다.

MEETING 만남

meeting 모임(어떤 장소에서나 열릴 수 있는)
congress 대의원회(특정 주제의 결정을 위한 각계 대표자인)
conference 대표자회의(congress보다 작은 규모로 각 분야의 대표자회의인)
convention 전국 총회(단체, 정당, 노조에 의해 개최되는)
symposium 토론회(포럼보다 작은 규모이며 전문가 panel과 주제를 집중 토론하는)
forum 원탁토론회(TV, 라디오의), 대중토론회(SNS 같은 일종의)
summit 정상회의(국가원수들 간의)

"Conference," "meeting" and "symposium" are catch-all terms that can refer to any scholarly gathering. Symposium tends to be smaller-scale versions of an academic conference.

conference, meeting, symposium은 학술적인 모임을 말할 수 있는 포괄적 용어이다. symposium은 다른 것들보다는 크기가 더 작은 경향이 있다.

The congress on medical studies is the largest annual conference showcasing the latest and the most relevant knowledge with medical experts active in the field.

그 의학 congress는 가장 큰 연례 conference이다, 최신의 가장 당면한 지식을 그 분야에서 활동하는 전문가와 함께 보여주는.

A national convention for a political party is an event where delegates from each state set the party platform and nominate a presidential candidate.

• party platform 정강정책

정당의 전국 대위원회는 각주에서 온 대표자들이 정강정책을 세우고 대통령 후보를 지명하는 행사이다.

An online forum also called a bulletin board is a public meeting place on the internet open for discussion on various topics.
Bulletin board라고도 불리는 온라인 포럼은 여러 주제를 놓고 토론을 위해 열린 인터넷상의 공공적인 만남의 장소이다.

European Council President called an emergency summit of eurozone leaders after a meeting of eurozone finance ministers ended.
유럽 의회 의장이 긴급 유로존 지도자의 정상회담을 소집했다, 유로존 재정장관들의 모임이 끝나고 난 후.

SEMINAR 학술회의

seminar 학술회의(참가자 실습 기회가 없는 소규모의 일방적 교육을 위한)
workshop 워크숍(집단토론, 분임토의, 실습 등의 학습 과정을 가지는)

Seminars are an educational event, but they tend to be one-way from the presenter without giving opportunities to practice or apply.
세미나들은 교육적인 행사이지만 연습이나 적용해볼 기회를 주지 않고 강연자로부터 일방적인 경향이 있다.

Workshops get participants fully involved in the learning process to get hands-on experiences.
워크숍은 참여자들이 실습 경험을 습득하기 위하여 학습 과정에 완전히 개입되도록 한다.

EMERGENCY 긴급상황

emergency 긴급상황(즉각적 대처가 필요한)
emergence 출현(없던 것이 나타나)
contingency 비상 대비(미래에 일어날 수 있는 emergency를 위한)

If you are experiencing a medical emergency, go to the nearest emergency room or call 911 for treatment.
만약 당신이 의학적인 긴급상황에 부닥친다면, 치료를 위해 가장 가까운 응급실로 가거나 911에 전화하세요.

Abrupt climate change has led to an emergence of new diseases.
기후의 갑작스러운 변화가 새로운 질병들의 출현을 초래했다.

This card identifies you as a caregiver in the emergency. To get this card you need to create a contingency plan for the person you are caring for, just in case you get sick or have an accident.
이 카드는 긴급상황 시에 당신이 돌보미라는 것을 밝혀준다. 이 카드를 받기 위해서는 당신이 돌보고 있는 사람을 위한 비상 대비 계획을 만들어야 한다, 당신이 병이 나거나 사고를 당할 때를 대비하여.

DISASTER 재난

disaster 재해(건물의 붕괴, 배의 전복 등 갑자기 닥친 개인적, 공공적)

catastrophe 재앙(갑작스러운 대규모의 자연재해인)
» 또한, '확 뒤집는다'는 의미로 '결혼이 재앙'이 되듯 결과가 뒤집혀 비극적으로 된다는 의미

calamity 참화(폭풍 등에서 연유하며 disaster보다 심각한 자연의)
» '그가 강에 빠진 것은 disaster인데 그를 구한 것은 calamity였다'처럼 재해 상황에 잘못 대처하여 고통을 추가하는 의미를 포함함

misfortune 불운(우산이 망가지거나 발을 다치는 등 가볍게 운이 나쁜)

A hurricane causing widespread structural damage might be regarded as a **disaster**. Hurricane Katrina that broke levees and flooded cities and devastated lives was a **catastrophe**. It was the severest kind of **disaster**.
• levees 하천의 제방, devastate 황폐시키다

광범위한 구조적인 피해를 일으키는 허리케인은 재해라고 간주할 수 있을 것이다. 하천 제방들을 무너뜨리고 도시들을 범람시키고 삶을 황폐화한 허리케인 카트리나는 재앙이었다. 그것은 가장 심각한 재해였다.

Frankly, the invasion was an act of military aggression launched on a false pretext and resulted in a **catastrophe**.

솔직히 말해 그 침공은 잘못된 구실로 시작된 군사적 공격 행위였고 재앙으로 끝났다.

A natural **disaster** can wreak havoc on any business, but it's even worse when that real-world **catastrophe** becomes a data security **calamity**. [FTC]
• real-world 소설 등의 가상세계가 아닌 실제

자연재해가 어떠한 사업이라도 혼란에 빠뜨릴 수 있다. 그러나 현실 재앙이 자료 보안의 참화가 될 때는 더 최악이다.

FREEDOM 자유

freedom 개인적 자유(자유로운 행동을 할 수 있는)

liberty 천부적 자유(독재나 구금에서 해방될)
» 미국의 자유여신상은 the statue of liberty이다

The government take away our **freedom** in the name of **liberty**. Our **freedom** is at stake.
정부는 liberty의 이름으로 우리의 freedom을 빼앗아간다. 우리의 freedom은 위기에 처해 있다.

Freedom would be your right to take your neighbor's property without their permission, whereas **liberty** would be their right to accuse you of the crime that you did commit.

개인적 자유는 당신 이웃의 재산을 그들의 허락 없이 빼앗을 당신의 권리지만, 천부적 자유는 당신이 저지른 범죄를 고소할 그들의 권리이다.

PROCEDURE 절차

> **procedure** 절차(process의 부분적 진행 방법인 각각의)
> **process** 과정(전체적 처리 진행), 처리
> **procession** 행렬(행진하는)

Revenue process includes sales orders, pulling inventory, shipping, collections and cash deposits. And each process may contain multiple procedures. The procedures show the way or the task you do for completing each process.
- revenue 수익, collections 수금, cash deposit 금융기관 예치

총매출의 과정은 상품 주문, 출고, 배송, 수금, 입금을 포함한다. 그리고 모든 과정은 복합적인 개별 절차들을 가지고 있을 것이다. 그 절차는 모든 과정을 완성하는 데 당신이 할 방법이나 할 일을 보여준다.

If your colleague calls in sick and you're suddenly responsible for being a sub for him, having and following a well-written, detailed procedure will be the best bet to guide you through.
- the best bet 가장 좋은 방법

만약 당신의 동료가 병가를 내고 당신이 갑자기 그를 대신하여 졸지에 책임지게 된다면, 잘 기록된 구체적인 절차를 갖고 따르는 것이 당신을 이끌어주는 상책일 것이다.

If you see a moving event being held in a public area, you can refer to it as either a parade or a procession.

만약 당신이 공공장소에서 개최되고 있는 움직이는 행사를 본다면, 그것을 시가행진이나 행렬이라고 부를 수 있다.

GRADUATION 졸업

> **graduation** 졸업(학업을 마치는)
> **commencement** 졸업식(대학의 graduation ceremony인)

Graduation means successfully completing all of your degree requirements. Commencement means an annual university-wide event at which degrees are conferred upon graduating students. That represents the culmination of a student's academic achievement. All graduates are eligible to participate in all commencement.
- university-wide 대학 전체의, confer 수여하다, culmination 정점, be eligible to ~할 자격이 있는

졸업이란 당신의 학위 필수사항을 모두 성공적으로 완성하는 것을 의미한다. 졸업식은 매년 대학 단위의 행사이고 거기서 학위들이 졸업생들에게 주어진다. 그것은 학생의 학문적인 업적의 최고봉을 나타낸다. 모든 졸업생은 모든 졸업식에 참석할 자격이 있다.

HAZARD 위험

hazard 잠재위험(비, 흡연, 가스 사용 등 임박하지는 않지만 내재적)
danger 공공연한 위험(공사장, 목줄 풀린 도사견 등 명백하고)
jeopardy 위기(danger보다 높은 강도의)
risk 위험률(위험, 사고 등의 부정적 일이 일어날 확률의)
peril 임박한 위험(절벽에 매달린 사람처럼 곧 닥칠)

» 담뱃갑에는 hazardous, 공사장에는 Danger라는 팻말이, 지뢰밭은 perilous field이고, 위기의 가정은 jeopardizing family이다

Humans work and live in a dynamic environment surrounded by hazards, but we are usually not in any real danger due to the safety controls put in place to protect us.
인간은 잠재위험에 둘러싸인 역동적 자연환경 속에서 일하며 살고 있지만, 보통은 우리를 보호하기 위해 설치된 안전장치 때문에 진정한 위험 상황에 놓여 있지 않다.

Not getting to work on time will put your job in jeopardy, and excessive exercise for old adults can put their health in danger or in peril or in jeopardy.
정시에 출근하지 못하는 것은 당신의 직업을 위기에 빠뜨리고, 장년들에게 과도한 운동은 그들의 건강을 위험 상황에, 임박한 위험에, 위기상황에 빠뜨릴 수 있다.

Hypertension can put a strain on the heart and increase the risk of heart disease.
고혈압은 심장에 압박을 주어 심장병이 일어날 위험률을 증가시킬 수 있다.

Heavy, persistent smoking may cause hazard to your health and put you at high risk of developing health problems and result in danger to life. If you don't know the peril in the habit, then you don't notice the jeopardy.
과도하고, 끊임없는 흡연은 당신의 건강에 잠재적 위험을 일으키고 건강문제로 발전할 높은 위험률에 놓이게 하고 생명에 위험한 결과가 된다. 만약 당신이 습관 속에서 임박한 위험을 알지 못한다면 당신은 위기상황을 알아채지 못한다.

CUSTOM 풍습

custom 풍습
customs 세관, 통관 절차
tariff 관세

When you are invited to attend a birthday, bridal shower, bar or bat mitzvah, etc., it's a custom to give a present.
• bar 아들, bat 딸, mitzvah 성년식
만약 당신이 생일, 댕기풀이, 남녀의 성년식 등에 참석하도록 초대될 때, 선물을 주는 것은 풍습이다.

If you don't fill the customs form, customs officers will open your package to see the contents and apply the tariffs accordingly. If you falsify customs declaration, your package will likely be seized for further inquiry.

• accordingly 그에 맞추어서, falsify 위조하다

만약 당신이 세관 서식을 적지 않으면 세관 관리들은 내용물을 보기 위해 짐을 열고 관세를 규정대로 적용한다. 만약 당신이 세관 신고를 허위로 하면 당신의 짐은 다음 신문을 위해 압수될 것이다.

POSSIBLE 가능한

possible 가능한(가능성이 zero보다는 크고 그래도)

probable/likely 가능한(가능성이 50% 이상인)
» it's probable that~, be likely to~ 식으로 사용됨

viable 자생력 있는(자체 생존 능력이 있어)

sustainable 유지 가능성이 있는(멸종시키지 않고)

feasible 실행 가능성이 있는(금전적인 고려를 포함하여)

plausible 그럴싸한(진술, 논리가 사실로 보이고 받아들일 만하여)
» possible은 회의적인 면이 있으나 plausible은 가능성이 더 있다고 믿는 상태를 의미함

When an event has probability of occurring, it is more likely to happen than when it is just possible; there is a better than 50/50 chance. By contrast, when an event has possibility of occurring, it is usually the reverse; less likely to happen.

어떤 사건이 발생할 probability가 있을 때, 그냥 possible할 때보다 발생가능성이 크다, 즉 절반 이상이다. 이와 대조적으로, 사건이 일어날 possibility가 있을 때, 보통 그 반대이다, 즉 발생 가능성이 더 낮다.

It is possible to design such an imaginary construction, but it would not be feasible to build because it would cost too much.

그런 상상적인 건축물을 디자인할 수는 있지만, 짓는 실행은 가능하지 않을 것이다, 비용이 너무 많이 들어서.

If you want to build a new Disneyland on Antarctica, it will be feasible but it won't be practical. Because it won't be commercially viable, sustainable after construction. It will just be an illusion.

남극에 새로운 디즈니랜드를 짓고 싶다면 실행 가능은 하겠지만 비실용적일 것이다. 왜냐하면 그것이 건설된 후에 상업적으로 자생력이 없고 유지될 수도 없을 것이기 때문이다. 그냥 망상일 것이다.

When I write a sci-fi, I'm trying to make my fictions as plausible as possible, in some cases even probable or inevitable.

내가 공상과학 소설을 쓸 때 나는 가능한 한 내 소설을 그럴싸하게 만들려고 노력한다. 일부의 경우에는 가능성이 있거나 필연적이 기조차 하도록.

STANDARD 수준

standard 수준(사회, 공공이 공통으로 도달하려는 광의의 질적인)

criteria 척도(standard에 도달하려고 충족하는 구체적 세목의)
» 만약 어떤 전기 제품이 안전에 대한 criteria를 어기면 광의의 standard를 충족하지 못한다

norm 규범(사회통념상의 일반적인), 표준

If a crime has been committed, the liable person will have to be charged for the crime. This is the criteria. Furthermore, the offender will have to be incarcerated to be punished for the crime according to the standard of law.
• incarcerate 감금하다

만약 범죄가 저질러졌다면, 그 책임자는 그 죄 때문에 틀림없이 고발되어야 할 것이다. 이것이 척도이다. 더군다나, 그 범죄자는 그 범죄의 대가로 처벌받기 위해 구금되어야 할 것이다, 법의 수준에 맞추어.

Today working parents are the new norm. The traditional family structure seems to undergo permanent changes, but work-family policies do not seem to adjust to the prevailing societal norm.
• societal 사회집단과 관련된

오늘날 맞벌이 부부가 새로운 일반 표준이다. 전통적 가족 구조가 영구적 변화들을 겪는 것 같지만, 맞벌이 가족 정책들은 대세인 사회적 표준에 맞추지 못한 것 같다.

COMPLEX 복잡한

complex 복잡한(simple의 반대로 시스템 속에 구성품이 많아)

complicated 어려운(easy의 반대로 난도가 상당히 높아)

chaotic 혼돈상태인(예측할 수 없고 해결책도 없는)

Building a highway is not easy, but not so complicated. By contrast, managing urban traffic congestion on the completed highway network is not simple, but complex.

고속도로 건설은 쉽지는 않지만 그렇게 어렵지도 않다. 이와 대조적으로, 그 완공된 고속도로망의 도시 교통체증을 다루는 일은 간단하지 않고 복잡하다.

We live in a world that is chaotic, complicated, unpredictable, unfair, but filled with startling beauty and grace.

우리는 혼란스럽고 어렵고 예측 불가하고 불공평하지만 놀라운 아름다움과 우아함으로 가득한 세계에 산다.

DEFECTIVE 불량인

defective 불량인(처음부터 제대로 작동하지 않거나 결함이 있어)
faulty 작동 불능인(사용하던 물품이 고장 난 후 수리하지 않아)
flawed 결함이 있는(숨겨진 잠재적)
fallacious 오류투성이(이치에 맞지 않고), 속이는(deceptive)

My new boots are wearable, but defective. The insole on one boot doesn't go all the way to the end of it, so my toes are resting uncomfortably on the bare sole.
내 새 장화가 신을 수는 있지만 불량이다. 한쪽 장화의 안창이 끝까지 덮이지 않는다, 그래서 발가락이 맨바닥에 불편하게 놓여 있다.

You can report a problem with your privately rented properties, such as damp, no heating or faulty electrics that worked at one time but are now in disrepair.
• electrics (pl)전기시설, disrepair 파손되어 수리해야 하는
당신은 임대한 자산이 갖고 있는 문제를 신고할 수 있다, 습기 문제, 난방설비 고장, 한때는 작동했지만 이제 수리가 필요한 작동 불능인 전기장치와 같은.

The argument may be seemingly correct, but the logic is still fallacious and therefore inherently flawed.
그 주장은 겉보기로는 옳을 수 있지만, 그 논리는 여전히 오류투성이고 그러므로 본질에 결함이 있다.

SCARCE 희소한

scarce 희소한(긴 가뭄에 곡식처럼 풍부하지 않아)
rare 희귀한(희귀 보석을 찾기처럼 전혀 없지는 않은)

Goods and opportunities are more valuable when they become scarce and less available. We want to be those who own plenty of incredibly rare items. Scarcity causes the urge to own the item and its price to increase.
상품들과 기회들은 희소하고 이용할 수 없을 때 더 가치가 있다. 우리는 믿을 수 없게 희귀한 많은 물건들을 소유한 사람이 되려고 한다. 희소성이 그 물건을 소유하려는 충동을 일으키고 그것의 가격을 높인다.

ELASTIC 신축성이 있는

elastic 신축성이 있는(고무줄처럼), n.고무줄
resilient 탄력성이 있는(에너지를 흡수하여 완충하는)
flexible 융통성이 있는(휘기 쉽도록)
adaptable 적응할 수 있는

When you stretch a rubber band and let go of it, the elastic bounces back to its original size due to its resilience.
당신이 고무줄을 늘렸다가 놓을 땐, 고무줄은 원래의 크기로 되 튄다, 그것의 탄성 때문에.

Our staff are highly adaptable and also flexible enough to fit to any working circumstances.
• staff 단일체[single unit]의 의미일 때 단수, 각자의 활동을 강조할 때 복수 취급
우리의 스태프들은 아주 적응을 잘하고 어떤 작업환경에도 맞추기 충분할 정도로 유연하다.

A very crucial issue for many flexible wearable devices is how highly elastic they are, because they should warp to conform to arbitrarily curved surfaces like human skin and joints.
• warp 휘다, arbitrarily 임의로
많은 유연성 있는 착용장치에 대한 아주 중요한 문제는 그것들이 얼마나 신축성이 있느냐다, 왜냐하면 그것들은 인간의 피부와 관절처럼 임의적인 곡선의 표면에 순응하도록 휘어져야 하기 때문이다.

FRESH WATER 민물

fresh water 민물
salt water 짠물(seawater인)
brackish water 담해수(염화나트륨을 소량 함유한)

The freezing point of salt water is lower, and its boiling point is higher than that of fresh water. Objects float better on salt water than fresh water.
짠물의 빙점은 민물의 빙점보다 낮고 그의 끓는 온도는 더 높다. 물체들은 민물보다 짠물에서 더 잘 뜬다.

Brackish water is formed when salt water oceans and fresh water rivers mix together. It is saltier than fresh water, but not as salty as sea water.
담해수는 짠물 바다와 민물 강이 합해질 때 만들어진다. 그것은 민물보다는 더 짜지만, 바닷물만큼 짜지 않다.

LACK 결여

lack 결여('결단력'과 같은 비물질이 부족하여 채워지기 바라는)
» lack of privacy/interest/knowledge/sense of humor/self-confidence 등

shortage 부족(물질의 공급 부족으로 채워지기 바라는)
» a fuel shortage, a shortage of breath/qualified teachers

absence 부재(무엇이 현장에 없음을 뜻하는), 결석
» an absence of leadership/mind/proof, absence of suitable candidates 등

deficiency 결핍(품질이 조건에 미달하여 불충분한)
» a nutritional deficiency, a deficiency of vitamin C 등

scarcity 희소성(자원이 풍부하지 못해)
» scarcity of skilled worker/flour/fuel 등

Environmental factor can have direct impacts on exposure to shortage of food, lack of access to safe drinking water.
환경적 요인은 직접적인 영향들을 줄 수 있다, 음식의 부족, 음용수에의 접근 결여에 노출되는.

Estrogen deficiency occurring when estrogen level is low may cause not to produce ovulation in women. The absence (OR loss) of ovulation can cause hormone disorder.
에스트로겐 수치가 낮을 때 발생하는 여성 호르몬 결핍은 여성에게서 배란이 되지 못하게 할 수 있다. 그 배란의 부재는 호르몬 이상을 일으킬 수 있다.

It's common for impoverished households to have multiple children, so there can be a scarcity of resources.
• impoverished 가난해진
가난해진 가구들이 많은 아이를 가지는 것이 보통이어서 물자의 희소성이 있을 수 있다.

AQUATIC 수생의

aquatic 수생의
terrestrial 육생의
» extraterrestrial은 지구 밖의, 외계의 alien

Aquatic turtles live mostly in water and just use the beach for laying eggs. On the other hand, terrestrial turtles spend almost all of their time on land.
• lay egg 알을 낳다
수생 거북은 대개 물에 살고 알을 낳으려고 해변을 이용한다. 반면, 육상 거북은 육지에서 거의 시간을 보낸다.

ALLIGATOR 악어

alligator 악어(뭉툭한 주둥이, 어두운 색 피부의)
crocodile 악어(상악 이빨이 드러나는 뾰족한 주둥이, 연한 피부, 포악한 성질의)
» alligator는 중국, 미국 일부의 민물에 서식하며, crocodile은 전 세계의 열대지역 바닷물에 서식함

Alligators are apex predators, but their attacks on humans are relatively rare. By contrast, what crocodiles eat includes everything edible.
alligator들은 먹이사슬의 정점에 있는 포식자이지만 인간에 대한 공격은 비교적 드물다. 대조적으로 crocodile들이 잡아먹은 것은 먹을 수 있는 것은 모두 포함한다.

TURTLE 거북

turtle 거북(거북류를 통칭하거나 see turtle인)
» 등껍질이 가볍고 유선형, 잡식성이며 평균 2~30년의 수명을 갖고 있음
tortoise 육상거북
» turtle보다는 둥글고 울퉁불퉁하며 초식성의 무거운 등껍질을 갖고 있으며 80~150년 장수함
terrapin 작은 거북(민물이나 담해수에 사는)

"Turtle" is a generic term for all chelonians that are water-dwelling reptiles with hard shells. By contrast, the term "tortoise" is used for chelonians that live on land. The term "terrapin" is used to describe small ones living in freshwater instead of sea turtle.
• chelonian 거북이의 종
turtle은 두꺼운 껍질을 가진 물에 사는 파충류인 거북 종에 대한 용어이다. 이와 대조적으로 tortoise는 육지에 사는 거북 종에 사용된다. terrapin은 민물에 사는 작은 거북 종을 묘사하기 위해 사용된다, 바다거북 대신에.

FISHER 어부

fisher 어부(직업적인 fisherman인)
angler 낚시꾼(스포츠로 하는)
fishery 수산업(어류, 어패류 등의 수산물을 채취하는)

When you're new to fishing, seek out a seasoned angler and ask for his help. Many will jump at the chance and be more than happy to assist you.
• seasoned 노련한, jump at the chance 즉시 제안을 받아들이다. He is more than happy. 는 He is not just happy; he is more than that.의 의미임
만약 당신이 낚시에 초보일 때, 노련한 낚시꾼을 찾고 그의 도움을 구하세요. 많은 사람이 즉각 반응하며 당신을 도와주게 되어 행복한 것 이상일 것입니다.

Most of fishers will vote in favor of adopting the policy if they have a reasonable expectation of some form of subsidy for the fishery.
어부들 대부분은 그 정책 채택에 찬성 투표를 할 것이다, 그들이 수산업을 위한 어떤 형태의 보조금에 대한 합리적인 기대를 한다면.

LANDSCAPE 경치

landscape 육상경치(산, 강, 계곡 등 땅의 지형적 아름다운)
seascape 해상경치(바다의 아름다운)
scenery 풍경(나무, 녹지, 분수 등 땅 위에 있는 것들과 지형의 모든)
» landscape는 단수, 복수로 사용하나 보편적 용어인 scenery는 단수로 사용함

A landscape is all the visible features of an area of land. A seascape is an ocean view. A cityscape is the urban equivalent of a landscape. A scenic landscape, seascape, cityscape or some combinations are, all told, a scenery.
육상경치란 어떤 지역의 모든 눈으로 보이는 특징들이다. 해상경치는 바다 전망이다. 도시경치는 육상경치와 상응하는 도시의 것이다. 멋진 육상경치, 해상경치, 도시경치 또는 일부 복합된 것들이 모두 합해서 풍경이다.

Stunning photographs captured the most exquisite landscape of the island from fantastic scenery to amazing wildlife and historic sites.
멋진 사진들이 그 섬의 가장 절묘한 경치를 포착했다, 환상적 풍경에서 놀라운 야생 생물과 역사적인 장소에 이르기까지.

GALAXY 은하계

galaxy 은하계(우주에 있는 별, 위성, 소행성asteroid, 먼지 등이 이루는)
constellation 별자리(인간, 동물을 닮은 점으로 명명한 88개 정도의)

Galaxy is a congregation of billions of stars held together by their own gravity. By contrast, constellations are a bunch of stars that make an imaginary picture in the sky. The stars in one constellation are not necessarily grouped together in space, so constellations are merely the product of perspective.
은하계는 그들 자체의 중력에 의해 모인 수십억 개의 별들의 집합이다. 이와 대조적으로, 별자리들은 하늘에 있는 상상적인 그림을 만드는 별들의 덩어리이다. 한 개의 별자리에 별들은 우주공간에 반드시 모여 있는 것이 아니다. 그래서 별자리들이란 멀리서 본 시각의 산물일 뿐이다.

FLOOD 홍수가 나다

flood 홍수가 나다(폭우로 물이 넘쳐흘러 쓸어가는)
inundate 침수시키다(물이 어떤 지역을 수면 아래로 가라앉혀)
» 폭우로 물이 넘치고 머물러 있으면 inundation이며, 폭우로 홍수와 토사가 건물을 휩쓸면 flooding이다
  inundation은 강우뿐만 아니라 수도관 파열로도 생길 수 있음

The flash flooding inundated several villages and left them stranded.
• flash 갑작스럽게 닥치는, strand 오도 가도 못하게 하다
순식간의 홍수가 몇 개 마을들을 침수시켰고 그들을 고립시켰다.

When flood waters enter, the low-lying areas can be inundated and the valuable topsoil can be stripped away and sediments can be deposited in the backwater areas.
• water는 컵, 욕조 등의 물일 때는 불가산명사로 단수를 쓰나 홍수일 때는 복수도 가능, topsoil 표토, sediment 앙금, backwater 둑에 부딪혀 되 밀리는 물
홍수가 범람할 때, 저지대는 침수되고 양질의 상층토가 쓸려가고 침전물이 역수지역에 쌓일 수 있다.

FOG 안개

fog 안개(높은 습도에서 발생하는 물의 증발에 의한 짙은)
mist 박무(높은 습도에서 나타나는 얇고 투명한 안개인)
haze 연무(황사 등 오염물질, 화재 등 인위적 요인으로 나타나는 희뿌연)
smoke 연기(물질을 태울 때 나오는 유색의)
» 특히 volcano의 활동에 의해 나오는 연기는 vog라고 함
fume 유독 가스(용접 연기처럼 유독물질이 포함된 가스 상태의)
vapor 증기(압력 온도의 변화 때문에 물질이나 액체가 가스 상태로 변한)
» fog, mist 등도 vapor의 일부임

Fog and mist composed of condensed water vapor particles are formed when air near the ground is cooled. If it is only partially transparent, it is called mist.
• condense 농축하다, be composed of ~로 구성되다, particle 미립자
농축된 수증기의 입자들로 이루어져 있는 안개와 연무는 땅에 가까운 공기가 냉각될 때 형성되는 것이다. 그것이 부분적으로만 투명하면, 그것은 박무라고 한다.

Haze is formed when a layer of dust, salt particles or smoke with little or no water vapor is suspended in the air. It reduces visibility through scattering sunlight.
• suspend 공기 속에 뜨게 하다
희뿌연 안개는 먼지나 소금 입자나 물기가 조금 있거나 없는 연기 층이 대기 중에 떠 있을 때 생긴다. 그것이 햇빛을 산란시켜 시야를 감소시킨다.

When fumes emitted from vehicles and factories get so thick, they create smog which looks the same as fog, but is quite different. Smoke from BBQ grills is also pretty poisonous and makes smogs even worse.

• emission 배기가스, 배출, look the same as ~와 똑같은

차와 공장으로부터 배출되는 유독 가스가 탁해지면 일종의 스모그를 만든다. 안개와 똑같이 보이지만 아주 다른. 바비큐 그릴에서 나오는 연기도 상당히 독성이고 스모그를 더 악화시킨다.

SHADOW 그림자

shadow 그림자(불빛이 막힌 물체에 의해 생기는)
shade 그늘이나 음지(그림자 때문에 만들어지는 어두운 곳인)
» 결국 같은 것을 말하지만 shadow는 어둠을 만드는 현상, shade는 그 현상의 결과를 말함

A shadow is a dark shape cast by an opaque object that blocks the source of light. You can make shadow puppets with your hands on the wall. By contrast, a shade is a dark area created by a shadow, and it can be used to shelter you from the sun. You would sit under the shade of a tree to avoid the sun.

그림자는 태양이 광원을 막는 불투명 물체에 의해 투사되는 어두운 모양이다. 당신은 손으로 벽에다 그림자 인형을 만들 수 있다. 대조적으로 그늘은 그림자에 의해 만들어지는 어두운 곳이다. 그리고 그늘은 당신의 태양으로부터 보호해주는 데 사용될 수 있다. 당신은 나무 그늘에 앉곤 했다. 햇빛을 피해서.

If you are obscured by somebody else, in their shadow you are unable to see the light feeling something standing in your way. In the very shade you may feel inferior.

만약 당신이 다른 누군가에게 가려진다면, 그들의 그림자 속에서는 당신은 불빛을 볼 수 없다. 방해하고 있는 어떤 것을 느끼면서. 바로 그 음지에서 당신은 열등감을 느낄 수 있다.

MASTERPIECE 대가의 작품

masterpiece 대가의 작품(master의 경지를 나타내는)
magnum opus 최고의 작품(일생일대의)

A masterpiece is a piece of work produced by a creator who proves that he is worthy of being a master. A magnum opus is the greatest and the most distinguished work of a writer, an artist, or a composer. Every artist always dreams of this desire to reach the pinnacle of their creative achievement.

• pinnacle 꼭대기

걸작이란 제작된 작품이다. 그가 대가라고 할 만하다고 증명되는 창작자에 의한. 일생일대의 걸작이란 한 작가, 예술가나 작곡가의 가장 위대하고 가장 유명한 작품이다. 모든 예술가는 그들의 창의적 성취의 정점에 도달하려는 이런 욕망을 항상 꿈꾼다.

MIRACLE 기적

miracle 기적(초자연적 영역의 설명이 불가능한)
wonder 불가사의(자연법칙 내에서 놀람, 감탄을 일으키는)
phenomenon 현상(나타나는), 경이로운 자(성공적인 놀라운)
fluke 요행(운 좋게 얻어지는)

When the apostles went and preached the gospel, the Lord was working with them, confirming their preaching with the miraculous signs. The signs and wonders validated their ministry. In Christian teachings, the miracles were a vehicle to make the unbelievers believe in the message.

사도들이 나가 복음을 설교할 때 주가 그들과 함께하고 있었다, 기적적인 표징으로 그 설교를 확증하면서. 그 표적과 기적들은 그들의 사역을 유효하게 했다. 기독교의 가르침 속에서는 기적들이 불신자들로 하여금 말씀을 옳다고 믿게 하는 운송 수단이었다.

I didn't think his book would survive, let alone thrive and become a worldwide phenomenon. I didn't, for one second, expect him to be this big.

나는 그의 책이 살아남는 생각을 해보지 못했다, 번성하여 세계적인 성공이 되는 것은 고사하고. 그가 이렇게 클 줄을 잠시도 기대하지 않았다.

I got into it by a fluke, and it changed my life forever. But it was an inexplicable, temporary phenomenon.

• get into sth ~에 관심을 갖게 되다, inexplicable 해석할 수 없는

나는 요행으로 그것에 흥미를 갖게 되었고 그것이 내 인생을 영원히 바꾸게 했다. 그러나 그것은 설명할 수 없는 일시적인 현상이었다.

WINTRY 겨울 날씨 같은

wintry 겨울 날씨 같은(겨울이 아닌데 겨울 추위와 비교되는)
chilly 쌀쌀한(보통 때보다는)
frigid 몹시 추운(날씨나 실내가), 냉담한(사람이 친절하지 못하고)

Sometimes I did feel a little chilly and the temperature was very low, because the weather was dreary with on-off hail, snow, rain, wind and a few bits of sunshine combination. Fortunately, this jacket did an excellent job, keeping in the warmth and blocking out wind and keeping out rain. It was quite right for the wintry condition.

• dreary 음산한

때때로 나는 냉기를 느꼈고 온도는 아주 낮았다, 왜냐하면 날씨가 음씨년스러웠기 때문이다, 오락가락하는 우박, 눈, 비, 바람과 드문 햇살의 합하여. 다행히도, 이 외투는 탁월했다, 보온과 방풍과 방수를 하면서. 그것은 이런 겨울 날씨 같은 상황에 아주 적합했다.

On frigid, desolate and uninhabitable Antarctica, no grains can grow, no gardens can be planted, no trees can be cultivated.

춥고 황량하고 사람이 살 수 없는 남극에는 아무런 작물도 자랄 수도 정원도 나무가 심어질 수도 어떤 나무도 가꾸어질 수 없다.

WEATHER 날씨

weather 날씨(단기간 어떤 장소의)
climate 기후(장기간에 걸친 어떤 장소의 보편적인 날씨의 패턴인)
  » climate는 기상학적 용어이며, clime은 지리학적 용어로 특정 장소의 기후임

Weather is what you can see outside at any time. We all rely on weather forecasts to plan our day-to-day activities. By contrast, climate is the average weather pattern of an area over a long period. You can spend your leave holidaying in a foreign clime.
날씨는 언제든 바깥에서 볼 수 있는 것이다. 우리는 매일의 활동을 계획하기 위해 날씨예보에 의존한다. 이와 대조적으로, 기후란 긴 기간에 걸친 어떤 지역의 날씨 패턴의 평균이다. 당신은 외국 기후 지역에서 쉬면서 휴가를 보낼 수 있다.

GLOW 빛나다

glow 희미하게 발광하다(절제된 조명으로)
sparkle/glitter 반짝거리다(금속, 유리 등 반사물질의 알갱이로 구성되어)
  » 별빛, 다이아몬드, 눈은 sparkle, glitter하고, 금가루 등의 작은 입자, 유명인사는 glitter한다고 함
twinkle 반짝반짝 빛나다(특히 별빛이 빛을 반사하여 밝기가 변하며)
shimmer 어렴풋이 반짝이다(설탕이나 눈 같은 것이 멀리서 희미하게)
shine 발광하다(빛을 스스로)

When exposed to light, it started to glow very faintly yellow. It was so faint that it remained invisible in daylight.
불빛에 노출될 때 그것은 아주 어렴풋이 옅은 노랑으로 빛나기 시작한다. 그것은 너무 희미하여 햇볕 속에서는 보이지 않았다.

Christmas lights twinkled like stars against black velvet skies, and ribbons glittered like water in the sun and intermittently sparkled like diamonds.
크리스마스 불빛들은 검은 벨벳의 하늘에 별들처럼 반짝반짝 빛나고 있었고 리본은 햇볕 속에 있는 물처럼 반짝반짝 빛났고 간헐적으로 다이아몬드처럼 반짝였다.

The moon shone like a spotlight across the water, and the stars twinkled like a thousand lamps flickering in the dark blue sky, and the snow shimmered like powdered sugar.
달은 물을 가로질러 오는 조명처럼 비쳤고, 별들은 군청색 하늘에서 깜박거리는 천 개의 램프처럼 반짝거렸고, 눈은 분말 설탕처럼 은은하게 반짝였다.

HARSH 가혹한

harsh 가혹한(날씨, 생활 조건이 장기적으로)
severe 가혹한(날씨가 갑자기 또는 일시적으로)
bleak 추운(날씨가 기분 나쁘게)
» 장소가 bleak할 때는 텅 비고 을씨년스러운, 상황이 bleak할 때는 희망이 보이지 않는

If severe weather is happening, keep your heating on all the time and manage to get away with harsh winter conditions.
• get away with 무사하게 해내다, conditions 주변 상황
갑작스럽게 험한 날씨가 되면 난방장치를 항상 켜 놓으시고 혹독한 겨울 상황을 어떡해서든 견디세요.

The Bureau of Meteorology forecasted a severe weather warning for damaging winds and heavy rainfall. The bleak weather was predicted to continue this week.
기상청은 혹독한 날씨를 예보했다, 심한 바람과 폭우를 경고하면서. 이 추운 날씨는 이번 주 계속되리라 예측되었다.

DECORATION 장식

decoration 장식(부분적이나 개별적으로 꾸미는)
decor 장식(방의 색상, 배치, 가구, 장식물 등의 전반적)
ornament 장식품(반지, 트리의 전구 등 치장만을 위한)
adornment 장식품(액자 틀에 붙은 조개껍데기처럼 달라붙어 있는)
accessory 보조물품(보조 배터리, 바늘쌈지 등 실제 사용되는)

With 5 days to go until Christmas, the decorations were all in place. The decor of the room was shabby chic.
• to go 앞으로(left), shabby chic 고풍스러운 장식과 파스텔 톤의 느긋하고 은은한
크리스마스까지 앞으로 5일 남았는데 개별 장식들이 모두 다 되었다. 방의 전체 장식은 파스텔 색조로 은은했다.

Shop wall decors including art prints, mirrors, ornaments, photo frames, clocks and more! Buy decorative accessories online now!
미술 프린트, 거울, 장식품, 사진액자, 시계 등등을 포함하는 가게의 벽장식품들을 사세요. 장식용 보조물품들을 온라인으로 사시죠.

You need to express yourself through the adornment of your body, such as garment or accessories. It contributes to the narrative that you communicate.
• garment 의류, narrative 이야기
당신은 몸의 장식품을 통해 자신을 표현해야 한다, 예를 들어 의복이나 액세서리들 같은. 그것은 당신이 전달하는 스토리에 도움을 준다.

COLLECTOR 수집가

collector 수집가(물건을 수집하여 장식장 등에 전시하고 남에게 자랑하는)

hoarder 저장 강박 수집가(병적으로 물건을 수집하며 그 속에 사는)
» 이들은 외톨이형의 병적이며 생활공간이 없을 정도의 난장판clutter 속에 살고 있다

Collectors usually feel proud of their possessions and enjoy showing them off. By contrast, most obsessive-compulsive hoarders assign too much value to their possessions and can't stand throwing them away. However, they may be ashamed to let others view their accumulated clutter.

일반 수집가들은 소유물을 자랑스럽게 여기고 그들을 자랑하기 좋아한다. 이와 대조적으로, 대부분의 강박적이고 충동적인 저장 강박 수집가는 소유물에 너무 가치를 두고 버리지 못한다. 그러나 그들은 다른 사람에게 쌓여 있는 난장판을 보게 하는 것을 수치스럽게 생각할 수 있다.

BRAND 회사 평판

brand 회사 평판(특정 회사에 대한 호감도를 나타내는)

logo 상표(문자, 그림, 독특한 상징 등으로 조직체를 알리는 brand mark인)
» logo는 CNN, ebay 등의 wordmark, 맥도날드 등의 letter form, 스타벅스 등의 emblem, 애플 등의 pictorial mark, JP모건 등의 abstract mark로 나뉨

emblem 그림 logo(스타벅스, 오륜기 등 그림으로 조직체를 상징하는)
» PUMA 상표는 puma의 문자 logo와 도약하는 고양이를 그림을 emblem으로 가짐, 이것은 combination mark logo라고 부르기도 함

When most people think of brands, the first thing that comes to mind is logos. But this is wrong. Branding is how people say about your business. If you're in business and have customers, you already have a brand. If you have a carefully crafted logo and a well-established brand, your business will be well on its way to attracting potential customers.

• be well on one's way to 발전하여 거의 달성해가다

대부분의 사람이 회사 인지도를 생각할 때 첫 번째 떠올리는 것이 logo이다. 그러나 이것은 틀렸다. 인지도를 결정하는 것은 사람들이 당신의 사업에 대해 어떻게 생각하느냐는 것이다. 만약 당신이 사업을 하고 고객을 가지고 있다면 이미 회사 인지도를 가지고 있다. 세심하게 만들어진 logo와 잘 세워진 회사 인지도를 가지면 당신의 사업은 잠재고객들을 끌어오는 것이 순조로울 것이다.

Some companies contain objects and symbols hidden inside their logos to convey subliminal messages that are very much intended. It could be called a combination mark logo. For example, we believe there is a hidden symbol of Pac-Man inside LG emblem.

일부 회사들이 그들의 상징 마크 이면에 물체와 상징물들을 포함하고 있다, 상당히 의도된 잠재적 메시지를 전하기 위해. 그것은 복합 상징 마크라고 불릴 수 있다. 예를 들어 우리는 LG의 그림 로고 안에 Pac-Man의 숨은 상징물을 가졌다고 믿는다.

INSIGNIA 상징 마크

insignia 상징 마크(보편적 용어로 지위, 계급, 소속 등을 나타내는)
» 장애인 표시 insignia, 보이스카우트 insignia, 해병대 insignia, 상을 당한 사람의 상장 등

badge 배지(insignia의 일부이며 경찰배지 등 신체에 부착하는 엑세서리인)

crest 문장(가문, 마을, 회사를 상징하는), 산꼭대기

mascot 마스코트(동물, 사람, 물건 등으로 행운을 기원하고 단체의 특성을 표하는)

An insignia is a mark or a sign that shows a person's rank or status or their connection to an organization. If you have a favorite team, you might wear apparel with the team logo as your insignia.
상징 마크는 어떤 사람의 계급이나 지위나 조직체와의 관련을 보여주는 마크나 표식이다. 만약 당신이 좋아하는 팀이 있으면 그 팀의 로고가 든 옷을 상징 마크로 착용하고 다닐 것이다.

A badge is an insignia which is often worn pinned to one's clothing to identify rank or membership in an organization.
배지는 종종 옷에 꽂고 다니는 상징 마크이다. 조직체 내에서 계급과 회원임을 밝히기 위해서.

It is widely observed in England that crests can be seen everywhere, but no two families may use the same crest.
영국 어느 곳에서나 문장들이 보이지만 두 가문이 똑같은 문장을 사용하는 일은 없다고 관찰된다.

The maverick head is their mascot, and it symbolizes the wild, untamed spirit of human being.
들소의 머리가 그들의 마스코트이고 그것은 야생의 길들여지지 않은 인간의 정신을 상징한다.

FLYER 전단지

flyer 전단지(1장짜리 보고 버리는 일회용의)
» 좀 작은 크기의 rack card는 공공장소의 선반에 있으며 행사, 개업, 서비스 홍보를 위함

leaflet 홍보지(flyer보다 고급인 1장짜리)

brochure 홍보물(1장짜리 접이식 또는 소책자나 잡지 형태의)
» 판매, 마케팅의 목적으로 주로 쓰이며 기업과 제품을 홍보하기 위함

pamphlet 홍보물(다단 접이식이거나 소책자 형태의)
» 비영리 단체, 건강 홍보, 정치 홍보 등을 위해 주로 한 개의 주제를 비상업적으로 홍보하기 위함

handout 프린트물, 동냥(거지에게 주는)

Flyers — sometimes referred to as handbills— and leaflets are single sheet print materials.
handbill이라고도 하는 flyer와 leaflet들은 1장짜리 인쇄물이다.

Brochures are promotional documents primarily used to provide all your business information to your target audiences.
brochure는 당신의 모든 사업 정보를 대상 고객에게 제공하는 데 우선적으로 사용되는 홍보용 자료다.

Pamphlets vary in both size and style, but contain non-commercial information about a single subject often for promotional purposes.
pamphlet은 크기와 형태가 다양하지만, 홍보 목적으로 한 가지 내용의 비상업적 정보를 담고 있다.

Additional **handout** material will be distributed at the end of the presentation rather than at the beginning so that participants are not distracted by it.
추가적인 프린트물이 초기보다는 발표회의 끝에 분배될 것이다, 참가자들이 그것에 의해 산만해지지 않도록.

REMINDER 생각나게 하는 물건

reminder 상기 물품(무엇을 생각나게 하는)
memorabilia 소장품(기념할 만한 추억의)
» 자녀의 성적표, 월드 시리즈의 기념품 등을 추억으로 수집한 것 등
memento 기억물(과거의 기억을 되살려주는)
» 졸업, 결혼, 여행, 학창시절 등 과거의 행사를 기념하는 물건, 너무 강조하면 자기자랑이 됨
souvenir 방문 기념품(방문한 장소를 기념하는)
» 방문지의 기념 엽서, 자유 여신상의 복제품 등
heirloom 가보(조상 전래의)
keepsake 애장품(소중히 간직하는)
» memento, memorabilia도 keepsake의 일종

Our handmade **keepsakes** will be a lasting **reminder** of your special day.
우리 회사의 수제 애장품들은 특별한 날의 영원한 상기 물품이 될 겁니다.

Do you think it's okay to keep all the **memorabilia** that you collected from your past relationship, such as photos or letters and other tokens? Don't keep them, throw all of them away.
당신이 과거의 교제에서 모았던 사진이나 편지들 그리고 다른 증표들 같은 모든 소장품을 보관하는 것이 옳다고 생각해요? 그것을 보관하지 말고 모두 버려요.

The 9/11 objects are not **souvenirs**, but **mementos**. Because it reminds us of what happened on 9/11.
9/11의 물건들은 방문 기념품은 아니고 추억의 기념품이다. 왜냐하면, 그것은 9/11에 일어났던 것을 우리에게 상기시키기 때문이다.

The antique ornate rocking chair carries a sense of history of those who used them. The **heirloom** gives a connection to their ancestors' life.
그 골동품 장식 흔들의자는 그것들을 사용했던 사람들의 역사의식을 지니고 있다. 그 가보는 그들 조상의 삶에 연결시켜준다.

ENVIRONMENT 환경

environment 자연환경(사람, 동식물이 살아가는 공기, 땅, 강 등의), **환경적 상황**(사람의 생활에 영향을 주는)

surrounding 주변 상황(주변을 둘러싼 나무, 건물, 자동차 등의 물리적)

circumstance 주변 정황(인간의 활동이나 사고에 영향을 끼친 추상적)
» 살인사건 현장의 의심스러운 상황[suspicious circumstances] 등

situation 입장이나 처지(조건이나 주변 상황과 관계되는 구체적)
» 정치적 입장[political situation] 등

The environment exploited in an unsustainable way has a greater impact on the people living in poverty, who have little access to power to improve their situation.
지속할 수 없도록 개발되는 자연환경이 가난 속에 사는 사람들에게는 더 큰 영향을 끼친다. 그들은 자기의 처지를 개선하기 위해 권력에 거의 접근하지 못한다.

You must camouflage yourself into a constantly changing business environment, just like a chameleon adjusts its color to its surroundings.
당신은 끊임없이 변화하는 사업의 환경적 상황 속으로 스스로 위장해야 한다. 마치 카멜레온이 주변의 물질적 상황에 자신의 색을 적응하듯이.

He always finds reasons to blame someone else for anything and refuses to take responsibility. It is always his circumstances that he finds himself in difficult situations.
그는 항상 어떤 것에나 누군가를 비난한 이유를 찾고 책임지기를 거부한다. 그것이 그가 자신을 어려운 처지에 놓이게 하는 그의 주변 정황이다.

REMAINS 잔해

remains 잔해(고고학적 유적의), 유해(죽은 사람의)

relic 유적(손실되거나 파괴된 후 남은), 유물, 유골

artifact 예술품, 가공품

Relics enshrined in Catholic church altars — often a bone fragment — are earthly remains of those who are thought particularly worthy of remembrance by the church.
• enshrine 안치하다, earthly 세속적인
가톨릭교회 제단에 안치된 유골들은 보통 뼛조각인데 그 교회에서 특히 기억할 가치가 있다고 생각되는 사람의 세속적인 유해들이다.

The barbaric destruction of the ancient artifacts is a war crime. The destroyed statues are relics of some of the oldest cultures on the planet.
고대 예술품의 야만적 파괴는 전쟁범죄다. 그 파괴된 상들은 지구상 가장 오래된 문화 유적들이다.

REST 나머지

rest 나머지(남은 사람이나 사물의 부분이 크건 작건 관계없이 쓰이며)

remainder 나머지(사물 중 적은 부분이 남은), 나머지(나눗셈의)
> » 팔다 남은 상품 등 '제거하고 남은 것'이 remainder임. 한편, be a remainder in bed보다는 remain in bed, the remainder of the day보다는 the rest of the day로 쓰임

remnant 나머지(먹거나 사용하고 난 다음), 구원된 자
> » 역사 속에 사건, 재앙 후에 살아남은 refugee또는 residue를 의미하기도 함

You can get a monthly payment for the rest of your life in return for handing over control of your nest egg or at least part of it to an insurance company.
- in return for ~의 답례로, nest egg 쌈짓돈

당신은 여생동안 월 지급금을 받을 수 있다. 당신의 살림 밑천 혹은 적어도 그것의 일부 관리를 보험회사에 넘긴 대가로.

Remainders mean what is left over from a larger amount, regardless of whether it is daily food, food at the Passover or anointing oil. Remnants mean basically remainders and additionally those who are left over after a war, after a time of testing or a disaster. They may be refugees or residues.
- residue 찌꺼기

remainder는 큰 분량에서 쓰고 남은 것을 의미한다. 일상 양식이건 유월절 음식이건 종교의식을 하던 기름이건 관계 없이. remnant는 기본적으로 remainder를 의미하고 추가로 전쟁과 시련의 시간이나 재앙 후에 살아남은 사람들이다. 그들은 피난자이거나 찌꺼기일 수 있다.

WASTE 쓰레기

waste 쓰레기(보편적 용어로)
garbage 가정 쓰레기(가정에서 나온 음식물이나 폐기물인)
trash 폐기물(전정한 나무, 낙엽, 폐가구, 폐지 등의)
litter 거리 쓰레기(길에 버려진 캔, 병, 플라스틱 등의)
refuse 쓰레기(garbage, trash, rubbish 들을 고상하게 부르는)
rubbish 쓰레기(영국식 표현으로 garbage, trash, litter 등의)

Solid waste dropped into rivers, lakes and reservoirs in the form of trash, litter or garbage eventually ends up in surface water.

폐기물, 거리 쓰레기 또는 가정 쓰레기의 형태로 강, 호수, 저수지에 떨어진 고체 쓰레기는 결국 지표수로 간다.

Household refuse means general rubbish. It is neither chemical nor hazardous, but not able to be recycled. It is only buried in a landfill.

가정 폐기물은 전반적 쓰레기를 의미한다. 그것은 화학물질에 속하거나 잠재 위험성이 있는 것은 아니지만 재활용될 수 없다. 그것은 매립장에서 묻히기만 한다.

Once a week residential garbage is collected by the city's contracted refuse hauler on the front curb where most of the homes' garages are located. On the same day, a separate truck will pick up recyclables and bulk trash items.

• hauler 운송업자, front curb 대문 앞 인도, bulk trash item 규모가 큰 폐가구 등의 폐기물

일주일에 한 번 주민 쓰레기가 수거된다, 시와 계약된 쓰레기 운송업자들에 의해, 가정 쓰레기가 있는 집 앞에서. 같은 날에 또 다른 트럭이 재활용품과 큰 폐기물을 가지고 갈 것이다.

DISPOSAL 음식물처리기

garbage disposal 음식물처리기(가정 음식물 쓰레기의)
disposable 일회용품, a.일회용의
dispenser 분배기(napkin dispenser처럼 물품을 나누어 주는)
» dispense는 자판기처럼 1개씩 배분하고 distribute는 많은 수요자에게 배분하며 disperse는 경찰이 데모대를 흩어버리 듯 분산시키다임.

If you can compost organic waste at home, you will not only minimize the use of the garbage disposal, but also dispose of material like vegetable peelings, fruit wastes and coffee grounds and furthermore make these waste items turn into valuable resources.

• compost ~를 썩혀서 퇴비로 만들다, dispose of ~를 처리하다

만약 당신이 가정에서 유기농 쓰레기를 퇴비로 만들 수 있으면 음식물처리기의 사용을 최소화할 수 있을 뿐만 아니라 채소 껍질, 과일 쓰레기와 커피 찌꺼기 같은 물질도 처리할 것이다, 더욱이, 이 쓰레기들을 가치 있는 자원으로 바꾸게 할 것이다.

They encourage us to use reusable containers that can be used 300 to 400 times, instead of disposable ones.

그들은 우리에게 300~400번 사용할 수 있는 재생 용기를 사용하도록 권장한다, 일회용 대신에.

A water cooler & dispenser at your office makes you enjoy the convenience of having on-demand water whenever you want. There's no need to keep bulky water pitchers in the fridge any more.

당신 사무실의 냉수 급수기는 당신이 원할 때마다 주문형 물을 가지는 편리함을 즐기도록 해준다. 냉장고에 큰 물통을 더이상 보관할 필요가 없다.

AXE 큰 도끼

axe 큰 도끼   **hatchet** 작은 손도끼

Perhaps no tools are more closely associated with American pioneers than the axe and its little brother, the hatchet.

아마도 어떤 도구도 큰 도끼와 그의 형제 작은 도끼보다 더 밀접하게 미국 개척자들을 연상시키는 것이 없다.

You may have an axe to grind with them from past disagreements, but you have to bury the hatchet, biting your tongue and apologizing them.

• have an axe to grind 묵은 감정이 있다. bury the hatchet 화해하다.

과거의 불화 때문에 당신은 그들과 해묵은 감정이 있을 수 있지만 화해해야 한다, 참고 그들을 용서해주면서.

FURNITURE 가구

furniture 가구(의자, 테이블, 소파 등의)
furnishings 가구비품(furniture에 양탄자, 카펫, 커튼 등을 포함하는)
window treatment 창문 비품(커튼, 방충망 등의)

Our furniture store offers so much more than sofas and dining sets you want. We also carry the most complete home furnishings, floor coverings and window treatments.
  • carry 파는 품목으로 제공하다
우리의 가구점은 당신들이 원하는 소파들과 식탁 세트들 이상의 많은 것들을 제공합니다. 우리는 완벽한 가정 가구 비품, 카펫과 창문 비품들도 취급합니다.

Curtains are a form of window treatment completing the overall appearance of the house. A good part of overall impression comes from the right window treatments.
커튼들은 창문 비품 중의 한 형태이다. 그 집의 전반적인 외양을 완성하는. 전반적인 인상의 긍정적 부분이 올바른 창문 비품에서 나온다.

DRAPES 커튼

drapes 커튼(두꺼운 방한용, 암막용의)
curtain 커튼(일반 반투명)
roman shade 가리개(블라인드처럼 수평으로 쌓으며 개폐하는)

Curtains are generally made of a thin cloth designed to block or obscure light or drafts. By contrast, drapes are made of thick and heavy fabric, enough to block out all outside light.
일반적으로 빛이나 통풍을 막거나 흐릿하게 하는 커튼은 의도적으로 얇은 천으로 만들어졌다. 이와 대조적으로, 암막 커튼은 길고 두꺼운 직물로 만들어져 있다, 외부 불빛을 차단하기에 충분한.

Roman shades are commonly used as a tailored alternative to traditional curtains. Their main drawback is to require a more precise fit than curtains.
로만 쉐이드는 보통 전통적인 커튼의 맞춤식 대체품으로 사용된다. 그들의 주요 단점은 커튼보다 더 세밀한 맞춤을 요구하는 것이다.

TOOL 공구

tool 공구(전지가위 등 손으로 들고 사용하는)
implement 농기구(괭이, 삽 등 농업용)
instrument 기구(equipment의 일부이며 기압계, 체중계, 혈압계 등 측정을 위한)
apparatus 장치(라디오, 전화기, 호흡장비 등 기술적)
equipment 장비(등산 장비, 스쿠버 장비 등 수 개의 instrument가 세트로 쓰이는)
appliance 가전설비(세탁기, 냉장고, 청소기 등 동력으로 작동하는)
device 발명품(특정 목적으로 고안된, USB나 휴대폰 등 최신)
paraphernalia 주변용품(특정 활동에 필요한)

It's really creepy to see the cruel devices created by the human mind. Saws were common agricultural implements, but they could be easily applied to using as a tool of torture.
인간정신에 의해 만들어진 잔인한 발명품들을 보면 정말 오싹하다. 톱들은 보편적 농기구들이 고문의 공구로도 사용하는 데 쉽게 적용될 수 있었다.

The human vocal apparatus has been compared at one time to a stringed instrument, at another to a wind instrument.
인간의 목소리장치는 한때는 현악기, 다른 때는 관악기와 비견되었다.

All users of electrical appliances should carry out a visual check of the equipment before use. More than 90% of faults with them can be found by visual inspection.
전기설비의 모든 사용자는 사용 전에 그 세트 장비의 육안점검을 해야 한다. 그 제품 결함들의 90% 이상이 육안검사로 발견될 수 있다.

We sell gardening supplies from gloves to tools, and of course, seeds, pots and other gardening paraphernalia.
우리는 원예 물품을 판다, 장갑에서 공구들까지 그리고 물론 씨앗, 화분과 다른 원예주변용품을.

CLOSET 벽장

closet 벽장, 옷방
wardrobe 장롱
cupboard 찬장(벽의 움푹 들어간 부분에 두는), **벽장**
kitchen cabinet 부엌 붙박이장
clothes(garment) rack 선반(옷이나 액세서리의 보관을 위한)
» rack는 철제나 나무 frame으로 됨, hanger는 삼각형 모양의 옷걸이

Use your **closet** more efficiently with **clothes racks**, tie & belt racks.
당신의 옷장을 옷 선반, 넥타이와 벨트 선반으로 더 효율적으로 사용하세요.

A kitchen **cupboard** typically placed in kitchen can be used to store kitchen tools and pottery or other items for display.
• pottery 도기류crockery
전형적으로 부엌의 찬장은 진열을 위해 부엌 기구들과 도기류 또는 다른 것들을 저장하는 데 사용될 수 있다.

A **wardrobe** is a tall rectangular shape of **cupboard** in bedroom for storing clothing.
장롱은 침실에 옷을 넣기 위한 큰, 직사각형 모양의 벽장이다.

POTTERY 질그릇

pottery 질그릇(earthenware)
» 불에 구운 도기[stoneware], 화분, 화분받침, 도자기 등을 통칭하는 도기류이며 crockery라고도 함
porcelain 도자기(고온에 구운 고급의 china인)
» bone china는 porcelain에 동물의 뼈를 넣음
ceramics 도자기(학술적 용어로 고온에 구운)
» 그리스, 중국, 일본 등에서는 더 예술적인 pottery의 뜻으로 부름

When your **ceramic** object is broken, the only way to fix the **pottery** is to repair with epoxy glue. Any potter simply cannot refire broken **porcelains** and make them whole again.
• refire 다시 굽다
당신의 도자기로 된 물건이 깨어질 때, 그 도기류를 고치는 유일한 길은 에폭시 접착제로 수리하는 방법밖에 없다. 어떤 옹기장이라도 간단히 깨어진 도자기들을 다시 구워 다시 완전하게 만들 수 없다.

BASIN 세면기

basin 세면기(wash basin), 욕조(bath basin)
bowl 큰 사발
bucket 큰 용기통(일상생활에 쓰이는), 금속 버킷
pail 금속통(농장의 우유통 등으로 쓰이는 원통형의 중소형인)
basket 바구니
bin 큰 통(저장을 위한)

Some basins have a hollowed-out bowl shape without attaching to anything. There's no basin without a drain these days. So references to "bathroom sink" make sense.
- hollowed-out 움푹한

일부 욕조들은 움푹 파인 사발 모양을 갖고 있다, 어떤 것에 매달려 있지 않고. 요즘은 배수구가 없는 욕조는 없다. 그래서 bathroom sink라고 언급하는 것이 이치에 맞다.

He drew water out of a well with a pail and poured the water into a bucket, and took the bucket home.

그는 금속 통으로 우물에서 물을 길었고 물통에 그 물을 부어서 그 물통을 집으로 가지고 갔다.

No matter how clean your home may be, a wastebasket can attract flies, rats, cockroaches and even bacteria. A typical garbage bin has over 400 bacteria thriving per square inch.

당신의 집이 얼마나 깨끗하던지 쓰레기통은 파리들과 쥐들, 바퀴벌레들 박테리아조차도 유혹할 수 있다. 전형적인 쓰레기통은 평방인치 당 왕성하게 자라는 400 이상의 박테리아를 가지고 있다.

JAR 항아리

jar 항아리(쨈 병처럼 아가리가 넓은 반고체나 분말 등을 담는)
bottle 병(맥주병처럼 목이 가늘고 액체를 담는)

You can drink directly water out of a bottle or pour it into a beer glass and scoop out some contents from a jar by using a spoon.
- scoop out 국자 등으로 퍼내다

당신은 물을 병에서 직접 마실 수 있고 혹은 맥주잔에 부을 수 있고 항아리로부터 어떤 내용물들을 스푼을 사용하여 퍼낼 수 있다.

GADGET 아이디어 제품

gadget 기발한 제품(별난 아이디어로 만들어 상품화된 물품인)
gizmo 뭐시기(이름을 모르는 whatchamacallit 아이디어 물품인)
gimmick 속임수(사람들을 속여서 물건을 팔기 위한)

Smart gadgets are popping up everywhere these days from laptops, e-readers and tablets to smart phones and wearable devices.
똑똑한 아이디어 제품은 요즘은 어느 곳에나 깜짝 등장한다, 랩탑, 전자책과 태블릿에서 스마트폰과 입을 수 있는 최신 발명품까지.

A gizmo is basically a gadget, in particular, a mechanical device or a part whose proper name you don't know or cannot recall.
뭐시기 제품은 아이디어 제품이다, 특히, 당신이 그것의 적당한 이름을 알지 못하거나 기억할 수 없는 기계 발명품 또는 부품이다.

Most laptops and some desktops today come equipped with touch-sensitive pointing device. Does this add value to the user's experience, or is it nothing but a gimmick?
대부분 노트북과 일부 데스크탑이 요즘은 터치패드를 장착하고 나온다. 이것이 사용자들의 경험에 가치를 추가하는가 아니면 단지 사기일 뿐인가?

VEHICLE 운송수단

vehicle 운송수단(육상에서 장소를 옮겨주는 transportation인)
vessel 선박(해상 운송수단인), 용기(물품을 담는)
space vehicle(SV) 우주선

Have a mechanical check whether it's difficult to control the vehicle; stop the car and apply the parking brake.
기계 점검을 해보세요, 그 자동차를 제어하는 것이 어려운지 어떤지, 즉 차를 세우고 주차 브레이크를 넣어 보세요.

The ship remained under arrest, but it was attempting to escape to avoid judicial proceedings against the vessel.
그 배는 억류상태에 있었지만 도망치려 하고 있었다, 그 배에 대한 법적인 절차를 피하고자.

A space vehicle is a rocket-powered one used to transport unmanned satellites or humans between the Earth's surface and outer space. [Wikipedia]
우주선은 지구의 표면과 외계 사이에 사람이나 무인 위성을 나르기 위해 사용된 로켓 엔진의 우주선이다.

CLOTHES 옷

clothes 옷가지(보편적 용어로 입는)

clothing 의류, 입을 옷

apparel 의상(clothing보다 격식 있는 행사에 입는), **의류업계**

outfit 특별 의복(특별행사나 활동을 위한 세트 의복인)
» 할로윈의 vampire outfit, climbing outfit 등. 또한, ski outfit처럼 특수장비를 뜻하기도 함

attire 행사 예복(outfit의 formal 표현으로 어떤 행사나 조건에 맞추는)

garment 특수복(유니폼, 작업복 등의 특수 목적의)

garb 특별 복장(죄수복, 전통 복장, 종교 복장 등)

costume 풍속 의상(한복처럼 전통), 무대 의상

suit & dress 남성 정장 & 여성 정장

Our yoga clothes will allow you to complete your workout in comfort and style. Browse our full collection of eco-friendly, organic clothing and fitness apparel.
우리의 요가 옷가지들은 당신의 운동을 편안하고 맵시 있게 끝내도록 해줄 것입니다. 친환경 유기농 의복과 운동 의류의 전체 컬렉션을 구경해보세요.

The historical portraits provide some insights into the traditional bridal dress, outfits, traditional garb and costumes of specific era cultures.
그 역사적인 초상화들은 전통적 신부의 드레스, 특별 의복, 전통 특별 복장과 특정 시대 문화의 풍속 의상들을 통찰할 수 있게 한다.

Speaking of proper wedding attire, your look always should be planned with your date. Otherwise, your date can totally take off your outfit.
적절한 결혼 예복을 얘기하니 말인데, 당신의 외관은 항상 결혼상대자와 함께 계획되어야 한다. 그렇지 않으면, 상대가 당신의 특별 의복을 벗겨버리게 할 수 있다.

At the moment the smart garments might be largely restricted to sports, but the technology-enabled clothing could be a hot stuff outside the fitness industry.
지금은 그 다기능 특수복들은 대체로 스포츠에 국한되어 있지만, 기술로 가능하게 된 의류가 헬스 업계 밖에서 인기몰이가 될 수 있을 것이다.

A conventional black suit or dress might be acceptable for attendees as a funeral attire, while brighter colors and more casual attire might be better suited to a service on the beach.
전통적 검은 남녀 정장은 장례의상으로 참석자들에게 수용될 수 있다. 반면 밝은 색과 더 편한 예복이 해변에서의 예식에 더 적합할 것이다.

PANTS 바지

pants 바지(남녀의 jeans, casual, dress outfits 등 하의를 통칭)
trousers 정장바지
slacks 캐주얼 정장바지
» 일부 지역에서는 여성의 헐렁한 정장바지를 의미하기도 함

If it's raining, you'll put on waterproof pants. Pants are not underwear. All trousers are pants, but not vice-versa. Likewise, jeans are pants, but not trousers, whereas slacks are both. If you're going out on a Friday night to a club, you'll wear trousers or slacks with a dress shirt and blazer. Meanwhile, you would not call the bottom half of your tracksuit "jogging trousers."
• blazer 보통 넥타이를 매지 않는 캐주얼 정장 재킷

만약 비가 오면 당신은 방수 바지를 입을 것이다. 바지는 속옷이 아니다. 모든 정장바지는 pants이나 반대는 아니다. 마찬가지로 청바지는 pants이나 정장바지는 아니다, 반면 slacks는 둘 다이다. 금요일 밤에 클럽에 간다면 당신은 멋진 셔츠와 캐주얼 재킷과 함께 trousers를 입을 것이다. 한편, 당신은 트랙슈트의 아랫도리를 조깅 trousers라고 부르지는 않을 것이다.

Find a wide selection of casual pants, flat-front or pleated slacks and dress trousers. They will fit and flatter your shape the most.
• flat-front 앞주름이 없는 노턱 바지, pleated 앞주름 잡힌

다양한 캐주얼 바지, 노턱이거나 주름 잡힌 캐주얼 정장바지와 남성 정장바지를 찾아보세요. 그것들은 당신의 외양에 가장 잘 맞고 돋보이게 할 것입니다.

HEM 끝단

hem 바지나 소매의 끝단, v.감침질하다
seam 봉합선, 솔기

The joining or stitching line that meets two or more layers of fabric is called a seam. Each seam can be hemmed to prevent a raw edge from unraveling.
• raw edge 천의 감침질되지 않은 가장자리, unraveling 실이나 천의 풀림

천의 2개 이상의 천이 만나는 접합선이나 꿰매는 선은 봉합선이라고 한다. 각각의 봉합선은 천의 감침질되지 않은 가장자리가 실의 풀림을 막기 위해 감침질이 될 수 있다.

Turn the pants inside out and fold up the hem to the desired length. And then pin all the way around and cut off and make your new hem.

바지를 뒤집어서 원하는 길이로 끝단을 접으세요. 그 다음에 빙 둘러 핀을 꽂고 자르고 새로운 단을 만드세요.

WALLET 지갑

wallet 지갑(남자들이 지참하는 접는)
purse 손가방(handbag과 유사표현인)
» purse는 clutch(손지갑), satchel(책가방형 가방), tote(쇼핑백형 가방), hobo(동냥자루형 가방) 등을 통칭함. 영국 영어에서는 동전 주머니, 접는 지갑, 핸드백 속의 중지갑 등을 의미함

A purse is where you keep all your junk like phone, makeup, changes and other crap. It can carry a wallet inside of it, but not the other way around. A wallet is usually small and don't have handle or strap like purses.

손가방은 폰, 화장품, 동전, 다른 잡다한 물건과 같은 잡동사니를 보관하는 곳이다. 그것은 그 속에 지갑을 넣고 다닐 수 있지만, 그 반대로는 아니다. 지갑은 보통 작고 중지갑처럼 손잡이나 끈을 달고 있지 않다.

Once you decide to carry a firearm for self-defense, we are ready to support your decision. We have a large selection of purses with a separate compartment for a weapon, such as elegant clutch bag (OR evening bag), baguette bag, spacious tote bag, hobo bag, satchel bag, messenger bag and more.

일단 당신이 방어용 무기를 지니기로 한다면 우리가 당신의 결정을 지원할 준비가 되어 있어요. 우리는 무기를 넣을 칸이 있는 많은 가방을 갖고 있어요, 예를 들어 예쁜 손가방, 바게트빵 모양 가방, 넓은 쇼핑백형 가방, 동냥자루형 가방, 책가방형 가방, 우체부 가방 등등.

PLASTIC BAG 비닐봉지

plastic bag 비닐봉지
barf bag 토하는 봉지
» 유사표현 sick bag, vomit bag, motion sickness bag

Paper bags are not as durable as plastic bags, and they require far more resources to produce and make four times as much water pollutants to recycle.

종이봉투는 비닐봉지만큼 내구성이 없으며, 생산하기 위해 더 많은 자원을 요구하고 재활용하기 위해 4배 더 많은 오염수를 만들어 낸다.

This disposable barf bags can be used at home or in transit for any vomit-related illness including motion sickness, morning sickness, food poisoning or the side-effects of chemotherapy.

• transit 공공운송수단, chemotherapy 화학요법

이 일회용 위생봉지는 집에서나 대중교통 속에서 구토와 관련이 있는 병에 사용될 수 있다, 멀미, 임신 후 메스꺼움, 식중독 또는 화학요법의 부작용을 포함하는.

HAT 중절모

hat 중절모(빙 둘러 테가 있는)
cap 야구모자(테는 없으나 챙이 있는)
skullcap 두상 모자(수영 모자형의), **캡**(유대인이 쓰는)
beanie 빵모자(산타클로스 모자형으로 꽁지가 뒤로 약간 늘어진)

We carry a huge selection of hats with brim, caps, visors, knit beanies, headbands, ski hats, and oval-shaped chef skullcaps etc. fitting more comfortably.

• visors 챙 모자, ski hat 스키용 털 빵모자

우리는 테 모자, 야구모자, 챙 모자, 털 빵모자, 머리 밴드, 스키 모자, 계란형의 요리사 두상 모자 등을 취급한다. 더 편하게 잘 맞는.

LAUNDRY BASKET 빨래 광주리

laundry basket 빨래 광주리(세탁물을 옮기는)
hamper 세탁물 바구니(침실, 화장실 등에 두는 세탁물을 넣는)

Hampers are generally containers that stay stationary in the bedroom to hold dirty clothes. By contrast, laundry baskets are used to haul clean and dirty laundry to another part of the house.

• stationary 정지하고 있는, haul 운반하다, laundry 세탁물

세탁물 바구니는 일반적으로 빨래할 옷을 담기 위해 방에 거치하고 있는 용기이다. 이와 대조적으로, 세탁물 옮기는 광주리는 깨끗한 세탁물과 빨래할 세탁물을 다른 곳으로 옮기는 데 사용된다.

BACKPACK 배낭

backpack 배낭(등에 지는)
duffel bag 직물가방(벨기에 Duffel에서 유래하는)
(rolling) suitcase 여행용 캐리어(샘소나이트 가방형의)

If you want to spend quite a bit time in Southeast Asia, I'd recommend using a backpack or a duffel bag. They're better than a wheeled suitcase. Because they may be easier luggage to carry, although suitcases may offer more room.

당신이 동남아에서 짧잖은 시간을 보내고 싶으면 배낭이나 더플백의 사용을 권하고 싶다. 그것은 바퀴 달린 캐리어 가방보다 낫다. 왜냐하면 그것들이 지참하기에 더 쉬운 짐일 수 있기 때문이다, 캐리어 가방이 더 많은 공간은 제공할 수 있지만.

09 시간, 장소, 방법
When, Where, How Matters

SUNSET 일몰

sunset 일몰(해가 지는)
dawn 새벽녘(동트기 전)
twilight 일몰녘, 동틀 녘(일몰 후와 일출 전 하늘이 희뿌옇게 되는)
dusk 황혼녘(일몰 녘의 끝에 찬란한 색의 하늘을 가지는)
nightfall 저물 녘(황혼 녘 후 어둠이 내리고 땅거미가 지는)

The evening comes with the sunset. Every sunset brings the promise of a new dawn. [R.W. Emerson]
저녁이 일몰과 함께 다가온다. 모든 일몰은 새로운 새벽의 약속을 가져온다.

Twilight drops her curtain down, and pins it with a star. [L.M. Montgomery]
일몰녘은 커튼을 드리우고 별로 고정한다.

Change, like sunshine, can be a friend or a foe, a blessing or a curse, a dawn or a dusk. [W.A. Ward]
변화는 햇빛처럼 친구나 적이 될 수 있고 축복이나 저주도 새벽이나 황혼녘이 될 수도 있다.

The whisper of the dusk is night shedding its husk. [D. Koontz]
황혼녘의 속삭임은 껍질을 벗는 밤이다.

It was that hour of dusk when the streetlights and headlights come on but make little difference. [T. Wolfe]
거리의 불빛과 자동차의 불빛이 나타나기 시작하지만, 별반 다를 게 없을 때가 바로 황혼녘이다.

He waited until a little before dark, then just at nightfall rode back the way he had come.
그는 어두워지기 조금 전까지 기다렸다가 바로 땅거미가 질 때 온 길을 되돌아 타고 갔다.

HOUSE 주택

house 주택(본인 소유이며 거주하는), 가옥(사람이 사는)
home 거주지, 고향, 안락한 곳
mansion 대저택(규모가 큰)
shack 판잣집(허름한)

I don't feel at home in this house. I can't feel at home in this world anymore. This world is not my home, I'm just passing through.
나는 이 집에서는 안락을 느껴지지 않는다. 이 세상에서는 더는 안락을 느끼지 못한다. 이 세상은 내 집이 아니다, 나는 과객일 따름이다.

Are you going to live in a beautiful, spacious mansion, or a drafty shack with rats underfoot and no indoor plumbing?
- underfoot 거치적거리는, plumbing 배관

아름답고 넓은 대저택에서 살려고 합니까? 아니면 발 밑에 거치적거리는 쥐들과 화장실도 없는 바람이 숭숭 들어오는 오두막에서 살려고 합니까?

DWELLING 거주지

dwelling 주거지(집, 동굴, 풍선 속이더라도 누군가가 사는)
residence 주거지(집, 별장 등의 합법적으로 거주하는)
domicile 주소지(제1 생활근거지인)

If you say "This is my house," it could mean "I'm the owner of this house." By contrast, if you say "This is my dwelling," it could mean "I live in this place." A dwelling might be any place you live in -- cave, house, apartment, makeshift homes like cardboard boxes etc.
만약 당신이 "이것이 내 집이다"라고 말한다면, 그것은 "나는 이 집의 주인"임을 의미할 수 있다. 이와 대조적으로 만약 "이것이 내 주거지다"라고 말한다면, 그것은 "나는 이곳에 살고 있다"라는 뜻일 수 있다. 주거지란 당신이 사는 어떤 곳이라도 해당할 수 있다, 동굴, 집, 아파트, 종이상자 같은 임시거주지 등.

An individual's domicile and country of residence determine which of their income and gains are subject to tax in the UK. Individuals who are resident in the UK but domiciled elsewhere are subject to UK tax on their UK income and gains as they arise. [Financial Times]
개인의 주소지와 주거지의 국가가 그들의 수입과 소득 중 어떤 것을 영국에 세금을 내야 하는지를 결정한다. 영국에 거주하지만 다른 곳에 제1 생활근거지를 둔 사람은 영국에서 수입과 이익이 발생할 때, 영국에 세금을 내게 되어 있다.

REAL ESTATE 부동산

real estate 부동산(땅과 건물로 이루어진)
property 부동산(주인 소유의 건물 전체, 토지 전체, 장비 전체 등의)
premises 부동산(property의 일부로 임대소득을 올리는)

Our real estate agency offers a vast selection of properties such as apartments, houses and business premises like offices and warehouses.
우리 부동산 사무소는 다양한 부동산들을 제공합니다, 아파트, 주택과 사무실과 창고 등의 임대상가 같은.

FLOOR 층

floor 층(건물 내부의)
story 층(건물 외부에서 보는)
stair 하나의 계단(한 층을 오를 때 2 stairs가 있는데 그중)
a flight of stair 한 세트의 계단(보통 Z 모양의)
» 한 개의 floor를 오를 때 a flight of stairs를 오르며 2 stairs를 오르는 셈이다, 전체 계단통로는 staircase, stairway이며 각 층 계단이 방향을 바꾸는 중간 공간인 층계참은 landing임

While visiting a department store, you can walk across the first floor to see cosmetics. After that you can go up a flight of stairs to the second floor to look around women's clothing.
백화점을 방문할 때 당신은 화장품들을 보기 위해 1층을 가로질러 걸어갈 수 있다. 그 후 당신은 여성복을 둘러보기 위해 2층으로 가는 1세트의 계단을 오를 수 있다.

There can be several flights of stairs in one staircase. When you take flights of stairs up to 6 floors, it means you climb up 12 stairs.
전체 계단통로에는 여러 세트의 계단이 있을 수 있다. 당신이 6층까지 계단을 오를 때, 12개 계단을 오르는 것이다.

If a European business person invites an American to attend a meeting "...in my office on the 6th floor of ten-storied building," the American might by no means be seen again. That's because the American may recognize it literally as 6th floor. In most of Europe, the ground level floor is called "ground floor" instead of 'first floor' in AmE, and the next one up is called "first floor." This can make those who came from US confused.
유럽 사업가가 미국인을 "10층 건물의 7층인 사무실에서" 모임에 참여하도록 초청한다면 그 미국인은 다시는 보이지 않을 수도 있다. 그것은 그 미국인은 문자 그대로 6층으로 인식할 수 있기 때문이다. 대부분의 유럽에서는 땅에 있는 층은 미국 영어의 1층 대신 '지면층' 이라고 불린다, 그리고 다음 위층은 '1층'이라고 불린다. 이것이 미국인들을 혼란스럽게 할 수 있다.

ISLE 통로

isle 통로(좌석의 열, 판매대 사이에 열린)
corridor 복도(건물, 배, 기차 등에 벽이 있는 긴 통로를 통칭하는)
hallway 복도(corridor와는 달리 건물에만 사용되는)
ramp 경사진 입구(건물의 통로를 연결하는)

He escorted the shop assistant to the aisle to show the price on the shelf.
그는 점원을 선반에 있는 가격표를 보여주기 위해 그 통로로 안내했다.

Proceed to the ramp, it will lead down to the auto door entry. The second-floor hallway is one of the corridors where there is no steep grade.
- proceed 앞으로 진행하다, grade 경사

경사진 입구로 들어가세요, 그것은 아래로 자동문으로 인도할 것입니다. 2층 복도는 가파른 경사가 없는 복도 중의 하나입니다.

ATTIC 다락

attic 다락
basement 지하층(큰 건물의)
 » cellar는 포도주, 연료 등의 물품 저장을 위한 지하창고
pantry 식료품실
garage 차고
shed 창고(공구, 잔디 깎기, 자전거 등 보관용의 작은 헛간 모양의)
 » barn은 큰 규모의 건초나 곡물 저장, 동물 축사 등의 용도인 창고형 헛간
patio 안뜰
deck 실외 마룻바닥(실내 마루floor에 상응하는)
porch 현관

It's time to jump into spring cleaning of your attic, basement and garage to clear out your extra stuff.
남는 물건을 제거하기 위해 당신의 다락과 지하실과 차고의 봄 대청소에 들어갈 때입니다.

This house features a large kitchen with pantry plus room for a table & chairs, and front open porch, a back deck with a nice patio area, and utility shed at ground level.
이 집은 식료품실과 식탁방을 가진 큰 부엌, 앞쪽 현관, 멋진 안뜰을 가진 집 뒤의 실외 마룻바닥과 1층의 용품창고를 특징으로 한다.

COMPARTMENT 칸

compartment 칸(칸막이로 막은)
partition 칸막이(칸을 나누기 위해 설치하는)
slot 틈(동전 투입구처럼 가늘고 긴)

The cabinets have a hanging bar for clothes and a vertical partition separating compartment for holding accessory items.
그 캐비닛은 옷을 거는 봉이 있고 액세서리 물품을 넣기 위한 칸을 나누는 수직의 칸막이를 갖고 있다.

His eyes were slits with anger like the coin slots on a parking meter, and his fangs were fully bared.
- slit 길게 갈라진 틈, fang 육식동물 등의 이빨, bare 벌거벗기다

그의 눈은 주차 미터의 동전 투입구처럼 분노로 찢어졌고 그의 이빨들은 완전히 드러나졌다.

PODIUM 연단

podium 연단, 시상대
» podium은 시상대처럼 여러 사람이 올라갈 수 있고, 1인용 연단은 rostrum임

lectern 탁자(podium 위에 설치되는 연사의), 악보대
pulpit 연단(종교적인 설교를 위한)
dais 상좌(방의 높은 자리이며 head table이 놓이는)

A speaker stood on the podium behind the lectern and delivered a very thought-provoking lecture with no projection system.
어떤 연사가 연단 위 탁자 뒤에 서서 대단히 영감을 주는 강연을 했다, 투사기를 사용하지 않고.

There are no pulpits in the Bible. Somehow, Jesus managed without a pulpit in his sermon on the mount or any of his other discourses. The first reference to a pulpit is found in a letter of Cyprian, in the mid-3rd century. The term seems to refer to a slightly raised dais at one end of the assembly hall where the clergy sat. [Kenton C. Anderson]
- discourse 대화, 설교

성경에는 설교대가 없다. 하여튼, 예수는 산상 설교나 다른 대화를 설교대 없이 해냈다. 설교대에 대한 첫 언급은 3세기 중반 Cyprian의 편지에서 발견된다. 그 말은 성직자가 앉아 있는 대회의실의 끝에 약간 솟아오른 상좌를 언급하는 것 같다.

FACILITY 시설

facility 편의시설(체육, 통신, 의료시설 등 특정 활동을 제공하는)
amenity 편의성(좋은 환경과 편리한 서비스, 쾌적함을 제공하는)
utility 공공설비(수도, 전기, 통신, 교통 등의 국가 제공 시설인)
accommodation 숙박, 숙박시설

The hotel offers bright, spacious, and all air-conditioned rooms with ultra-modern **amenities** which include advanced communication **facilities**.
그 호텔은 밝고 넓고 에어컨 가동 방을 제공한다. 최신 통신시설을 포함하는 초현대적 편의성을 가진.

The claims for overcharging or reimbursement on individual **utility** bills have been reported recently.
• reimbursement 변상
개인 공공설비 요금의 과도한 부과와 변상에 관한 주장들이 최근에 보도되었다.

If you are away from home, nothing will be more important for you than feeling safe, comfortable. We're taking great care to provide traditional hotel style **accommodation**.
당신이 집을 떠나 있다면 안전함과 편안함을 느끼는 것보다 더 중요한 것은 없을 것이다. 우리는 전통 호텔 식의 숙박시설을 제공하기 위해 많은 신경을 쓰고 있다.

STORE 판매장

store 판매장(다양한 상품을 파는 다양한 규모의)
shop 소매가게(단일 품목을 파는 작은)
   » barbershop, car repair shop 등 기능적 서비스를 하는 전문점을 뜻하기도 함
kiosk 가판대(공공장소의)
vendor 행상(음식, 과일 등을 다니면서 파는), 가판대(매장 내의)

Our **store** is a marketplace for digital tastemakers. Shop cutting-edge electronic devices including smartphone, gadgets and digital resources, and enjoy saving up to 80% off.
• tastemaker 시장선도자, digital resources 각종 응용 프로그램 등
우리 매장은 디지털 시장선도자를 위한 상업의 중심입니다. 스마트폰, 아이디어 제품과 응용 프로그램 등을 포함한 최신 제품을 사시고 80%까지 할인을 누리세요.

Some pop-up **shops** enable big brand such as Nike to test a market or to generate interest in a single product. A short-term **kiosk** also in the mall can be considered a pop-up **shop**. Other pop-up **shops** include multiple **vendors** which feature only food or kitchen items.
일부 반짝 매장이 나이키 같은 유명 브랜드의 시장 테스트나 단일 상품 관심 창출을 가능하게 한다. 대형 매장의 단기 가판대도 반짝 매장이라고 여겨진다. 다른 반짝 매장은 음식이나 부엌용품만을 취급하는 수많은 가판대들을 포함한다.

FORTRESS 요새

fortress 요새(큰 규모의 영구적)
fort 방호시설(작은 임시적인)
castle 성(중세 유럽이나 중동에 건립된 적 방어를 위한 fortress인)
palace 궁전(왕족의 권위를 상징하며 그들의 주거용인)
Chateau 성(프랑스의)
citadel 성채(자치 체계를 가진 강한 fortress인)
» 런던 Tower, 아테네의 Acropolis가 대표적이며 적군의 노략질을 피하는 방호시설

A fortress was more like a stone-built castle, and it provided with more elaborate defenses than a fort. A fort was smaller, and less well defended than a fortress.
큰 요새는 돌로 지어진 성과 같았고 그것은 작은 요새보다 더 정교한 방어 시설을 제공했다. 작은 요새는 큰 요새보다 더 작고 방어시설이 잘 되어있지 않다.

Castles were fortified and served to defend the country from enemies. A King's palace was built to showcase the King's strength and wealth. Citadels were fortresses built to protect the command center. They were often incorporated into castles.
• incorporate 포함하다
성들은 적들로부터 나라를 방어하도록 요새화되고 건설되었다. 어떤 왕의 궁전은 그 왕의 부와 권력을 보여주려고 지어졌다. 성채는 지휘부를 보호하기 위해 지어진 요새였다. 그들은 종종 성에 부속되었다.

The medieval Château's design reflects a defensive role as a military fortress, and it has only one public entrance and exit.
그 중세 프랑스 성의 디자인은 군사요새로서 방어 역할을 반영하고 있다. 그리고 유일하게 1개의 공식 입구와 출구를 가지고 있다.

PLACE 장소

place 장소(강, 해변 등의 자연적 장소나 학교, 은행, 양복점 등 인위적인)
location 위치(지리 용어로 위도와 경도, GPS 용어, 주소로 표시하는)

If you know a number for latitude and longitude on a globe or a world map and how to use them, you will be able to find any place on earth and give its absolute location expressed by the coordinate system.
• absolute location 좌표로 표시하는 정확한 위치, coordinates 위도와 경도로 보는 지도의 좌표
만약 당신이 지구의나 세계지도에서 위도와 경도에 대한 숫자를 알고 있고 그것을 사용할 수 있다면 당신은 지구상의 어느 장소나 찾을 수 있고 그 좌표시스템으로 표현되는 정확한 위치를 제공할 수 있을 것이다.

DORMITORY 기숙사

dormitory 기숙사나 숙소(기관에 딸린)
lodging house 셋방(숙박만 제공하는 주로 단기의)
boarding house 하숙방(숙박과 식사 제공을 하는 주로 장기의)
  » boarding & lodging에 lodging은 없어도 '숙식 제공'이지만 습관적으로 redundant를 사용함
rooming house 셋집(1방에 4인 이상 세입자들이 사는)

Our premises are providing temporary or longer-term accommodations to thousands of transients, employees and students who have to live away from their home. They are open-concept dormitories with a minimum of 6 beds per room, and they are used to provide 'boarding & lodging' or 'lodging only.'
  • premises는 property의 일부, transient 단기 체류자

우리의 업소는 집을 떠나 살아야 하는 수천 명의 나그네와 회사원과 학생에게 단기나 장기 숙박시설을 제공한다. 그것은 방당 최소 6 침상의 공동 개방 숙소다. 그리고 '숙식 제공'이나 '숙박만 제공'에 사용된다.

A rooming house is a residential building where one or more rooms are available to rent, and four or more people in total can occupy those rooms. The owner of a rooming house is called a landlord. The tenants or roomers renting the room are called occupants.

셋집은 주거용 건물인데 1개 이상의 방들이 임대될 수 있고 총 4인 이상이 이 방들을 차지할 수 있다. 이 셋집 소유주는 주인이라 한다. 그 방을 세든 세입자들은 점유자들이라 한다.

STORK PARKING 임산부 주차

stork parking 임산부 주차
disabled parking 장애인 주차
  » 장애인 주차는 장애인증(blue badge, handicapped tag, disabled placard)을 지참함

If there is a pink insignia in the parking lot, don't even think of parking there. Those stork parking spaces bearing a pink insignia are reserved for expectant and new mothers.
  • insignia 상징 마크, bear 문장을 지니다

주차장에 분홍색 상징 마크가 있으면 거기에는 주차할 생각을 마시오. 분홍색 상징 마크를 가진 임산부 주차공간은 임산부와 산모에게 예비된 것입니다.

A disabled parking place is a parking spot for disabled drivers who hold a disabled parking permit. The permit allows them to park nearer to where they're going.

장애인 주차장은 장애인 표시 카드를 가진 장애인 운전자를 위한 주차 장소이다. 그 허가증은 그들이 가는 곳에 더 가까이 주차할 수 있게 하도록 허용한다.

BURROW 땅굴

burrow 굴(토끼 등 동물이 파서 지하통로로 사용하는 작은)
den 굴(사자, 호랑이 등 맹수의 서식 공간인)
cave 동굴(한 사람이 들어갈 정도의), **인공동굴**(grotto인)
cavern 대형 동굴(풍화현상으로 지하에 생긴 거대한)

Where animals live and raise their young depends on the animals. There are many other animal homes, for example, rabbits' burrow, wolves' lair, beavers' holt, lions' den etc.
동물들이 살고 새끼를 기르는 곳은 그 동물에 달려 있다. 많은 다른 동물의 집이 있다, 예를 들어 토끼굴, 늑대굴, 비버굴, 사자굴 등.

A cave is a hollow place in the ground, specifically a natural underground space large enough for a human to enter. It is formed naturally by the weathering of rock. The word cave can also refer to much smaller opening such as sea cave, rock shelter, and grotto. A cavern is a specific type of cave which is naturally formed in soluble rock with the ability to grow speleothems. [Wikipedia]

• weather v.풍화하다, rock shelter 바위동굴, grotto 석굴암 같은 인공동굴, speleothem 종유석

작은 동굴은 지하 특히 한 사람이 들어갈 정도 크기의 자연 지하공간이다. 이것은 바위의 풍화에 의해 자연적으로 형성된다. 동굴이라는 말은 입구가 훨씬 작은 바다동굴, 바위동굴과 인공동굴을 말하기도 한다. 큰 동굴은 cave의 특별한 형이다, 용해되는 바위에서 자연적으로 형성된, 종유석을 자라게 할 수 있으며.

ALTITUDE 고도

altitude 고도
sea level 해발, 해수면
latitude 위도
longitude 경도

If you climb from sea level to high altitude too quickly, you can suffer from altitude sickness.
당신이 해수면에서 높은 고도로 너무 빨리 오른다면, 고도병으로 고생할 수 있다.

Latitude describes the distance from the Earth's equator, and it is measured in angular degrees. The degrees of longitude run 180° east and 180° west from Zero degrees longitude (the prime meridian).

• prime meridian 본초 자오선[Greenwich 천문대]

위도는 지구의 적도로부터 거리를 표시하고 각도로 측정이 된다. 경도는 0경도(본초 자오선)에서부터 동위 180도와 서위 180도로 운행한다.

AREA 지역

area 지역(보편적 용어로), **구역**(인위적으로 경계를 정한)
region 지방(인종, 문화, 언어 등 보편적 특징에 의해 구분되는)
terrain 지형(땅의 형태에 의해 구분되는), **지대**
district 행정구역(행정적으로 경계를 정한)
site 땅(건물이 자리 잡은), 장소(사건이 벌어진 역사적인)
zone 제한구역(wifi zone, school zone 등 특별한 목적의)
territory 영역(통치권이 미치는)

The southern areas of this region cultivate ample amounts of fruit and vegetables.
이 지방의 남부지역은 풍부한 과실과 채소들을 기르고 있다.

In the northernmost districts of the country, the terrain turns mountainous.
그 나라의 최북단 행정구역에는 땅의 지형이 산악으로 바뀌고 있다.

The whole block of this hospital will become a smoke-free zone as of this Friday. Since then a smoker who lights up in this area will be fined.
이 병원의 전체 블록이 이번 주 금요일부터 금연구역이 될 것이다. 그때 이래로 이곳에서 담뱃불을 붙이는 흡연자는 벌금을 물을 것이다.

Dogs mark their territory by peeing on a certain area and leave a message for other dogs. They stake a claim by marking it.
• stake a claim 소유를 주장하다.
개들은 특정 지역에 소변을 누어서 그들의 영역을 표시하고 다른 개들에게 메시지를 남긴다. 그들은 그것을 표시함으로써 소유를 주장하는 것이다.

ADJACENT 인접한

adjacent 인근의(접하지는 않고 next to에 있는)
adjoining 접하는(캐나다와 미국처럼 touching하고 맞닿아)

Adjacent farms may not be connected, while adjoining agricultural districts meet at the boundary-line.
인근의 농장들은 연결되어 있지 않을 수도 있지만, 반면 접하는 농업구역은 경계선에 서로 접한다.

A dental bridge refers to a fixed appliance used to replace a missing tooth. It is an artificial tooth joined to the adjacent teeth, and it is taking support from the adjoining teeth placed next to the missing tooth.
의치는 상실된 치아들을 대치하기 위해 사용되는 고정된 장치를 말한다. 그것은 인근 치아들에 연결된 인공 치아이고 상실된 치아 옆의 맞닿은 치아들로부터 지지를 받고 있다.

VICINITY 근처

vicinity 근처(위치상으로 가까운)

proximity 접근성(가깝게 근접하여 도달하는)

neighborhood 이웃동네
» 또한, city, town, urban, suburban 일부가 될 수 있으며 행정구역상으로 별개인 광범위한 이웃

suburb 근교도시(대도시의 밖에 있는 소규모 독립), 교외
» suburb는 근교도시, 베드타운 등의 용도로 쓰임

satellite city 위성도시(대도시 주변에 있지만, 독립적으로 성장한)

juxtaposition 병렬(비교하기 위해 나란히 세워서)

Excursions in the vicinity or in the neighborhood will make you acquainted with the charms of beautiful canals.
근처나 이웃동네를 소풍 하는 것은 당신이 아름다운 운하의 매력과 친분을 갖게 할 것이다.

A good value for the close proximity to everything makes this area a prime location.
모든 것에 밀접한 접근성의 좋은 가치가 이 지역을 최상급지로 만들고 있다.

Outside of New York City, there are the richest neighborhoods in the suburbs including Bergen County (NJ), Westchester County (NY), Fairfield County (CT) and Long Island (NY).
뉴욕의 교외에 가장 부유한 이웃들이 있다, Bergen County (NJ), Westchester County (NY), Fairfield County (CT), Long Island(NY)를 포함하는.

Certainly, satellite cities will thrive not because of their proximity to large metropolises, but because of their own historical, cultural, economic infrastructures.
위성도시들은 확실히 대도시의 접근성 때문이 아니라 그들 자신의 역사, 문화, 경제를 기반으로 번성할 것이다.

Most suburbs are subordinate to the primary city, because the residents of them commute to the main city or a satellite city.
근교도시들은 중심도시에 종속된다, 왜냐하면 그곳 주민들은 중심도시나 위성도시로 출퇴근하기 때문이다.

US President's persistent juxtaposition of nuclear issue and peace process shows he's willing to be tough on Tehran — but insists, too, on progress with the Palestinians. [The Times of Israel]
미 대통령이 핵 문제와 평화절차를 끈질기게 병렬하는 것은 이란에는 강경하기를 마다하지 않지만, 팔레스타인과 진전도 고집하고 있다는 것을 보여준다.

HANGOUT 단골집

hangout 단골집(빈번하게 출입하는)
watering hole 술집(pub, tavern, bar, nightclub 등 단골들이 다니는)
dive bar 다이브(식사, 맥주 등을 팔며 자유로운 분위기의 식당 겸 술집인)

It's a great fun way to sit back with friends at a local watering hole after a long day. This is my local hangout, where the locals frequent to have a good time.

지루한 하루를 마치고 동네 술집에서 친구들과 느긋이 앉아 있는 것은 큰 즐거움이다. 여기가 나의 단골집이다, 여기에 동네사람들이 즐거운 시간을 갖기 위해 자주 드나든다.

The local dive bar is where my neighbors and friends hang out over beers with no other pretenses. In a time when being hip, current, relevant or whatever seems to be everything, it's my only kick to be a patron of the local dive bar and stop in there.

• be hip 최신 유행에 따라가다, kick 아주 재미있는 일

그 동네 다이브 바는 내 이웃들과 친구들이 가식 없이 맥주를 하면서 자주 출입하는 곳이다. 최신을 좇고 유행을 따르고 시대에 발맞추기, 기타 등등이 전부인 것 같은 시대에 나의 유일한 재미가 동네 다이브 바의 단골이 되어 그곳에 들르는 것이다.

SUMMIT 최정상

summit 최정상(산의 꼭대기 crest인), 정상회담
peak 꼭대기(부근에서 그중 가장 높은 지점인)
  » peak time은 인터넷이나 전화 등의 서비스를 가장 많이 사용하는 하루 중 절정의 시간이다
pinnacle 최고봉(업적이나 경력의 가장 존경받는), 꼭대기(탑 등의)
  » 올림픽은 선수들의 pinnacle이다, pinnacle of performance, success 등
culmination/climax 절정(힘, 강력함이 점증하여 끝에 이르는)
apex/vertex/acme 꼭지점(삼각형의 최상위의), 정점

A summit is the highest point of a mountain. By contrast, a peak is a point that is higher than other adjacent points. A mountain may have multiple peaks, but there is always one summit.

최정상이란 산의 가장 높은 정상이다, 이와 대조적으로, 꼭대기는 인근 지점들보다는 더 높은 지점이다. 산은 여러 개의 꼭대기를 가질 수 있지만, 항상 하나의 최정상을 갖고 있다.

The third act is the climax (OR culmination) where the literary fortunes of the protagonist do the reverse.

• protagonist 주연, reverse 역전

3막이 주인공의 문학적 운명들이 반전하는 절정이다.

He made one-of-a-kind bikes. His workmanship was second to none. The bikes were the culmination (OR pinnacle) of all his knowledge and skill. They have been called "epitome."

• second to none 누구에게도 뒤지지 않는, epitome 전형, 요약

그는 최고의 독보적인 오토바이들을 만들었다. 그의 솜씨는 최고였다. 그 오토바이는 모든 그의 지식과 기술의 절정이었다. 그것들은 '교과서'로 불려 왔다.

The players were getting bored. This boredom reached its peak when they participated in the World Cup. Their couch encouraged them to get over themselves, saying "It's the pinnacle of your career."

그 선수들은 따분해져 갔다. 이런 권태는 최고조에 달했다, 그들이 월드컵에 참여하고 있을 때. 그들의 감독은 그들을 격려했다. 스스로 이겨내도록. "지금이 너희들 생애 최고봉이야"라고 말하면서.

Acme (OR Apex, Vertex) predator means that they're at the top of the food chain and eat any and every animal at the lower level.

최상위 포식자는 먹이사슬에서 가장 높고 낮은 수준의 모든 동물을 먹는다는 것을 의미한다.

The novel is often referred to as the epitome of the author's writing, the peak of his creative career and the apex of all his past works.

그 소설은 그 작가 저술의 전형이라고, 그의 창의적 작품 활동의 정점이라고 그의 모든 지금까지의 작품들 가운데 최고작이라고 종종 언급된다.

WETLAND 습지대

wetland 습지(swamp와 marsh를 통칭하는 용어인)
swamp 습지(숲으로 둘러싸인 강이나 호숫가의)
marsh 습지(나무는 없고 풀만 있는 강이나 호숫가의)
mire 소택지(늪)(bogs와 fens를 통칭하는 용어로)
bog 소택지(늪)(토탄이나 진흙바닥에 빗물이 고인 산성 물의 큰)
fen 소택지(늪)(진흙바닥에 지표수의 공급받는 알칼리성 물의)

Forested swamp and grassy marsh are two types of wetland which is completely, partly or temporarily inundated. Swamp consists of woody plants like trees and shrubs, while marsh consists of grass or grass-like vegetations.

나무가 있는 습지와 풀이 무성한 습지는 전체적, 부분적이거나 일시적으로 침수되는 습지대의 두 가지 형태이다. swamp는 나무와 관목 같은 나무로 구성되어 있는 반면 marshes는 풀이나 풀과 같은 식물로 구성된다.

There are two types of mire — fens and peaty bogs. A bog, a dome-shaped land form, is higher than the surrounding landscape. It obtains most of water from rainfall. A fen is, meanwhile, located on a slope, flat, or depression. It gets water from both rainfall and surface water. [Wikipedia]

• depression 구릉, surface water 지표수

두 형태의 소택지가 있다, fens와 토탄이 있는 bogs. 돔 모양의 지형인 bog는 주변 경치보다 좀 높다. 그것은 물을 빗물에서 얻는다. 반면 fen은 경사면, 평지나 구릉지에 위치한다. 그것은 강수와 지표수에서 물을 얻는다.

PLAIN 평원

plain 평원
plateau 고원지대
grassland 초원(세계 각지 목초지를 통칭하는)
prairie 초원(북미의 grassland인)
pampas 초원(남미의 grassland인)
savannah 초원(아프리카의 grassland인)
steppe 초원(남동 유럽, 남서 시베리아의 grassland인)
field 들판(나무, 건물이 없는 개활지의)

A plain consists of a flat, low-lying area with a series of marshes and swamps, whereas a plateau usually consists of a flat land and an elevated landform that rises rapidly above the ground.
평원은 일련의 marsh 늪과 swamp 늪을 가지고 있는 평평한 낮은 지역이다. 반면 고원지대는 보통 평편한 땅과 지면 위로 가파르게 솟은 지형으로 되어 있다.

A grassland is an area where grass vegetation dominates rather than trees or tall shrubs. Prairie is a North American grassland, savannah is the mixed bush and grass found in parts of Africa. Steppe in Eurasia, and pampas in South America are other terms for extensive grasslands.
초원은 목초가 나무나 키 큰 관목들보다 우세한 지역이다. prairie는 남미 초원이고, savannah는 아프리카 일부 뒤섞인 덤불과 목초이다. 유라시아에 steppe, 남미의 pampas는 광활한 초원의 다른 용어들이다.

You can have fun camping outdoors in open fields, deserts, and places with absolutely no trees.
당신은 야외에서 캠핑하면서 즐길 수 있다. 탁 트인 벌판, 사막, 나무가 전혀 없는 장소에서.

TOURIST ATTRACTION 명소

tourist attraction 볼거리(관광객들이 즐겨 찾고 관심이 많은)
landmark 유명 장소(길잡이가 되는 장소나 큰 빌딩 등의)
icon 상징물(중요한 영속적인)
hallmark 상징적 특징(사람, 사물의 고유한 symbol인)
» 엘비스 프레슬리가 노래부를 때 hip을 swivel하는 동작, S.잡스의 black turtleneck 등

Neighbors called it an eyesore, because they thought it out of place. On the contrary, the owner called it artwork, saying that it will someday turn into a tourist attraction.

이웃들은 꼴불견이라고 불렀다, 그것이 어색하다고 생각하기 때문에. 반면, 주인은 예술작품이라고 불렀다, 그것이 언젠가는 관광명소로 바뀔 것이라고 말하면서.

The office tower was built in 1970s and still being considered a landmark. Would it be a sight for sore eyes or an eyesore? Some locals say it's a historic icon, while others say it's an eyesore or whatever. It must be one of the MUST-see attractions of this city.
• a sight for sore eyes 보기만 해도 반가운 사람이나 물건

그 사무실 빌딩은 1970년대에 건축되었고 여전히 유명 장소로 여겨지고 있다. 그것이 볼거리인가 아니면 꼴불견인가? 일부 주민은 그것이 역사적 상징물이라고 한다, 반면 다른 사람들은 꼴불견 등등이라고 말한다. 그것은 이 도시의 반드시 보아야 하는 볼거리 중의 하나임에 틀림없다.

His lecture using easy storytelling technique has become a hallmark of his seminar style.
쉽게 해주는 설명 기법을 사용하는 그의 강연이 그의 세미나 스타일의 상징적 특성이 되었다.

HORIZONTAL 수평의

horizontal 수평의(지면에 대해)
parallel 평형의(두 직선이)
vertical 수직의(vertex에서 유래하며 똑바로 서 있는)
perpendicular 직각의(지면과 90°의 각을 이루는)
diagonal 사선의(대각선을 이루는)
circular 원형의(둥근 모양인)
oblique 비스듬한(특정 line에 대해 수평도 수직도 아닌)

In rectangular forms, two horizontal lines are parallel to the level floor, and two vertical lines are perpendicular to the level floor.
• level 평평한

직사각형에서 두 개의 수평선은 수평바닥에 평행이고 두 개의 수직선들은 수평바닥 직각이다.

When the leaning Tower of Pisa started tilting, cement foundations were poured to make the oblique (OR slanting) tower perpendicular. Contrary to expectations, it ended up diving more in the soil.

피사의 사탑이 기울기 시작했을 때 시멘트 토대들이 부어졌다, 비스듬한 탑을 수직이 되게 하려고. 기대와는 반대로 그것은 흙 속으로 더 기울어지는 결과로 되게 했다.

This lens is not a circular fisheye, but a diagonal 180-degree fisheye. It captures a 180-degree field of view and has less distortion.
• fisheye 고기 눈알, field 보이는 부분, distortion 왜곡

이 렌즈는 원형의 어안이 아니라 사선의 180도 어안이다. 그것은 180도 시역을 담고 뒤틀림이 적다.

MEMORIAL 기념물

memorial 추모 기념물(역사적 파괴, 수난, 영웅의 죽음 등을 추모하는)
monument 기념 조형물(위대한 인물이나 역사적 승리를 기념하는)
shrine 사당(영웅, 애국자 등의 위패들이 있는), **신사**(신을 모시는)

Memorials are built in memory of fallen heroes and destruction, like Martin Luther King Jr. MEMORIAL, World Trade Center MEMORIAL. Monuments are built to remember a significant person or event in history, like the Washington Monument, the Arc de Triumph in France symbolizing Napoleon's military victories. A shrine is a tomb of a saint or other venerated person to pay them devotion.

• in memory of ~를 기념하여

추모 기념물들은 죽은 영웅들과 파괴를 추모하여 지어진다, Martin Luther King Jr. MEMORIAL, WTC MEMORIAL처럼. 기념 조형물은 중요 인물이나 역사적 행사를 기억하기 위해 지어진다, 워싱턴 기념탑, 나폴레옹의 군사적 승리를 상징화하는 프랑스 개선문처럼. 신사는 성인이나 존경받는 사람의 무덤이다, 그들에게 숭배를 드리는.

GRAVE 무덤

grave 무덤(보편적 용어로 땅을 파서 만드는)
tomb 묘실(다양한 크기의 지상이나 지하의), **무덤**(바위에 만든)
» 영화 "Tomb Raider"의 소재와 같으며 이집트 투탕카멘 왕의 tomb 등
cemetery 공동묘지(많은 grave가 모여 있는)
mausoleum 영묘(피라미드, 타지마할 같은 장려한 tomb인)
crypt 지하 안치실(교회, 사원의 지하 등에 조성하여 시체를 보관하는)
casket 관(직사면체의 사체를 넣는)
coffin 관(직육면체의 사체를 넣는)

After the deceased's body in the casket is cremated, the bones picked out in the ashes are placed in an urn and then buried in the grave under a tombstone at a cemetery.

• cremate 화장하다, urn 항아리, tombstone 묘석

관속 시체가 화장되고 난 후 재에서 수습된 그 유골은 항아리에 넣어져서 공동묘지에 있는 묘비 아래 무덤에 묻힌다.

A crypt is a stone chamber beneath the floor of a church. It typically contains coffins, sarcophagi, or religious relics. [Wikipedia]

• sarcophagus 석관

사원에 있는 무덤은 교회 지하층에 있는 석재 방이다. 그것은 통상 관들과 석관들, 종교적 유물들을 포함한다.

Grave robbery, tomb robbing or tomb raiding is the act of uncovering a grave, a tomb or a crypt to steal artifacts or personal belongings. [Wikipedia]

무덤 도굴, 묘신 절도나 묘실을 침입하는 것은 무덤, 묘실이나 교회의 안치실을 해체하는 행동이다, 예술품들이나 개인 소유물을 훔치기 위해.

The funeral service took place in the open air outside the great mausoleum. His body will be put in the mausoleum and finally be laid to rest.
장례식은 영묘의 바깥 노천에서 열렸다. 그의 시체는 그 영묘에 들어가서 안식하게 될 것이다.

SHOULDER 갓길

shoulder 갓길
overpass 고가도로
underpass 지하도로

Never pass on the shoulder, never stop on the entrance ramps of an expressway except for bona fide emergencies.
• ramp 진입로, bona fide 진실된
갓길을 통과하지 마세요, 고속도로의 입구 진입로 위에서 정지하지 마세요, 진짜 긴급상황을 제외하고는.

Constructing an overpass and an underpass will afford to increase safety and relieve congestion for local 18th Street traffic.
• congestion 교통체증
고가도로나 지하도로를 만드는 것이 안전을 강화하고 18번가 교통의 혼잡을 완화해 줄 것이다.

SACRED 신성한

sacred 신성한(초자연적 장소나 물건에 존경을 표하며)
holy 거룩한(도덕적이나 영적인 사람에 존경을 표하며)
» 장소나 물건을 holy라고 표현하기도 하나, 사람을 sacred라고 하지 않음

Holy temples are as necessary today as they were anciently when they served as sacred locations to make covenants, to perform holy ordinances, and to be taught by God. [Mormon.org]
• covenant 성약, ordinance 성찬
거룩한 성전들은 옛날에 그랬던 것처럼 오늘날 필요하다, 성전들이 성약을 하고 거룩한 성찬식들을 하고 신으로부터 가르침을 받는 신성한 장소로서 역할을 했을 때.

ROAD 길

road 길(통칭하는 용어로 A지점과 B지점을 연결하는)

street 도로(길가에 건물이 있고 avenue와 수직인)

avenue 도로(길가에 건물이나 가로수나 꽃 길이 있고 street와 수직인)
» 맨해튼의 north-south streets는 avenues이며, east-west streets는 streets임

boulevard 대로(도심 양편에 가로수가 있는 큰길인)

driveway 진입로(주택의 차고에서 도로까지)

alley 골목길(차도가 아닌 건물들 사이의)

lane 차선(도로의), 길(시골의 좁고 작은)

intersection 교차로, 갈림길(fork인)

pathway 산책길
» 오솔길trail, 데크 보도boardwalks, 해변 산책길promenade 등 보도를 통칭함

Typically, streets run east-west and avenues run north-south. A road is a thoroughfare, route, or way on land between two points. A boulevard often abbreviated Blvd is a type of wide, multi-lane arterial thoroughfare divided with a median.
• thoroughfare 통로, abbreviate 축약하다, arterial 동맥의, median 중앙선

전형적으로 모든 street는 동서로 나 있고 avenue는 남북으로 나 있다. road는 두 지점 사이의 통행로, 도로나 길이다. 보통 Blvd로 단축되는 boulevard는 넓고 여러 차선의 동맥과 같은 통로이다, 중앙선으로 나뉜.

There will be a lane closure to complete minor contract work. Detours for vehicles will be implemented at the time of the lane closure.
• implement 이행하다, detour 우회도로(bypass, circuitous route, roundabout way)

소계약 공사를 완성하기 위해 차선폐쇄가 있을 것이다. 자동차의 우회가 시행될 것이다, 차선폐쇄 시에.

All vehicles entering a highway from private driveway or alley must stop immediately and yield the right-of-way to any lawfully approaching pedestrians and vehicles to avoid collision.

집 앞길이나 골목길에서 공공도로로 진입하는 모든 차는 즉시 정지하고 합법적으로 접근하는 보행자와 자동차에 통행우선권을 양보해야 한다, 충돌을 피하고자.

An intersection is a junction on the same level of two or more roads either meeting or crossing. It may be a three-way intersection (OR a T junction, a Y junction — the latter also known as a fork), a four-way intersection (OR a crossroads), or have five or more arms. [Wikipedia]

교차로는 만나거나 가로지르거나 하는 2개 이상의 도로가 같은 높이에서 합류하는 것이다. 이것은 삼거리(T 접합이나 Y 접합-후자는 갈림길이라고도 함), 사거리(십자로) 혹은 오거리나 더 많은 갈래를 가질 수도 있다.

The beach boardwalk (OR promenade) is a must-see. Enjoy a walk or a bike ride on this scenic pathway that stretches for approximately 10 miles.

그 해변의 널을 깐 보도는 꼭 봐야 합니다. 10마일에 걸쳐 펼쳐지는 질경의 보도를 걷거나 자전거를 타보세요.

COAST 해안

coast 연안(육지 쪽의 시각에서 바다와 접한 곳으로 험해서 접근이 어려운)
shore 해안(호수나 바다 쪽의 시각에서 물과 접한 곳인)
seaside 해변(coast나 shore의 지리적 의미가 아닌 휴양을 위한)
beach 모래해변(휴가를 위한 자갈이나 모래로 이루어진)
bay 만(gulf보다는 적은 규모로 해안이 3면이 육지로 둘러싸인)

The Coast Guard located a drowned body and brought the victim to shore.
• locate 위치를 찾아내다
연안 경비대는 익사체를 찾았고, 그리고 그 희생자를 해안으로 데리고 갔다.

Although it is indeed an island, it is not far-off island of the U.S. coasts.
• off-island 외딴섬
그것은 정말 섬이긴 하지만 미국 연안의 외딴섬이 아니다.

The coastline stretches out of sight to north and south. It is made up of beautiful beaches and bays, where there're lots of old-fashioned seaside resorts.
그 해안선은 북쪽과 남쪽으로 까맣게 펼쳐져 있다. 그것은 아름다운 모래사장과 만으로 이루어져 있다. 그런데 거기는 많은 구식 해변 휴양시설이 있다.

STREAM 시내

stream 시내(보편적 용어로), 물의 흐름
brook 개천(내륙에 있으며 좁으며 서정적 느낌을 주는)
creek 개천(북미 내륙에 있으며 brooks의 물이 모여 river로 가는)
river 강(규모가 상당히 큰 stream인)
rivulet 실개천(brook보다는 작은)

In general, stream refers to a body of water flowing in a channel or watercourse like a rivulet, brook, creek, river and also any flow of liquid of any size as the Gulf Stream.
일반적으로 stream은 river, rivulet, brook, creek와 같은 어떤 수로를 흐르는 물 자체를 말하고 Gulf Stream처럼 어떤 크기라도 흐르는 물의 흐름을 말하기도 한다.

A brook or a rivulet you can step over and a creek you can jump over are small streams. A river you can get across by boat is a fairly large stream.
넘어갈 수 있는 brook이나 rivulet과 뛰어넘을 수 있는 creek는 작은 시내들이다. 보트를 타고 건널 수 있는 river는 상당히 큰 시내이다.

WATERFALL 폭포

waterfall 폭포(보편적 용어로)
cataract 큰 폭포, 백내장
cascade 작은 폭포

This cataract is the third greatest waterfall in the world in terms of a combination of height and volume of water.
- in terms of ~의 관점에서

이 폭포는 세계에서 3번째로 큰 폭포이다. 높이와 물의 양의 조합의 관점에서.

The best-known attraction of this park is an extremely tall man-made waterfall, the cascade has 3 fountains, 6 falls, hundreds of colored electric lights with musical accompaniment.

이 공원의 가장 유명한 볼거리가 아주 높은 인공폭포이다. 그 작은 폭포는 음악 반주가 있는 3개의 분수, 6개의 폭포, 수백 개의 색색의 전등불을 가지고 있다.

THE ARCTIC 북극

the Arctic 북극
the Antarctic 남극

The Arctic (OR North Pole) is in the middle of the Arctic Ocean amid waters, while the Antarctic (OR South Pole) is located on Antarctica, the Earth's southernmost continent. Eskimos inhabit the northern circumpolar region and polar bears live in the Arctic and penguins live in Antarctica.

북극은 물 가운데 있는 북해의 중간이다. 반면 남극은 지구의 최남단 대륙인 남극대륙에 자리 잡고 있다. 에스키모들은 북쪽 극지방에 살고 북극곰은 북극에 살고 펭귄은 남극대륙에 산다.

PRESCHOOL 어린이집

preschool 어린이집
kindergarten 유치원

The experimental group who had attended preschool prior to entering kindergarten generally performed better in kindergarten than those who had stayed at home with their parents or relatives.

유치원에 들어가기 전에 어린이집에 다녔던 실험 집단이 일반적으로 유치원에서 더 잘했다. 부모나 친척과 집에 있던 아이들보다.

EXHIBITION 전시회

exhibition 전시회(미술관이나 박물관에서 대중을 위해 전시만 하는)
fair 박람회(오락적 요소도 있으며 상품 전시와 판매도 하는)

When you go to a new exhibition at the museum to see artworks, the exhibition means an event to show or display something featuring, for example, artifacts from Ancient Egypt.
당신이 예술작품을 보기 위해 박물관에 있는 새로운 전시회에 갈 때, 그 exhibition은 어떤 것을 보여주고 전시하는 행사이다, 예를 들어, 고대 이집트의 예술품을 다루는.

When you go to a craft fair to sell your handmade goods, the fair means an event where people display, sell or trade items. Moreover, the fair can also promote a company's opportunities through like a job fair.
당신이 수공제품을 팔러 수공예박람회에 갈 때, 그 박람회는 사람들이 물건들을 전시하고 팔고 물물교환하는 행사이다. 게다가, 그 박람회는 취업박람회 같은 것을 통해 회사의 가능성들을 홍보할 수도 있다.

IMMEDIATELY 즉시

immediately 즉시(at an instant)
frequently 빈번하게(usually)
occasionally 이따금씩(at times)
simultaneously 동시에(at the same time)
spontaneously 자발적으로(voluntarily)

Avoid bending over or exercising immediately after eating.
식사 직후 구부리거나 운동하는 것을 피하시오.

Here are some answers to the questions we are asked the most frequently.
여기에 가장 빈번하게 질문받은 문제에 대한 대답들이 있어요.

The hard drives occasionally give off a clicking noise.
하드 드라이버들은 이따금씩 딸깍하는 소음을 낸다.

The double amputee can simultaneously control his two prosthetic limbs just by thinking.
• amputee 손이나 발이 절단된 사람, prosthetic 인공장기의
그 팔다리가 없는 사람은 그냥 생각하는 것으로 그의 두 의족을 동시에 조종할 수 있다.

Feel free to apply spontaneously by submitting your application and convince us of your potential.
당신의 지원서를 제출함으로써 자발적으로 지원하시고 우리에게 당신의 잠재력을 이해시키세요.

ON THE BRINK OF 위험의 순간에

on the brink of ~순간에(붕괴의 순간처럼 극적이며 임박한 위험의)
on the verge of ~순간에(문제해결의 순간처럼 좀 덜 극적인)

The city is teetering on the brink of bankruptcy. The citizens of the city were on the verge of tears when they heard the news.
그 시는 파산의 순간에 시소를 타고 있다. 그 시의 시민들은 그 소식을 들었을 때 막 울려고 했다.

He was intensely distressed and on the verge of losing hope. Suddenly, he returned from the brink of taking his own life by the sight of his granddaughters and transformed his despair into a journey of healing.
그는 극심하게 절망에 빠졌고 희망을 잃을 순간이었다. 갑자기 그는 손녀들의 모습을 보고 자살의 순간에서 나와 그의 절망을 치유의 여정으로 변화시켰다.

FOR THE TIME BEING 당분간

for the time being 당분간
for the first time 처음으로
in the meantime 그러는 동안에
in the first place 애당초

We are satisfied with the results for the time being.
우리는 당분간 그 결과에 만족했다.

For the first time in his life, he submitted to the punishment he deserves.
• submit to ~에 굴복하다
인생에 처음으로 그는 받을 만한 벌을 받아들였다.

In the meantime, he placed a chair in the middle of the living room.
그러는 동안 그는 거실의 한가운데에 의자를 놓았다.

If someone had paid a little more attention, nothing would have happened in the first place!
만약 누군가가 조금만 더 주의를 기울였다면 애당초 아무 일도 일어나지 않았을 것인데.

INTERMITTENT 간헐적인

intermittent 간헐적인(계속적이지 않고 오다 그치기를 반복하여)
sporadic 산발적인(지역적으로 고르지 않게)
occasional 이따금(혹 가다가 드물게 한 번씩)

Intermittent rain might start and stop repeatedly and really unpredictably in place, duration, and timing. Sporadic rain might not have a pattern, but have more of a here and there sense; some places might get more rainfall than others. Occasional rain might be one that doesn't occur very often. When it rains occasionally, we get a bit of rain once in a blue moon.

• once in a blue moon 아주 드물게

간헐적인 비는 오다 말다가 하고 장소, 시간, 시각이 정말 예측불가다. 산발적인 비는 형태를 갖지 못하지만, 여기저기의 의미 이상을 갖는다, 즉 어떤 장소들은 다른 곳보다 더 많은 강우량을 가질 수 있다. 이따금 오는 비는 그렇게 자주 발생하지 않는 비이다. 비가 이따금 온다면, 아주 드물게 조금 비가 오는 것이다.

TEMPORARY 일시적인

temporary 일시적인(보편적 용어로)
transient 일시적인(시간상으로 잠시 머물거나 사용되어)
transitory 일시적인(유행이 바뀌듯이 쇠퇴하게 되는 덧없어 fleeting한)
makeshift/interim 임시의(최종적인 것이 나올 때까지 대용으로 사용하여)
ephemeral 하루살이의(짧은 시간 동안만 생존하여 단명인)
tentative 시험적인(시행착오를 찾으려고 미리 실행하여)
provisional 조건부의(조건이나 제한 아래 서비스가 제공되는)

A guest can be a transient (OR temporary) visitor, because he can stay for a while if he wants to do.
손님이란 일시적인 방문객일 수 있다, 왜냐하면 그가 원한다면 잠시 머물 수 있기 때문이다.

Popularity might be transitory (OR temporary), because it could vanish sooner or later.
인기란 일시적이다, 왜냐하면 그것은 조만간 사라질 수 있기 때문이다.

A makeshift (OR temporary) bridge provides an interim (OR temporary) solution for those who would walk across. However, it doesn't meet standards for a permanent bridge.
임시 가교가 그 기간의 임시 해결책을 제공해 준다, 길을 걸어서 건너던 사람들에게. 그러나 그것은 영구적인 다리의 기준을 충족시키지는 못한다.

An ephemeral plant avoids periods of extreme cold, heat, humidity and drought as a form of seed.

하루살이 식물은 씨앗의 형태로 극단적 추위, 열, 습도와 가뭄의 기간들을 피한다.

Anything tentative is usually considered early concepts and initial attempts followed by something more refined.
시험적인 것은 앞선 초기 구상들이나 첫 시도들로 보통 간주되는 것이다. 그 다음은 더 정교한 것이 온다.

Teens who have a provisional license will be allowed to drive without supervision but with restrictions that must be adhered to.
조건부 면허를 가진 10대는 운전하도록 허용될 것이다. 감독은 없지만 지켜야 하는 제한들은 있으며.

FINALLY 마침내

finally 시간이 흘러 마침내(오랜 기간이 흐름을 강조하며)
at last 드디어 마침내(오래 기다리던 일이 발생하여)
after all 하여튼(일이 꼬여 기대와는 다르지만)
in the end 마지막에 가서는(기대와는 달리 좋은 결과로 끝이 나며)
eventually 결국(차차 형편이 심화하여)
ultimately 궁극적으로(형편이 심화하여 어떤 종말이 언급되며)

» Eventually, cancer will be conquered는 결국 암이 정복되고 그 밖에도 다른 발전이 있을 수 있다는 암시가 포함되며, Ultimately, cancer~는 최종적으로는 암이 정복되고 그것으로 끝임

The childhood sweethearts meet again after 20 years apart and finally tie the knot. They have 2 four-legged fur babies together and maybe they'll eventually have some two-legged less furry ones.
• tie the knot 결혼하다, fur baby 애완동물

그 유년시절의 연인들은 헤어진 지 20년 후에 재회하고 드디어 결혼한다. 그들은 두 마리의 네 발에 털이 있는 아이-애완동물-를 함께 갖고 있고, 아마도 결국에는 두 발 달린 털이 적은 몇 명의 아이-자녀-들을 가질 것이다.

At last the secret will be revealed, as it always comes as a surprise in the end.
드디어 마침내 비밀이 밝혀질 것이다. 마지막에 가서는 뜻밖에 일로서 항상 나타나는 것처럼.

As soon as you make up your mind on pursuing a medical career, you know you are expected to go through a lot of hard work. In the end, all your effort will be worth it. After all, being a doctor is one of the greatest and most rewarding job on the planet.
의사가 되기로 하자마자, 당신은 힘든 일을 해야 하는 것을 알고 있다. 마지막에 가서는 당신의 모든 노력이 가치가 있을 것이다. 하여튼, 의사가 되는 것은 세상에서 가장 위대하고 보답이 되는 직업의 하나이다.

A poor diet eventually can lead to multiple organ failure and ultimately to suffer a sudden, early death.
잘못된 다이어트는 결국 복합장기 고장을 초래할 수 있고 궁극적으로 갑작스러운 조기사망을 당할 수 있다.

GRADUALLY 점차

gradually 점차(수동적으로 천천히 형성되어)
progressively 전진적으로(능동적으로 앞으로 밀고 나가며)
steadily 꾸준하게(천천히 규칙적으로)

The sore throat has a more gradual onset, getting progressively worse in the course of a day. On the other hand, flu symptoms come on all at once.
• onset 발병, come on 병이 시작되다, all at once 갑자기|suddenly
후두염은 좀 더 점진적인 발병을 한다, 하루 동안 진행형으로 악화하면서. 반면에, 독감의 증상들은 즉시 발병한다.

Throughout human history, women have outnumbered men, but the gap has steadily narrowed gradually (OR over time).
인간의 역사를 통해서 여성들은 남자들보다 숫자가 더 많지만, 그 차이가 꾸준하게 점차 좁혀지고 있다.

NEXT 따라오는

next 따라오는(다음 기차, 연극의 다음 막, 과정의 다음 단계 등이 순서상)
following 후에(특정 시점의 다음에 오는, after의 의미인)
ensuing 따라오는(이전의 원인이나 사건 때문에 생겨)
subsequent 연이은(시간상으로 다음에 오는, then의 의미인)

The tour is planned to resume next month following (OR after) a restoration project going on at the Golf Club.
이 투어는 이 골프 클럽에서 진행 중인 복구 계획 후인 다음달에 재개될 예정이다.

We need to understand the emotional trauma ensuing after an unexpected traumatic event such as a car accident.
우리는 자동차 사고와 같은 예상치 못한 트라우마를 주는 사고에 따르는 정서적 트라우마를 이해해야 한다.

All this change will improve management and subsequent (OR then) cash flows, and the stock market will react positively to this new strategy.
이런 모든 변화가 경영과 연이은 현금 유동성을 개선하고, 주식시장은 이 새 전술에 긍정적으로 반응할 것이다.

SUBSEQUENTLY 이어서

subsequently 이어서(시간상으로 그 뒤 계속)
consequently 결과적으로(그러므로)

The culprit eventually surrendered to the police and was subsequently charged with second degree murder.
그 피의자는 결국 경찰에 항복했고 이어서 2급 살인으로 기소되었다.

The suspect fled the scene but later faced the pursuing police officers. He was subsequently shot in the shoulder and arrested. Consequently, he was jailed for life after being convicted of first-degree murder.
용의자는 현장을 도망쳤지만, 나중에 그를 추적하는 경찰관과 마주쳤다. 이윽고 그는 어깨에 총을 맞고 체포되었다. 결과적으로, 평생 감옥살이를 했다, 연속적인 살인에 대한 1급 살인죄 판결 후.

FAST 빠른

fast 빠른(보편적 용어로 움직임의 속도가)
quick 빠른(소요시간이 짧게 걸려)
rapid 급속한(사람이 아닌 일, 물건의 움직임의 속도가), 가파른(경사가)
swift 빠른(움직임이나 세월의 속도가)
  » 자연현상, 인간이나 동물의 움직임, 강물 등은 swift 하지만 사무적, 사업적 용도로는 거의 없음
prompt 신속한(시간지연 없이 적절하고 제시간에)

Our cement is specially designed to allow for fast setting and very rapid (OR fast, quick) hardening in as little as five minutes any time of the year.
우리의 시멘트는 설치에 빠르고 굳는 데 연중 5분 정도로 대단히 급속하도록 특별히 디자인된 것이다.

Rapid (OR fast, quick) cooling — in about a minute or two — keeps the food supple and fresh, and quick (OR fast, rapid) cooking gives you a juicier bite.
  • supple 쫀득한
1~2분의 급속한 냉각은 음식을 쫀득하고 신선하게 한다. 그리고 빠른 요리는 즙이 풍부한 식감을 준다.

The doctor's diagnosis was really swift (OR fast, quick, prompt) and thorough. He explained what was bothering me and how it can best be treated. I was pleasantly surprised at how prompt (OR timely) his response was.
그 의사의 진단은 정말 빨랐고 철저했어요. 그는 나를 괴롭히는 것이 무엇인지 그리고 어떻게 최상으로 치료될 수 있는지를 설명했어요. 나는 그의 대응이 얼마나 신속한지 기분 좋게 놀랐어요.

LATE 늦은

late a.늦은(약속한 시각에서), adv.늦게
» late는 형용사 또는 부사로 쓰이며, lately는 '최근'의 뜻임

belated 때늦은(관습적 시간보다 늦어), **지연된**(아쉽게도)
» belated를 I 'belatedly' wish you a happy birthday. 식으로 보통 사용하지 않는 형용사로 I wish you a happy 'belated' birthday. 식으로 사용함

I'm sorry I missed your birthday. So I'm sending you this message late, but it doesn't mean that I don't care about you. I'm sending double hugs and kisses as a bonus gift to make up for being late. I wish you a very happy belated birthday.

내가 당신의 생일을 놓쳐 미안해요. 그래서 당신에게 뒤늦게 이 메시지를 보내지만, 그것은 내가 당신에게 관심이 없어서가 아닙니다. 나는 늦은 것을 보상하기 위해 보너스 선물로 포옹과 키스를 곱빼기로 보내 드립니다. 때늦었지만 행복한 생일을 바래요.

CUSTOMARY TIME 관습적 시간

customary time 관습적 시간
it's about time(+가정법 과거) 벌써 ~를 했어야지
» 과거에 예정되었던 일인데 늦어져서 곤란해진 상황을 설명함. it's high time+past subjunctive는 이것의 미국식 표현임. it's time to prepare lunch는 점심 준비에 적합한 시간이라는 뜻으로 차이가 있음

In China, the customary time to offer toasts is in the middle of a multi-course meal when the shark's fin soup is served. If the deceased is Jewish, the customary time from death to burial is within 24 hours after death.

중국에서는 건배를 제의하는 관습적 시간이 코스 요리의 한중간이다, 상어지느러미 수프가 제공될 때. 만약 죽은 사람이 유대인이라면, 죽고 묻히는 데 관습적 시간은 사후 24시간 이내이다.

I think he should have gotten a job. It's high time (OR It's about time) he got a real job. He's been wasting his time for too long. It's about time, otherwise it's really long overdue.

나는 그가 직장을 구했어야 했다고 생각한다. 그가 벌써 직장다운 직장을 구했어야지. 그는 너무 오랫동안 그의 시간을 낭비해왔다. 그럴 때도 되었잖아, 그렇지 않으면 정말 오래 기한이 지나게 돼.

CONTINUAL 계속적인

continual 계속적인(행위를 하다가 말다가 되풀이하면서 연속하는)
continuous 계속적인(행위가 끝나지 않고)

Continual means frequent, repeated or seemingly uninterrupted, "start stop start stop start…." By contrast, continuous means never-ending and without interruption, "go go go…."
continual은 빈번하고, 반복적이고 겉보기는 중지가 없는 것 같은, 시작 중지 시작 중지 시작….을 의미한다. 이와 대조적으로, continuous는 끝이 없고 중지되지 않는 go go go…를 의미한다.

The baby screamed continuously. After the non-stop crying, the parents of the baby woke up to change his diaper.
그 아기는 계속 울었다. 그 연속적인 울음 후에 그 아기의 부모가 그의 기저귀를 갈아주기 위해 깨어 일어났다.

It drizzles continually in the winter. The drizzles fall on and off, erratically throughout the winter.
• on and off 때때로, erratically 변덕스럽게
이슬비는 겨울에 계속 되풀이해서 내린다. 그 이슬비들은 겨우내, 때때로, 불규칙하게 내린다.

CONTINUE 계속하다

continue 계속해서 하다(어떤 행동을 끊지 않고)
last 지속하다(어떤 상황이 어떤 시간적 제한 내에서)
» last가 들어 있는 문장에는 보통 '시간의 부사'를 포함함
it takes + (time) 시간이 ~걸리다(기대되는 결과물이 나오기까지)

When she was asked about running time of the film, she answered, "The movie will continue after this commercial break and last for 2 hours. It takes time before it starts, but once it starts, it lasts without a break."
그녀가 그 영화의 상영시간에 대해 질문받았을 때 그녀는 대답했다. "이 광고 후에 영화가 계속하여 2시간 동안 지속합니다. 시작하기까지 시간이 걸리지만, 시작만 하면 휴식 없이 계속됩니다."

We will continue resisting as long as the occupation lasts, and our violent resistance against the occupation is inevitable.
우리는 점령이 계속되는 동안에는 저항을 계속할 것이고, 그 점령에 대한 우리의 격렬한 저항은 불가피하다.

ETERNAL 영원한

eternal 영원한(시간상으로 시작도 끝도 없는)
infinite 무한한(공간적으로 시작은 있으나 끝이 없는)
definite 한정된(확실히 알려져 일정하게)
indefinite 막연한(불명확하게)

'Eternal' means extending indefinitely in time, such as eternal life, eternal silence. By contrast, 'infinite' means real big, endlessly extending indefinitely in some unspecified dimensions, such as infinite distance, infinite number of melodies.

eternal은 시간상 막연하게 확장하는 것이다, 영원한 생명, 영원한 침묵과 같이. 이와 대조적으로, infinite는 정말 크고 특정할 수 없는 차원으로 막연하게 끝없이 확장하는 것이다, 무한 거리, 멜로디의 무한 개수와 같이.

If you count 5 cars, it's an easily countable, definite quantity. On the other hand, if you count -5 cars or infinite cars, those values are not definite. Because there is no such thing as -5 cars. It's an indefinite value.

만약 당신이 5대의 차를 센다면, 그것은 쉽게 셀 수 있는 한정된 양이다. 반면, 만약 당신이 –5대의 즉 무한한 차를 센다면, 그 가치들은 한정되지 않는다. 왜냐하면 –5대의 차와 같은 것은 없기 때문이다. 그것은 막연한 가치이다.

CONSECUTIVE 연속적인

consecutive 연속적인(잇달아 중단 없이 이어지는 규칙적으로)
successive 연속적인(연속의 규칙이 일정치 않고 불규칙적으로)

The numbers 1, 2, 3, 4, 5 are consecutive numbers. There are no numbers missing in the series. However, 1, 2, 5, 6, 8 are not consecutive, but successive numbers.

1, 2, 3, 4, 5는 연속적인 숫자들이다, 이 연속에서 빠진 숫자가 없다. 그러나 1, 2, 5, 6, 8은 연속적이 아니지만, 불규칙 연속 숫자이다.

They have won nine straight games. They are only one win short of entering the elite club of 10 consecutive wins. They expect to extend their winning streak to ten.

- winning streak 연속consecutive승리

그들은 9게임을 연속으로 이겼다. 그들은 10연승의 엘리트 클럽에 들어가는데 단 1승이 부족하다. 그들은 연속 승리를 10승으로 늘리기를 기대하고 있다.

SAME 똑같은

same 똑같은(똑같아서)
» 형용사로 사용할 때 the, this, that, those 등과 함께 사용함

similar 유사한(비슷하여)

identical 똑같은(여러 면에서 유사한 점이 많아)

We can't tell identical twins apart, because they can be so alike, so similar to each other, or exactly the same.
• tell 분별하다

우리는 일란성 쌍둥이를 구분할 수 없다. 왜냐하면 그들은 너무 닮을 수 있기 때문이거나 서로 유사하기 때문이거나 정확하게 똑같기 때문이다.

Competitors are using designs that are visually similar to the original image, but not identical.
경쟁자들은 원본의 이미지에 시각적으로 유사한 디자인 그러나 동일하지는 않은 디자인을 사용하고 있다.

WHY..? 왜

why...? 이유가 뭐야?
» because로 대답하며 일반적 질문으로 '원인이나 이유'를 물을 때 사용

what....for? 뭐를 하려고 하는 거야?
» For what purpose did you~? 의미로 '의도된 motive'를 묻기 위해 사용

how come...? 어쩜 그래?(감탄하여), 어째서 그래?
» How does it come to be that...? 에서 축약된 형태로 그렇게 된 '역사, 연유'를 물을 때 사용하며, how come+S+V 형태로 사용

Let's assume that you're slicing a huge loaf of bread. If I ask why you are slicing it, you might answer, "Because the bread is too big." On the other hand, If I ask what you are slicing it for, you might answer "I'm slicing it to insert it into toaster slot."

당신이 큰 덩어리의 빵을 자르고 있다고 가정하자. 내가 당신은 왜 그것을 자르고 있는지 묻는다면 당신은 "왜냐하면 그 빵이 너무 커서요"라고 답할 수 있을 것이다. 반면, 내가 당신은 무슨 동기로 그것을 자르고 있는지 물으면 당신은 "나는 그것을 잘라 토스터 구멍 속에 넣으려고"라고 답할 수 있을 것이다.

I have often inquired of myself, "How come parrots can talk? Why can parrots talk even though they are not close relatives of primates?"
• inquire of sb ~에게 묻다. primate 영장류[사람, 원숭이]

나는 종종 자문했다, "앵무새는 어떻게 해서 말을 할 수 있는가? 앵무새는 영장류의 친척이 아님에도 왜 말을 할 수 있는가?"

THAT'S WHY 그 결과 ~이다

that's why 그 결과 ~이다
that's because 그 원인은 ~이다
that's when 그때가 ~이다
that's how 그 방법이 ~이다

There was a leftover food on the table. That's because I was too full to finish it, and that's why there were ants crawling around the kitchen.
탁자에 남은 음식이 있었다. 그 원인은 내가 너무 배가 불러 그것을 다 먹지 못했기 때문이고 그 결과 부엌 주변을 기어 다니는 개미들이 있었다.

She asked me to go see a movie with her. That's when I started conversing with her. I was like, 'I'll go with her.' So that's how we met and we stayed close friends.
그녀는 내게 자기와 영화 보러 가자고 했다. 그때가 그녀와 대화를 시작하게 된 때이다. 나는 그녀와는 함께하겠다는 식이었다. 그렇게 해서 우리가 만났고 친한 친구로 남아 있게 된 방법이다.

CAUSE 원인

cause 원인(무엇이? 어떤 결과 발생의 직접적인)
reason 이유(왜? 그 결과 발생을 설명하는 추상적인)
motive 동기(어떤 행동의 저변에 깔린 reason인)

Reckless driving is the cause of his accident, but I guess the real reason of the accident is that his wife had an affair with a man.
운전 부주의가 그의 사고의 원인이다. 그러나 내 생각에 사고의 진짜 이유는 그의 아내가 바람을 피운 것이다.

He wanted not to give up on himself. It was his motive he could not say during the game.
• give up on ~을 포기하다. ※give up은 자동사이나 give up on은 타동사
그는 자신을 포기하고 싶지 않았다. 그것이 경기 내내 그가 말할 수 없었던 동기였다.

RELATED TO 관련된

related to ~과 관련된(유사성이 있어)
» 한 사람의 정체성과의 관계, 혈족관계와 같은 불가분의 관계를 의미함

relating to ~에 관하여(관련된 참고사항을 설명하며)

Nationalism is related to ideas about racial identity. There are some recurring, related themes in the article relating to nationalism.
국가주의란 인종적 정체성에 대한 개념과 관련이 있다. 국가주의에 관하여 그 기사 속에는 반복적이고 관련된 주제들이 있다.

NOT TO MENTION ~는 고사하고

not to mention~ ~는 고사하고(부정적 결과를 나타내며), ~는 말할 것도 없이(언급한 말을 강조하고 추가정보를 제시하며)

let alone~ ~는 고사하고(부정적 결과를 나타내며)

along with~ ~에 더하여

A as well as B A뿐만 아니라 B도
» 'A as well as B'가 주어일 경우, A 쪽에 중점을 두며 A에 동사를 일치시킴

You rarely turn down wine in good company, not to mention second or third cocktail at happy hour. Sooner or later, you will find yourself becoming a binge drinker.
• happy hour 술집이나 식당에서 할인된 값을 적용하는 시간

당신은 좋은 친구들과 포도주를 거절하지 못한다, 해피 아워에 술집에서 칵테일 몇 잔은 말할 것도 없고. 조만간 당신이 술꾼이 된 것을 발견하게 될 것이다.

A lot of job applicants have difficulty finding meaningful and rewarding employment, let alone (OR not to mention) a career.
많은 구직자가 의미 있고 보상이 되는 일자리를 찾는 데 어려움이 있다, 경력은 고사하고.

Fishing restrictions on sharks produce more sharks, along with (OR in addition to) problems for local community members who fish for a living.
상어에 대한 어업 제한들이 더 많은 상어를 생산한다, 어업으로 먹고사는 지역민들에게 문제들과 함께.

In contrast to other companies, we offer several advantages for refurbishment as well as for new construction of the historic bridge.
다른 회사와 대조적으로, 우리는 그 역사적 다리의 개축뿐만 아니라 신축에 대한 여러 장점을 제공한다.

ON ONE'S OWN 혼자서

on one's own 혼자서(도움이 없어 도움을 못 받아)
by oneself 혼자서(받을 수 있는 도움을 거부하고)

If a student cannot get financial aid or work-study, then he has to foot the bill entirely himself and truly on his own.
  • work-study 산학지원, foot the bill 비용을 대다
한 학생이 재정 지원이나 근로장학금을 못 받으면, 그는 전적으로 학비 조달을 스스로 진정 자력으로 해야 한다.

You can't do it by yourself. Usually trying to go alone doesn't work. You must associate yourself with those who help you achieve your goals.
당신은 그것을 혼자서 할 수 없어요. 보통 혼자 하려는 것은 효과가 없어요. 당신은 당신의 목표를 달성하도록 도와주는 사람들과 연대해야 합니다.

IF CLAUSE ~한다면

if + clause ~한다면(조건에 대해 실행 가능성이 있는)
» You can drive if(OR when) you're 18.처럼 '일반적 사실'이나 '조건'이어서 반복 적용할 수 있는 경우 혼용 가능함. 또한, If you arrive late, you will not be allowed to enter.처럼 가능성, 가상적 상황을 표현할 때 when은 불가하며 if만 가능함

when + clause ~할 때에는(결과로 반드시 ~한다)
» If(OR When) I no longer need it, I will give it to you. 에서 if절일 때는 '주지 않을 수도 있고,' when절일 때는 '반드시 준다'는 의미를 내포함

in case + clause ~일 경우(어떤 상황을 미리 대비하여)
» You need painkillers in case(OR if) you're in severe pain

if + past(perfect) ~라(했다)면(가정법으로 실현 가능성이 없어)

If (OR When) there is a fire, everyone must exit from the building by way of the nearest exit or stairway. Never use an elevator to evacuate.
  • If there is a fire = In case of a fire
불이 나면 모든 사람은 빌딩에서 빠져나와야 한다. 가장 가까운 비상구나 통로로. 대피하기 위해 엘리베이터를 사용하지 마라.

If your daughter is afraid of worm and dares not to touch it, you'll say, "If she weren't afraid of worm, she would pick it up." Meanwhile, if your daughter used to be afraid of worm, but now this fear has gone and she dares to touch it, you'll say, "If she had been afraid of worm, she wouldn't have picked it up."
만약 당신의 딸이 여전히 지렁이를 무서워하고 만지지도 않으려고 한다면 "그녀가 지렁이를 무서워하지 않는다면 그것을 집을 것인데" 라고 말할 것이다. 한편, 딸이 지렁이를 무서워했으나 이제는 그 두려움이 사라졌고 만지기도 한다면, "그녀가 지렁이를 무서워하였다면, 그것을 집지 않았을 것인데" 라고 말할 것이다.

ACCURATE 정확한

accurate 정확한(진술이 구체적이지는 않지만 틀리지 않고)
precise 정확한(사실의 진술이 포괄적으로)
exact 정확한(대충 근사치와 반대의 의미로, 진술이 완벽하게)

When the sun is positioned in the exact center of the sky, it's exactly noon. In this case, the sun is an accurate clock. However, it's hard to get the precise time of the day by looking at where the sun is in the sky, even though most of us can tell time to a certain degree.
태양은 하늘의 정확한 중심에 있다면 그것은 틀림없이 정오이다. 이 경우 태양은 정확한 시계이다. 그러나 태양이 하늘의 어디에 있는지 바라봄으로써 그날의 자세한 시간을 알기는 어렵다, 비록 우리들 대부분이 어느 정도 시간을 판단할 수 있을지라도.

When you throw darts and they land all close together, your throwing is accurate. When these darts land close to the middle, you're precise. When your darts hit the bull's-eye, you're exact.
 • hit the bull's-eye 정곡을 찌르다
당신이 다트들을 던지고 그것들이 모두 가깝게 모일 때, 당신의 던지기는 accurate하다. 이 다트들이 중간에 가깝게 떨어질 때, 당신은 precise하다. 당신의 다트들이 한가운데를 찍을 때, 당신은 exact하다.

RANDOM 무작위의

random 무작위의(모든 선택지가 동등한 가능성을 갖도록 뽑는)
  » 추첨할 때 아주 공평하게 추첨할 경우
haphazard 되는 대로의(좀 칠칠치 못하게 성의 없이 뽑는)
  » sloppy, reckless 하다는 뜻으로 비평하려는 의도로 보통 사용함
arbitrary 임의의(수건 돌리기처럼 선택자의 뜻대로 계획적으로)
sequential 연속적인(잇달아 일어나는)

The outcome of any single coin flip — heads or tails — is random. If you toss a fair coin repeatedly, the result is probably not equal and predictable.
 • fair coin 불공정한 동전이 아닌 확률이 반반인 동전
앞이냐 뒤냐 한번 동전 던지기의 결과는 무작위이다. 만약 당신이 공정한 동전을 반복적으로 토스한다면, 그 결과는 동등하지 않고 예측불가일 것이다.

I can't eat three square, structured meals a day. My eating often takes place haphazardly — a bagel and coffee on the way to work, or a fast-food dinner on the way home from a late meeting.
나는 하루 제대로 된 삼식을 할 수 없다. 나의 식사는 되는 대로 먹는다. 즉 출근할 때 베이글빵과 커피 혹은 늦은 미팅 이후에 집으로 오면서 패스트푸드.

I like Daylight Savings Time, because it is created by **arbitrary** aspect of social life, not by **random** or **haphazard** choice. It is achieved by consensus, debates, politics, etc.
나는 일광 절약 시간제를 좋아한다. 왜냐하면 사회생활의 임의적인 측면에 의해 만들어지기 때문이다. 무작위로 되는 대로의 선택이 아니라. 그것은 합의, 토론들, 정치 등에 의해 이루어진다.

There are a lot of synonyms of adverb "**sequentially**," such as back to back, running, one after another, in a row, one by one, subsequently, in sequence, successively, in succession, end to end, in turn, continuously, on end, not intermittently, without a break, without interruption.
부사 sequentially의 들은 다음과 같이 많이 있다. back to back, running...

ON THE CONTRARY 정반대로

on the contrary/quite the contrary 정반대로
» 제시된 의견에 동의하지 않고 부인하며 완전 반대의 의견을 적용할 때

on the other hand 또 다른 한편, 반면
» 두 상황이나 견해를 열린 마음으로 비교하면서 제2의 반대 관점을 제시하여 대조를 강조함

the other way around 뒤바꿔어(행위자와 수혜자가)

and vice versa 그 반대도 같다(and the other way around인)

I was not offended by the remarks you made. **On the contrary** (OR **Quite the contrary**), I appreciated them at first, but now I am skeptical.
나는 당신이 한 말에 마음 상하지 않았어요. 정반대로, 처음에는 그 말에 감사했지만, 지금은 회의적입니다.

Females care more about sharing musical taste with their partner. Males, **on the other hand**, couldn't care less.
• couldn't care less를 could care less라고 쓰는 미국인들도 많음
여성들은 그들의 파트너와 음악적 취향을 공유하는 것에 더 관심이 있다. 반면, 남성들은 관심이 없다.

An American colleague said "Boss praised her for a good job done." and an immigrant employee replied "Really? I thought it was **the other way around**." The American explained to him, "What you said means that she praised the boss. If you want to say that the boss wasn't satisfied with her job, you should have said 'I thought he did the opposite of what you said.'"
한 미국인 동료가 "사장이 그녀의 잘한 일을 칭찬했다."라고 말했다 그리고 한 이민 온 직원이 "정말? 나는 수혜자가 반대로인 줄 알았는데"라고 대답했다. 그 미국인은 그에게 설명했다, "당신이 말한 것은 그녀가 사장을 칭찬했다는 의미다. 사장이 그녀의 일에 만족하지 못했다고 말하고 싶으면 '그가 당신이 말한 것의 정반대를 했다고 생각했다.' 라고 말했어야지."

She received a letter from a working mom to a stay-at-home mom, **and vice versa**.
그녀는 직장맘이 전업맘에게 주는 편지를 받았다. 그 반대도 같다(전업맘이 전업맘에 주는 편지를 받았다).

TANGIBLE 만질 수 있는

tangible 만질 수 있는, 부동산의
intangible 손으로 만질 수 없는(개념, 감정 등과 같은), 동산의

In the case of liquidation, tangible assets such as machinery, buildings, land and current assets can be sold, but goodwill, trademarks and other intangible assets would have no value.
• liquidation 청산, current asset 현금화 가능한 유동자산, goodwill 신용

청산의 경우에 기계류, 건물, 토지와 같은 유형자산과 유동자산은 팔릴 수 있지만, 신용, 상표와 다른 부동자산은 가치가 없다.

FRAYED 닳고 해진

frayed 닳고 해진(가장자리가)
dog-eared 귀가 접힌(책장의)

The books are in really bad shape; all covers are missing, the binding has given out, the pages are soiled, brown and slightly brittle, and the edges are frayed, the corners are dog-eared, the ends are worn.
• give out 탈진하다, soil 얼룩을 묻히다, brittle 부서지기 쉬운fragile

그 책들은 상태가 형편없다. 모든 표지가 사라졌고 장정이 풀렸고 페이지가 더럽혀졌고 갈색이고 좀 부스러진다. 그리고 모서리는 해졌고 귀는 접혔고 마지막 장은 닳아 빠졌다.

MULTI-PURPOSE 다목적용인

multi-purpose 다목적용인(여러 다른 목적으로 사용될 수 있는)
all-purpose 일반용인(보통 많이 쓰이는)

We have made an amazing all-purpose (OR ordinary) cleaning spray free of harmful chemicals. It's never goofy. It's over the top.
• over the top 기대 이상을 얻을 수 있는

우리는 해로운 화학약품이 없는 놀라운 일반용 청소 스프레이를 만들었다. 쓸데없는 일이 아니다. 대박이다.

I learned that vinegar was a great green, natural way to clean, and it was a very and effective to use it as a multi-purpose cleaning agent. However, I'm doubt whether it is fit for a variety of tasks.
• agent 화학약품

식초가 청소에 아주 친환경적이라고 다목적용 청소의 약품으로 이걸 사용하는 것은 대단히 유용하고 효과적이라고 배웠다. 그러나 나는 그것이 다양한 작업에 적합한지 의심이 든다.

DISPENSABLE 없어도 되는

dispensable 없어도 되는
indispensable 없어서는 안 될
disposable 처치할 수 있는, 일회용의

An indispensable person often could be proven disposable, and conversely a person viewed as a disposable commodity could be born again as an indispensable one. Do you feel you're dispensable, disposable, replaceable, invisible, inadequate, inconsequential, unmemorable? Don't feel so miserable about yourself. Things change with time.

• inconsequential 논리에 맞지 않는, 중요하지 않은

없어서는 안 될 한 사람이 종종 일회용으로 증명될 수 있다. 그리고 거꾸로, 일회용품으로 여겨졌던 어떤 사람이 없어서는 안 될 사람으로 거듭날 수도 있다. 당신이 없어도 되고, 폐기할 수 있고, 대체 가능하고, 투명인간이고, 부적절하고, 중요하지도 않고, 기억될 만하지도 않다고 여겨지는가? 자신에 대해 그렇게 비참하게 여기지 말라. 시간이 지나면 모든 것이 변한다.

BACKWARDS 앞뒤 거꾸로

backwards/back to front 앞뒤 거꾸로(앞뒤가 바뀌어)
» 라운드 티, 스웨터가 앞뒤가 바뀌었을 때, 양말이나 재킷은 상식적으로 불가능함

inside-out/inverted 뒤집힌(속이 밖으로 나와)
» 양말의 경우이고 재킷이나 바지는 상식적으로 불가능함

upside-down 상하 거꾸로(상하가 뒤바뀌어)
» brooch나 badge 등이 상하 거꾸로 된

the wrong way round 잘못된 방향으로(보편적 용어로)
» backwards, upside-down과 같은 의미로 사용되나 inside-out은 거의 의미하지 않음

If someone has his sweater on back-to-front, you can say "Your sweater is on backwards! (OR You've got your sweater on backwards!) Take it off and flip it around(OR turn it around)."

• flip it around 앞과 뒤를 바꾸다

당신이 스웨터를 앞뒤로 돌려 입는다면 당신은 "이봐요, 당신 셔츠를 거꾸로 입었어요. 벗어서 돌리세요"라고 말할 수 있다.

If someone puts his sweater on and it is inverted, namely, the inside of the sweater is showing on the outside, you can say "Look! Your sweater is on inside-out! Put it on the right way round."

• put it on the right way round는 거꾸로 입거나 뒤집어 입은 옷에 둘 다 사용함

만약 어떤 사람이 그의 스웨터를 입는데 그것이 뒤집혀 있다면, 즉 스웨터의 속이 바깥에서 보인다면, 당신은 "당신의 스웨터가 뒤집혔어. 바르게 돌려"라고 말할 수 있다.

A patient died after heart valve was put in upside-down. A cardiac surgeon inserted a new heart valve the wrong way around.

심장판막의 상하가 거꾸로 삽입되고 난 후 어떤 환자가 사망했다. 어떤 심장외과 의사가 새 심장판막을 잘못된 방향으로 집어넣은 것이다.

BY ACCIDENT 우연히

by accident 우연히(고의가 아닌 accident로 인해 생긴)
by mistake 실수로(고의가 아닌 착오로 인한 mistake로 생긴)
» 사격할 때 총이 고장나거나 표적이 움직여 명중하지 못할 때는 by accident, 표적을 오인하여 다른 것을 쏘아 명중하지 못할 때는 by mistake
by chance 우연히(기대하지 못했는데 행운으로)
by coincidence 우연의 일치로(우연한 일이 겹쳐)

My kids were all born three years apart. That didn't happen by accident. That's because I used contraceptives.
내 아이들은 모두 3년 터울로 태어났다. 그것은 우연히 일어난 것이 아니다. 그것은 내가 피임약을 사용했기 때문이다.

When picking up my luggage at the airport, I took another passenger's luggage by mistake, what should I do?
• luggage는 suitcase를 통칭하고, baggage는 그 외의 짐을 말함. 혼용하는 경우도 있으나 미국식은 luggage
공항에서 내 짐을 찾을 때 내가 실수로 다른 승객의 짐을 가지고 왔다. 어떻게 해야 하나?

"If you missed your train, it may be by accident, or by mistake, but not on purpose." It implies you didn't mean to do so. "If you saw someone you knew on the next train, it may be by chance." It implies it happened out of luck. "If someone you knew was on that train because he or she had missed the same train as you, it may be by coincidence."
"만약 당신이 기차를 놓쳤다면 그것은 사고에 의하거나 실수에 의한 것일 수 있다, 고의는 아니고." 그것은 당신이 그렇게 하려고 하지는 않았다는 것을 암시한다. "만약 당신이 다음 기차에서 아는 사람을 보았다면 그것은 우연에 의한 것이다." 이것은 행운으로 일어났다는 것을 암시한다. "만약 그들이 그 기차에 타고 있었다면, 그가 당신처럼 같은 기차를 놓쳤기 때문에, 그것은 우연의 일치일 것이다."

CONVERSE 치환하다

converse 치환하다(논리적으로 위치를 바꾸어)
» "나는 생각한다, 고로 나는 존재한다"를 "나는 존재한다, 고로 나는 생각한다"처럼
inverse 치환하다(논리적으로 위치를 바꾸어 반대의 의미가 되도록)
» 위의 논법을 "나는 생각하지 않는다, 고로 나는 존재하지 않는다"처럼
reverse 거꾸로 가다(반대방향으로)
adverse a.해로운(adverse weather condition처럼 불리한, 부정적으로)

I'm a democrat; conversely, my wife is a republican.
나는 민주당원이다, 반대로 내 마누라는 공화당원이다.

Memory has an inverse proportion to age. On the other hand, wisdom has a direct proportion to age.
기억은 나이와 반비례한다. 반면, 지혜는 나이와 정비례한다.

Reach your hand inside and grab the bottom and pull it to reverse, turning it inside out.
당신의 손을 안쪽으로 넣어서 바닥을 잡고 방향을 바꾸기 위해 그것을 당기세요, 안팎을 뒤집으면서.

When a medical treatment does not produce a desired therapeutic effect and causes a problem, it is called a side effect, also known as an adverse effect or undesirable secondary effect.
의료 치료가 바라던 치료의 효과를 내지 못하고 문제를 일으킬 때 그것은 부작용이라고 불린다, 그것은 반대의 효과 또는 바람직하지 못한 이차적 효과라고도 한다.

PLUS 더하기

plus/add 더하기
minus/subtract 빼기
multiply 곱하기
divide 나누기
exempt v.면제하다(의무나 지불을 특별히 제외하여), a.면제된
deduct 공제하다(총액에서 일부를 subtract하여)

If you subtract 6 from 10, the difference is 4. The sum of 6 plus 4 must equal 10. Therefore, if you add the difference to the smaller number, the sum equals the larger one.
• difference 차, sum 합
10에서 6을 빼면 그 차이는 4이다. 6 더하기 4의 합은 10이 되어야 한다. 그러므로 만약 더 적은 수[6]에다 그 차이를 더하면 그 합은 큰 수[10]와 같다.

If 2 is multiplied by 5 (often said as "2 times 5"), the product is 10. If 10 is divided by 2, the quotient is represented as 5.
• product 곱, quotient 몫
2 곱하기 5 －종종 2 times 5라고도 함－일 때, 그 곱은 10이다. 10이 2로 나누어지면 그 몫은 5로 나타난다.

A lot of small firms are exempt (OR exempted) from mandatory audit requirements. The audit exemption has globally prevailed.
많은 작은 회사들은 강제적인 회계 의무로부터 면제된다. 그 회계의 면제는 전 세계적으로 유행이다.

With regard to tax return, I was wondering if I really could deduct the expenses from caring for our animal pals treated like one of our family members.
세금 환급에 관해서 나는 우리 가족의 일원으로 대접을 받는 우리 동물 친구들을 돌보는 비용을 공제할 수 있는지 궁금했는데요.

DIAMETER 지름

diameter 지름
sphere 구형의 물체, 지구본
circle 원(2차원의 도형인)
circumference 원주
  » perimeter는 원주를 포함한 포괄적인 경계선(boundary)이며, periphery는 경계구역(area) 임
radius 반지름

The diameter of a circle or a sphere is twice its radius, so diameter=2×radius. And in order to calculate the circumference of a circle, you must multiply its radius by 2 pi(3.1416), so circumference=2×pi×r.
원이나 구체의 지름은 반지름의 배이다. 그래서 지름=2×반지름이다. 그리고 원의 원주를 계산하기 위해서 당신은 반지름을 2 pi로 곱해야 한다. 그래서 원주=2×pi×r이다.

RATIO 비율

ratio 비율(9:1처럼 몇 개 중 몇 개가 포함되어 있느냐의)
rate 비율('시속 60㎞의 속도'처럼 일정 기준에 대한)
proportion 비례(6:54=1:9, 6/54=1/9처럼 양쪽의 비율이 같은)
fraction 분수(비율을 1/9처럼 표시하는)
portion 부분(할당되는), 1인분
percentage 백분율(어떤 양을 100을 기준으로 나타내는)

When a builder prepares mortar, he mixes one part cement and three parts sand; the ratio of cement to sand is 1:3. The mixing ratio of 1:3 remains constant in the same proportion.
건축업자가 시멘트 반죽을 준비할 때 그는 시멘트1과 모래3을 섞는다, 즉 시멘트와 모래의 비율이 1:3이다. 1:3의 혼합비율은 똑같은 비례로 변치 않는다.

Given that someone runs 1km in 10 minutes, at the same rate, how far could he run in 60 minutes? First, make it into proportion, 1km:10 min=n km:60 min, or 1/10=n/60. Then, the answer is 6km.
  • given that 가정한다면(if)
어떤 사람이 10분에 1km를 달린다고 하면, 똑같은 비율로 그는 60분에는 얼마나 멀리 갈 수 있을까? 먼저 비례식을 만들자, 1km/10min=n km/60min, 즉 1/10=n/60. 그러면 답은 6km이다.

A percentage is a portion in relation to a whole. It is a number expressed as a fraction of 100.
백분율은 전체에 대한 관계에서 부분이다. 그것은 100의 분수로 표현되는 숫자이다.

"OF"+NOUN apposition의 "OF"

of+명사 같은 내용인(of 앞과 뒤가 동격으로)
be of+명사 ~의 것이다(나이, 크기, 종류, 모양, 양 등의)

All living creatures are entirely dependent for their existence on the chemical elements of oxygen and hydrogen. In short, life can't exist without water.
모든 생물은 그들의 생존을 위해 산소와 수소라는 화학성분에 전적으로 의존하고 있다. 간단히 말해서 생명체는 물이 없이는 존재할 수 없다.

The two sets are of just the same kind and of the same color.
그 두 세트는 똑같은 종류 그리고 똑같은 색의 것이다.

If the red, blue and yellow in the spectrum of the Sun are of the same amount, then the color that it produces is white.
태양의 스펙트럼 속에 빨강, 파랑, 노란색이 같은 양이면, 스펙트럼이 만들어 내는 색은 흰색이다.

BY CONTRAST 이와 대조적으로

by contrast 이와 대조적으로
in contrast to ~와는 대조적으로
» in contrast with는 빈도가 낮으며 동사일 때 contrast with로 쓰임

It was a great travel and, by contrast, airport lacked service, leaving a lot to be desired.
좋은 여행이었다. 그리고 그와 대조적으로, 공항은 서비스가 부족했다. 많은 아쉬움을 남기면서.

In contrast to many other serious health problems, a proven effective treatment for the disease exists.
많은 다른 심각한 건강 문제들과는 대조적으로 그 질병에 대해서는 증명된 효과적 치료법이 있다.

IN THE PLACE OF ~의 장소에서

in the place of ~의 장소에서
in place of ~의 대신에
take the place of ~를 대신하다

Normally, he plays as outfielder, but today he is playing as pitcher in place of outfielder. He is playing as pitcher in the place of the regular pitcher. He is selected to take the place of the pitcher.
평소에는 그는 외야수를 하지만 오늘 그는 외야수 대신 투수를 하고 있다. 그는 정규 투수의 자리에서 투수 역할을 하고 있다. 그는 그 투수를 대신하기 위해 선발되었다.

OTHER THAN 제외하고

other than ~외에(besides의 뜻인), ~를 제외하고(except인)
rather than ~라기보다는(instead of의 뜻인)
less than 좀 못 미치는(질적으로 모자라고)
» less than perfect하다면 perfect에 좀 모자란다는 뜻

There are numerous documented cases of animals that intentionally commit suicide **other than** (OR except) humans.
의도적으로 자살하는 동물들의 많은 문서화된 사례들이 있다, 인간들 외에.

A tree is known by its fruit; a man by his deeds **rather than** (OR instead of) his words. Talk is cheap, it's action that matters.
• be known by ~에 의해 판단된다, talk is cheap 실행이 말보다 중요하다
나무는 과실로 알아본다, 즉 사람은 그의 행동으로 알아보는 것이다, 그의 말보다는. 말하기는 쉽지, 중요한 것은 행동이야.

If you are unhappy, you are not at all happy. However, if you are not happy, this is not so extreme and you are only somewhat **less than** happy. [Brian Leonard Mott]
만약 당신이 unhappy하다면 당신은 전혀 행복하지 않다. 그러나 만약 당신이 happy하지 않다면, 이것은 그렇게 극단이 아니고 당신은 happy에는 단지 조금 못 미칠 뿐이다.

TALL 키 큰

tall 키 큰(높이가 보통보다는 훨씬 더 커서)
high 높이가 ~인(고정된 물건이 바닥에서 꼭대기까지)
towering 치솟은(극단적으로 길고 높게)

The cedar is a **tall** evergreen tree that grows up to 30m **high**, and it has been prized for its attractive foliage.
그 삼나무는 30m 높이로 자라는 키 큰 상록수이다. 그리고 그것은 매력적인 잎으로 가치를 평가받아 왔다.

The actress is **tall** in the real world, but in Hollywood world she is **towering** over mere mortals.
• mere mortal 보통사람everybody
그 여배우는 세상에서 큰 키지만, 할리우드에서는 보통사람보다 엄청 크다.

UNDER 아래

under 아래(보편적 용어로 3차원 물체의)

below 아래(above의 반대말로)
» below는 '온도나 정도가 ~이하인'의 뜻도 있음

beneath 아래(under의 formal한 표현이며, 덮인 상태의)
» '감정이 감춰져 있거나 열등하다고 여기는'의 뜻도 포함함

underneath 아래(under를 강조하여 ~의 바로)

A bus driver helped a woman who had been trapped under the front wheels of a truck. The woman was rescued from underneath the one-ton vehicle.
어떤 버스 운전사가 트럭 앞 바퀴 밑에 갇힌 한 여성을 도왔다. 그녀는 그 1톤 트럭의 아래로부터 구조되었다.

Water in the saturated zone below the water table is called ground water. It exists almost everywhere beneath the land surface.
• the saturated zone 대수 층, water table 지하수면, ground water 지하수
지하수면 아래 대수층에 있는 물은 지하수라고 한다. 그것은 지표면 아래 어느 곳에나 존재한다.

IN TERMS OF ~의 관점에서

in terms of ~의 관점에서
in response to ~에 반응해서
in line with ~에 맞추어서
with regard to ~에 관련해서
» 유사표현 as to, referring to, concerning, regarding, in reference to, in respect of, pertaining to, with respect to, relating to, relevant to

You should manage time in terms of assets and debts, like money.
당신은 시간을 관리해야 한다, 돈처럼 재산과 부채의 관점에서.

The overall size of the workforce will be quickly and easily altered in response to market movements to maximize the profits.
노동력의 전체 크기는 재빨리 쉽게 고쳐진다, 이윤을 극대화하기 위해 시장의 움직임을 반영하여.

They pledged to raise wages for public sector workers in line with inflation.
그들은 공공부문 노동자들의 임금 인상을 서약했다, 인플레이션에 맞추어서.

Referring to license fees, please contact us and provide specific details with respect to your concerns.
자격증 회비에 관련해서 우리에게 연락하시고 당신의 관심사에 대한 구체적 사항을 제공해 주세요.

THANKS TO ~의 덕분에

thanks to ~의 덕분에
because of/on account of/owing to/due to ~때문에
» be 동사와 연결될 때는 due to를 사용함
as a result of ~결과로(의도적 선택의)

Our year-on-year economic growth is expected to rise **thanks to** favorable domestic activity. Foreign business, by contrast, is receiving only weak stimuli mainly **due to** the sluggish growth in global trade.
• year on year 전년도 대비

우리의 전년도 대비 경제성장은 상승이 기대된다. 우호적인 국내활동 덕분에. 이와 대조적으로, 대외무역은 주로 세계무역의 부진한 성장 때문에 약한 자극들만 받고 있다.

On account of the heavy snowfall driving through traffic poses some difficulties. **As a result of** this, there will be intermittent single-lane restrictions.
• pose difficulty 어려움을 일으키다

폭설로 교통체증 속의 운전은 어렵다. 이런 결과로 간헐적인 단일차선 통행제한들이 있을 것이다.

e.g. 예를 들어

e.g. 예를 들어(exempli gratia의 약어)
» 유사표현 for example, for instance, such as, like

i.e. 즉(id est의 약어)
» 유사표현 in other words, that is to say, namely

etc. 등등(etcetera의 약어)
» 유사표현 and the rest, and others, and so on, and the like, or whatever

The Latin abbreviation term **e.g.** originates from exempli gratia meaning "for example." The term **i.e.** also originates from id est meaning "that is to say."

라틴 약어 용어인 e.g.는 "예를 들어"의 뜻인 exempli gratia에서 유래한다. 용어 I.e.도 "즉" 이라는 뜻인 id est에서 유래한다.

Let's talk about getting along with brothers and sisters. Different strokes for different folks. To each their own, and so on and so on, **Etcetera, etcetera.**
• Different strokes for different folks "다른 사람에게는 다른 펀치를 먹인다"는 말에서 유래함. I'd never eat that, but to each his own. "나는 그것을 먹지 않겠지만 사람마다 생각이 다르지"의 의미. his 대신 중성적 용어로 their를 사용하기도 함

사람들과 잘 지내는 것에 관해 말해봅시다. 상황에 따라 방법이 달라야 해요. 나름대로 하세요, 기타 등등.

HALFWAY THROUGH 절반만큼

halfway through ~의 절반 하는 중에
in the middle(midst) of ~의 한가운데

Let's say you decided to post 10 items. Now you have done 5 items, then you can say, "I'm halfway through my plan." And if you are cutting a board down the middle, you can say "I'm cutting halfway through it."

당신이 10개를 올리기로 했다고 합시다. 이제 당신이 5개를 올렸으면 당신은 "내 계획의 절반을 했다"라고 말할 것이다. 그리고 당신이 판자를 중간으로 자르고 있다면, "그것의 절반으로 자른다"라고 말할 수 있다.

You can find peace in the middle of a storm. IMHO, in the midst of that difficulty, there may well be a place of peace, love and hope.
• IMHO in my humble opinion

당신은 폭풍의 한가운데서 평화를 찾을 수 있다. 내 소견으로는, 어려움 가운데, 평화, 사랑, 희망의 장소가 당연히 있다.

EVEN IF 비록 ~이긴 하지만

even though + a fact 비록 ~이긴 하지만
even if + an assumption 설령 ~일지라도

Even though someone's criticism is technically correct meant, you will end up bearing a grudge against the person criticizing you.

비록 어떤 사람의 비판이 기술적으로 옳게 의도되긴 하지만, 당신은 당신을 비판하는 그 사람에 대해 악감정을 품게 될 것이다.

Even if you have a strong willpower to resist chocolate and to stick to a diet plan, you may come across too much misinformation leading to confusion and more weight gain.

설령 당신이 초콜릿을 참고 다이어트 계획에 집착할 강한 의지력을 가지고 있다 하더라도, 당신은 너무나 많은 잘못된 정보를 만날 수도 있다, 혼란과 오히려 체중 증가를 초래하는.

SO THAT + a clause ~를 위해서

so that + a clause ~를 위해서(~한 이유를 설명하려고)
in that + a clause ~라는 점에서(자기 주장의 옳은 점을 설명하려고)

He reminded her of the invitation so that she wouldn't forget to send it.

그는 초대장을 발송할 것을 잊지 않게 하려고 그녀에게 초대장에 대해 상기시켰다.

Creativity is intangible and often hard to understand in that it finds its way in any kind of situation.

창의성은 만질 수 없는 무형이고 종종 이해하기 어렵다, 어떠한 상황에서도 길을 찾아낸다는 점에서.

IN ORDER TO ~를 위하여

in order to ~를 위하여(어떤 것을 가능하도록 하기)
for the sake/purpose of ~를 위하여(이익이 되도록 하기)

Laws are partly formed for the sake of good men in order to instruct them how they may live on friendly terms with one another, and partly for the sake of(OR for the purpose of) those who refuse to be instructed, whose spirit cannot be subdued, or softened, or hindered from plunging into evil. [Plato]

- on friendly terms with ~와 친한 관계로

법들은 부분적으로 선한 사람들을 위해 만들어진다, 그들이 서로 우호적인 관계로 살 방법을 가르치기 위해, 그리고 부분적으로는 교육받기를 거부하는 사람을 위해 만들어진다, 그들의 정신은 억제되거나, 부드러워지거나, 악에 빠지는 데 방해를 받을 리 없는 사람들이다.

TERM 용어

term 용어(과학, 예술 등 특정 주제에 나오는)
terminology 용어 모음(특정 분야 용어들의)
» term은 technical terms처럼 개수로 세며 terminology는 a part of computer terminology처럼 양으로 센다
glossary 용어집(책 끝에 어려운 용어를 설명하는)
jargon 전문용어(특정 직업이나 집단의)
buzzwords 신조어(소비자의 구미를 맞추는 유행적 coinage인)

You can browse alphabetically our glossary of key life insurance terms to help you understand the terminology or jargon you may come across.

당신은 알파벳 순으로 여러분이 마주칠 수 있는 용어들이나 특정 집단의 전문용어를 이해하는 데 도와줄 우리의 주요한 생명보험용어들의 권말용어집을 볼 수 있다.

When describing themselves, startups can't explain what they do without resorting to jargon, such as Content, Paradigm, Platforms, Synergy, End-to-end, Solutions, etc. They rely so much on the meaningless buzzwords that they can end up alienating the users they want to attract.

- End-to-end 시작부터 끝까지, rely on 능력이 없어 다른 것에 의존하는 경우, depend on은 능력이 있어도 하고 싶지 않거나 시간이 없어 다른 것에 의존하는 경우

창업자들은 자신들을 설명할 때 콘텐츠, 패러다임, 플랫폼, 시너지, 엔드투엔드, 솔루션 등 전문용어에 의지하지 않고는 그들이 하는 일을 설명할 수 없다. 그들이 너무 그 의미 없는 유행적인 신조어에 의존하여 그들이 끌고 싶은 사용자들을 멀어지게 할 수 있다.

QUARTET 4중주

quartet 4중주
quintet 5중주

In musical ensemble, the terms duet, trio, quartet, quintet, sextet, septet, octet, nonet and dectet are used to describe groups of two up to ten musicians, respectively. A solo is not an ensemble because it only contains one musician. [Wikipedia]

음악의 앙상블(합주)에서 2중주, 3중주,.....10중주라는 용어들은 2에서 10명의 음악가의 집단을 각각 의미한다. 독주는 합주가 아니다, 왜냐하면 그것은 1명의 음악가를 포함하고 있기 때문이다.

ADDITIONALLY 덧붙여서

additionally 게다가 (plus, on the top of that 뜻으로 덧붙여)

besides 그 외에 (in addition to의 뜻으로 ~는 포함하고)
  » The whole class is going, except(OR besides) Jane.에서 except는 'Jane은 제외하고', besides는 'Jane은 포함하고 그 밖에' 의 의미임

moreover 또한 (not only that 뜻으로 논쟁에 또 다른 이유를 제시하며)

furthermore 한술 더 떠 (what's more 뜻으로 주제에 더 깊이 접근하여)

My dog is good at hide and seek. Additionally, she has a dab hand at recognizing the people she loves the most. Plus (OR On the top of that), she is superb at keeping the burglars away.
• hide and seek 숨바꼭질, have a dab hand at ~에 솜씨가 좋다

내 개는 숨바꼭질을 잘한다. 또 한 가지, 자기가 가장 좋아하는 사람을 알아보는 데 선수다. 게다가, 도둑을 쫓는 데 탁월하다.

The plant is native to southern China, but widely cultivated for its handsome flowers in New Zealand. Moreover, it is distributed to other countries besides (OR in addition to) the Oceanian country.
• distributed 분포된

이 식물은 남중국이 원산이지만 멋진 꽃 때문에 뉴질랜드에서 광범위하게 경작된다. 그 뿐 아니라, 그것은 뉴질랜드 이외에(포함하고 그 밖에) 다른 나라들에 분포되어 있다.

Entering a country without a visa is illegal. Furthermore, it goes without saying that the migration of boat people is illegal.

비자 없이 한 나라로 들어오는 것은 불법이다. 한술 더 떠서, 선상난민의 이주가 불법임은 두말할 것이 없다.

The quality of the meat was really bad. What's more (OR Furthermore), my hands smelled of this meat all day long even though I washed them many times. On the top of that (OR Additionally), I felt so bad until that all came out. I don't recommend this place.

그 고기의 질이 형편없었다. 한술 더 떠서, 여러 번 씻었지만 내 손은 온종일 이 고기 냄새가 났다. 게다가, 다 빠져나갈 때까지 기분이 좋지 않았다. 이 식당 비추다.

ABBREVIATION 축약

abbreviation/shortening 축약(Mr. ex. YMCA 등 period를 찍는)
acronym 두문자어(RAM, NASA, OPEC 등 단어로 발음이 되는)
initialism 두문자어(FBI, CIA, DVD 등 단어로 각각 끊어 읽는)

IOU — where the individual letter is pronounced separately — stands for "I owe you." However, it can't be an abbreviation because there is no shortening like esp (especially), clipping like pants (pantaloons), bus (omnibus). And also it can't be an acronym because it's not pronounced as a single word. Rather, it can be classified as a kind of initialism, even though it's written as IOY.

- clipping 오려내기

IOU는 각 글자가 분리되어 발음되는데 이것은 I owe you를 상징한다. 그러나 그것은 축약일 수가 없다, 왜냐하면 esp.[especially]처럼 줄인 것도 pants [pantaloons], bus [omnibus]처럼 잘라낸 것도 없기 때문이다. 그리고 그것은 두문자어일 수도 없다, 왜냐하면 그것은 한 단어로 발음되지 않기 때문이다. 오히려 그것은 일종의 이니셜로 분류될 수 있을 것이다, 비록 IOY로 적혀지지만.

BY 기한까지는

by 시점 이전까지는(어떤 시점 이전에 완료의 뜻으로)
until(till) 시점까지 쭉(정한 시점까지 계속의 뜻으로)
up to 시점 동안까지(어떤 시점까지 시간의 양을 나타내며)
before 시점 전에(시간상으로)

I've tried finishing the project by the deadline, but I have to work on until 5 minutes before the project is due.

- try doing ~를 시도하다

나는 마감시간 이전까지 그 프로젝트를 끝내려고 시도해봤지만, 나는 그 프로젝트가 기한이 되기 5분 전까지 계속 작업을 해야 한다.

It was designed to end by Christmas, not to proceed. Right now, there are only a few days until Christmas.

그것은 크리스마스 이전까지는 끝내도록 계획되었다, 진행되지 않고. 지금 크리스마스까지 며칠밖에 없다.

I lived with my parents up to the age of 24. It took me up to 24 years to leave my home and find my place.

나는 24세가 되기까지 부모님과 살았다. 집을 떠나 내 자리를 찾기까지는 24년이 걸렸다.

BE+adj.+to-Inf. TO 부정사의 감정의 원인

be+adjective+to-Infinitive ~하기 때문에
» 감정 형용사 happy, sad, delight 등 다음의 to부정사는 감정의 원인을 나타낸다

be+adjective+to-Infinitive ~하는데, ~하기에
» 한정 형용사 easy, difficult, important, fast, slow 등 다음 to부정사는 한정 적용법이다

I was anxious to go back home. I was happy to leave the war behind, but felt so sad to leave the friends that I had made.
• be anxious to do ~하기를 열망하다
나는 고향으로 돌아가기를 열망했다. 나는 전쟁을 떠나니까 행복했지만 사귀었던 그 친구들을 남기고 떠나기 때문에 슬펐다.

Proper planning is important to be able to react correctly and to avoid wasting time and energy. Flexibility is essential to accommodate change.
적절한 계획은 올바르게 대응하고 시간과 에너지의 낭비를 피할 수 있는 데 중요하다. 유연성은 변화를 수용하는 데 필수적이다.

Life is very, very simple and easy to understand, but we complicate it with the beliefs and ideas that we create. [Miguel Angel Ruiz]
인생은 이해하기에 너무너무 간단하고 쉽지만, 우리가 만드는 신념과 사상으로 그것을 복잡하게 만들었다.

MAY WELL 마땅히 ~하다

may well 마땅히 ~하다
may as well 차라리 ~하는 것이 더 낫다
had better ~하는 것이 더 나아
» "그렇지 않으면 좋지 않아"라고 협박하는 경우

It's no use trying to persuade him to change his mind. You may as well save your breath and go away. You may well get angry with him at this point.
• it is no use doing ~해도 소용이 없다, save one's breath 잠자코 있다, at this point 지금
그의 마음을 돌리려고 그를 설득하려고 해도 소용없다. 당신은 말하지 말고 가버리는 것이 더 낫다. 당신은 이 시점에 그에게 화를 내는 것도 당연하다.

If it mattered there, it might well matter here. You'd better take a look and see whether it does or not.
만약 그것이 거기서 중요했으면 마땅히 여기서도 중요하다. 잘 보고 그것이 그런지 어떤지 알아보는 게 좋아.

ESPECIALLY 무엇보다도

especially 무엇보다도(above all 의미로 특별한 목적으로)
» 전치사, 접속사, 강조하려는 말 앞에 사용하며, 강조하는 경우를 제외하고 문장 첫머리에 사용 빈도는 낮음.
'질이 열등한 것 중에 예외적으로 뽑아내'는 의미를 강조함

particularly 무엇보다도(보편적 용어로 '특히')
» especially와 specially의 뜻을 모두 가지며, 같은 뜻인 in particular는 문장 첫머리나 끝에 사용됨

specially 특별하게(특정 의도를 가지고)
» 과거분사와 함께 사용하며, 질이 열등한 것 중에 뽑는 것이 아니라 특정 목적을 표현함

specifically 구체적으로 특히(여러 옵션 가운데)

From this **specially** (OR **particularly**) compiled information folder you can put together your own weekly activity. We recommend **especially** (Or **particularly**) in summer for hiking tours.
이 특별하게 편집된 정보 폴더로부터 당신은 자신의 주간활동으로 조직할 수 있다. 우리는 무엇보다 여름 하이킹 여행에 추천한다.

In particular, the show was awesome and full of energy. The food was excellent, I **especially** (OR **particularly**) enjoyed the seafood which were delicious, fresh.
특히 그 쇼는 멋졌고 에너지가 넘쳤다. 그 음식은 탁월했다, 나는 무엇보다 맛있고 신선했던 해물을 즐겼다.

You can adopt a pet animal **specifically** (OR **especially**, **particularly**) for the purpose of making you more comfortable and emotionally stable.
당신은 애완동물을 입양할 수 있다, 구체적으로 특히 당신에게 더 마음 편하게 해주고 심리적 안정감을 줄 목적으로.

EACH OTHER 서로

each other 서로(둘 사이에)
one another 서로(셋 이상 사이에)
» each other, one another는 현대영어에서는 구분 없이 사용되며 특히 We love each other/one another. 처럼 무한 숫자들일 경우 둘 다 사용함

each 각각(개별적 객체로서)
respectively 각각(앞서 언급된 순서대로)

Be kind and compassionate to **one another**, forgiving **each other**, just as in Christ God forgave you. [Ephesians 4:32]
서로에게 친절하고 불쌍히 여기라, 서로 용서하면서, 그리스도 안에서 신이 너희를 용서하심과 같이.

They carried backpacks weighing about 10kg **each**, and every backpack contained invaluable souvenirs.
그들은 각각 10kg 정도 무게의 배낭을 갖고 있었다, 그리고 모든 배낭은 무한가치의 기념품들을 담고 있었다.

According to a research, students who had only listened to a lecture or had read and summarized a text remembered 5% or 10% of the information, respectively.
- 여기서 respectively는 순서대로 듣기만 한 학생 5%, 읽고 요약한 학생 10%를 가리킴.

연구에 의하면 강의를 듣기만 하거나 교재를 읽고 요약한 학생들은 정보의 5%나 10%를 각각 기억했다.

TRANSPARENT 투명의

transparent 투명의
translucent 반투명의
opaque 불투명의

A transparent object is so clear that you can see through it as if there's nothing there. A translucent object such as a tinted glass allows light to pass through, but you can't see the object behind it clearly because of significant diffusion or distortion. An opaque object such as rock, wood, thick paper allows no light to pass through.

투명한 물체들은 너무 투명해서 거기에 아무것도 없는 것처럼 그를 통해 투명하게 볼 수 있다. 썬팅한 유리와 같은 반투명 물체는 빛을 통하게 하지만 그 뒤의 물체를 볼 수 없다, 현저한 난반사와 굴절 때문에. 돌 나무 두꺼운 종이와 같은 불투명한 물체는 아무 빛도 통과시키지 못한다.

PARENTHESES 소괄호

parentheses/round brackets 소괄호 ( )
braces/curly brackets 중괄호 { }
square brackets 대괄호 [ ]
chevrons/angle brackets 갈매기표

Parentheses are used to clarify meaning to avoid ambiguity or to insert supplemental information without breaking up the flow of the sentence. Braces are far less common than parentheses. Some people use the square brackets to mark off important information in their research paper.
- mark off 구분하다

소괄호들은 모호함을 피하고자 의미를 분명하게 하거나 문장의 흐름을 끊지 않고 보충적인 정보를 삽입하기 위해 사용된다. 중괄호들은 소괄호들보다 훨씬 덜 보편적이다. 일부 사람들은 그들의 연구 문서에 중요 정보를 구분하기 위해 대괄호를 사용한다.

Chevron icons were originally derived from the hind legs of goat, and it is nowadays most often used in complex math problems.
- hind 후방의

갈매기 표시는 원래 양의 뒷다리에서 유래됐다, 그리고 그것은 오늘날에는 복잡한 수학 문제에 종종 사용된다.

10 다의어
MULTI-MEANING WORDS

account n.계정(financial record), 설명(description) Provide a clear account of your action. 너의 행동에 대해 분명하게 설명해. **account for** (~부분을) 차지하다(comprise) These users account for 75% of the Facebook users. 이 사용자들이 페북사용자들의 75%를 차지한다. 설명하다(explain) How do you account for the business's success? 그 사업의 성공을 어떻게 설명하겠나?

address n.주소(location) v.연설하다(speak) He addressed a congratulatory speech. 그는 축사를 했다. ~라고 부르다(call) He addressed her as darling. 그는 그녀를 달링이라고 불렀다.

affair n.바람 피우기(flirtation) He had an affair with another woman. 그는 딴 여자와 바람 피웠다. **affairs** n.공무(public business) Ministry of Foreign Affairs 외무장관

age n.나이(numbers of years) He is about my age. 그는 내 나이 정도다. 시대(era) an age of uncertainty 불확실의 시대 v.노화하다(grow older) Life changes as we age. 노화할 때 삶도 변한다.

allowance n.허용(the act of permitting) Maximum weight allowances is 20 kilograms. 최대 무게 허용치가 20킬로그램이다. 용돈(pocket money) Some parents demand a fixed amount of allowance from each child. 일부 부모는 각 자녀로부터 고정 금액의 용돈을 요구한다.

appearance n.(공개적) 등장(emergence) A cameo role is a brief appearance by a celebrity in a play. 카메오는 유명인사가 극에 깜짝 출연하는 것이다. 외모(mien) The most striking feature of his appearance is ponytail hairstyle. 그의 외모의 가장 눈에 띄는 특징은 말총머리다.

appreciate n.고맙게 여기다(be grateful for) Any feedback would be greatly appreciated. 어떤 조언도 감사할 겁니다. 진가를 인식하다(recognize the true worth of) Amateurs will never really appreciate wine. 비전문가들은 절대 와인을 제대로 알지 못하지.

appendix n.부록(supplement), 맹장 Appendicitis is an inflammation of the appendix. 맹장염은 맹장의 염증이다.

apprehend v.이해하다(comprehend), 체포하다(arrest) An allegedly armed suspect was apprehended. 무장 혐의의 용의자가 체포되었다. **apprehensive** a.두려워하는(fearful) She felt apprehensive about attending her first check-up. 그녀는 첫번째 검진에 참가하는 것을 두려워한다.

apply v.요구하다(request) He applied for refugee status. 그는 난민 지위를 요구했다. 적용하다(relate)

They applied economic sanctions. 그들은 경제 제재를 가했다. 바르다(smear) Apply cream evenly all over your face. 얼굴 전체에 고르게 크림을 바르세요. **apply oneself** 열심히 하다(exert oneself) You need to make sure you apply yourself to your studies. 너는 열심히 공부해야 해.

appropriate a.적절한(proper) appropriate response 적절한 반응 v.착복하다(seize) His image cannot be appropriated by another without his consent. 그의 이미지는 그의 동의 없이 다른 사람에 의해 이용당할 수 없다.

arm n.팔(upper limbo) v.무장하다 Nobody knows who is arming the terrorists. 누가 그 테러범들을 무장시키는지 아무도 몰라. **arms** 무기(weapon) They are supplying arms to the guerrilla. 그들이 그 게릴라들에게 무기를 제공하고 있다.

ask v.묻다(inquire), 요청하다(request) He asked me to open the door. 그는 내게 문을 열어 달라고 했다.

assume v.추정하다(presume), 권좌를 차지하다 (take on) Newly elected president assumed office. 새로 당선된 대통령이 취임했다.

attend v.출석하다(be present at) I attend church regularly. 나는 정기적으로 교회에 간다. 간호하다 (care for) Medics must attend to the wounded. 의료진은 부상자들을 돌봐야 한다.

attribute v.(원인을) ~로 돌리다(ascribe) n.속성 (characteristic) Eye color is an attribute of a person. 사람의 색깔은 독특하다.

back n.등(rear) He turned his back. 그는 등을 돌렸다. ad.뒤쪽으로(backward) I moved back home. 나는 집으로 되돌아갔다. v.지원하다(sponsor) He has fine wife backing him up. 그는 그를 지원해주는 좋은 아내가 있다.

badger n.오소리 v.괴롭히다(pester) Stop badgering me with such talk. 그런 말로 괴롭히지 마.

balance n.균형(equilibrium), 예금잔고 He had a maximum of a $800 balance. 그는 최대 800달러의 예금을 갖고 있었다.

bang n.쾅(clash) Doors don't close quietly. They close with a huge BANG. 문들이 조용히 닫히지 않고 쾅 소리를 내며 닫힌다. 앞머리(fringe) long hair with bangs 앞머리가 있는 긴 머리

bank n.은행(financing company) bank account 은행계좌 저장소(reservoir) blood bank 혈액은행 둑(levee) Vegetation roots stabilize river banks. 식물 뿌리가 강의 제방을 안정시킨다.

bar n.막대기(rod) a bar of chocolate 초크바 술집 (tavern), 법정(court) the prisoner behind the bar 법정의 죄수 v.금지하다(forbid) Rule bars improperly seized evidence from being used at trial. 규정은 부적절하게 채집된 증거를 법정에서 사용을 금한다.

barrel n.술통, 총신(銃身) He put the barrel in his mouth. 그는 총을 그의 입에 넣었다.

bark v.(여우 등이) 짖다 n.나무껍질 The bark serves as a protective layer from the outside world. 나무껍질은 외부로부터 보호층으로 역할을 한다.

benefit v.이익을 보다(profit) n.이익(advantage) Enjoy the benefits of scientific progress. 과학 발전의 이익을 즐기세요. 사회복지금(social security payments) Apply now for benefits. 복지금을 신청하세요.

bet v.내기하다(wager) I'll bet you $10 he is gay. 그가 게이라는 데 10달러 걸지. n.선택사항(option) Avoiding risk is the best bet. 위험을 피하는 것이 상책이다.

betray v.배반하다(stab in someone's back), 드러내다(reveal unintentionally) It betrayed his real identity. 그것이 그의 정체를 무심결에 드러냈다.

bill n.요금(tab) The bill for the meal came to $10. 그 음식값은 10달러였다. 법안(draft law) The bill was passed in parliament. 그 법안은 국회에서 통과되었다. 지폐(bank note) a ten-dollar bill 10달러 지폐 v.요금을 청구하다 Some lawyer bills client $200 an hour. 일부 변호사는 시간당 200달러를 요구한다.

bogey n.보기(골프 용어), 악령(evil spirit) the bogey of inflation 인플레의 악령

board n.판자(piece of wood), 위원회(committee) board of directors 이사회 식사 제공(the provision of regular meals) Free room and board are provided. 숙식이 무료로 제공된다. v.타다(get on) He boarded the train. 그는 기차를 탔다. (장기) 기숙하다(lodge) Children from all over the country boarded in these schools. 전국에서 온 아이들이 이들 학교에 기숙했다.

book n.책(printed work) v.예약하다(reserve) I've booked a table for two. 2인용 좌석을 예약했다.

bound v.점프하다(leap) He came bounding down the stair. 그는 펄쩍펄쩍 뛰면서 계단을 내려왔다. n.경계(boundary) It is not beyond the bounds of possibility. 그것은 가능성의 경계를 넘지 못한다. a.~행(ready to go toward) a plane bound for Moscow 모스크바행 비행기 엮인(obliged) You're bound to feel some discomfort. 넌 불편을 느낄 수밖에 없어.

break v.깨다(shatter), 어기다(violate) n.중지(hiatus) Finally we had a break in the rain. 드디어 비가 그쳤다. 쉼(rest) You need a break. 쉬야겠어. 기회(opportunity) Give him a break, he's only six. 좀 봐줘. 여섯 살이야.

budget n.예산(financial plan) a.저가의(economical) budget airlines 저가 항공사들

cataract n.폭포(a large waterfall), 백내장(a cloudy lens in the eye)

character n.개성(personality) It's not in his character. 그는 그럴 성격이 아니다. 등장인물(dramatis personae) main character 주연 문자(letter) Chinese characters 한자

charge n.요금(fee), 책임(responsibility) Tell someone in charge. 책임자에게 말해. 죄(guilt) a charge of murder 살인죄 v.요금을 청구하다(demand payment) They charged me 2 bucks. 그들은 내게 2달러를 청구했다. 충전하다(store electrical energy) This shaver can be charged from USB port. 이 면도기는 usb 포트로 충전 가능하다. 기소하다(indict for) He was arrested and charged with assault. 그는 체포되어 폭행으로 기소되었다.

champion n.챔피언(winner) v.(주장을) 지지하다(advocate) He championed the value of freedom of expression. 그는 표현의 자유 가치를 지지했다.

change v.바꾸다(convert), 갈아입다(put different clothes on) Change into shorts and tank top because it was so warm. 더워서 반바지와 탱크탑으로 갈아입어. 갈아타다(transfer) There's no need to change trains. 기차를 갈아탈 필요 없어. n.변화(alteration), 거스름돈(money left) You gave me the wrong change. 거스름돈을 잘못 줬어. 동전(coin) He keeps collecting small changes. 그는 동전들을 계속 모은다.

cheat v.속이다(deceive), 바람 피우다(be unfaithful) My ex had been cheating on me. 전 배우자가 바람을 피우고 있었다.

chemistry n.화학, 교감(交感)(rapport) The chemistry between you two is so strong. 둘 사이에 교감이 아주 잘되네.

chest n.가슴(upper body) chest x-ray 흉부 x선, 상자(storage box) All clothes were packed into chests. 모든 옷이 상자 속에 채워졌다.

chicken n.병아리 v.겁먹고 내빼다(refrain from) When it came to be his turn, he chickened out. 그의 차례가 되었을 때 그는 내뺐다.

coinage n.주화(coins), 신조어(newly invented word) The word 'selfie' is a recent coinage. 셀피라는 말은 최신조어다.

commit v.(불법/비행을) 이행하다(do wrongly) I'll never commit any crime. 나는 결코 어떤 범죄도 저지르지 않을 것이다. 약속하다(pledge) The government should commit itself to stability of funding in health care. 정부가 건강 분야에 기금의 안정화를 약속해줘야 한다. 전념하다 Commit yourself to studying successful people. 성공적인 사람들을 연구하는데 전념해. 이송하다(send) The defendant is committed to prison. 그 피고는 교도소로 넘겨졌다.

commitment n.헌신(dedication) You didn't get a promotion because you lack commitment. 넌 공헌의 부족으로 승진을 못했어. 약속(promise)

He reiterated the commitment to fighting terrorism. 그는 테러와 싸우겠다는 약속을 반복했다.

commute v.통근하다(travel to and from work)
He commuted from suburb to downtown. 그는 교외에서 시내로 출퇴근한다. **감형하다**(reduce a judicial sentence) The prisoner's sentence is commuted. 그 죄수의 형은 감형되었다.

company n.회사(corporation), 친교(companionship)
I don't like the company he keeps. 나는 그가 사귀는 사람들을 싫어해. **일행** My dog was very excited having company on walks. 내 개는 산책 갈 때 일행이 있으면 아주 좋아한다.

comprehend v.이해하다(understand)
comprehensive a.포괄적인 comprehensive health insurance 포괄적 건강보험

compromise n.타협(settlement), v.타협하다(meet each other halfway), (명예를) **훼손하다**(undermine) The risk of deceiving to patients can compromise the doctor-patient relationship. 환자를 속이는 결과가 되면 의사와 환자의 관계를 손상시킬 수 있다.

concentrate v.집중하다(focus), **응축시키다**(condense) concentrated milk 응축 우유

concern n.걱정(anxiety) My dad has concerns about his health. 아빠는 건강에 걱정이 많다. **관심사**(area of interest) School violence is a growing concern. 학교 폭력은 증가하는 관심사다. **v.걱정하다**(worry) Everyone is concerned about the coronavirus. 모든 사람이 코로나를 걱정한다. **관계하다**(have to do with) Environmental issues concern us all. 환경 문제는 우리 모두에게 관계가 있다.

conceive v.고안하다(device) The system was conceived. 그 시스템이 고안되었다. **수태하다**(become pregnant) A woman conceived her twins. 어떤 여자가 쌍둥이를 잉태했다.

conduct n.처신(behavior) conduct between man and woman 남녀 사이의 바른 처신 **v.이끌다**(guide) He conducted the experiment. 그가 그 실험을 이끌었다. **전도하다**(transmit) materials for conducting electricity 전도체 **conduct oneself** 처신하다(behave) Improve your etiquette and help you conduct yourself. 예절을 개선하면 처신에 도움이 된다.

confer v.수여하다(award to) An honorary doctorate of law was conferred on him. 명예박사학위가 그에게 수여되었다. **협의하다**(consult) Many lawyers fail to properly meet and confer. 많은 변호사들이 만나 협의하는 데 실패한다.

contract n.계약(agreement) v.계약하다(commit oneself), **수축하다**(shrink) In winter humidity drops and wood contracts. 겨울에 습도가 떨어지고 나무는 수축한다. **감염되다**(become infected with) The doctor has contracted the virus himself. 그 의사가 바이러스에 감염되었다.

conviction n.유죄판결(sentence of guilt) record of previous convictions 유죄판결기록 **신념**(belief) religious convictions 종교적 신념 **확신**(certainty) His argument lacked conviction. 그의 주장은 확신이 부족했다.

coordinate v.조화시키다(harmonize) **coordinates** n.좌표 It's possible to enter coordinates in Google Maps. 구글맵에서 좌표에 들어갈 수 있다.

corporal a.육체의(bodily) corporal(corporeal) punishment 체벌 n.상병(일병private위의) **corporate** a.회사의 n.기업

country n.국가(nation), 시골(a rural area)
I prefer to live in the country instead of bustling cities. 나는 부산한 도시들보다 시골에서 더 살고 싶다.

counter n.계산대(worktable) v.대응하다(respond to) They then countered by filing a lawsuit. 그때 그들은 고소로 대응하였다. a.상응하는(opposing) The president apologized to his French counterpart. 그 대통령은 프랑스 대통령에게 사과했다.

count v.세다(calculate), 고려하다(consider) Part-time workers are not counted as unemployed. 시간제 근로자는 비고용으로 간주되지 않는다. **중요하다**(matter) It's not who you know that counts. It's not who knows you that counts. 중요한 것은 너가 누구를 아느냐가 아니다. 너를 아는 사람이 누구냐다. **count on 의지하다**(rely on) I can always count on you. 난 항상 널 믿을 수 있어.

crush v.**눌러 부수다**(smash) A car was crushed. 어떤 차가 박살났다. n.**홀딱 빠짐**(infatuation) Someone might have a crush on you. 누군가가 네게 홀딱 반할 수 있지.

custom n.**풍습**(tradition) **customs** n.**세관**(governmental agency for collecting tariffs), **관세**(import taxes) No sooner had he left customs than four men surrounded him. 그가 세관을 떠나자마자 4명이 그를 에워쌌다.

date n.**날**(day of the month), **데이트 상대**(partner), **대추야자** Dates are a source of bone-friendly minerals. 대추야자는 뼈에 좋은 미네랄 공급원이다. v.**데이트하다**(go out with), **날짜를 특정하다** The expert can reasonably date the paintings. 그 전문가는 그림들의 날짜를 합리적으로 특정할 수 있다.

decline n.**감소**(reduction) v.**감소하다**(reduce), **사양하다**(refuse politely) I invited him, but he declined. 나는 그를 초대했지만 거절했어.

deliver v.**(물품/연설/판결 등을) 가져다 주다** Such products should be delivered on a daily basis. 그런 물품은 당일 배송되어야 한다. **입원하다** I've delivered to the ER many times. 나는 여러 번 그 응급실에 갔다. **출산하다**(give birth to) My pet cat has delivered a cute kitten. 내 고양이가 새끼를 낳았다. **속죄하다**(redeem) Deliver us from evil. 악에서 구하소서.

deposition n.**선서 증언**(sworn testimony) The videotaped deposition is a true record of the testimony given by the witness. 그 영상 선서 증언은 목격자의 진짜 증언 기록이다. **폐위**(removal from office) dictator's deposition 독재자의 축출 **침전물**(sediment) Rocks were formed by the deposition of silt and sand brought by rivers. 바위들은 강물로 옮겨진 모래와 점토의 퇴적에 의해 형성되었다.

desert n.**사막, 당연한 응보**(comeuppance) He got his just deserts when he was arrested for his crimes. 그가 범죄로 체포되었을 때 그는 당연한 응보를 받았다. v.**버리다**(abandon) He deserted his family. 그는 가정을 버렸다.

diet n.**일상 음식**(meals) vegetarian diets **채식 절식**(fast) I'm on a diet now. 나 다이어트 중이야. **(일본의) 국회**

direction n.**방향**(line) opposite direction 반대방향 **directions 지도**(instruction) You can't get lost if you follow my directions. 내 지시를 따르면 길을 잃지 않아.

dissipate v.**(감정 등 비물질이) 사라지다**(vanish) Her anger dissipated like steam in the cold. 그녀의 화는 추울 때 수증기처럼 사라졌다. **흩어지다**(scatter) The smoke was dissipated by the breeze. 연기는 미풍에 흩어졌다. **탕진하다**(squander) He dissipated his fortune in casinos. 그는 카지노에서 거금을 탕진했다.

dish n.**접시**(plate) Wash dishes. 접시를 닦아. **요리**(cooked food) vegetarian dish 채식

dispose v.**배치하다**(arrange) They disposed themselves in a circle. 그들은 원형으로 둘러섰다. **dispose of** v.**처리하다**(get rid of) Figure out how to dispose of hazardous waste. 위험 쓰레기를 없애는 방법을 생각해봐. **disposed ~경향이 있는** I didn't feel disposed to keep her. 그녀를 보호하고픈 마음이 없었다.

disposition n.**기질**(temperament) a person with a sunny disposition 따스한 기질의 사람 **배치**(arrangement) careful disposition of patients from ED to intensive care units 응급실에서 중환자실로 환자들의 조심스러운 배치

doctor n.**의사**(medical doctor), **박사**(a person who has doctorate) v.**치료하다**(treat), **조작하다**(falsify) Some of documents appear to have been doctored. 문서의 일부가 조작된 것 같다.

draft n.**초안**(a preliminary version) After completing the draft, he stepped back to review and revise the content. 초안을 완성한 후 다시 한 걸음 물러나 내용을 검토하고 수정했다. **선수 선발**(select) He was selected in this year's draft. 그는 올해 선수 선발로 뽑혔다. **징집**(conscription) Only young male men were subject to the draft. 젊은 남자들만 징집된다.

draw v.그리다, (관심 / 물건 / 필요를) 끌어당기다
A woman drew his attention. 어떤 여자가 그의 관심을 끌었다. **n.무승부**(tie) The football game ended in a draw. 그 축구경기는 무승부로 끝났다.

due a.적절한(proper) It is an offence to drive without due care or attention. 적절한 주의 없는 운전은 범죄다. **예정된**(expected) Check when the next buses are due. 다음 버스가 언제 예정되어 있는지 체크해봐. **갚을 빚이 있는**(owed as a debt) Don't forget rent is about to be due. 집세 낼 때가 된 걸 잊지 마. **dues 회비**(membership fee) annual dues 연회비 **due to ~때문에**(because of)

duty n.임무(responsibility), **물품세**(tax) A duty rate of 100% is applied to imports of alcohol beverage. 100%의 물품 세율이 알코올 음료 수입품에 적용된다. **기계의 효율** This tool is heavy duty for use in extreme conditions. 이 공구는 극조건에서 사용 내구성이 좋다.

elaborate a.정교한(detailed) v.상세설명하다
He refused to elaborate further. 그는 깊은 설명을 거부했다.

element n.요소(component) **be in element 적성에 맞다** Doing wood work, he was in his element. **elements n.악천후**(bad weather) Your house must be well prepared to handle the elements. 당신은 악천후에 잘 대비해야한다.

espouse v.결혼하다(marry) The angel was sent to a virgin espoused to a man whose name was Joseph. 그 천사가 요셉이라 하는 자에게 정혼된 처녀에게 보내졌다. (이념 / 생활방식 등을) **수용하다**(adopt) He does not espouse the theory. 그는 그 이론을 받아들이지 못한다.

execute v.실행하다(carry out) He drew up and executed a plan. 그가 계획을 세우고 실행했다. **처형하다**(put to death) A prisoner was executed for treason. 한 죄수가 반역죄로 처형되었다.

excuse n.변명(pretext) v.변명하다(justify), **실례하다**(release) I have to excuse myself and go out of the room. 실례해야겠네요, 좀 나갈게요.

exploit v.이용하다(utilize) We need to exploit our natural resources. 우리는 자원을 이용해야한다. **이용해먹다**(take advantage of) Some managers exploit dedicated workers. 일부 관리자들은 헌신적인 노동자들을 착취한다. **n.업적**(accomplishment) He narrated the exploits of his ancestor. 그는 선조의 업적을 말했다.

fall v.떨어지다(drop down), **넘어지다**(collapse)
He tripped over a sandbag and fell on stage. 그는 모래주머니에 걸려 무대에서 넘어졌다. **n.몰락**(downfall), **폭포**(waterfall), **가을**(autumn)

fast a.빠른(swift), **충실한**(loyal) They remained fast friends for nearly 60 years. 그들은 거의 60년 동안 충실한 친구로 남았다. **고착된**(fixed) He made the rope fast to a tree. 그는 밧줄을 어떤 나무에 꽁꽁 매달았다. **v.금식하다**(abstain from food) Intermittent fasting is good for your health. 간헐적 금식은 건강에 좋다.

feature n.특징(characteristic), **특집 기사**(special article) v.특집으로 다루다(take important part in) The exhibition featured abstract paintings. 그 전시회는 추상화를 특집으로 한다. **주연으로 삼다**(play a leading role in) The movie features some of popular actors. 그 영화는 인기있는 배우들을 주연으로 한다.

figure n.표(chart) See Figure 7. 7번표를 보세요. **통계수치**(statistic) inflation figure 인플레 수치, (~자리) **숫자**(digit) six-figure salary 6자리 숫자의 월급 **자태**(shape) She has a beautiful figure and a lovely face. 그녀는 예쁜 자태와 사랑스런 얼굴이다. **유명인사**(celeb) Shadowy foreign figures influence presidential appointment. 의심스러운 외국 인사들이 대통령의 임명에 영향을 미친다. **v.생각하다**(suppose)
I figured it out! 생각해보겠다.

fine a.좋은(all right), **가는**(thin) Her long thick hair became fine. 길고 굵은 그녀의 머리가 가늘어졌다. **정교한** exquisitely fine silk 아주 정교한 실크 **고순도의** (containing a high proportion of pure metal) fine gold

고순도 금 v.벌금을 받다(impose a fine on) He was fined for speeding. 그는 과속으로 벌금을 받았다. n.벌금(financial penalty)

fishy a.물고기 같은(fishlike), 의심스러운(suspicious) There's something fishy going on here. 여기 좀 수상한데.

fix v.고정시키다(fasten) It's fixed on the wall. 그것은 벽에 붙여졌다. 결정되다(decide on) The date has not been fixed. 날짜가 정해지지 않았다. 수리하다(repair) If something is broken, we get it fixed. 뭐가 고장 나면 우리는 그것을 고친다.

flank n.옆구리(side) v.측면을 공격하다 He was flanked by an armed guard. 그는 무장호위병에의해 옆구리 공격을 받았다. **flank speed** 선박의 최고 속도

flat a.평평한(horizontal) flat shoes 굽없는 신발 김빠진(bland) When a fizzy drink is bubbling, it's in the process of going flat. 탄산음료가 거품이 날 때 그것은 김이 빠지는 과정이다.

fly v.날다(wing) Rumors are flying. 소문이 퍼지고 있다. n.파리(a small flying insect), 바지 지퍼(pants' zipper) Hey, your fly's undone! 야, 대문 열렸어.

floor n.마룻바닥 Don't sit on the floor. 마룻바닥에 앉지 마. (건물 내부의) 층 I'm on the third floor of the building. 나는 그 건물 3층에 있어.

fork n.포크, 두 갈래 길(two roads) Keep right at the fork. 갈림길에서 오른쪽으로 가세요. v.두 갈래 길로 나뉘다(bifurcate) Turn left and continue to the next junction where the road forks. 좌회전하여 길이 두 개로 나뉘지는 다음 교차로까지 계속 가세요.

fortune n.행운(serendipity), 큰돈(big money) He lost a fortune gambling. 그는 노름으로 큰돈을 잃었다.

forward adv.앞으로(ahead) Put your car in first gear to move forward. 전진하려면 1단 기어를 넣으세요. v.전송하다(pass on) Your emails get forwarded to others. 당신의 메일은 다른 사람에게 전달되었다.

frequent a.빈번한(persistent) frequent visitor 단골방문객 v.단골로 하다(hang out at) The bar was frequented by locals. 그 술집은 지역인들이 단골로 다녔다.

give away v.공짜로 주다(bestow) Give your old clothes away to your local charity. 낡은 옷들을 지역 자선단체에 줘버려. (정보를) 드러내다(betray) Her flushed face gave away her embarrassment. 그녀의 벌개진 얼굴이 당황함을 드러냈다.

good a.좋은 n.선(righteousness) good and evil 선악 이익(profit) for the good of all mankind 전인류의 이익을 위하여 **goods** n.상품(merchandise) luxury goods 사치품

graze v.방목하다 Their cows are grazing in the open meadow. 그들의 소들은 방목하고 있다. 할퀴다(scrape) A bullet grazed the ear. 총알이 귀를 스쳤다.

ground n.땅(earth), (특수목적의) 장소 fishing grounds 낚시터 v.외출금지하다(prohibit to go out) A flight was grounded for hours after a threatening note was found. 한 비행기가 협박 쪽지가 발견된 후 여러 시간 동안 이동 금지되었다.

grand a.웅장한(magnificent), 심각한(serious) grand theft 중절도 한 세대 차이(one generation) grand grand father 증조할아버지 n.천 달러(a thousand dollars) I can get the five grand. 나는 5천 달러를 벌 수 있다.

hand n.손, 도움(help) v.넘겨주다(pass) He handed it to me. 그는 그것을 내게 넘겨줬다.

handout n.자선(charity) Refugees rely on handouts and humanitarian aid. 난민들은 동량과 인도적 지원에 의지한다. 출력물(printed matter) Distribute your handout before your presentation. 발표 전에 프린트 물을 분배해.

hang up v.전화를 끊다 He started shouting at me, so I hung up on him too. 그가 내게 소리지르기 시작했고 나도 전화를 확 끊었다. **hang-up** n.콤플렉스(complex) He has a little hang-up about being bald. 그는 대머리인 것에 약간 콤플렉스를 갖고 있다.

harbor n.항구(port) v.(범죄자를) 숨겨주다 Harboring a fugitive is a criminal offense. 도피자를 숨겨주는 것은 중범죄이다.

handy a.능숙한(skillful) He was a very handy man who could fix anything. 그는 모든 것을 고치는 재주꾼이다. 가까이에 있는(near at hand) Keep soft tissues handy to wipe runny noses. 콧물을 닦기 위해 휴지를 가까이에 두세요.

harness n.마구(馬具) v.마구를 채우다, 이용하다 (exploit) Solar power works by harnessing sunlight. 태양광은 햇빛을 이용하여 작동한다.

house n.집, 미국 하원(US House of Representatives) v.소장하다(contain) The museum houses a large collection of antique. 그 박물관은 수많은 고물품을 소장하고 있다.

head n.머리, 코인의 앞면 When you flip a coin, the odds of heads or tails are 50/50 chance. 동전을 던져 앞면과 뒷면이 나올 확률은 50 대 50이다. a.주요한(principal) head coach 헤드 코치 v.(~로) 향하다(move forward) He headed straight for the exit. 그는 곧바로 비상구로 향했다. 전지하다(behead) The tree is headed. 그 나무는 전지된다.

iron n.철 Iron rusts, meaning it oxidizes. 철은 녹슨다, 산화된다는 의미의. 다리미 a steam iron 스팀 다리미 v.다림질하다 After washing, the laundry is ironed. 세탁 후 세탁물은 다림질된다.

idle a.게으른(lazy) v.공회전하다(leave your car engine on, tick over) An idling engine causes more pollution. 엔진 공회전은 오염을 더 일으킨다.

impenetrable a.침투할 수 없는(impassable) impenetrable barrier 뚫을 수 없는 장벽 이해불가의(incomprehensible) impenetrable jargon 이해불가의 전문용어

implicate v.은유하다(imply) Her comment implicated that she didn't want any. 그녀의 말은 아무것도 원하지 않는다는 것을 암시한다. 연루되다(involve in) He was implicated in a scheme to smuggle drugs. 그는 마약을 밀수하는 계획에 연루되었다.

implement n.도구(tool) farm implements 농기구 v.실행하다(execute) The new rules must be fully implemented. 새로운 규칙이 전적으로 실행됨이 틀림없다.

incorporate v.포함하다(include), 법인을 만들다 (make a company into a legal corporation) The company was incorporated. 그 회사는 법인이 되었다.

industry n.산업(economic activity) manufacturing industry 제조업 근면(diligence) He was a model of industry and honesty. 그는 근면과 정직의 표상이었다.

instrumental a.악기로 연주되는 instrumental music 기악곡 영향력 있는(influential) Women are more instrumental in rearing their children than their husband. 여자들이 자녀를 기르는 데 남편보다 더 영향력이 있다.

interest n.관심(attentiveness), 이자(profit) They offer higher interest rates than traditional fixed savings accounts. 그들은 기존고정저축계좌보다 더 높은 이율을 제시한다.

issue v.발급하다(supply) A new license has been issued. 새로운 자격증이 발급되었다. 나오다(come out) Foul smells issued from it. 악취가 거기서 나왔다. n.화젯거리(topic) the issue of compulsory vaccination 강제 접종 이슈

justice n.정의(fairness), 판사(especially a judge of the Supreme Court) Nine Justices make up the current Supreme Court. 9명의 대법관이 현 대법원을 구성한다.

kid n.아이(child) v.놀리다(tease) No way, you're kidding, you're pulling my leg. 절대 아니야, 농담이지? 놀리는 거지?

lame a.다리를 저는(limping) lame dog 자리를 저는 개 썰렁한(implausible) lame joke 썰렁한 농담

land n.육지(terra) Drilling for oil at sea is much more expensive than on land. 바다에서 기름 뚫는 것은 육지에서보다 훨씬 비싸다. 나라(country) Stay in this land 이 땅에 있어라. v.착륙하다(touch down) The air-

MULTI MEANING WORDS **403**

craft landed at its final destination. 그 비행기는 마지막 목적지에 착륙했다. **상륙하다**(disembark) The Marines landed at Inchon. 해병대가 인천에 상륙했다.

last a.마지막의 The last thing I want to do is to visit the doctor. 내가 가장 원치 않는 것은 의사를 만나는 거야. ad.마지막으로 It had been a couple of years since I had last seen him. 내가 그를 마지막 본 지 수 년이 지났다. v.계속되다(continue) The meeting lasted for 20 minutes. 모임은 20분 동안 계속되었다.

late ad.늦은(delayed) late at night 밤늦게 a.돌아가신(deceased) my late dad's grave 돌아가신 아빠의 무덤

leave v.떠나다(go away), 남기다(allow to remain) A note was left. 메모가 남겨졌다. n.휴가(holiday) I took a leave of absence. 나 휴가 냈어.

letter n.편지(written message), 글자(alphabetical character) capital letter 대문자 v.글자를 새기다(inscribe writing on) The bottle is lettered in gold. 병은 금으로 글자가 새겨 있다.

litter a.새끼(brood) a litter of kitten 고양이 새끼들 쓰레기(refuse) About two percent of fast food packing ends up as litter. 패스트푸드 포장지의 2%가 쓰레기가 된다. v.어지럽히다(mess up) You will be fined for littering and walking away. Don't be a litterbug. 어지르고 가버리면 벌금 받아요. 어지르는 자가 되지 마세요.

limp v.다리를 절다(hobble) My dog is limping, holding one leg up. 내 개가 한 다리를 들고 다리를 전다. a.축 늘어진(drooping) Limp handshake leaves bad impression. 흐물흐물한 악수는 나쁜 인상을 남긴다.

liquor n.액체(liquid), 독주(distilled spirits) I drink wine and beer but no liquor. 나는 와인과 맥주는 마시지만 증류주는 안 마신다.

loaf n.빵(chunky bread) two loaves of bread 빵 두 개 v.빈둥거리다(idle) He spends time lazily loafing about and hanging out. 그는 빈둥거리고 싸돌아 다니며 시간을 보낸다.

locate v.자리 잡다(situate) The car is located in the car park. 그 차는 주차장에 위치한다. **위치를 찾아내다**(track down) Police use a drone to locate a suspect. 경찰은 용의자를 찾기 위해 드론을 사용한다.

long a.긴(lengthy) for a long time 장기간 동안 v.갈망하다(yearn) He longed for something more challenging. 그는 좀더 도전적인 것을 원했다.

magazine n.잡지(publication with popular interest), 탄창 The machine gun have a curved magazine. 그 자동 총은 곡선 탄창을 갖고 있다. **병기고**(arsenal) ammunition magazines 탄약 창고

maintain v.유지하다(sustain) They decide to maintain the strong partnership. 그들은 굳건한 협력관계를 유지하기로 했다. **관리하다**(keep in good condition) Tenants are responsible for maintaining the rental property. 임차인들은 임대 부동산 관리 책임이 있다. **주장하다**(assert) Prisoners maintain their innocence while imprisoned. 재소자들은 투옥 중 무죄를 주장한다.

major a.중요한(crucial) Sugar is a major cause of tooth decay. 설탕이 치아 부식의 주요 원인이다. n.소령(captain위 lieutenant colonel 아래 계급인) v.전공하다(specialize in) He majored in physics. 그는 물리학을 전공했다.

make up v.조작하다(fabricate) Making up a tall tale is fun. 엉뚱한 얘기를 지어내는 것은 재미있다. **구성하다**(comprise) Water makes up the majority of our bodies. 물은 우리 몸의 대부분을 구성한다. **보상하다**(compensate) They'll make up for the money you lose. 그들이 당신이 손해 본 돈을 보상할 거야. **조립하다**(assemble) Make up a list of tasks. 과제 목록을 만들어봐. **화해하다**(be reconciled) We argue often, but we always make up. 우리는 종종 다투지만 항상 화해한다. **화장하다**(apply cosmetics) If you are sad, make yourself up, dress up. 슬프면 화장을 하고 쫙 빼 입어.

manifest v.보여주다(demonstrate) The labor union manifested their dissatisfaction through a series of strikes. 노조는 시위를 통해 그들의 불만을 드러냈다. n.적하목록 / 승객명단 Flight manifest 탑승자 명단(=passenger list)

matter n.문제(problem), 물질(material) v.중요하다(be important) It matters who you are. 당신이 누구인지가 중요하다.

match n.성냥, 시합(contest) v.협동하다(coordinate with) Passwords do not match. 비번이 맞지 않다.

mean v.의미하다 a.비열한(despicable) The meanest man who ever lived. 역대 가장 비열한 남자 **means** n.재물(resources) He didn't have the means to pay it back. 그는 갚을 돈이 없었다. 수단(method) The end justifies the means. 결과가 수단을 정당화한다.

measure n.자(scale), 조치(a plan of action taken) counterterrorism measures 대테러 조치 v.측정하다(calculate) The device measures your heart rate. 그 기구는 심박수를 측정한다.

miss v.놓치다(fail to do) I miss breakfast. 조반을 놓쳤다. 없어서 아쉬워하다 I really missed her. 그녀가 정말 아쉽다. 가까스로 피하다 The bullet missed his heart by two inches. 총알이 2인치 차로 심장을 피했다.

mock v.조롱하다(ridicule) They mock his physical deformities. 그들은 그의 신체 불구를 놀렸다. a.가짜의(fake) She widened her eyes in mock surprise. 그녀는 거짓으로 놀라며 눈을 휘둥그렇게 떴다.

moonlight n.달빛 v.부업을 하다 He moonlighted as a taxi driver. 그는 택시운전으로 부업을 했다.

muzzle n.주둥이(snout), 재갈(gag) Train your dog to wear a muzzle. 개에게 입마개를 씌우는 훈련을 시키세요. 총구(the front end of a firearm's barrel) Muzzle of gun in his hand was pointed at camera. 손에 든 총구가 카메라를 향하고 있었다. v.재갈을 씌우다(put gag on) They'll continue to muzzle the press. 그들은 계속 언론에 재갈을 물릴 것이다.

nurse v.간호하다(care for) She nurses at the hospital. 그녀는 병원에서 간호한다. 모유 수유하다(breastfeed) Babies are healthiest if nursed for at least one year. 유아는 적어도 1년 동안 모유 수유하면 가장 건강하다.

nursery n.탁아소(daycare center), 종묘장 Look around our plant nursery! 우리 묘목장을 둘러보세요.

object v.반대하다(oppose) A lot of people object to what I do. 많은 사람들이 내가 하는 일을 반대한다. n.물건(thing) a solid object 단단한 물건 대상물(target) Money is no object. 돈이 목적이 아니다.

operation n.작용(functioning) The regulations will come into operation. 규제가 작동될 것이다. 작전(maneuver) rescue operation 구조 작전 수술(surgery) bypass operation 관상 동맥 우회 수술

order n.주문(purchase order) May I take your order? 주문하시겠어요? 명령(command) A soldier must obey orders. 군인은 명령을 복종해야 한다. 순서(sequence) They lined up in order of age. 그들은 나이 순으로 줄을 섰다. 질서(control) You're trying to keep order, but your wife has other ideas. 당신은 질서를 유지하려고 하는데 당신 부인은 딴생각을 하고 있어. 체계(system) a new world order 신세계질서 v.주문하다(request), 명령하다(command)

organic a.장기의(relating to organs) an organic disease 내장 질병 유기농의(natural) organic food 유기농 음식

oversight n.(간과한) 실수(mistake) Through some unfortunate oversight, it was sent unsigned. 불행한 실수로 사인 없이 발송되었어요. 감시(supervision) More government oversight is crucial. 더 많은 정부의 감시가 중요하다.

park n.공원(public garden) v.주차하다(leave a vehicle temporarily) parking lot 주차장

party n.사교 파티(social gathering), 정당(political party) the party's election strategy 당 선거 전략 당사자(participant) third party 제3자

patient n.환자 a.인내하는(tolerant) God is tolerant and patient, but not forever. 신은 참고 인내하지만 영원히는 아니다.

peer v.자세히 보다(pry) She peered into his face. 그녀는 그의 얼굴을 뚫어지게 보았다. n.동년배(person of the same age) Peers are friends or co-workers with whom you interact. 동년배는 상호작용하는 친구

나 동료들이다.

pen n.펜(writing instrument), 교도소(penitentiary) I have done my time in the state pen, but they haven't let me out. 나는 주 교도소에서 만기를 채웠는데 내보내 주지 않았어. 우리(stall) There might not be any sheep in the pens. 우리에 양들이 없을 수도 있다.

period n.기간(time interval) a six-month period 6개월의 기간 생리(menstruation) period pains 생리통 끝!(used to express the opinion that a decision is final) I forbid you to do this, period! 이거 하지 말라고, 토 달지 마!

personality n.성격(temperament) engaging personality 적극적인 성격 인물(celebrity) He visited fellow television personality. 그는 동료 TV 유명인사를 방문했다.

physical a.물질의(substantial), 신체의(bodily), 물리학의(relating to physics) n.신체검사(Health check-up) A full physical every other year is recommended. 격년으로 전신 신체검사가 추천된다.

plant n.식물(vegetation), 공장(factory) solar power plant 태양광 발전소 간첩(agent) He was a plant or a snitch. 그는 간첩이 아니면 정보원(informant)이었다.

position n.위치(location) What position do you play in football? 축구할 때 어디에서? 일자리(job) He resigned his current position, then applied for other jobs. 그는 현재 일자리를 그만두고 다른 자리에 응모했다. 입장(stance) They in no way represent the company's position on the issue. 그들이 결코 그 문제에 대해 회사의 입장을 대표하지 않는다. 상태(situation) Improve your financial position. 재정상태를 개선해. 자세(posture) fetal position 태아의 자세

practice n.관습(customary procedure) Many of these ideas will not work in practice. 이 안들은 실제로는 무효할 것이다. 연습(repeated exercise) Speaking well in English takes a lot of practice. 영어를 잘하려면 많은 연습이 필요하다.

precipitate v.촉발하다(provoke) They are hoping to precipitate a revolt. 그들은 반란을 촉발하고 싶어한다. 침전되다(be deposited) Ions will precipitate first. 철이 먼저 침전된다. **precipitation** 강수량, 침전(중력에 의한 침전인 sedimentation과는 달리 화학적 반응에 의한)

preposition n.제안(proposal) bespoke investment proposition 맞춤형 투자 제안 v.유혹하다(make sexual advances to) Many youths are propositioned to trade sex. 많은 애들이 성을 팔도록 유혹받는다.

present a.현재의(current) my present address 현재의 주소 참석하고 있는(attending) His whole family was present. 그의 모든 가족이 참석했다. v.제출하다(offer) He presented the report to the committee. 그는 위원회에 보고서를 제출했다. 소개하다(introduce) He presented himself as the savior of all mankind. 그는 자신을 인류의 구원자로 소개했다. n.선물(gift) birthday present 생일 선물. 현재(today) That's all for the present. 오늘은여기까지

prone a.상처받기 쉬운(vulnerable) He is prone to becoming upset about trivial things. 그는 사소한 일에 화를 내기 쉽다. 엎드린(prostrate) Being in the prone position means lying flat on your stomach. 엎드린 자세란 배를 깔고 엎드리는 것이다.

prune v.전지하다(trim) Roses should be pruned during late winter. 장미는 늦겨울에 가지치기해야 한다. n.건자두(dried plum) Prunes are rich in fiber and more nutrient-dense than fresh plums. 건자두는 생자두보다 섬유질이 풍부하고 영양 밀도가 높다.

process n.과정(procedure) aging process 노화 과정 v.가공하다 Processed cheese contains preservatives. 가공된 치즈는 방부제를 포함한다. 인화하다(print a picture) I need to get these films processed. 나는 이 필름들을 인화하려고.

produce v.생산하다(manufacture) Dairy goods are produced locally. 유제품이 지역에서 생산된다. n.농산물(foodstuff) agriculture produce 농산물

property n.소유물(possessions) personal property 개인 물품 물질의 특성(characteristic) Thermal expansion is a material property. 열팽창은 물질의

특성이다.

promotion n.홍보(marketing) advertising and promotion 광고와 홍보 승진(step up the ladder) He has been offered a promotion. 그는 승진을 제시받았다.

provision n.제공(providing) provision of healthcare 의료서비스 제공, (비상 물자/대손충당금 등의) 준비 You should make provision for your family before accident. 사고 전 가족용 비상 물품을 준비해야 한다. 조건(stipulation) He accepted the job offer with the provision that they'd pay for relocation expenses. 회사가 이사 비용을 지불한다는 조건으로 채용 제의를 받아들였다.

pupil n.학생(student), 눈동자 The pupils of our eyes contracts in bright light. 눈동자는 밝은 빛에서 수축한다.

purse n.핸드백(handbag) v.입을 오므리다(pucker) A disgusted woman wrinkled nose and pursed lips. 어떤 역겨운 여자가 코를 찡그리고 입을 오므렸다.

quench v.만족시키다(satisfy) Drinking water is best to quench your thirst. 물을 마시는 것이 갈증 해소에 최고다. 불을 끄다(extinguish) Pray for rain to quench the flames. 불을 끌 수 있는 비를 기도하세요.

quarter n.25cent, 분기 second quarter 2분기 4등분 Cut the whole orange into quarters. 오렌지를 4등분해라. 구역(district) business quarter of the city 시의 비지니스 구역

refrain v.자제하다(abstain) Please refrain from cell phone use. 폰 사용을 삼가해주세요. n.후렴(chorus) Each year we hear the same refrain from the unions, "We want more." 노조로부터 "더 줘"라는 똑같은 후렴을 매년 들었다.

relationship n.인척(family ties) relationship with my uncle 삼촌과 인척 관계 상관관계(connection) relationship between poverty and health 빈곤과 건강 사이의 연관 연인 관계(love affair) I've never been in a serious relationship before. 나는 한번도 연애를 해보지 않았어.

relieve v.안도하게 하다(alleviate), 용변보다(urinate/defecate) Teach your dog to relieve itself in a specific place. 개가 특정 장소에서 용변 보도록 가르쳐라.

reservation n.예약(booking), 보호구역(preserve) Indian reservation 인디언 보호구역 reservations 주저(hesitation) She has no reservations about marrying him. 그녀는 그와 결혼하는 데 주저함이 없다.

resignation n.사직(quitting) He submitted his resignation. 그는 사직서를 제출했다. 체념(desperation) "Fine," he said, turning back to his boring job with a sigh of resignation. 그는 체념의 한숨과 함께 지루한 직업을 돌아가면서 "좋아"라고 했다.

resort n.리조트(tourist center) resort to v.불법에 의존하다(turn to) You may resort to alcohol to cope with your anxiety, depression. 당신은 걱정, 우울증과 싸우느라고 알코올에 의존하겠지.

respect v.존경하다(admire deeply) n.존경(esteem), 특정 관점(aspect) Nothing has changed in this respect. 이런 면에서는 아무것도 변하지 않았다. **respectively** ad.(순서대로) 각각 Tom and Andy are aged 7 and 9 respectively. 톰과 앤디는 각각 일곱 살과 아홉 살이다.

resume v.재개하다(restart) Airstrikes were resumed after a brief pause. 공습이 잠시 멈추다가 재개되었다. ré·su·mé [rezə,meɪ] 자소서(biography) impressive résumé 인상적인 자소서

rough a.거친(coarse) rough language 거친 언어 rough it v.노숙하다(camp out) I spent my vacation, roughing it in a tent. 텐트에 노숙하면서 휴가를 보냈다.

round adj.둥근(circular) Square peg in a round hole. 둥근 구멍에 사각말뚝. n.일주(taking a trip) The night watchman made his rounds every hour. 야간 경비는 매시간 한 바퀴를 돌았다. 1발(one shot) He fired two rounds. 그는 두 발을 쏘았다.

sanction n.제제(prohibition) When a norm is violated, sanctions are imposed. 규정을 위반하면 제제가 부과된다. 허가(permission) He tried to get official sanction for the idea. 그는 그 제안에 대해 공식적인 허가를 얻으려 했다.

save v.저축하다(set aside) Set up a new savings account. 새 저축 구좌를 개설해. 저장하다(reserve) Make sure to save the data. 자료를 꼭 저장해. 구조하다(rescue) The doctor saved his life. 그 의사가 그의 생명을 구했다. 절약하다(be thrifty) You will save time if you drive. 운전하면 시간절약 될 것이다. **save (for) prep.** (~를) 제외하고 (except/but for) The building was empty save for the refrigerator. 그 건물은 그 냉장고를 제외하고는 텅 비어 있었다.

scramble v.재빨리 대처하다 He scrambled out of bed and into his clothes. 그는 잽싸게 침대에서 나와 옷을 입었다. (전투기 / 함정을) 긴급발진하다 Military jets scrambled due to unresponsive plane. 군 제트기가 응답하지 않는 비행기 때문에 긴급 발진했다. n.계란 스크램블

season n.계절 v.양념 치다(add spice/herb) Taste before you season with salt and pepper. 소금과 후추로 양념 치기 전에 맛을 봐.

second num.둘째(following) n.초(秒) v.지지하다(approve) The motion was proposed and seconded. 동의안이 제안되고 승인되었다.

sentence n.문장 v.(형을) 선고하다 He has been convicted and sentenced to death for a crime he committed. 그는 유죄평결을 받고 그가 저지른 범죄로 사형을 선고받았다.

sense n.감각(perception) My cold is so bad I've lost my sense of taste. 감기가 너무 심해 미각을 잃었다. 의미(meaning) The word has two senses. 그 단어는 두 의미를 갖고 있다. v.감지하다(perceive) I sensed her anger. 나는 그녀의 분노를 감지했다.

ship n.배(vessel) v.운송하다(transport) They will ship purchases to any address. 구매 상품은 어느 주소로든 배송됩니다.

shower n.샤워, 소나기(downpour) Scattered showers will be possible today. 오늘 산발적 소나기가 예상된다. (결혼전/출산전)파티 baby shower 출산전 파티

single a.한 개(only one) a single visit 단 한번의 방문 미혼의(unmarried) a single mother 미혼모 n.개인(an individual), 단식게임 v.선정하다(pick out) They are singled out for unfair treatment. 그들이 부당한 대우를 위해 선별되었다.

skin n.피부 v.피부를 까다 He skinned his knee sliding into second base. 그는 2루로 슬라이딩하면서 무릎을 깠다.

skirt n.치마 v.돌아가다(go around) I didn't go through the crowd but skirted it. 나는 군중 속으로 들어가지 않고 돌아갔다.

soil n.흙(earth) v.더럽히다(make dirty) The clothes are soiled with body fluids such as urine, feces blood, vomit. 그 옷들은 소변, 대변, 피, 토한 것 등의 체액으로 더럽혀졌다.

solvent n.용제(溶劑) v.지불능력 있는 When a business is solvent, it's not likely to declare bankruptcy. 한 기업이 지불능력이 있을 때 부도를 선언하지 않을 것이다.

sound n.소리(resonance) a.건전한(healthy) sound advice 건전한 조언 v.소리가 나다 The alarm sounded. 알람이 울렸다. ~인 것 같다(appear to) It sounds interesting to me. 흥미 있는데.

speculation n.추측(guess) Speculation swirls after resignation of the CEO. 최고경영자의 사임 후 추측이 난무한다. 투기(gamble) Speculation is for those who hope to make a quick profit, while investors aim to make money in the future. 투기는 빠른 수익을 얻으려는 사람에 대한 것이고 투자자는 미래 수익을 목표로 한다.

spell n.철자, 특정 날씨의 기간 a cold spell in autumn 가을 한파 주문(magic) The magician cast a spell on him. 마술사가 그에게 주문을 걸었다. v.철자하다 He spelled out his name. 그의 이름을 철자로 불렀다.

sport n.스포츠 v.즐겁게 놀다(amuse oneself), 착용한다(wear a noticeable item) The detainees were sporting fiery orange jumpsuits. 구류자들은 진오랜지색 죄수복을 입고 있었다.

spring n.봄, 용수철 v.튀어오르다(bound) The lid of the box sprang up off the crate. 박스의 뚜껑이 상자 밖으로 튀어올랐다.

spirit n.영혼(soul), 정신(beliefs/principles) a symbol of our nation's enduring spirit 우리 나라의 영원한 정신의 상징 독주(strong liquor) A distilled spirit is an alcoholic beverage. 증류된 독주는 알코올음료다.

state n.상태(condition) the state of his business' finances 사업 재정 상태 국가(country) They're receiving financial assistance from the state. 그들은 국가로부터 재정 지원을 받고 있다. v.진술하다(express) The union stated they were disappointed with the proposal. 노조는 그 제안에 실망했다고 했다.

station n.역(deport) v.주둔하다(garrison) U.S. troops were stationed in the Middle East. 미군이 중동에 주둔 되었다.

story n.이야기(tale), (외부에서 보이는)층 The fire broke out on the third floor of a six-story building. 불은 6층 건물의 3층(영국식은 4층)에서 났다.

straight ad.직진하여(directly), 똑바로(upright) Your bow tie is crooked, and I can't get it straight. 나비 타이가 구부러졌는데 똑바로 할 수 없어. a.정상인의(heterosexual) GAY OR STRAIGHT, IS IT A CHOICE?게이냐 정상이냐? 그것이 선택사항인가?

strike v.때리다(beat), (재난/질병이) 닥치다(afflict) Earthquake struck. 지진이 일어났다. 생각나다(come to mind) It just struck me that it looked like a painting. 그것이 어떤 그림 같다는 생각이 들었다.

stuff n.물건(things) camping stuff 캠핑용품 v.빡빡히 채우다(fill) Don't stuff yourself with unhealthy food. 불량식품으로 포식하지 마.

submit v.제출하다(hand in) I have submitted a proposal by mistake and withdrew it. 실수로 제안서를 제출했다가 철회한 적이 있다. 복종하다(be subject to) You cannot resist Satan's temptations until you have first submitted to God. 먼저 하나님께 복종할 때까지는 사탄의 유혹을 뿌리칠 수 없다.

substantial a.상당한(significant) a substantial amount of cash 엄청난 돈 기본적인(fundamental) A substantial change is a big change. 근본적인 변화가 큰 변화다.

subject n.주제(theme), 주어(main components of a clause), 피실험자(participant) Each subjects are asked to respond. 각각의 피실험자들이 응답하도록 요청되었다. v.복종하다(submit to) **be subjected to ~에 종속되다** The city had been subjected to Roman rule. 그 도시는 로마의 지배를 당해왔다. a.종속적인(hanging on) **be subject to ~에 종속적이다** Many celebrities are subject to press scrutiny. 많은 유명인사들은 언론의 검증을 받을 수밖에 없다.

suit n.정장(dress), 민사소송(lawsuit) libel suit 명예훼손소송 v.어울리다(look attractive on) The outfits didn't suit her body type. 그 옷은 그녀의 몸매에 어울리지 않아요. 적합하다(be convenient for) For more details please send a text if it suits you. 상세한 것을 원하면 편리할 때 문자를 주세요.

suppose v.가정하다(assume) I suppose he is busy. 그가 바쁜것같아. ~하기로 되어 있다(be expected to do) My flight was supposed to depart at 2:30. 비행기가 2시 반에 출발하기로 되어 있었다.

swallow n.제비 v.삼키다(gulp down) Take a sip of water but don't swallow. 물을 조금 마시지만 삼키지는 마. 참고 견디다(tolerate) She would swallow her anger. 그녀는 화를 참을 것이다.

swear v.맹세하다(promise under oath) He swore not to tell anyone my secret. 그는 누구에게도 내 비밀을 말하지 않겠다고 맹세했다. 욕하다(curse) "F**k you" he swore viciously. 그는 심하게 욕했다.

sweet a.즐거운(pleasant) sweet melody 즐거운 멜로디 단(sugary) My drink just isn't sweet or flavorful enough. 내 음료는 달거나 향이 충분하지 않아요.

tall a.키큰(high) He is over six feet tall. 그는 키가 6피트가 넘는다. 실행 불가의(impossible) It's a tall order to fill 실행될 수 없는 주문이다.

table n.탁자(desk), 표(chart) as displayed in Table 1 표1에서 보이는 대로

temple n.신전(place of worship), 관자놀이(the soft spots between the eyes and the ears)

tend v.~하는 경향이 있다(be inclined to) She tends to get cold easily. 그녀는 쉽게 감기에 걸리는 편이다. 돌보다(look after) plants tended or cultivated in home gardens 집 정원에서 관리되고 재배되는 식물

term n.용어(word) legal term 법률 용어 기간(period) You can choose finance term 24 months. 24개월 할부를 선택할 수 있다. 상관관계(mutual relationship) We're on speaking terms. 우리는 대화하는 사이다.

terror n.공포(extreme fear) The night we fled in terror. 그날 밤 우리는 극심한 공포로 도망쳤다. (정치 이념 달성 목적의) 무차별 공격 We must fight terror with all means necessary. 우리는 모든 수단으로 테러와 싸워야 한다.

thought n.생각(idea) A thought came to my mind. 좋은 생각이 났어. v.잘못 생각했다(think의 과거) I thought sharing a love would last forever. 나는 서로 사랑하는 것이 영원히 지속될 것이라고 착각했어.

time n.(공간적) 시간 Time flows silently, yet swiftly. 시간이 조용히 그러나 재빨리 흐른다. 순간(moment) It's time to move on. 새 출발하. 배수(multiplication) Two times 9 minus 3 is fifteen. 9X2-3=15 이다.

toll n.이용요금(fee) toll gate 차량요금소 사망자수(casualties) the death toll from earthquake 지진 사망자

tongue n.혓바닥, 언어(language) In our everyday life we mainly spoke our mother tongue. 일상생활에서 우리는 주로 모국어를 사용한다.

traffic n.교통(transportation) air traffic 항공교통, (교통/통신의) 체증 I got held up in traffic. 나는 교통체증에 걸렸다. v.밀거래하다(smuggle) He is arrested for trafficking drug. 그는 마약 불법거래로 체포되었다.

transfer v.이송하다(transport) He was transferred to psychiatric hospital. 그는 정신병원으로 이송되었다. 갈아타다(change to another means of transportation) You should transfer to No.1 line. 1호선을 갈아타야 해요. 전출하다(displace) He was transferred to another department. 그는 다른 부서로 전출되었다.

treat v.대접하다(deal with) He treated her badly. 그는 그녀를 박대했다. 치료하다(give treatment to) He is being treated for disease. 그는 병 치료 중이다. n.접대 He said "my treat" and pay the bill. 그가 "내가 쏜다"라고 하고 요금을 냈다.

treasure n.보물(valuables) v.소중히 여기다(cherish) He lost his treasured photos. 그의 소중한 사진들을 잃어버렸다.

turn n.회전(rotation) Wind one turn of your handle. 핸들 한바퀴를 감아요. 방향전환(change of direction) The situation has taken a turn for the better. 상황이 좋아졌다. 차례(chance) It's your turn to cook. 네가 식사 당번이야.

turn out v.(~로) 밝혀지다(prove to be) Her breast lump turned out to be incurable cancer. 그녀의 유방 혹이 불치암으로 밝혀졌다. (내용물을) 비우다(empty) His left pocket was turned out. 그의 왼쪽 호주머니가 털렸다. 참여하다(attend) Just 24 per cent of the electorate turned out to vote. 선거구민의 24%만 투표하러 참여했다. **turn-out** n.(행사 / 투표) 참여자

utter v.말하다(voice) a.완전한(sheer) It's utter nonsense! 그건 완전 헛소리다.

vessel n.배(ship) fishing vessel 낚싯배 용기(container) ceramic vessels 도자기 도관(duct) Clots can block blood flow in your blood vessels. 혈전들이 혈관 속에 혈행을 막을 수 있다.

vet n.수의사(veterinarian surgeon) v.정밀검사하다(screen) The articles written by experts carefully vetted and redacted. 전문가들에 의해 쓰여진 그 기사들은 자세히 검사되고 수정되었다.

volume n.음량(loudness) Turn the volume up 볼륨 키워. 책(book) He memorizes voluminous legal volumes. 그는 방대한 법학 서적을 암기하고 있다. 방대

함(largeness) Body language speaks volumes. 몸짓은 많은 것을 말해준다.

wage n.임금(salary) There are not enough jobs paying decent wages. 괜찮은 임금을 지불하는 충분한 일자리가 없다. v.수행하다(carry on) They are waging a long-term fight. 그들은 긴 싸움을 하고 있다.

want v.원하다(need) I don't want to talk about it. 그것에 대해서는 말하지 마. n.소망(wish), 결핍(lack) They were left in want and suffering. 그들이 궁핍에 빠졌고 고통을 겪었다.

watch n.손목시계(wrist clock), 감시(observation) Keep a close watch on this matter. 이 문제를 계속 정밀 감시해. v.살피다(observe) Watch out for venomous snakes. 독사를 조심해.

wear n.옷(clothes) casual wear 편의복 v.입다(put on), 닳다(abrade) My shirts is starting to wear at the collar. 내 셔츠는 칼라가 닳기 시작한다.

well ad.아주 잘(excellently) a.건강한(healthy) n.샘(water spring)

will m.v.~할 것이다, n.의지(will power) He had an iron will to succeed. 그는 성공하려는 강철 같은 의지를 가졌다. 유언(last will) The deceased left a will. 고인은 유언을 남겼다.

withdrawal n.예금 인출 cash withdrawal 현금 인출 취소(cancellation) the withdrawal of legal services 법률 서비스 중지 철수(taking away) a troop withdrawal 군 철수 위축 withdrawal symptom 금단 증상

wonder n.놀람(awe) No wonder he loves her. 그가 그녀를 사랑하는 것은 당연하지. 기적(miracle) It's wonder I'm still alive. 내가 여태 살아있는 게 기적이야. v.궁금해하다(be curious about) I'm wondering what she's making for dinner. 그녀가 저녁식사로 무엇을 만드는지 궁금하다. 놀라다(be amazed) I wondered at such bravery. 그런 용기가 놀라웠다.

work n.일(labor), 과업(task) v.일하다(toil) He works at the school. 그는 학교에 근무한다. 작동하다(function) The app doesn't work properly. 그 앱은 적절히 작동하지 않는다. 잘되다(be effective) His idea will never work in practice. 그의 아이디어는 실제에는 효과가 없을 것이다. the works 기타 등등(everything) He was wearing a frock coat, top hat - the works. 그는 프록코트, 모자 등등을 걸치고 있었다.

yield v.굴복하다(capitulate) They refused to yield to hijackers' demands. 그들은 납치범들의 요구들에 굴복을 거부했다. 산출하다(produce) The experiment yielded some incredible results. 그 실험은 믿을 수 없는 결과들을 산출했다.

INDEX

A

a flight of stair *347*
a stickler for something *161*
abandon *169*
abate *155*
abbreviation *392*
abdomen *26*
abhor *150*
abide by *217*
ability *89*
aboriginal *275*
abortion *38*
absence *322*
abstain *148*
abusive *87*
accede to *217*
accept *256*
accessory *329*
accident *308*
accidentally *251*
accommodation *181*, *350*
accompany *181*
accomplish *123*
accountable *207*
accumulate *112*
accurate *378*
accuse *222*
accustomed to *139*
ache *44*
achieve *123*
acknowledge *256*
acme *356*
acquaintance *269*
acquired *40*
acquit *224*
acronym *392*
ad-lib *244*
ad hoc *244*
adamantly *131*
adapt *208*
adaptable *321*
add *383*
add up to *123*
addict *161*
addiction *155*
additionally *391*
address *120*
adequate *49*
adhere to *127*
adjacent *354*
adjoining *354*
adjust *208*
admire *86*
admission *121*
admit *256*
admittance *121*
admonish *85*
adolescent *273*
adore *86*
adornment *329*
adult *273*
adultery *179*
advantage *184*
adversary *286*
adverse *382*
advertisement *194*
advice *92*
advocate *221*
affair *179*
affect *115*
affection *149*
affidavit *216*
affiliate *199*
affluent *198*
afford *201*
after all *368*
age *310*
agency *199*
agenda *264*
aggravate *53*
aggressive *165*, *87*
agriculture *302*
aid *176*
ailment *43*
aim *263*
alert *106*
all-purpose *380*
alleged *241*
allegiance *138*
allegory *84*
alleviate *155*
alley *362*
alliance *234*
alligator *323*
allow *121*
allowance *187*
allude to *254*
allusion *260*
along with *376*
alter *208*
alteration *262*
alternative *212*
altitude *353*
Alzheimer's disease *39*

ambience *49*
ambiguous *247*
ambition *261*
ambivalent *247*
amble *93*
ambush *113*
amend *241*
amenity *350*
amount to *123*
amputate *54*
ancestor *279*
and vice versa *379*
anecdote *84*
anemia *50*
anesthetic *37*
anger *157*
angle brackets *395*
angler *323*
angry *157*
animosity *144*
announcement *92*
annual *301*
anorexia nervosa *46*
answer *83*
antagonist *271*
Antarctic *364*
anticipate *133*
antique *311*
apathy *131*
apex *356*
apparatus *337*
apparel *341*
appease *156*
applause *71*
appliance *337*
applicant *172*
apply for *101*
apply to *101*
appointment *175*
appraise *242*
appreciation *159*
apprehend *218*, *238*
apprehension *238*
apprentice *284*

appropriate *49*
apt to *129*
aquatic *322*
arbitrary *378*
archetype *261*
archrival *286*
Arctic *364*
area *354*
argue *89*
arise *309*
aroma *15*
arrest *218*, *233*
arrogant *161*
arson *232*
articulate *74*
artifact *333*
as a result of *388*
as well as *376*
aspiration *261*
assault *227*
assert *89*
assertive *87*
assess *242*
assimilation *181*
assist *176*
associate *199*, *269*
association copy *82*
assortment *210*
assuage *155*
assume *240*
assumed *241*
asylum seeker *276*
at last *368*
atmosphere *49*
attach *114*
attack *113*
attain *123*
attempt *167*
attend *171*
attend to *106*
attendee *172*
attest *239*
attic *348*
attire *341*

attitude *126*
attorney *221*
attract *151*
attribute *136*
au pairs *274*
audience *288*
audit *262*
audition *265*
auditory *33*
authentic *206*
authentication *258*
authorization *258*
autograph *82*
autopsy *61*
avenue *362*
avert *114*
avoid *114*
award *183*
axe *336*

B

babysitter *274*
back to front *381*
backlash *154*
backpack *344*
backup *212*
backwards *381*
bacon *14*
bad *216*
badge *331*
bake *18*
baloney *225*
ban *168*
bangs *30*
bankruptcy *203*
barb *298*
barbaric *165*
barbarous *294*
barf *46*
barf bag *343*
bargain *193*
barge in on *96*
basement *348*

basin *339*
basket *339*
batter *9*
battery *227*
battle *117*
bay *363*
be brushed off *141*
be discharged *53*
be dismissed *53*
be meant for *141*
be rejected *141*
be suspended *172*
be+ adj. +to inf. *393*
beach *363*
beanie *344*
beards *28*
beat *113*
because of *388*
beef *14*
before *392*
beggar *292*
beginner *284*
behavior *126*
belated *371*
belief *237*
believe *236*
believe in *236*
belittle *78*
belligerent *165*
bellow *77*
belly *26*
belonging *196*
beloved *149*
below *387*
beneath *387*
benefactor *197*
benefit *184*
bereavement *158*
besides *391*
best friend *268*
best man *268*
biennial *301*
bigotry *152*
bin *339*

INDEX **413**

binge eating disorder 46
bitter 157
black out 20
blame 85
blanch 16
blasphemy 164
bleak 329
blend 18
blonde 29
bloom 300
blossom 300
blow up 119
board 300
boarding house 352
boast about 88
bog 357
bone 298
booking 176
borrow 201
bosom 26
bosom friend 268
bottle 339
bottleneck 144
bough 297
boulevard 362
bound to 129
bouquet 302
bovine 295
bowel 26
bowl 11, 339
braces 395
brackish water 321
brag about 88
braid 30
braise 18
branch 199, 297
brand 330
breach 227
break 174
break into 223
break up with 141
breast 26
breed 40

bridesmaid 268
bring 65
bring about 119
bring about 309
bring up 40
bringing up the rear 287
brochure 331
broil 18
brook 363
bruise 45
brunette 29
bucket 339
budget 230
build up 112
bulimia nervosa 46
bullied 219
bum 292
bump into 97
bun 30
bunch 296
buoyant 202
burglarize 223
burglary 222
burn 44
burrow 353
burst 119
bush 298
business 194
businessperson 196
busybody 294
butcher 234
buyer 200
buzzed 20
buzzwords 390
by 392
by accident 382
by chance 382
by coincidence 382
by contrast 385
by oneself 377
bypass 100
bystander 288

C

cadaver 61
calamity 315
callback 265
calligrapher 272
can't carry a tune 80
can't keep a pitch 80
candidate 172
canine 295
cap 344
capability 89
capable of 283
capsize 99
carcass 61
caregiver 274
care for 106
career 174
carefree 165
careful 163
careless 165
caress 74
carnivore 295
carry out 126
cartoonist 272
cascade 364
casket 360
castle 351
casualties 62
cataract 364
catastrophe 315
catch-22 145
catch up 110
catch up with 96
cattle 297
cattle call 265
cause 119, 375
caused by 309
cautious 163
cave 353
cavern 353
cavity 45
cease 177
celebrate 70

cellulite 48
cemetery 360
ceramics 338
certify 239
champion 287
chance 186
change 207, 208
chaotic 319
chapter 199
characteristic 136
charade 254
charge 186, 222
charlatan 35
chat 82
Chateau 351
cheat(out of) 226
cheating 179
check 30, 104
cheekbones 25
cheer 77
chef 9
chest 26
chevrons 395
chicken 14
chide 85
chignon (bun) 30
chilly 327
chin 25
choke 50
choleric 166
choose 240
chop 16
chortle 91
chubby 27
chuckle 91
circle 384
circular 359
circulate 103
circumference 384
circumstance 333
circumvent 100
citadel 351
citation 224
cite 86

citizen 276
civilian 276
claim 89
clandestine 235
claps 71
classified 228
cliché 247
client 200
climate 328
climax 356
cling to 127
closet 338
clothes 341
clothes(garment) rack 338
clothing 341
coalition 234
coast 363
cocky 161
coffin 360
coherent 211
collaborate 182
colleague 269
collect 112
collector 330
combat 117
come 93
come across 97
come by, over(to) 96
come up 309
commemorate 70
commencement 316
commend 87
comment 78
commerce 194
commodity 205
companion 269
company 198, 269
compare to 250
compare with 250
compartment 349
compassion 131
compensation 204
compete 183

competent 283
competition 182
competitor 286
complain 90
complaint 228
complement 14
complex 319
complicated 319
compliment 87
comply with 217
components 14
compose 211
composite 14
compost 303
comprehend 238
comprehensive 238
compromise 257, 399
compulsive 132
compulsory 190
computer illiterate 285
computer literate 285
conceal 98
concede 256
conceive 243
concentrated 22
concept 248
conception 38, 248
concession
concierge 270
conciliate 156
condensed 22
condiments 13
conduct 126
conference 313
confidant 268
confidence 237
confident 161
confidential 228
confiscate 231
conform to 217
congenital 40
congested 143

congestion 144
congress 313
connoisseur 8
connote 253
conquer 56
conscientious 163
conscript 175
consecutive 373
consequence 51
consequently 370
conservation 307
consider 257
consist in 211
consist of 211
consistent 211
console 156
constellation 324
constraint 142
consumer 200
contagious 57
contain 200
contaminate 308
contempt 79
contend 183
contender 286
contentment 156
contest 182
contestant 286
contingency 314
continual 372
continue 372
continuous 372
contract 120
contraction 48
contribution 313
contusion 45
convention 312, 313
conversation 82
converse 382
convert 208
convict 224
conviction 215
convince 84
convulsion 48

cook 9
cooperate 182
coordinate 182
cope with 120
copy 277
copycat 278
coroner 61
corporation 198
corpse 61
correct 109, 241
corridor
cost 186
costume 341
counselor 221
count on 127
counterfeit 205
counterpart 269
counterproductive 203
cousin 267
cover 213
cover up 73
coworker 269
craftsman 284
craftsmanship 284
crammed 143
crank 35
crave 148
crawl 66
craze 32
creased 49
credible 237
creek 363
creep 66
crest 331
crew 191
crew cut 29
crime 215
criminal 230
cringe 69
cripple 54
criteria 319
crocodile 323
crow's feet 48

INDEX **415**

cruise 95
crumb 10
crumpled 49
crush 149
crust 10
crypt 360
cuddle 74
cue 107
cuisine 9
culmination 356
culprit 230
cupboard 338
cure 52
curriculum 178
curriculum vitae(CV) 191
curtail 120
curtain 337
custody 233
custom 317
customary time 371
customer 200
customs 317
cut class 172
cutlery 12

D

dais 349
damage 43
danger 317
dating 180
dawn 345
day-off 189
day-shift 189
daydreaming
deadbeat 291
deadlock 145
deal with 120
death toll 62
deceased 60
deceive(into) 226
decide 240
deck 348

decline 124
décor 329
decoration 329
decorum 125
decrease 120
deduct 383
defamatory 225
default 203
defeat 113
defect 188
defective 320
defendant 215
deficiency 322
deficit 230
definite 373
deflect 99
deformity 55
defunct 63
deionized 22
delegate 212
delete 116
deliberate 252
deliberately 251
delinquent 230
deliver 39
delusion 260
demand 89
dementia 39
demise 60
den 353
denote 253
deny 124
depend on 127
depict 75
deportation 175
depression 158
depression 203
deprive 231
deputize 213
deputy 212
dermal 57
derogatory 226
descendant 279
describe 75

desecration 164
desert 169
desert 9
deserve 282
desire 149
despise 79
dessert 9
destiny 64
detach 250
detain 218, 232
deteriorate 53
determine 240
detest 150
detour 100
deviate 100
device 337
diagonal 359
dialog 82
diameter 384
diarrhea 46
dice 16
die 60
difference 209
different 209
differentiate 249
digestion 58
dilemma 145
diligent 164
diluted 22
dime-a-dozen 247
diminish 120
dimple 25
directions 192
disability 55
disabled parking 352
disadvantage 188
disaster 315
discover 243
discrepancy 209
discriminate 249
discrimination 249
disdain 79
disease 43
dish 11

disinterested 130
dislike 150
dislocation 47
disparage 78
disparaging 226
disparate 209
dispensable 381
dispenser 335
disposable 335, 381
disregard 80
disrupt 115
dissect 54
distilled 22
distinct 209
distinction 209
distinguish 249
distinguished 280
distract 115
distress 133
district 354
District Attorney 221
disturb 115
dive bar 356
diverse 210
divert 100
divide 383
divorced 180
dizzy 57
dog-eared 380
domicile 346
donation 313
donor 197
doodle 76
doom 64
dormancy 42
dormant 42
dormitory 352
doubtful 135
douchebag 289
dough 9
dove 297
down-to-earth 293
doze off 41
draft 174

drain *16*
drain *16*
drapes *337*
draw *76*, *113*
drawback *188*
dreamer *274*
dreaming *150*
dress *73*
dress up *73*
drift *69*
driveway *362*
drop in(at/on), by *96*
drop off *96*
drop out *172*
drowse *41*
drug *36*
drunk *20*
drunken *20*
dubious *135*
duck *14*
due to *388*
dues *186*
duffel bag *344*
dumb *135*
duplicate *277*
dusk *345*
duty *190*
dwarf *272*
dwell *305*
dweller *306*
dwelling *346*
dwindle *120*, *155*
dysfunction *51*

E

e.g *388*
each *394*
each other *394*
eavesdrop *72*
eccentricity *137*
effect *115*
elastic *321*
element *23*

eligible *282*
eliminate *116*
elude *114*
embargo *168*
embarrassment *140*
embezzle *231*
emblem *330*
embrace *74*
embryo *39*
emergence *314*
emergency *314*
emigrant *276*
eminent *280*
emotion *130*
empathy *131*
employee *191*
emulate *277*
enable *176*
enclose *114*
encompass *200*
encounter *97*
encroachment *227*
end *177*
end up *119*
endeavor *167*
endemic *275*
enemy *286*
engage in *171*
enlarge *110*
enmity *144*
enroll *170*
ensuing *369*
enter *93*
enthusiasm *159*
enthusiast *161*
entice *151*
entitled *282*
entrepreneur *196*
enunciate *74*
environment *333*
envy *153*
ephemeral *367*
epicure *8*
epidemic *59*

episode *84*
epitome *261*
epoch *310*
equine *295*
equipment *337*
era *310*
eradicate *116*
erase *116*
erroneous *216*
escape *111*
especially *394*
espionage *235*
establish *195*
estimate *242*
estranged *180*
etc *388*
eternal *373*
etiquette *125*
euphemism *246*
euthanasia *63*
evacuate *111*
evacuee *276*
evade *114*
evaluate *242*
evaporate *21*
even if *389*
even though *389*
event *309*
eventually *368*
evidence *216*
evolution *307*
exacerbate *53*
exact *378*
exaggeration *245*
examine *104*
exasperation
exchange *207*
exclaim *87*
excursion *95*
execute *126*
exempt *383*
exert *109*
exhibition *365*
exonerate *224*

expand *110*
expat/expatriate *276*
expect *134*
expedition *95*
expenditure *204*
expense *204*
experience *260*
expertise *260*
expiration date *24*
explode *119*
exploitation *307*
express *75*
expulsion *175*
extend *110*

F

fable *84*
facilitate *176*
facility *350*
factor *23*
fad *32*
fair-weather friend *268*
fair *365*
faith *237*
faithfulness *138*
fake *205*
fall *94*
fallacious *320*
fame *281*
famed *280*
famous *280*
fan *161*
fanatic *161*
fare *186*
farm *304*
farmer *273*
fashion *32*
fast *370*
fastidious *163*
fat *27*
fatality *62*
fate *64*

fatigued *57*
fault *188*
faulty *320*
fauna *275*
favorite *146*
fear *147, 160*
feasible *318*
feature *136*
fee *186*
feedback *92*
feel *128*
feeling *130*
feelings *130*
feline *295*
fellow *269*
felon *230*
fen *357*
ferocious *56*
fertilizer *303*
festoon *301*
fetus *39*
fib *225*
fidelity *138*
field *358*
fight *117*
figuratively *246*
figure out *243*
fill-in *212*
fill in *213*
finally *368*
financial *202*
find out *243*
finicky *139*
finish *177*
fire-setting *232*
fired *178*
firm *198*
fiscal *202*
fisher *323*
fishery *323*
fix *109*
flannel *30*
flatter *87*
flavor *14*

flavoring *13*
flaw *188*
flawed *320*
flee *111*
flexible *321*
flinch *69*
fling *179*
flip *67*
flip over *99*
flirting *220*
float *69*
flock *296*
flood *325*
floor *347*
flora *275*
flower *300*
flower arrangement *302*
fluctuate *102*
fluke *327*
flunk out *172*
flyer *331*
fog *325*
folded *49*
foliage *302*
follow *217*
followed by *101*
following *369*
fond of *148*
fool around *107*
for fear of *147*
for the first time *366*
for the sake /purpose of *390*
for the time being *366*
forbid *168*
forecast *133*
forefather *279*
forensic *61*
forest *299*
forfeit *218*
forgery *205*
forgetfulness *259*

form *195, 306*
forsake *169*
fort *351*
fortress *351*
fortune *134*
forum *313*
forward roll *67*
foster *40*
found *195*
fraction *23, 384*
fracture *47*
fragrance *15*
franchise *199*
fraternal twins *47*
fraud *229*
frayed *380*
freedom *315*
freeloader *291*
frequently *365*
fresh water *321*
friend *269*
friend in need *268*
frigid *327*
fringe benefit *187*
front-desk clerk *270*
frosting *11*
frugal *293*
fry *18*
fuel *124*
fugitive *276*
fulfill *123*
full *143*
fumble *81*
fumes *325*
furnishings *336*
furniture *336*
furthermore *391*
furtive *235*
fury *157*
fussy *139*

G

gadget *340*

galaxy *324*
garage *348*
garb *341*
garbage *334*
garbage disposal *335*
garland *301*
garment *341*
gastronome *8*
gather *112*
gender *37*
general practitioner *34*
genius *284*
genocide *234*
genuine *206*
gestation *38*
get *65*
get dumped *141*
get one's hands on *231*
get over *56*
get sb to do sth *122*
get stood up *141*
get to know *243*
get used to *139*
get wind of *243*
gift *310*
giggle *91*
gimmick *340*
gingham *30*
give up *169*
gizmo *340*
glide *100*
glitter *328*
gloat *88*
gloomy *153*
glossary *390*
glow *328*
glum *153*
glutton *8*
gluttonous *56*
go *93*
go away *97*
go by the book *217*

go in a beeline *99*
go off *119*
go on *309*
go with sb *181*
goal *263*
goatee *28*
goods *205*
goof around *107*
goof off *107*
goof up *107*
gossip *81*
got the axe *172*
gourmand *8*
gourmet *8*
gradually *368*
graduation *316*
graffiti artist *272*
grant *187*
grassland *358*
grate *16*
gratitude *159*
grave *360*
graveyard shift *189*
greedy *56*
gridlock *144*
grief *158*
grill *18*
grimace *69*
grin *91*
grooming *27*
groomsman *268*
grove *299*
grow *40*
grown-up *273*
grudge *151*
grumble *90*
grumpy *153*
grungy *31*
guarantee *192*
guest *200*
guffaw *91*
guide *192*
guilt *140*, *215*
gullible *162*

gustatory *33*
gut *26*

H

had better *393*
haggle *193*
halal *12*
halfway through *389*
hallmark *358*
hallucination *260*
hallway *348*
hamper *344*
hand over *312*
handicap *55*
handle *120*
handout *313*, *331*
hang around *93*
hanged *70*
hanging out *180*
hangout *356*
hangover *42*
haphazard *378*
happen *309*
happening *308*
hard boiled *21*
harm *43*
harness *109*
harsh *329*
hat *344*
hatch *39*
hatchet *366*
hate *150*
have chemistry *141*
have got *118*
have gotten *118*
have sb do sth *122*
have sth done *122*
hazard *317*
haze *325*
head *93*
headache *42*
heal *52*
heap up *112*

hear *72*
hear of *72*
hedge *298*
heirloom *332*
held *309*
help *176*
helping *10*
hem *342*
henchman *271*
herbivore *295*
herd *296*
heritage *311*
hiatus *174*
hibernation *42*
hide *98*
high *386*
hiking *94*
hinge on *127*
history *312*
hit it off *141*
hit the spot *15*
hitting on *220*
hoarder *330*
hoax *229*
hobby *132*
hobbyist *161*
hobo *292*
hold sb up *223*
holiday *189*
holy *361*
home *346*
honesty *137*
hope *134*
horizontal *359*
horse meat *14*
horticulture *302*
hostility *144*
hot *17*
house *346*
housekeeper *274*
hover *93*
how come...? *374*
hug *74*
hung *70*

hurt *43*, *44*
husk *19*
hydroplane *100*
hypothesis *242*
hypothetical *241*

I

i.e. *388*
icing *11*
icon *197*, *358*
idea *248*
identical *374*
identical twins *47*
identification *258*
identify *255*
identity *258*
identity with *258*
idiosyncrasy *137*
idler *291*
if+clause *377*
if+past(perfect) *377*
ignoramus *287*
ignorant *214*
ignore *80*
illegal *214*
illicit *214*
illness *43*
illusion *260*
illusionist *278*
illustrate *76*
illustrator *272*
imagination *260*
imagining *150*
imitate *277*
immediately *365*
immigrant *276*
immortal *60*
impairment *55*
impeach *222*
impediment *55*
impersonate *277*
impersonator *278*
implement *126*, *337*

INDEX **419**

implicate 254
imply 254
impotent 38
impressionist 278
imprisonment 233
impromptu 244
improvisation 244
impulsive 132
in-law 267
in case+clause 377
in contrast to 385
in fear of 147
in line with 387
in order to 390
in place of 385
in response to 387
in terms of 387
in that 389
in the end 368
in the first place 366
in the mean time 366
in the middle(midst) of 389
in the place of 385
inability 55
inadvertently 251
inauspicious 146
inborn 40
incarceration 233
incendiary 232
incidence 62
incident 308
inclination 253
inclined to 129
include 200
incognito 214
income 230
inconsiderate 165
inconsistency 209
incorporate 200
incorrect 216
indefinite 373
indestructible 60
indicate 108

indict 222
indifferent 160
indigenous 275
indirect 252
indispensable 381
induce 151
industrious 164
industry 194
inebriated 20
inert 160
infamous 281
infant 273
infatuation 149
infection 45
infectious 57
infer 253
infertile 38
infidelity 179
infiltrate 118
infinite 373
infirmity 43
inflammation 45
information 92
infraction 227
infringement 227
ingredients 14
inhabit 305
inhabitant 306
inherent 31
inherited 40
inhibit 168
initialism 392
injury 43
innate 40
innocent 214
innovation 262
inscribed 82
insecticide 304
inside-out 381
insidious 146
insignia 331
insinuate 254
insist 89
insistent 211

inspect 104
instinctive 132
instructions 192
instrument 337
insulation 249
intangible 380
intangible assets 196
integrate 200
integration 181
integrity 137
intelligence 235, 256
interpret 264
intent 252
intention 252
intentionally 251
interested 130
interesting 130
interim 367
interlude 174
intermission 174
intermittent 367
internist 34
interrupt 115
interruption 174
intersection 362
intestine 26
intimacy 149
intimidate 147
intoxicated 20
intrinsic 31
intrude 113
intuitive 132
inundate 325
invade 113
invent 243
inverse 382
invertebrates 296
inverted 381
investigate 104
invincible 60
involve 200
invulnerable 60
irony 244
isle 348

isolation 249
issue 142
it's high/about time 371
it takes 372
itch 45
itinerary 264
itinerate 93

J

jail 233
janitor 195
jar 339
jargon 390
jaw 25
jaywalker 289
jealousy 153
jeopardy 317
jiggle 68
job 174
joint venture 199
journey 95
jungle 299
justify 239
juxtaposition 355

K

keep 168
keep sb company 181
keep up 110
keepsake 332
kindergarten 364
kinesthetic 34
kinetic 34
kiosk 350
kitchen cabinet 338
knock-off 205
know-it-all 294
know-nothing know-it-all 287
know 255

knowledge *256*
kosher *12*

L

lack *322*
laid off *178*
lamb *14*
lament *158*
landlord *195*
landmark *358*
landscape *324*
lane *362*
languid *160*
larceny *222*
last *372*
late *371*
latitude *353*
laugh *91*
laundry basket *344*
lawyer *221*
layers *30*
lead to *119*
leaf *302*
leaflet *331*
lean on *127*
leave *97*, *169*, *189*
lectern *349*
leech *291*
legacy *311*
legend *311*
lend *201*
less than *386*
lessen *120*
let *121*
let alone *376*
let sb/sth do sth *122*
lethality *62*
lethargic *57*
leukemia *50*
liable *207*
liable to *129*
liana *298*
libelous *225*

liberty *315*
lie *225*
lie *226*
lie back *66*
lie down *66*
lie on one's back *66*
lie prone *66*
lie supine *66*
life expectancy *64*
lifespan *64*
lifetime *64*
likely *318*
likely to *129*
limit *142*
lineage *311*
listen(to) *72*
literally *246*
lithe *33*
litter *334*l
live *305*
live off *127*
livestock *297*
loafer *291*
loan *187*, *201*
loathe *150*
location *351*
lodge *305*
lodging house *352*
log *300*
logo *330*
longitude *353*
look after *106*
look at *103*
look forward to *134*
loot *223*
love *148*, *149*
loved *149*
loyalty *138*
luck *134*
lucrative *202*
lumber *300*
lure *151*
lust *159*
lyrics *265*

M

macho *294*
maestro *285*
magician *278*
magnate *197*
magnum opus *326*
maid of honor *268*
maim *54*
main(lead) character *271*
maintain *89*, *232*
maintenance *262*
major in *171*
make off with *97*
make sb do sth *122*
make up *110*
makeshift *212*, *244*, *367*
making a pass *220*
malfunction *51*
malice *151*
malicious *152*
man of his word *294*
manage *120*
mandatory *190*
maneuver *193*
mania *160*
manifest *75*
manner *125*
mannerisms *125*
manners *125*
mansion *346*
manual *192*
manure *303*
marinade *13*
marketing *194*
marsh *357*
mascot *331*
masculine *294*
massacre *234*
master *284*
masterpiece *326*
matter *142*

mausoleum *360*
may as well *393*
may well *393*
medical doctor *34*
medication *36*
medicine *36*
meditation *260*
meet *96*
meet up with *96*
meet with *96*
meeting *313*
melancholic *166*
memento *332*
memorabilia *332*
memorial *360*
memorize *259*
menacing *146*
mend *109*
mention *78*
merchandise *205*
mercy *131*
merit *184*
mess around *107*
mess up *107*
metabolism *58*
metamorphosis *307*
metaphor *246*
metaphorically *246*
meticulous *163*
midget *272*
migraine *42*
mimic *278*
mince *16*
mingle *18*
minor *273*
minus *383*
miracle *327*
mire *357*
miscarriage *38*
mischief *220*
misfortune *315*
mishap *308*
miss *104*
mist *325*

mitigate *155*
mix *18*
modification *262*
modify *208*
mogul *197*
molestation *219*
Monday morning quarterback *294*
monetary *202*
monitor *262*
monument *360*
morbidity *62*
moreover *391*
morgue *61*
morose *153*
mortality *62*
mortuary *61*
motive *375*
mourning *158*
move into *103*
move to *103*
mow *299*
multi-purpose *380*
multiply *383*
mumble *90*
muralist *272*
murmur *90*
mustache *28*
mutation *307*
mutilate *54*
mutter *90*
mutton *14*

N

naïve *162*
nanny *274*
nap *41*
narrative *83*
native *275*
natural death *63*
nausea *46*
near miss *308*
nearest relative *267*

neglect *80*
negotiate *193*
neighborhood *355*
nephew *267*
next *369*
next of kin *267*
niece *267*
night-shift *189*
nightfall *345*
nomad *290*
nomadic *290*
nominee *172*
nonproductive *203*
norm *319*
not to mention *376*
notice *92*, *255*
notification *92*
notion *248*
notional *241*
notorious *281*
nouveau riche *197*
novice *284*
number *123*
numbness *48*
nurture *40*

O

obese *27*
obey *217*
obituary *92*
obligatory *190*
oblique *359*
oblivion *259*
oblivious *214*
obscene *164*
observe *217*
obsession *149*, *155*
occasion *309*
occasional *367*
occasionally *365*
occupant *306*
occupation *173*
occur *309*

occurrence *308*
odor *15*
of+Noun *385*
off the record *228*
offender *230*
offense *157*, *227*
offensive *165*
offer *116*, *117*
offspring *279*
olfactory *33*
ominous *146*
omnivore *295*
on account of *388*
on one's own *377*
on the brink of *366*
on the contrary *379*
on the same wavelength *141*
on the verge of *366*
one-night stand *179*
one another *394*
onlooker *288*
opaque *395*
operation *54*
ophthalmologist *35*
opinion *88*
opponent *286*
opportunity *186*
opticians *35*
optimistic *166*
optometrist *35*
orchard *304*
organic *12*
original *206*
ornament *329*
oscillate *102*
OTC *36*
other than *386*
outbreaks *59*
outcome *51*
outfit *341*
outing *95*
outlaw *168*
outlay *204*

outrage *157*
over easy *21*
overcome *56*
overcrowded *143*
overhaul *262*
overhear *72*
overlook *105*
overpass *361*
overrule *80*
oversee *105*
oversight *105*
overview *105*
overweight *27*
owe *201*
owing to *388*
ownership *196*

P

packed *143*
pail *339*
pain *44*
palace *351*
pampas *358*
pamphlet *331*
panacea *36*
pancreas *50*
pandemic *59*
pang *44*
panhandler *292*
pantry *348*
pants *342*
parable *84*
paradigm *261*
paradox *244*
parallel *359*
paralysis *48*
paraphrase *85*
paraphernalia *337*
parasite *58*, *291*
parasitoid *58*
parched *290*
parentheses *395*
parody *245*

parole *233*
parttime nanny *274*
part *23*
participant *172*
participate in *171*
particle *23*
particularly *394*
particulate *23*
partition *349*
parvenu *197*
pass away *60*
pass down *311*
pass on *311*
pass out *20*
passenger *289*
passion *159*
paste *9*
pastime *132*
pathetic *162*
pathogen *58*
pathway *362*
patio *348*
patron *197*
pause *175*
payroll *184*
peak *356*
peasant *273*
peculiarity *137*
pedestrian *289*
pedigree *311*
peel *16*, *19*
peer *269*
pejorative *226*
penetrate *118*
perceive *128*, *255*
percentage *384*
perched *290*
perennial *301*
perforate *118*
perform *126*
peril *317*
period *310*
perish *60*
permeate *118*

permission *121*
permit *121*
perpendicular *359*
perpetrator *230*
perquisite(perk) *187*
persist *89*
persistent *211*
personnel *191*
perspective *88*
persuade *84*
pervasive *59*
pessimistic *166*
pesticide *304*
pestilence *59*
pet peeve *146*
petition *228*
phenomenon *327*
phlegmatic *166*
phobia *160*
physician *34*
pick *240*
picked on *219*
picky *139*
pigeon *297*
pigtail *30*
pile up *112*
pill *36*
pillage *223*
pinnacle *356*
piquant *17*
piracy *205*
pissed off *157*
pitfall *188*
pitiful *162*
pity *131*
placate *156*
place *351*
plague *59*
plain *358*
plaintiff *215*
plait *30*
plan *264*
plantation *304*
plaster *9*

plastic bag *343*
plate *11*
plateau *358*
plausible *318*
playing by ear *244*
plea *228*
plight *145*
plot *83*
plunder *223*
plus *383*
poached *21*
podium *349*
poem *265*
poetry *265*
poignant *17*
poison *37*
pollute *308*
pompadour *29*
ponytail *30*
populate *305*
porcelain *338*
porch *348*
pork *14*
portion *10*, *23*, *384*
portrait artist *272*
portray *75*
pose *71*
position *71*
possession *196*
possible *318*
posterity *279*
posture *71*
potential *283*
pottery *338*
prairie *358*
praise *87*
prank *220*
precede *101*
preceded by *101*
precise *378*
precursor *270*
predator *58*
predecessor *270*
predicament *145*

predict *133*
pregnancy *38*
prejudice *152*
premise *242*
premises *347*
preschool *364*
prescription medication *36*
present *310*
preservation *307*
prestigious *280*
presume *240*
prevailing *59*
prevalent *59*
prevent *168*
prey *58*
price *186*
prickle *44*
primitive *275*
primping *27*
prison *233*
privilege *184*
prize *183*
probable *318*
probation *233*
problem *142*
procedure *316*
proceed *101*
proceeds *230*
process *316*
procession *316*
prodigy *284*
produce *205*
product *205*
profanity *164*
profession *173*
proficient *283*
profitable *202*
progenitor *270*
progeny *279*
prognosis *51*
program *264*
progressively *368*
prohibit *168*

INDEX **423**

prominent *280*
promise *176*
prompt *124*, *370*
prone to *129*
pronounce *74*
proof *216*
propaganda *194*
property *136*, *347*
proper *49*
proportion *384*
proposal *117*
proposition *117*
proprietor *195*
pros & cons *188*
proscribe *168*
prosecute *222*
prosecutor *221*
prospective *283*
prostate *50*
prostrate *66*
protagonist *271*
provide *116*
provision *190*
provisional *367*
provoke *124*
prowl *93*
proximity *355*
proxy *212*
prune *13*, *299*
puberty *273*
puffiness *45*
pugnacious *165*
puke *46*
pull on *73*
pull sth apart *111*
pulpit *349*
pungent *17*
purported *241*
purpose *263*
purse *343*
put it *75*
put on *73*
putrid *23*
puzzle *254*

pyromania *232*

Q

quadrennial *301*
quake *67*
qualified *282*
quality *136*
quandary *145*
quarrelsome *165*
quartet *391*
quench *15*
question *142*
queue *107*
quick *370*
quintessence *261*
quintet *391*
quit *169*, *177*
quite the opposite *379*
quiver *67*
quiz *254*
quotation *85*
quote *86*

R

radius *384*
rage *157*
rags-to-riches *197*
raid *113*, *223*
raise *40*
raise one's voice *77*
raisin *13*
ramble *93*
ramifications *51*
ramp *348*
ranch *304*
rancid *23*
random *378*
ransack *223*
rapid *370*
rare *320*
rash *45*

rate *186*, *384*
rather than *386*
ratio *384*
ravenous *56*
real *206*
real estate *347*
realize *255*
rear *40*
reason *375*
rebuke *85*
recall *259*
receiver *287*
recession *203*
recipient *287*
recite *86*
reckless *165*
recklessly *251*
recognize *255*
reconcile *156*
recover *52*
rectify *109*, *241*
redemption *204*
redhead *29*
reduce *120*
refer to *78*
refrain *148*
refugee *276*
refund *204*
refurbishment *262*
refuse *124*, *334*
regard *257*
region *354*
register *170*
regret *140*
rehabilitate *52*
reimbursement *204*
reintegrate *52*
reject *124*
related to *376*
relating to *376*
relationship *179*
relative *267*
reliable *237*
relic *333*

relieve *155*
relinquish *169*
relish *14*
relocate to *103*
rely on *127*
remainder *334*
remains *333*
remark *78*
remedy *52*
remember *259*
remind *259*
reminder *332*
reminisce *259*
remnant *334*
remorse *140*
remove *116*
renovation *262*
renowned *280*
repair *109*
repatriate *195*
repellent *304*
repentance *140*
repercussions *51*
replace *213*
replacement *212*
replica *205*
replicate *277*
reply *83*
represent *108*
representative *212*
reprimand *85*
reproduce *39*
reputation *281*
resentment *157*
reservation *176*
reside *305*
residence *346*
resident *306*
resigned *178*
resilient *321*
resistance *154*
resolve *238*
resort to *109*
respectively *394*

response *83*
responsible *207*
rest *334*
restoration *262*
restrain *148*
restriction *142*
result *51*
result in *119*
resume *191*
retain *232*
retaliation *154*
reveal *108*
revenge *154*
revenue *230*
revere *86*
reverse *382*
revolve *98*
reward *183*
rich *198*
riddle *254*
rinse *16*
rip-off *229*
rip *111*
risk *317*
rival *286*
river *363*
rivulet *363*
road *362*
roam *93*
roast *18*
rob *223*
robbery *222*
rock *102*
roll over *99*
Roman shade *337*
rooming house *352*
roster *264*
rotate *98*
rotten *23*
rotating shift *189*
round brackets *395*
rubbish *334*
rumor *81*
run across *97*

run into *97*
runner-up *287*

S

sabbatical *189*
sack *223*
sacred *361*
sacrilege *164*
sadness *158*
salary *184*
salt water *321*
same *374*
sample *263*
sanction *168*
sanguine *166*
sarcasm *245*
satellite city *355*
satire *245*
satisfaction *156*
saucer *11*
savage *294*
savannah *358*
savant *284*
say *75*
scam *229*
scan *104*
scar *45*
scarce *320*
scarcity *322*
scare *147*
scenery *324*
scent *15*
schedule *264*
school *296*
scoff *79*
scold *85*
scorn *79*
scrambled *21*
scrawl *76*
scream *77*
screw up *107*
scribble *76*
scrounger *291*

scrupulous *163*
scrutinize *104*
scrutiny *262*
scumbag *289*
sea level *353*
seam *342*
sear *18*
seascape *324*
seaside *363*
seasoning *13*
secondhand *252*
secretive *235*
section *54*
sedentary *290*
seduce *151*
see *103*
segregate *250*
segregation *249*
seize *231*
select *240*
seminar *314*
sensation *130*
sense *128*
sensory *33*
sentiment *130*
separate *250*
separated *180*
separation *249*
sequential *378*
serendipity *134*
serve *182*
service *182*
service life *24*
serving *10*
severe *329*
sex *37*
sexual abuse *219*
sexual assault *219*
sexual harassment *219*

shack *346*
shade *326*
shadow *326*
shake *67*

shame *140*
shape *306*
shed *348*
shelf life/sell-by-date *24*
shell *19*
shimmer *328*
shine *328*
shiver *67*
shoal *296*
shop *350*
shoplifting *222*
shore *363*
shortage *322*
shortcoming *188*
shorten *120*
shortening *392*
shoulder *361*
shout *77*
shout at *77*
shout to *77*
show *108*
show off *88*
shred *111*
shrine *360*
shrink *120*
shrivel *303*
shrub *298*
shuck *19*
shudder *67*
sibling *267*
sickness *43*
sideburns *28*
sign *82*
sign up (for) *170*
signature *82*
significant other *266*
signify *108*
similar *374*
simile *246*
simulate *277*
simultaneously *365*
sin *215*
sinister *146*

site 354	souvenir 332	standpoint 88	subordinate 271
situation 333	space vehicle 340	state 78	subpoena 224
skid 100	sparkle 328	statement 92	subsequent 369
skill 108	spasm 48	steadily 368	subsequently 370
skim 104	spawn 39	steppe 358	subside 155
skip 104	speak 75	stereotype 247	subsidiary 199
skip school 172	specialize in 171	sterile 38	subsidy 187
skullcap 344	specially 394	stew 18	substitute 213
slacks 342	specifically 394	stick-in-the-mud 293	substitute(sub) 212
slanderous 225	specimen 263	stick to 127	subtract 383
slaughter 234	spectator 288	stillbirth 38	suburb 355
sleep 41	sphere 384	sting 44	success 185
slice 16	spice 13	stingy 293	succession 185
slide 100	spicy 17	stink 15	successive 373
slighting 226	spin 98	stipulation 190	succumb 168
slip 100	split 111	stomach 26	sue 222
slip into 73	spoiled 23	stop 177	suffocate 50
slither 66	sponger 291	stop by 96	suggestion 117
slot 349	sponsor 197	store 350	suit & dress 341
sluggish 160	spontaneous 132	stork parking 352	suitcase 344
slumber 41	spontaneously 365	story 83, 347	sulky 153
slur 81	sporadic 367	strain 47	sullen 153
smart alec 294	spouse 266	strangle 50	summary 85
smell 15	sprain 47	strategy 193	summit 313, 356
smirk 91	sprinkle 16	stream 363	summons 224
smoke 325	spying 235	street 362	sunny side up 21
smother 50	squab 297	stress 133	Sunset 345
smuggle 218	square brackets 395	stretch 110	supervise 105
sneer 91	squirm 68	striped 31	supple 33
snicker 91	stack up 112	strive 167	supplement 17
snip 16	staff 191	stroll 93	supply 116
snort 91	stagnant 42	struggle 167	suppose 240
snub 80	stair 347	strut 68	supposed 241
so that 389	stale 23	stubbles 28	surgery 54
sober 20	stammer 81	stuffed 143	surplus 230
social enterprise 198	stance 71	stumble 81, 94	surrender 168
soft boiled 21	stand-in 212	stupid 135	surreptitious 235
solid 31	stand at attention 70	stutter 81	surrogate 212
solve 238	stand at ease 70	style 32	surrounding 333
somersault 67	stand in 213	subconscious 250	surveillance 262
soothe 155	stand with arms akimbo 70	subcutaneous 57	suspect 230
sorrow 158		subject to 112	suspend 177
soul mate 268	standard 319	subjected to 112	suspension 174
sour 23	standing ovation 71	subliminal 250	suspicious 135

sustain *232*
sustainable *318*
swamp *357*
swap *207*
swarm *296*
sway *102*
swelling *45*
swerve *99*
swift *370*
swindle(out of) *226*
swindler *35*
swing *102*
swing(combined) shift *189*
swirl *98*
switch *207*
swivel *98*
syllabus *178*
sympathy *131*
symposium *313*

T

tablet *36*
tactics *193*
tactile *33*
take *65*
take a snooze *41*
take care of *106*
take over *312*
take place *309*
take the place of *385*
talk *75*, *82*
tall *386*
tangible *380*
tangible possession *196*
target *263*
tariff *317*
tartan *30*
task *174*
taste *14*
tear *111*
teased *219*

teasing *220*
tech-savvy *285*
technique *108*
teen(teenager) *273*
tell *75*
tell off *85*
temporary *367*
temporary(temp) *212*
tempt *151*
tenant *195*
tenant *306*
tend *106*
tend to *129*
tendency *253*
tentative *367*
term *390*
terminate *177*
terminated *178*
terminology *390*
terrain *354*
terrapin *323*
terrestrial *322*
territory *354*
testify *239*
testimony *216*
thankfulness *159*
thanks to *388*
that's because *375*
that's how *375*
that's when *375*
that's why *375*
the accused *215*
the bereaved *63*
the deceased *63*
the late *63*
the other way around *379*
the wrong way round *381*
theft *222*
therapy *52*
thick *27*
third place finisher *287*

thorn *298*
threaten *147*
threatening *146*
thresh *19*
thrifty *293*
thriving *202*
throw-up *46*
tickle *44*
timber *300*
times *310*
timetable *264*
tingle *44*
tip over *99*
tipsy *20*
titter *91*
toddler *273*
tomb *360*
tongue-in-cheek *246*
tool *337*
tooth decay *45*
topping *11*
torso *26*
tortoise *323*
total *123*
tour *95*
tourist attraction *358*
towering *386*
toxin *37*
trace *102*
trade *194*, *207*
tradition *312*
traffic *218*
traffic jam *144*
trait *136*
trajectory *102*
tramp *292*
tranquilizer *37*
transform *208*
transient *367*
transitory *367*
translate *264*
translucent *395*
transparent *395*
trash *334*

travel *95*
traveler *290*
treat *52*
trekking *94*
tremble *67*
trend *32*
trespass *113*
trick *220*
trigger *124*
trim *299*
trip *94*, *95*
triplets *47*
triumph *185*
triumphant *185*
trivia *254*
trouble *142*
trousers *342*
true friend *268*
trunk *26*, *297*
trust *236*, *237*
try *167*
try on *73*
tryout *265*
tummy *26*
turn *98*
turn away *122*
turn down *122*
turn over *99*, *312*
turn to *127*
turtle *323*
twig *297*
twilight *345*
twinkle *328*
twirl *98*
twist *68*
tycoon *197*

U

ubiquitous *59*
ultimately *368*
unconscious *250*
under *387*
underling *271*

underneath 387
underpass 361
unintentionally 251
uninterested 130
unproductive 203
until(till) 392
unwillingly 251
unwittingly 251
up to 392
upset 157
upside-down 381
upstart 197
use 109
used to 138
utensil 12
utility 350
utilize 109
utter 75

V

vacation 189
vagabond 290
vagrant 292
vague 247
vandalism 220
vapor 325
vaporize 21
variation 210
variety 210
various 210
vehemently 131
vehicle 340
vendetta 154
vendor 350
venerate 86
vengeance 154
venom 37
ventilate 103
verification 258
verify 239
verse 265
vertebrates 296
vertex 356

vertical 359
vessel 340
viable 318
vibrate 102
vicarious 252
vicinity 355
vicious 152
victims 62
victorious 185
victory 185
vie 183
view 103
viewer 288
viewpoint 88
vigil 106
vindicate 224
vindictive 152
vintage 311
violation 227
virtue 184
virtuoso 285
viscera 26
visionary 274
visit 96
visual 33
vocation 173
vogue 32
vomit 46
voracious 56
voyage 95
vulgar 164

W

wag 68
wage 184
walker 289
walking 94
wallet 343
wander 93
wanderer 290
wane 155
war 117
wardrobe 338

warfare 117
warrant 224
warranty 192
waste 334
watch 103, 106
waterfall 364
watering hole 356
weakness 188
wealthy 198
wear 73
weather 328
well-known 280
well-off 198
wet blanket 293
wetland 357
what....for? 374
when+clause 377
whimper 90
whine 90
whirl 98
whisk 16
whiskers 28
white lie 225
why...? 374
wiggle 68
wild 294
willfully 251
wilt 303
win 113
wince 69
window treatment 336
wintry 327
wisdom 256
wise guy 294
wish 134
with regard to 387
wither 303
witness 288
wonder 327
wood 300
work 174
workmanship 284
workshop 314

worship 86
worth 282
would 43, 138
wrap up 73
wrath 157
wreath 301
wriggle 68
wrinkle 48
wrinkled 49
writhe 69
wrong 216

Y

yell 77
yield 168
zeal 159
zone 354